旅游管理骨干专业建设项目教材

精品课程新形态教材

21世纪应用型人才培养规划教材

"双创"型人才培养教材

U0614187

# 旅游经济学

主　编　吴晓亮　金　丹　符　珍

副主编　毛爱云　王正虎　张振道　韩燕妮

　　　　唐巧蜜　宋小乐　邓勇勇　林艳珍

　　　　刘晓华　文凌云　时吉光

**L**VYOU

**JINGJIXUE**

中国海洋大学出版社
CHINA OCEAN UNIVERSITY PRESS

图书在版编目（CIP）数据

旅游经济学 / 吴晓亮，金丹，符珍主编 . —青岛：
中国海洋大学出版社，2018.7（2024.1 重印）
ISBN 978-7-5670-1881-5

Ⅰ.①旅…　Ⅱ.①吴…②金…③符…　Ⅲ.①旅游经
济学–教材　Ⅳ.①F590

中国版本图书馆 CIP 数据核字（2018）第 157307 号

| | | | |
|---|---|---|---|
| 出版发行 | 中国海洋大学出版社 | | |
| 社　　址 | 青岛市香港东路 23 号 | 邮政编码 | 266071 |
| 出 版 人 | 杨立敏 | | |
| 网　　址 | http://pub.ouc.edu.cn | | |
| 电子信箱 | 2880524430@ qq.com | | |
| 订购电话 | 010-82477073（传真） | 电　　话 | 010-82477073 |
| 责任编辑 | 王积庆 | | |
| 印　　制 | 涿州汇美亿浓印刷有限公司 | | |
| 版　　次 | 2018 年 7 月第 1 版 | | |
| 印　　次 | 2024 年 1 月第 2 次印刷 | | |
| 成品尺寸 | 185 mm×260 mm | | |
| 印　　张 | 17 | | |
| 字　　数 | 423 千 | | |
| 印　　数 | 10000—13000 | | |
| 定　　价 | 39.50 元 | | |

# 前　言

党的二十大报告提出，中国式现代化是物质文明与精神文明相协调的现代化。旅游业是幸福产业，一方面能满足人民群众对美好生活的需要，另一方面具有"一业兴，百业旺"的强大带动作用。

旅游业是目前世界公认的朝阳产业、绿色产业，它既是人们物质文化生活不断提高的反映，也是人们对舒适生活环境和美好精神生活的追求和向往，同时在国民经济体系中，越来越成为具有较大发展潜力的产业体系。旅游产业发展到今天，质量和层次都在逐步提升，科技含量日益丰富，旅游理念和旅游文化价值观念也在发生着持续的变化，在全国旅游工作会议上，国家旅游局（现为国家文化和旅游部）局长李金早作了题为《以习近平新时代中国特色社会主义思想为指导奋力迈向我国优质旅游发展新时代》的工作报告，明确提出坚持可持续发展，大力推进绿色旅游，坚定地把"绿水青山就是金山银山"的旅游可持续发展理念贯穿到旅游规划、开发、管理、服务全过程，践行绿色旅游发展观，引导绿色旅游消费观，推动绿色旅游产品体系建设，大力推进旅游节能减排，形成人与自然和谐共生的绿色旅游新格局。

旅游业的发展和不断推进也给旅游专业人才的培养提出了新的要求，为适应旅游业发展的新格局，并契合院校旅游专业人才培养的新趋势，我们借鉴了众多专家学者关于旅游经济领域的论点和研究成果，参考了大量关于旅游经济学的教材和论文，并以此为基础，结合自身在课程教学中的心得，整理了近几年来旅游业界的数据和案例，作为旅游经济学经典理论知识的佐证和依据，以期引导学生不断深化对知识体系的把握和思考。本教材的总体内容一共分为十个部分：旅游经济学概述、旅游产品和开发、旅游需求与供给、旅游价格和供求平衡、旅游市场结构与开拓、旅游消费与评价、旅游经济运行与调控、旅游收入与分配、旅游投资与决策、旅游经济效益与评价；每一章还附加了课后习题，题型涉及单选、多选、判断、简答和计算，帮助学生巩固对知识要点的理解和把握。本教材的特点主要体现在：首先保留并引用了旅游经济学传统理论构架，确保教材的成熟性；其次增加了许多贴近行业实际的新数据和新案例，帮助学生进一步深化对理论知识的理解；最后是针对学生的实际情况和授课中经常遇到的问题，对理论要点进行了筛选，尽可能有重点地向学生介绍旅游经济学的基本理论和知识要点。

编写过程中，还得到了校企合作旅游企业的数据和案例支持，同时本书还特别受到海南经贸职业技术学院旅游管理骨干专业建设项目的资助，深表感谢。

最后，由于作者水平有限，经验还不够丰富，书中尚有疏漏和不足之处，恳请读者批评指正。

编　者

# CONTENTS 目录

# 中国旅游经济的发展

　　旅游业，是凭借旅游资源和设施，专门或者主要从事招徕、接待游客，为其提供交通、游览、住宿、餐饮、购物、文娱等六个环节的综合性行业，由于自身的特性，它也被广泛地认为是无烟产业、绿色产业的代表。进入21世纪以来，信息革命以从未有过的巨大冲击力，创造了旅游业发展的新时代，它刺激了旅游市场的飞速膨胀和结构变化，改变旅游业的产业构成，形成旅游业发展的新机遇。

　　在新时代的浪潮中，我国的旅游业也进入了高速发展的快车道。近年来，我国旅游业适应市场多样化趋势，与第一、二产业融合发展，与新型工业化、城镇化、信息化、农业现代化紧密结合，不断催生新产品、新业态，拓展旅游产业面，拉长旅游产业链，形成现代旅游产业集群。让我们一起来看一看近年来的基本数据：

　　2014年，中国国内旅游人数为36.11亿人次。2015年，国内旅游人数突破40亿人次，同比增长10.5％。2016年全年国内旅游44.4亿人次，同比增长11％；国内旅游总收入3.9万亿元，同比增长15.2％；入境旅游人数1.38亿人次，同比增长3.5％，其中外国人入境2815万人次，同比增长8.3％；国际旅游收入1200亿美元，同比增长5.6％；出境旅游人数1.22亿人次，同比增长4.3％；旅游服务贸易顺差102亿美元，较上年扩大11.5％。

 小·贴士

## 2016年中国旅游业统计公报

　　2016年，全域旅游推动旅游经济实现较快增长。国内旅游市场持续高速增长，入境旅游市场平稳增长，出境旅游市场增速进一步放缓。国内旅游人数44.4亿人次，收入3.94万亿元，分别比上年增长11％和15.2％；入境旅游人数1.38亿人次，实现国际旅游收入1200亿美元，分别比上年增长3.5％和5.6％；中国公民出境旅游人数达到1.22亿人次，旅游花费1098亿美元，分别比上年增长4.3％和5.1％；全年实现旅游业总收入4.69万亿元，同比增长13.6％。全年全国旅游业对GDP的综合贡献为8.19万亿元，占GDP总量的11.01％。旅游直接就业2813万人，旅游直接和间接就业7962万人，占全国就业总人口的10.26％。

### 一、国内旅游

全国国内旅游人数 44.4 亿人次，比上年增长 11%。其中城镇居民 31.95 亿人次，农村居民 12.40 亿人次。

全国国内旅游收入 3.94 万亿元，比上年增长 15.2%。其中城镇居民旅游消费 3.22 万亿元，农村居民旅游消费 0.71 万亿元。

全国国内旅游出游人均花费 888.2 元。其中城镇居民国内旅游出游人均花费 1009.1 元，农村居民国内旅游出游人均花费 576.4 元。

在春节、"十·一"两个长假中，全国共接待国内游客 8.95 亿人次，实现旅游收入 8473 亿元。

### 二、入境旅游

入境旅游人数 1.38 亿人次，比上年同期增长 3.5%。其中外国游客 2815 万人次，增长 8.3%；香港同胞 8106 万人次，增长 2.0%；澳门同胞 2350 万人次，增长 2.7%；台湾同胞 573 万人次，增长 4.2%。

入境过夜游客人数 5927 万人次，比上年同期增长 4.2%。其中外国游客 2165 万人次，增长 6.7%；香港同胞 2772 万人次，增长 2.3%，澳门同胞 481 万人次，增长 3.1%，台湾同胞 509 万人次，增长 5.0%。

国际旅游收入 1200 亿美元，比上年同期增长 5.6%。

### 三、出境旅游

我国公民出境旅游人数达到 1.22 亿人次，比上年同期增长 4.3%。

经旅行社组织出境旅游的总人数为 5727.1 万人次，增长 23.3%，其中组织出国游 4498.4 万人次，增长 39.2%；组织港澳游 918.0 万人次，下降 9.5%；组织台湾游 310.8 万人次，下降 21.9%。

我国公民出境旅游目的地新增国家为：马其顿、亚美尼亚、塞内加尔、哈萨克斯坦。

出境旅游花费 1098 亿美元，比上年增长 5.1%。

### 四、旅行社规模和经营

截至年末，全国纳入统计范围的旅行社共有 27939 家，比上年末增长 1.2%。

截至年末，全国旅行社资产总额 1277.9 亿元，比上年下降 4.8%；各类旅行社共实现营业收入 4643.1 亿元，比上年增长 10.8%；营业税金及附加 10.4 亿元，比上年下降 35.4%。

全年，全国旅行社共招徕入境游客 1445.7 万人次、6020.5 万人天，分别比上年增长 2.1%，下降 0.05%；经旅行社接待的入境游客为 1942.9 万人次、6714.6 万人天，分别比上年下降 1.8%，增长 2.8%。

全年，全国旅行社共组织国内过夜游客 15604.9 万人次、48702.0 万人天，分别比上年增长 14.1% 和 11.7%；经旅行社接待的国内过夜游客为 17088.6 万人次、53147.5 万人天，分别比上年增长 11.4%，增长 40.3%。

### 五、星级饭店规模和经营

截至年末，全国纳入星级饭店统计管理系统的星级饭店共计 11685 家，其中有 9861 家完成了 2016 年财务状况表的填报，并通过省级旅游行政管理部门审核。9861 家星级饭店财务数据显示：

全国 9861 家星级饭店，拥有客房 142.0 万间，床位 248.3 万张；拥有固定资产原值 5174.5 亿元；实现营业收入总额 2027.3 亿元；上缴营业税金 66.9 亿元；全年平均客房出租率为 54.7%。

在 9861 家星级饭店中：五星级饭店 800 家，四星级饭店 2363 家，三星级饭店 4856 家，二星级饭店 1771 家，一星级饭店 71 家。

全国 2254 家国有星级饭店，2016 年共实现营业收入 483.7 亿元，上缴营业税 13.1 亿元。

全国外商和港澳台投资兴建的 379 家星级饭店，全年共实现营业收入 246.2 亿元；上缴营业税 6.3 亿元。

### 六、旅游教育培训情况

截至年末，全国共有高等旅游院校及开设旅游系（专业）的普通高等院校 1690 所，比上年末增加 172 所，在校生 44.04 万人，减少 13.1 万人；中等职业学校 924 所，比上年末增加 135 所，在校学生 23.2 万人，增加 0.6 万人。两项合计，旅游院校总数 2614 所，在校学生为 67.2 万人。

全年，全行业从业人员教育培训总量达 474.5 万人次，比上年减少 0.9 万人次，降低 0.2%。

（资料来源：2017-11-08 国家旅游局（现为国家文化和旅游部）数据中心）

另一方面，近年来旅游业供给多元，投资旺盛。新的旅游形态不断涌现，旅游创新创业异常活跃，2016 年我国旅游产业景气指数为 129.2，处于"较为景气"水平，较 2015 年上升 3.0。旅游产业边界不断扩大，带动了更加多元的旅游投资，2016 年全国固定资产投资（不含农户）增速下滑到两位数以下，仅为 8.1%。相比之下，旅游项目库跟踪显示，同年全国旅游项目投资同比增长超过 30%。

此外，旅游发展质量稳中有升。2016 年，全国旅游产业发展质量为 75.67，较上年略有上升。从结构看，旅游交通、餐饮、住宿、购物、娱乐、景点、旅行社等服务品质与 2015 年相比均呈上升趋势，入境游客对我国旅游服务质量的整体评价达 80，较上年约提高 1.5。

旅游业的发展，离不开国民经济整体运行的积累和铺垫，同时，旅游业的发展，也促进了国民经济其他部门的发展。

## 一、旅游产业综合贡献不断增强

旅游业综合性强，关联性高，拉动性大，在政治、经济、社会、文化、生态等领域显示出了巨大发展活力，对国民经济与社会发展的贡献和拉动作用日益突出，是国家稳增长、促消费、调结构、惠民生的重要产业。

## （一）旅游业对经济发展的贡献和拉动作用不断提升

按照联合国世界旅游组织关于《2008年国际旅游统计建议》和《2008年旅游附属账户：建议的方法和框架》，国家信息中心测算了旅游业对经济的相关贡献，测算结果表明：旅游业对GDP的平均综合贡献可以达到10%左右，对三次产业间接带动的增加值占GDP比重呈逐年增长态势，对关联产业的拉动效应显著。旅游业对GDP的综合贡献，从2012年的9.41%上升为2015的10.51%。

旅游业对三次产业间接带动的增加值及其占GDP比重呈逐年增长态势，其中，2012年为15022.77亿元，2015年达到了21230.951亿元，增长了12.22%。间接带动的第一产业增加值占GDP比重相对处于稳定状态，在0.17%左右；间接带动的第二、三产业增加值占GDP比重则处于上升状态，成为第三产业中的重要产业。

旅游业对关联产业的拉动效应远大于关联产业对旅游业的贡献效应。2012~2015年，旅游对交通运输业增加值的拉动贡献超过80%，比交通运输业对旅游业增加值50%的贡献多30个百分点，其中，旅游对民航运输及辅助服务贡献超过90%，对铁路运输及辅助服务超过80%，对水上运输及辅助服务贡献超过30%，对公路运输及服务辅助贡献超过60%；对仓储和邮政业贡献为30%。旅游业对住宿业、旅游购物、餐饮业的贡献也同样如此。住宿业、旅游购物、餐饮业对旅游产业增加值的贡献均仅在10%左右，而旅游业对住宿业增加值的贡献在80%以上，对餐饮业的贡献超过60%，对批发和零售业的贡献为30%以上。此外，旅游业对房地产业增加值贡献率超过20%，对公共管理和社会组织增加值贡献率超过15%，对信息传输、计算机服务和软件业增加值贡献率超过5%，是现代服务业中发展最为活跃的产业之一。

## （二）旅游业是拉动消费、投资、进出口三驾马车的重要引擎，是推动中国供给侧改革的新增长点

旅游业既是生产型服务业，也是生活型服务业，集生产、生活、生态于一体，与110多个行业相关、融合发展，已成为中国的消费、投资和进出口热点，也是推动中国供给侧改革的新增长点。

自2014年起，中国城乡居民的旅游消费增速连续高于全国GDP增速，其中，2014年旅游消费的总额突破3万亿元，同比增长15.4%，占社会消费品零售总额的12%。

从投资角度看，旅游投资需求旺盛、领域广、潜力大，正在吸纳更多的社会资本投资进入旅游业。2015年，旅游业直接投资首次突破一万亿元，达到了10072亿元人民币，同比增长42%。

从出口看，旅游服务出口是"不出境的出口"，长期处于增长趋势，据世界旅游业理事会（WTTC）数据，2014年中国入境旅游收入列居世界第三，占出口总额的2.4%，2015年上升为2.5%。从进口看，出境旅游者在国外强劲的旅游购物消费实质是进口贸易。据世界旅游组织统计，2012年，中国游客在海外花费上突破千亿美元，以1020亿美元位居世界首位；至2015年，海外花费已增至1050亿美元，连续位居世界第一位。

从供给侧改革角度看，中国旅游业已进入全民旅游和个人游、自驾游需求为主的新阶段，对旅游供给提出了新的要求，不仅要求旅游业从传统景点旅游模式向全域旅游模式转变、从门票经济向产业经济转变，拓展发展空间，培育新的增长点，而且要求加大旅游业与其他产业的融合发展，构建旅游产业新体系，提升旅游需求要素供给的质量和数量，促进供需协调。

### （三）旅游业对中国全面建成小康社会起到了重要支撑作用

旅游是民众生活水平提高的重要指标，是中国全面建成小康社会的重要内容。旅游业就业容量大、门槛低、层次多、方式灵活，既有适合广大民众参与就业的大量岗位，又有适合不同类型的高层次人才创业的众多机会，在促进大学生就业创业、农民工回乡创业就业、妇女创新就业等具有特殊优势，适合激发全社会创业创新创意热情。

2015年，中国旅游业直接就业人数为2798万人，旅游直接和间接就业人数约为7911万人，占全国就业总人数的10.2%，比2012年的6189万人增加了1800万人。

旅游业还是中国扶贫开发战略的一个重要组成部分，具有目标准、成本低、见效快、受益面广、返贫率低、受益期长等主要特点。目前，国家发改委、国家旅游局、国家扶贫办等相关部门共同推进新一轮旅游扶贫，2015年，扶持约2000个贫困村开展乡村旅游；到2020年，扶持约6000个贫困村开展乡村旅游，实现1200万贫困人口脱贫致富。旅游扶贫正在成为发挥旅游综合功能、做大做强旅游产业的新方式、新路径、新载体。

### （四）旅游在中国对外交往中发挥了重要的桥梁作用

旅游是开放的窗口、友谊的桥梁，是传播文明、交流文化的最好方式，是国家层面与民间外交最活跃、最有效的渠道。中国改革开放后，旅游业走在了对外开放的最前沿。

目前，中国每年入境和出境旅游总规模近2.5亿人次，已有151个国家和地区成为中国公民旅游目的地，旅游对增进民间交往、促进民众感情交流发挥了积极作用。

2015年，国家旅游局全面加快推进中国旅游业"5·15战略"，将"旅游外交"正式提到重要议事日程，全方位发挥旅游在国际交往中的积极作用。伴随着中俄旅游年、中韩旅游年、中印旅游年、中国—中东欧国家旅游合作促进年、中美旅游年以及一系列高层次国际合作活动的举办，旅游正成为国家对外交流的闪耀亮点。

2016～2018年，首届世界旅游发展大会和联合国世界旅游组织第22届全体大会等重要国际会议相继在中国举办，预示着旅游外交正成为中国与世界各国和国际组织加强战略合作的重要内容，旅游外交走向了更加活跃的前沿舞台。

### （五）旅游业对建设生态文明和美丽中国起到了引领作用

旅游业资源消耗低，污染少、可循环发展，是世界公认的人与自然和谐相处的绿色产业，是支撑建设美丽中国的重要载体，是建设生态文明、传播生态文明、共享生态文明最有优势、最富潜力的美丽产业。

1999年，国家旅游局将当年旅游主题确定为"生态环境旅游年"，2006年又确定了"乡村旅游年"，推动乡村旅游开发与生态保护相结合。近年来，中国乡村旅游发展足迹遍及大江南北，据初步统计，2015年全国乡村旅游共接待游客约20亿人次，旅游消费总规模达 1 万亿元，乡村旅游促进了农村经济发展，提升了乡村风貌、富裕了农民。

为了加快生态文明与美丽中国建设，2010 年国家旅游局和环境保护部联合开展国家生态旅游示范区建设。颁布了《国家生态旅游示范区建设与运营规范》《国家生态旅游示范区建设与运营规范评分实施细则》和《国家生态旅游示范区管理规程》，先后批准了 112 个国家生态旅游示范区，围绕生态和文化旅游，以"景点带动景区、景区带动社区、社区带动区域发展"的模式，建设了一批生态休闲旅游农业和旅游村镇项目，较好地实现了经济、社会、人口、资源和环境的协调发展。

2013 年，中国确定"美丽中国之旅"作为中国国家旅游形象。

2016 年，国家旅游局推出了绿色旅游发展行动。通过构建绿色旅游发展框架和管理制度，树立绿色旅游发展理念和绿色产业形象，促进旅游开发与生态环境保护实现良性互动；通过开展旅游资源的生态化开发，构建绿色产品产业体系，打造绿色旅游目的地开发样板地，引导旅游生态文明建设；通过启动绿色旅游标准化建设，启动绿色旅游认证体系，推动绿色旅游技术研发和基地建设；通过绿色旅游公益宣传，引导绿色旅游消费，引领全社会的低碳生活方式。

## 二、旅游业的发展凸显中国旅游业国际地位

中国旅游业的接待规模和国际竞争力大幅提升，对世界旅游业的影响和贡献日益突出，在国际旅游大舞台上扮演着越来越重要的角色，备受世界瞩目。

### （一）中国已成为全球国际游客到访量最大的国家之一

中国旅游业虽然比西方发达国家起步晚了几十年，但发展很快，在旅游业起步最初几年，接待的外国过夜旅游者人数以每年翻番的速度增长。

1978 年，中国旅游开放的第一年，全国共接待的入境过夜游客仅为 71 万人次，旅游外汇收入不到 3 亿美元，两项指标在世界的排名均居 40 位以后，分别位居第 41 位和 48 位。但是到 1994 年，中国接待的入境过夜游客数和旅游外汇收入在全球的排名双双进入世界前 10 位，分别位居第 6 位和第 10 位。

1987 年接待入境过夜旅游人数首次突破了 1000 万人次大关，以后每增加 1000 万人次入境旅游人数的时间逐渐缩短，2007 年接待规模已超过 5000 万人次，实现从 4000 万人次到 5000 万人次的跨越仅用了 3 年时间。旅游收入每增加 50 亿美元所花的时间更短，到 2015 年旅游收入已达到 1000 亿美元以上。

### （二）中国已成为全球规模最大的客源市场

进入 21 世纪以来，中国公民出境旅游需求十分强劲，2001～2015 年，出境旅游者人数从 1213 万人次迅速上升到 1.2 亿人次，跨入了"亿时代"。其中自 2012 年起，中国就一直保持世界最大出境旅游市场的地位。

特别是近年来中国公民在境外的人均消费水平排名全球第一，是全球规模最大、最有消费吸引力的重要客源市场，对世界国际旅游市场的发展做出了贡献。

据世界旅游组织《2015 全球旅游报告》："中国作为全球第一大旅游客源市场，受可

支配收入提高、人民币汇率坚挺、旅行设施改善和出境旅游政策鼓励等利好因素的影响，持续超常规增长。据世界旅游组织（UNWTO）统计，2012年，中国游客在海外花费上突破千亿美元，以1020亿美元位居世界首位；至2015年，海外花费已增至1045亿美元，连续位居世界第一位。中国出境游市场在过去20年增速喜人，让全球一批目的地，特别是亚太地区的目的地获益匪浅。"

### （三）中国旅游业对世界旅游经济的贡献日益提高

根据国家信息中心的测算数据，2015年，中国旅游业对中国GDP的综合贡献达到7.34万亿元人民币，约占全球旅游业对GDP综合贡献总额的14.5%，占全球GDP总量的1.5%；旅游产业综合带动就业人数达到了7911万人，是世界旅游创造就业岗位数的27.8%。

这组数据表明：世界旅游业带动的产业综合增加值中，有1/6是由中国贡献的；世界旅游业创造的就业机会中有1/4来自于中国旅游业。

近年来，中国旅游企业加快了全球化发展步伐，海外投资、资产并购、上市融资、业务拓展等一系列举措，从新的发展空间分享中国旅游发展的红利，备受世界瞩目。中国企业的跨国旅游发展步伐强劲，模式多元，合作广泛，中国旅游业正在融入世界旅游经济体系。

## 三、旅游业重大战略推动行业提质增效

中国旅游业近几年重要战略主要包括"5·15战略"、"旅游+"战略、全域旅游战略、"一带一路"旅游合作发展战略等。

### （一）"5·15战略"

中国旅游业发展"5·15战略"，即2015～2017年中国旅游业发展的"五大目标，十大行动，52项举措"。

2015年1月，全国旅游工作会议上，国家旅游局局长李金早做了《开辟新常态下中国旅游业的新天地》报告，剖析中国旅游业发展新形势，全面部署2015～2017年全国旅游工作重点，即紧紧围绕"文明、有序、安全、便利、富民强国"五大目标，开展十大行动、52项具体举措，推进旅游业转型升级、提质增效，加快旅游业现代化、信息化、国际化进程。

十大行动包括：

（1）坚持问题导向，依法整治旅游市场秩序。

（2）坚决惩治旅游不文明行为，营造文明旅游大环境。

（3）强化底线思维，构筑旅游安全保障网。

（4）发动全国旅游厕所建设管理大行动（厕所革命），加强旅游公共服务体系建设。

（5）充分发挥政府和市场"两只手"作用，创新旅游产业促进机制。

（6）大力开发新产品、新业态，促进旅游消费转型升级。

（7）打破地区藩篱，推进区域旅游一体化。

（8）开展旅游外交，构建旅游对外开放新格局。

（9）深化旅游体制改革，为旅游业发展注入强劲动力。

（10）积极主动融入互联网时代，用信息化武装中国旅游业。

"5·15战略"是中国发展进入新常态下，按照中国"两个一百年"目标发展的总体要求，在全面分析判断过去35年旅游发展和未来35年旅游业发展趋势背景下，对中国旅游业发展的系统创新谋划。实施一年来，"5·15战略"取得了巨大成就，取得很多新突破，形成前所未有的大格局。

### （二）"旅游＋"战略

"旅游＋"是指充分发挥旅游业的拉动力、融合能力，以及催化、集成作用，为相关产业和领域发展提供旅游平台，插上"旅游"翅膀，形成新业态，提升其发展水平和综合价值。

2015年8月，国家旅游局研究部署实施"旅游＋"战略，受到了中国各地和社会各界的积极影响和全力推动。通过智慧旅游、乡村旅游、工业旅游、商务旅游、研学旅游、医疗旅游、养老旅游、健康旅游等领域，重点推进"旅游＋"融合发展。

"旅游＋"具有天然的开放性、动态性，"＋"的对象、内容、方式都不断拓展丰富、多种多样，"＋"的速度越来越快。经济社会越进步发展，"旅游＋"就越丰富多彩，"旅游＋"成为中国旅游业发展的重要战略，也是中国社会全面发展的重要成果和标志。

### （三）全域旅游战略

全域旅游是指在一定区域内，以旅游业为优势产业，通过对区域内经济社会资源尤其是旅游资源、相关产业、生态环境、公共服务、体制机制、政策法规、文明素质等进行全方位、系统化的优化提升，实现区域资源有机整合、产业融合发展、社会共建共享，以旅游业带动和促进当地经济社会协调发展的一种新的区域协调发展理念。

2015年8月19日，全国旅游工作研讨班上，国家旅游局局长李金早提出推进全域旅游发展。随后，国家旅游局发布《关于开展"国家全域旅游示范区"创建工作的通知》，并于2016年1月全国旅游工作会议上全面提出从景点旅游走向全域旅游，开创中国"十三五"旅游发展新局面，将推进全域旅游作为新时期的旅游发展战略。

推进全域旅游是贯彻五大发展理念的重要途径，是经济社会协调发展的客观要求，是旅游业提质增效可持续发展的必然选择，是旅游业改善民生、提升幸福指数、服务人民群众的有效方式，符合世界旅游发展的共同规律和整体趋势，代表着现代旅游发展的方向。

### （四）"一带一路"旅游合作战略

国家主席习近平于2013年9月和10月先后提出共建丝绸之路经济带和21世纪海上丝绸之路（简称"一带一路"）的理念和倡议，"一带一路"是沿途国家共同繁荣之有益路径，是中国梦与世界梦的有机结合。

## 四、全力发展绘就中国旅游行业发展蓝图

随着"5·15战略"、"旅游＋"战略、全域旅游战略、"一带一路"旅游合作发展战

略的进一步实施，中国将迎来提质增效发展阶段，世界将充分分享中国巨大的出境旅游、投资市场、人才引进和资本输出。中国将与世界开展更多深层次的合作，借鉴世界经验，也与世界旅游分享更多的发展机遇，贡献更多的发展红利。

"创新、协调、绿色、开放、共享"五大发展理念为中国旅游发展模式转变开辟了广阔天地，旅游业的战略性地位日益凸显，供给侧结构改革为旅游发展提供重要机遇，旅游政策红利正在加快释放，爆发式增长的旅游消费提供了巨大发展动力，全国各地发展旅游、企业投资旅游和人民群众参与旅游的热情前所未有，中国旅游发展未来几十年处于发展黄金期。

到 2020 年，中国将从初步小康型旅游大国迈向全面小康型旅游大国。中国旅游业在规模、质量、效益上都达到世界旅游大国水平。到 2020 年，中国国内旅游规模将达到 68 亿人次，城乡平均出游次数差距将进一步缩小，城镇居民出游次数为 5.6 次，农村居民出游为 4.7 次，平均为人均 5 次，旅游将更加广泛地覆盖中国城乡人口。出境旅游人数将达到 5 亿人次。中国人均国内旅游消费将达到 1700 元，国内旅游消费总额将达到 10.5 万亿元，入境旅游人数达到 1.6 亿人次，旅游外汇收入超过 1600 亿美元。

到 2050 年，中国成为初步富裕型国家，实现从全面小康型旅游大国到初步富裕型旅游强国的新跨越。中国旅游将全面实现旅游现代化、信息化、国际化，那将是中国旅游业发展更大的黄金期。

到 2050 年，中国最终将由世界旅游大国走向世界旅游强国，全面实现"八高、八强、八支撑"。"八高"是指旅游总量高、旅游品质高（旅游产品质量、旅游服务质量、旅游景区环境质量）、旅游效益高、旅游综合贡献高、旅游从业者素质高、游客文明素质高、旅游安全水平高、旅游科技利用水平高。"八强"是指旅游吸引力强、旅游创新力强、旅游个性特色强、旅游持续发展能力强、国际旅游竞争力强、世界旅游影响力强、全球旅游话语权强、旅游综合带动力强。"八支撑"是指拥有世界一流的旅游城市、世界一流的旅游企业、世界一流的旅游目的地、世界一流的旅游强省强县、世界一流的旅游品牌、世界一流的旅游产品、世界一流的旅游院校、世界一流的旅游人才队伍。

根据规划，中国将全面推进实现六大跨越。

一是完善旅游供给体系，优化产业结构、推动产业融合、拓宽服务内涵、促进产品多元化，努力实现由旅游不足向供需基本平衡的跨越。

二是优化旅游市场体系，完善提升国内旅游市场，大力开拓入境旅游市场，合理引导出境旅游市场，实现入出境市场由不平衡向协调发展的跨越。

三是改善旅游服务体系，塑造优质旅游品牌，提升行业整体服务水平，实现由提供基本服务向精细化高品质服务的跨越。

四是创新旅游发展动力，改变旅游业对资源开发和要素投入的过度依赖，依靠理念创新、技术创新、手段创新、制度创新、环境创新、人才创新，实现由资源依赖向创新驱动的跨越。

五是转变旅游发展方式，依靠科技改造传统产业，培育新型产业，推动旅游业经济效益、社会效益和生态效益相协调，实现由粗放型向集约型的跨越。

六是提升旅游发展水平，突出发挥旅游愉悦身心、强健体魄、增进人民福祉、提升社会消费层次的重要作用，实现由小康型旅游向富裕型旅游的跨越。

"十三五"时期，我国旅游业将紧扣创新、协调、绿色、开放、共享五大发展新理念，做好"五个着力"，即通过实施创新发展，着力提升旅游业发展能力；实施协调发展，着力提升旅游业发展质量；实施绿色发展，着力提升旅游生态文明价值；实施开放发展，着力构建旅游开放合作新格局；实施共享发展，着力推动旅游普惠民生。

在五大发展理念引领下，通过 25 个方面、100 项具体工作，推动中国由旅游大国向旅游强国迈进。

一是实施创新发展，着力提升旅游业发展能力。坚持规划引领，完善旅游业空间规划布局，构建旅游业发展新空间；大力推进"旅游＋"，构建产业新体系；坚持市场主导，培育市场新主体；发挥新消费引领作用，培育旅游发展新市场；谋划工作新抓手，构建旅游发展新引擎。

二是实施协调发展，着力提升旅游业发展质量。大力实施旅游投资促进计划，实现供需协调；实施区域分类指导，实现区域协调；大力发展乡村旅游，实现城乡协调；大力实施要素配套工程，实现软硬协调；着力推进文明旅游，实现旅游消费的快速增长与游客素质持续提升协调。

三是实施绿色发展，着力提升旅游生态文明价值。树立绿色理念，引领低碳旅游方式；倡导绿色消费，杜绝旅游铺张浪费；实施绿色开发，构建生态产业链；创新绿色产品，实现旅游节能减排坚持保护优先，大力发展生态旅游。

四是实施开放发展，着力构建旅游开放合作新格局。积极开展旅游外交；大力发展入境旅游；发挥港澳台桥头堡作用，推进与港澳台旅游合作；推动中国旅游业"走出去"；积极参与国际旅游分工与合作。

五是实施共享发展，着力推动旅游普惠民生。实施旅游精准扶贫工程，共享全面小康；创新发展红色旅游，共享红色精神；实施国民休闲计划，共享美好生活；实施旅游大众就业创业工程，共享发展机遇；完善旅游业利益共享机制，共享发展成果。

## 五、小结

总之，旅游行业已是国家经济发展的重要部门，是人民生活不可缺少的重要一环，在未来的发展过程中，应把发展旅游业上升到国家战略地位，作为参与国际竞争的重要平台。政府通过各旅游管理部门形成"政府部际协调决策——行政主管部门——行业组织协调自律——专业机构宣传推广"四个层次的旅游管理体制与运行机制，加强对国家旅游事务的统筹协调和综合性管理。

继续健全旅游法规及相关规章制度，促进旅游业持续健康发展。随着我国旅游地区的不断扩大和国际游客的迅速增长，对游客的人身和财物安全须引起更大重视，对旅游行业中违规现象须做到有法可依、有法可循，有效控制旅游市场愈演愈烈的"零负团费"、强迫购物、旅行社违约、游客无法维权、门票乱涨价和旅游安全意识淡薄等不良现象。

继续加强"软实力"的竞争。国家通过举办国家主题文化年、体育赛事、盛大展会等活动，更广泛地吸引国际游客，增进各层面、各领域的国际交流，弘扬历史文化，传播价值观念，提升国家"软实力"。

　　继续整合相关资源，形成"大旅游"的发展格局。这对一个国家的国民经济、社会建设、人的素质的提高都有好处。为此，我国政府应加大与旅游业相关的公共投资力度，用于改善道路交通、环保设施、文物保护和开发、旅游教育和科研、景点开发、旅游商品开发、景区度假区环境和辅助设施建设等方面。

　　继续做好环境保护工作，保证旅游的可持续性发展。通过重视对自然资源、人文资源和生态环境的保护，加强旅游目的地的环境建设。同时引导旅游企业和旅游者积极履行社会责任、环境责任，关注和应对全球变暖问题，努力减少旅游活动对自然、人文和生态环境的负面影响，积极发展绿色旅游、生态旅游、文明旅游，改善国家和地区的生态环境，使之实现可持续发展。

# 第一章

# 旅游经济学概述

1. 了解什么是旅游经济学。
2. 了解研究旅游经学的原因。
3. 掌握旅游经济学的性质。
4. 理解和掌握旅游经济学的学科体系框架。

能力目标

1. 掌握游游经济学的研究对象。
2. 掌握旅游经济学的研究方法。

案例导入

### 香港导游强迫购物事件

2010 年 7 月 16 日，据香港《文汇报》报道，内地访港旅行团被强迫购物的"丑闻"接连发生，一段记录香港女导游恶言威吓旅客购物的短片于 15 日在全国多个省市的电视台热播，令香港旅游业"丑事"传千里。该片段由一名不满女导游强迫购物的旅客所拍，片段中导游以"没饭吃""没酒店住"等恐吓性话语要挟和辱骂不购物的旅客，更怒斥："我给你吃给你住，但是你们不付出，你这辈子不还，下辈子还是要还出来！"港女导游阿珍用普通话辱骂旅客在珠宝店只购物 1.3 万元，丢了她的脸。她说，每位旅客千元左右的团费，连机票都难抵消，更不用说在港的住宿和饮食。随后，阿珍称稍后会到手表店购物 1.5 小时，并警告团员若不购物，便没饭吃、没酒店住。

问题：

1. 什么是旅游经济学？
2. 如何研究旅游经济学？

# 第一节　旅游经济学的产生和发展

## 一、早期的认识

最早对旅游经济初步研究的国家是旅游经济发达的意大利。早在 1899 年，意大利政府的统计局里的鲍德奥发表了题为《在意大利的外国人的移动及其消费的金钱》的文章，是目前可查到的、最早的研究旅游经济现象的文献资料。在进入 20 世纪后，意大利的尼切佛罗和贝尼尼分别在 1923 年和 1926 年发表了题为《在意大利的外国人的移动》《关于游客的移动计算方法的改良》两篇论文。这一阶段中的研究工作主要集中在旅游过程中的一些现象的描述和计量方法的改进，诸如游客的数量、在目的地的停留时间、消费金额等，目的在于了解旅游活动的运行规律，以便于政府征税和进行管理活动。

在 19 世纪末到 20 世纪 20 年代后期，除了第一次世界大战之外，正是现代旅游历史上"大众旅游（Mass Tourism）"的高潮时期，也就是欧洲各国之间、欧洲和北美之间往来的旅游者日益增加的时期。这一时期对旅游经济现象的研究是学术界早期对旅游经济现象的认知过程，也是旅游经济学的初始时期。

## 二、对旅游经济的初步研究阶段

20 世纪 20 年代末到"二战"前，随着"一战"的结束，欧洲的经济逐渐恢复，越来越多来自北美的人到欧洲旅游，由此带来的旅游收入对于欧洲国家的经济恢复和成长起到了积极作用。在这个条件下，出现了很多的旅游学术界以及社会其他学界对于发展旅游经济的肯定和认同，同时也对旅游的经济内涵研究日益深入。其中，颇具代表性的人物是罗马大学的马里奥德。1927 年他在出版的《旅游经济》一书中把旅游活动的过程分解为"旅游的经济"和"旅居的经济"两大部分，认为旅游活动的本质是一种经济现象。马里奥德对于旅游活动定位于经济现象的观点是当时旅游实践活动的产物，这不仅仅反映了当时历史背景下的旅游学界的认识水准，也对于以后相当长时期的学术活动产生很大的影响。这一时期的研究说明了对于旅游经济的状态已经从表面的表现形式延伸到了内在的本质规律，也认识到了旅游经济现象的复杂性。

## 三、旅游活动的经济与非经济研究

瑞士的亨泽克（Hunziker）和科拉甫（Krapf）于 1942 年发表了题为《旅游概要总论》的专著，提出了被后来的国际旅游科学专家联合会修订为"艾斯特（AIEST）定义"的旅游活动的概念性定义：旅游是非定居者的旅行和暂时拘留引起的现象和关系的总和，这些人不会导致长期定居，并且不从事任何赚钱的活动。在这个定义中，两位学者指出旅游活动的形态结构以及其非经济性质，从而演化出经济和非经济两大领域。

在 20 世纪 60～80 年代，对旅游经济影响的研究比较多，主要是对旅游国际收支、旅游就业、旅游收入乘数效应、政府旅游政策等进行研究。特别是在 70 年代，其主要研究多集中在旅游地区经济效益、旅游设施和娱乐业等方面。而在旅游引起的非经济因素方面，开始主要集中于旅行社会影响方面研究以及环境和生态方面研究。70年代后，研究范围有了较大扩展，包括旅游人类学、旅游环境学等。

## 四、国内旅游对经济影响的研究与发展

由于我国的旅游业真正起步的时间较晚，旅游业发展还不成熟，因此我国旅游经济方面的研究是从20世纪80年代才开始的。从1980年的旅游经济座谈会认为旅游业是带有浓厚文化性质的经济工作，也是带有浓厚经济性质的文化工作。到1983年第三次旅游经济理论会议上讨论了旅游业经济效益问题。肖潜辉（1991年）从单一的观光型旅游产品结构导致的海外市场狭窄对交通的苛求、对市场秩序的负面作用以及花费水平等方面深刻分析了其对我们旅游经济效益的影响。接下来专家学者们主要研究衡量旅游对经济贡献的计量法。徐晓歌（1991年）根据联合国亚太经济社会专家组织会议报告——《投入产出分析法》评价旅游的经济影响方面的应用。闫敏（1999年）通过翔实的数据论证了旅游发展与工业化之间的关系同时，也从一个侧面反映旅游业的产业带动作用。李江帆、李美云（1999年）提出了旅游增值测算方法。张吉林则认为从传统的投入——产业法难以衡量旅游业对经济的贡献，应该从需求组织的角度进行重新衡量。

在此期间（即20世纪90年代），随着我国旅游事业的蓬勃发展，人们也逐渐认识到了旅游业会成为我国经济新的增长点。其中傅京燕在《论旅游消费和经济增长》中就提到了这一点，回顾了我们改革开始以来旅游的快速发展和中国旅游业在世界的排名不断上升的事实，认为旅游业将会成为经济的增长点，认为旅游业正在成为中国最强劲、最有潜力的经济增长点和生长物。"黄金周"制度的推行使旅游快速发展，进一步拉动经济的快速发展，旅游业对经济的促进作用已被大家所认同。

经济学是研究各种经济关系和经济活动规律的科学。旅游经济学是部门经济学的分支，它的产生与发展是伴随着人类文明的进步，社会生产力的发展而产生和发展起来的。随着市场经济的发展，旅游活动经历了由自发的、不完全的旅游产品交换到完全的和发达的旅游产品交换阶段，特别是旅行社的产生和发展，在旅游需求和旅游供给之间架起了一座桥梁。通过经济的纽带，在市场运行机制条件下，社会通过提供旅游产品和服务来满足旅游者的旅游需求，而旅游者通过支付货币和余暇时间来购买旅游产品，从而使旅游经济活动得以实现。旅游需求和旅游供给之间的矛盾运动，使旅游业产生了一系列的经济现象和经济关系，旅游经济学正是在研究这种经济现象和经济规律的基础上诞生的。

旅游是一种社会经济现象，旅游业是一项综合性的经济产业，在一个国家和地区社会经济中占有重要的地位，旅游业的繁荣与经济的发展相互影响，相互促进，旅游业的发展离不开国民经济的发展以及交通、邮电、通讯、商业、金融业、饮食、文化卫生、科技教育、环保等各部门或行业的支持帮助，同时也会对这些部门和行业的发展起推动作用。国内旅游收入可以回笼货币、繁荣市场、增加就业、促进国家和地方经济发展、提高国民素质。国际旅游收支，不仅对一国的国际收支产生影响，而且会对国际经济格局产生影响，使一部分财富由发达国家流向输出旅游资源的发展中国家和一些不发达的国家和地区。因

此，研究旅游业同其他相关部门和行业的经济关系及其同国民经济和世界经济的联系，能动地发挥旅游产业的功能，便成为研究旅游经济学的主要背景。

### 加快资源开发，促进经济发展

随着旅游产业化进程的加快，旅游已成为国家经济和人民生活中的必需，旅游业在我国和世界范围内已成为经济发展新的增长点。旅游业具有市场前景广阔、创汇能力强、换汇成本低、消耗能源少、关联带动功能强、提供就业机会多等优势。2016 年全球经济复苏乏力，部分发达国家经济有所恢复但各国之间颇不均衡。但全球旅游经济增速显著高于全球经济。在主要经济体旅游需求快速增长、跨国旅游基础设施不断完善、国际油价下降带来旅行成本降低、各国签证便利化程度持续提高等因素的共同推动下，2016 年全球旅游总人次首次突破百亿，达 105 亿人次，较上年增长 4.8%，为全球人口规模的 1.4 倍；全球旅游总收入达 5.17 万亿美元，较上年增长 3.6%，相当于全球 GDP 的 7.0%。中国国际旅游业凭借着丰富的旅游资源和日趋完善的旅游基础设施一直以高居世界前列和适度超前于国民经济发展的速度发展。国内旅游业迅速发展，国际、国内两大旅游市场开始融洽，互补互促的大旅游、大产业的局面正在形成。中国旅游业已初具规模，开始逐步成为国民经济中发展速度最快、消耗资源最少、投资回报可观、最具活力的一个产业和新的增长点。由此可见，旅游业是永远的"朝阳产业"。正因为如此，世界各国都非常关注旅游业的发展，建立了旅游管理机构，成立了各种旅游行业组织，规划、协调并鼓励旅游业的发展，这些因素为推动旅游经济学的研究创造了良好的条件。随着世界旅游业的不断发展和旅游经济研究水平的不断提高，旅游经济学教材和学术论文、专著的不断问世，从理论和实践两方面为旅游经济学的发展创造了条件，丰富了旅游经济学的内涵，为旅游经济学的形成奠定了坚实的基础。

（资料来源：http://www.sohu.com/a/125585471_488870 搜狐新闻）

# 第二节　旅游经济学的学科特征

经济学是研究人类社会各种经济活动、经济关系和经济规律的学科总称。旅游经济学是现代经济学的一个分支，它是以经济学的一般理论为指导，研究旅游经济活动中各种经济现象，经济关系和经济规律的科学。因此，旅游经济学同其他学科相比较，具有不同于其他学科的特点。

## 一、旅游经济学是一门应用性学科

旅游经济学同经济学之间既有区别，又有联系。经济学是把整个社会经济作为一个整体,从生产、交换、分配和消费诸环节的内在联系及其矛盾运动中,揭示整个社会经济发展的一般规律性,属于理论经济学的范畴。而旅游经济学则是以经济学的一般理论为指导,专门研究旅游经济活动中特有的现象及矛盾,揭示旅游经济发展的规律及其作用的条件、范围及表现形式,用以指导旅游经济健康地发展,因而具有较强的应用性,属于应用经济学的范畴。

## 二、旅游经济学是一门产业经济学

旅游经济学本质上属于产业经济学的范畴。产业经济学是针对某一部门及领域的经济活动进行研究,从而揭示该部门经济运行的内在规律及其外在形式的科学。旅游经济学作为一门产业经济学,是研究旅游经济活动过程中各种经济现象之间的内在联系,揭示旅游经济运行中的特殊矛盾及规律,并把经济学的一般原理用于指导旅游经济活动,以促进旅游产业健康、持续地发展的科学。

## 三、旅游经济学是一门基础性学科

旅游经济学是旅游专业的基础学科,但不同于旅游学和旅游管理学。旅游学是以世界为整体,研究旅游活动产生、发展及其运行规律的学科,目的是揭示旅游活动的内在性质、特点及发展趋势。旅游经济学则是在旅游学理论指导下,揭示旅游活动在经济领域中所发生的矛盾运动、经济关系的发展规律等。旅游管理学又是在旅游经济学的指导下,研究旅游经济活动的合理组织及科学管理,以提高旅游经济运行的效率和效益,是旅游经济学的延伸。

## 四、旅游经济学是一门边缘性学科

旅游经济学随着其产生和发展已逐渐形成一门独立的学科,具有区别于其他学科的不同特点。但是,由于旅游经济活动的综合性特点,使旅游经济学同其他学科相比较,实际上是一门新兴的边缘科学。因为研究旅游经济不仅要以经济学、旅游学的理论为指导,还必须借助各种学科的理论及研究成果来丰富旅游经济学的研究内容。例如,运用心理学、地理学、资源学、社会学、统计学、市场学等学科理论和方法,来综合考察旅游活动在经济领域中的各种反映。只有这样才能加深对旅游经济内在规律及其运行机制的认识,更好地掌握旅游经济的理论和方法。

旅游经济活动形成于19世纪中叶,但是长时间处于缓慢发展过程中。第二次世界大战之后,科学技术的进步、交通运输工具的不断改善、世界各国经济的飞速发展以及国际形势的稳定,极大地推动了全球旅游业的发展,使世界的旅游经济进入了现代旅游经济的时代。

现代旅游经济的发展呈现出以下几个方面的显著特性。

### (一)旅游经济活动的大众性

现代旅游经济活动与以往的旅游经济活动不同,其最大特点之一就是参加旅游的人数越来越多,范围越来越普及。自20世纪50年代以来,旅游经济活动再不是以往仅仅是少数的富有者和权贵们为主的活动。生产力的迅速提高，人们可支配收入的增加，余暇时间增多，使普通百姓不仅具备了旅游消费的能力，也具备了外出旅游的时间条件和交通运输条件，从而推动了旅游活动的大众普及性。人民大众已成为旅游的主体。1980年世界旅游组织发表的《马尼拉宣言》明确指出，旅游已是人类基本的需要之一。为了使旅游同其他社会基本需要协调一致，各国应将旅游纳入国家发展的内容之中，使旅游度假真正成为人人享有的权利。旅游活动的逐步普及创造了大量的旅游需求，为旅游业的发展提供了广泛的机遇，使旅游经济活动得到了迅速发展。

### （二）旅游经济活动的全球性

现代旅游活动已不再局限于国内旅游或近距离旅游，而是突破了地域、疆域的界限，发展成为全球性的社会经济活动。现代科学技术的发展促进了通讯手段的现代化，特别是航空运输业的发达，大大缩短了国际距离，为全球性的旅游提供了物质技术条件，使人们可以在较短的时间内，以较少的经济支出，安全、舒适、快捷地周游世界各地。同时社会经济的发展，人们收入水平的大幅度提高，以及国际政治形势的相对稳定，也使人们在全球范围内进行旅游成为一件非常容易的事。现在不仅是少数经济发达国家，而是大多数国家和地区都开展了国际旅游业务。全球性的旅游活动的发展，促进了国际投资中的相当比例投入旅游服务业，以致全球性的旅游经济活动已成为世界经济一体化的重要组成部分。

### （三）旅游经济活动的规范性

现代旅游经济活动在其发展过程中，逐渐形成了一种有组织的规范化模式。无论是国际旅游还是国内旅游，通常都由旅行社作为主要的组织者，统一组织分散的旅游者。旅行社依托各类旅游企业和旅游风景区，按照预定的旅游路线、活动内容和时间，通过提供综合性的旅游服务，满足旅游者多方面的需求。对于旅游服务，各国之间也相互学习，各类旅游企业把旅游者经常的、重复的、必需的要求，制定成标准规范，然后按标准进行运作，以标准、有序的服务来满足各种常规性的需要。旅游经济活动的全球性特点，使得各国旅游企业的服务规范通常都按照国际惯例来制定。正是旅游经济活动的规范性发展，才推动了旅游经济活动的大众化和全球化。

### （四）旅游经济发展的持续性

旅游经济发展的持续性是指自第二次世界大战之后，旅游活动进入了现代旅游经济发展时期，其增长一直保持着高速度态势。在过去的50年里，世界旅游者每10年就差不多翻一番，而旅游消费额的增长还不止翻一番。如1950年国际旅游为2530万人次，国际旅游消费额为21亿美元，到1998年国际旅游达到6.35亿人次，国际旅游消费额达到4394亿美元。虽然世界旅游业在其间受到资本主义经济危机、国际上的局部战争和亚洲金融危机的冲击，增长率有所下降，但同世界其他行业的增长率相比较，始终保持着一种高速发展的态势。旅游经济的迅猛发展，使其在国民经济中的地位和作用有了显著的提高。此外，开展旅游活动与环境保护之间也存在着一种互为因果关系。随着旅游活动的广泛开展，促使人们更加重视生态环境的保护，更加重视对环境污染的治理，以谋求旅游与自然文化和人类生存环境能融为一个和谐的整体。合理开发旅游资源，大力发展旅游经济活动，对维持社会经济的持续发展起着巨大的推动作用。

# 第三节　旅游经济学的研究范围

旅游活动中的经济现象和经济关系，就其内在的本质联系而言，主要包括两类规律：一类是反映社会经济运行的一般规律，如供求规律，在旅游经济中是以特有的形式表现出来的；再一类是旅游经济内部的特有规律。上述两种类型的经济规律在旅游经济中的作用是错综复杂的。从旅游经济运转的角度来看，又可以分为三个不同的层次，如图1-1所示。

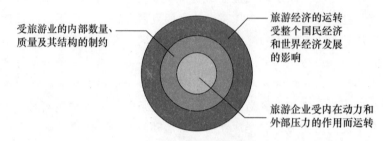

图 1-1　旅游经济运转层次图

与旅游经济运转的三个层次相对应，旅游经济学对旅游经济规律的研究，也可分为三大系统。首先，研究旅游和整个国民经济之间的内在联系，分析旅游经济产生发展的社会经济条件以及影响旅游经济发展的诸因素，进而预测它的发展趋势。其次，研究旅游业内部各个环节之间的内在联系。围绕着从激发旅游动机到旅游者结束游程的全过程，旅游经济的机制以一系列环节的运转为其提供服务。旅游经济研究就要对旅游资源做出经济上的评价，对各种旅游配套设施进行系统的论证，对旅游者的消费结构和需求进行预测，对旅游市场及价格进行调查和研究。第三，研究旅游企业的生产和经营活动。一个旅游企业要获得最佳经济效益，就必须不断改善经营管理，提高服务质量。对旅游企业经济活动的应用理论和实务原理的研究，是旅游经济学中最具实践性的内容。

旅游经济学研究的目的是通过对旅游经济活动过程中各种经济现象和经济规律的研究，揭示影响和作用于旅游经济活动的基本因素和经济关系，探索支配旅游经济运行的内在机制和规律性，寻求获取旅游经济效益、社会效益及环境效益的最佳途径，并为各级政府制定旅游业发展规划及各项方针、政策和法规提供理论依据。为达到上述研究目的，旅游经济学的研究内容主要有以下几方面。

## 一、旅游经济的形成及产业标志

现代旅游经济是社会生产力发展到一定历史阶段的产物，是国民经济的有机组成部分。因此，研究旅游经济学首先应明确旅游经济的形成及发展特点；明确旅游经济产业的性质及主要标志，并从社会经济发展的角度把握旅游经济在国民经济中的重要地位及其对社会、文化和生态环境的作用和影响。

## 二、旅游产品的开发及其供求关系

旅游经济活动是以旅游产品的需求和供给为出发点的，但由于旅游产品具有不同于其他物质产品的属性和特点，因而必须研究旅游产品的科学含义及构成，把握旅游产品的市场生命周期，制定合理的旅游产品开发策略，并根据旅游产品在市场上的需求和供给状况，分析旅游产品供求的变化及影响因素，掌握旅游产品供求的矛盾和问题，努力实现旅游产品的市场供求平衡等。

## 三、旅游市场及其开拓策略

旅游产品的供给和销售离不开旅游市场。因此，必须加强对旅游市场的研究，掌握不同类型旅游市场的特点及竞争态势，采取合适的市场开拓策略，并遵循旅游市场经济规律的要求，充分运用旅游市场机制，完善旅游市场法制体系，掌握旅游市场竞争规律和策略，积极促进旅游产品的销售和旅游市场的拓展。

## 四、旅游消费及其合理化

旅游产品的消费是旅游经济活动的重要环节。由于旅游产品的特殊性，使旅游消费直接表现为旅游经济活动过程之中的现实消费。因此，必须研究旅游者的消费倾向、消费行为和消费结构，科学地分析和评价旅游消费水平的发展变化，积极地探寻旅游消费的合理化途径，以实现旅游者消费的最大满足。

## 五、旅游收入、成本及效益

旅游经济效益是旅游经营者从事旅游经营活动的主要目标，也是旅游目的地国家发展旅游业的基本目标之一。因此，要研究旅游经营成本及投资情况，研究旅游业的收入及分配，研究旅游经济效益指标体系，并通过对宏观旅游经济效益和微观旅游经济效益的分析，对旅游经济效益的实现做出合理的评价，制定提高旅游经济效益的对策措施等。

## 六、旅游经济结构及发展

旅游经济不仅研究旅游经济现象及其运行机制，还要研究旅游经济活动中各种经济关系，它们对旅游经济的发展会从不同方面产生影响。因此，要研究旅游产品结构、产业结构、地区结构，以寻求旅游经济结构的合理化；要研究旅游经济增长与发展的关系，并从旅游经济发展与资源、环境的相互关系中，探寻促进旅游经济可持续发展的最佳模式和途径。

# 第四节　旅游经济学的研究对象和方法

每一门学科都会根据自身的性质和任务要求选择不同的研究对象，旅游经济学也不例外。

### 关于科学研究的认知

毛泽东同志说过："科学研究的区分，就是根据科学对象所具有的特殊的矛盾性。因此，对于某一现象的领域所特有的某一种矛盾的研究，就构成某一门科学的对象。"

旅游经济学的研究对象既不是旅游活动，也不是旅游业或其他，而是旅游经济活动。为了说明旅游经济学的研究对象，有必要了解旅游活动、旅游经济活动、旅游业等基本概念以及其间的联系与区别。

## 一、旅游活动的定义

旅游活动，是指人们出于各种直接的或间接的旅游动机，离开居住地到另一地区或另一国旅行或游览一段时间然后返回原住地的整个活动过程。"旅游"作为一个固定的专用词，在我国的语言史中出现得比较晚，但作为一种活动现象，古已有之。在古代，旅行和游览是有本质性的区别的。旅行主要成为人民群众为生计而四处奔走的活动，而游览则仅仅是王公贵族，豪富人家消闲、寻乐的行为。现代的旅游是将旅行和游览有机结合在一起形成的以游览为目的，以旅行为手段的活动。出于直接的旅游动机的旅游活动是以游览为直接的或唯一的目的，如观光旅游、度假旅游、娱乐消遣旅游等；出于间接的旅游动机的旅游活动以其他动机为直接目的，但往往包含有游览的目的和内容，如会议旅游、探亲旅游、科学考察旅游、宗教旅游、商务旅游、探险旅游等。旅游活动发展到今天已成为一种社会经济文化活动，它反映的关系是广泛的，既包括旅游者同自然、社会的关系，又包括人与人之间的关系。

旅游活动并非一开始就表现为旅游经济活动。旅游经济活动是旅游活动这一社会现象在经济领域中的表现，是在旅游活动商品化的基础上所形成的各种经济现象和经济关系的综合。尽管古代一些文人墨客也出于某种目的外出旅游，但更多地表现为个人行为。他们外出旅游所需的各种物品大都依靠自己解决，住宿主要是借住在亲戚朋友家或寺院庙宇之中，饮食、车船行具甚至要亲自操持。那时的旅游还只是社会上个别人的偶然行为，并不具备普遍的社会意义。因此，旅游过程中所需的各种物质要素还未进入商品交换领域，旅游活动并未表现为一种经济活动。随着商品生产与商品交换的发展，旅游活动逐渐地同社会经济活动结合起来，逐步商品化，从而成为旅游经济活动。

### 旅游经营行业的形成过程

19世纪40年代，乘轮船游览在英国已相当盛行。1835年到1855年，欧洲各国掀起了修筑铁路的高潮。交通运输业的发展为旅游活动的进行提供了便利的条件，使得旅游的人数越来越多，于是在铁路沿线和轮船码头出现了现代旅馆。1774年，波士顿建成了拥有300个房间的纽约城旅馆；19世纪初，德国的疗养胜地巴登出现了第一家豪华别墅式旅馆；随后在19世纪50年代，巴黎建成了著名的格兰特饭店、卢夫勒饭店等，使旅馆能满足旅游者食宿、娱乐、召开会议等多方面综合需要，使提供旅游活动所需要的各种专门服务成为可能，从而促进了旅游活动的商业化进程。到20世纪初，英国托马斯·库克旅游公司、美国运通公司、比利时铁路卧车公司成为世界旅游业三大公司。在旅游活动商品化的过程中，旅游活动的社会化程度也不断提高，由原来个别人的旅游活动，发展成为当今人数众多的大众旅游活动，原来小范围的旅游活动发展成为跨国界的全球性活动。为了满足旅游活动的需要，以盈利为目的的旅游经营行业最终应运而生。

旅游活动是在一定的社会经济条件下所产生的，并随着社会经济发展而发展的一种综合性社会活动。从旅游活动发展的历史来看，18世纪英国工业革命带来了劳动生产率的提高和科学技术的进步，使全社会和个人的剩余财富大量增加，而社会必要劳动时间大大降低，为人类旅游活动的产生和发展奠定了物质基础及提供了闲暇时间。19世纪40年代，英国人托马斯·库克创立了世界上最早的旅行社，它标志着世界上一个新兴的行业——旅游业的正式诞生。旅游业是指为旅游者的整个旅游活动提供旅游产品的旅游企业的总和。它主要由餐饮业、住宿业、交通运输业、旅行社业以及娱乐、游览、购物等行业构成，为旅游者的旅游活动提供各种产品与服务，以满足旅游者在旅游活动过程中吃、住、行、游、娱、购等多方面的旅游需求，从而起到旅游供给的作用。旅游需求与旅游供给之间的矛盾运动推动旅游经济活动的发展。

## 二、旅游经济学的研究对象

旅游经济活动是在旅游活动商品化的基础上形成的。旅游业是国民经济中的一个行业，是旅游经济活动中的一部分。旅游经济学的研究对象，就是现代旅游活动中所产生的各种经济现象、经济关系以及经济规律。

**小贴士**

部分论著中关于旅游经济学研究对象的陈述：

（1）旅游经济学的研究对象是旅游经济活动及其发展规律。

（2）旅游经济学就是要研究旅游活动商品化过程中的各种错综复杂的经济现象和经济关系。即旅游者的最大利益、旅游供给者的最大利益和国家的最大利益这三者的经济关系和矛盾。

（3）旅游经济学是研究在旅游活动过程中所发生的各种经济现象、经济过程之间内在的本质的必然联系及其发展规律的科学。

（4）旅游经济学是研究旅游劳务生产和流通的经济现象及其运动规律的科学，换句话说，旅游经济学研究对象是旅游劳务领域的生产流通以及分配和消费的经济规律。

（5）旅游经济学的研究对象正是通过研究旅游经济活动领域里特殊的矛盾性，来研究旅游经济活动中的各种经济关系及其运动规律的。

（6）旅游经济学是研究旅游活动中的经济现象、结构关系和经济规律的科学。

（7）旅游经济学的研究对象是旅游经济活动中的经济现象、经济关系及其内在的规律。

（8）旅游经济学研究的对象是旅游经济活动中旅游产品的需求和供给矛盾。旅游经济学主要研究旅游经济活动的运行及其运行过程中所产生的经济现象、经济关系与经济规律。

（9）旅游经济学是研究旅游者在客源国与目的地之间的商品化、社会化的移动而引发的经济现象、经济关系、经济运行和经济影响的专门学科。

由于旅游经济活动过程中总是存在着旅游需求与旅游供给的主要矛盾及由此而产生的各种矛盾，因而旅游经济学就是要揭示旅游经济活动过程中的内在规律及其运行机制，寻求有效配置旅游资源的方式，提高产出效率，从而指导旅游工作实践，促进旅游经济活动健康、持续、协调地发展。正是在研究旅游经济活动的这种内在规律及其运行机制的过程中，在充分借鉴经济学、旅游学以及其他相关学科原理、方法和经验的基础上，形成了旅游经济学这门全新的学科，并且产生了独具特色的旅经济研究对象和任务，主要表现为以下几方面。

## （一）研究旅游经济的形成过程及规律

旅游经济是伴随着旅游活动的发展而形成的。旅游活动作为人类社会生活的一部分，并非生来就是商品。旅游活动成为商品是人类社会发展到一定阶段的产物，是商品生产和商品交换发展的必然结果。因此，旅游经济学研究的首要任务就是分析旅游经济的形成条件和过程，揭示旅游活动商品化过程的客观规律性，以及旅游经济在社会经济发展中的作用和影响。

## （二）研究旅游经济运行的机制及实现条件

旅游经济运行是旅游活动在经济领域的表现，而贯穿旅游经济运行的主要矛盾是旅游需求与旅游供给的矛盾，它决定了旅游经济运行中其他一切矛盾。因此，旅游经济学的研究应以分析旅游需求和旅游供给的形成、变化及其矛盾运动入手，揭示旅游经济运行的内在机制，分析旅游供求平衡的实现条件，为旅游经济有效运行和顺利实现提供科学的理论指导。

## （三）研究旅游经济活动的成果及实现状况

在旅游经济活动过程中，不同的参与者（如旅游者、旅游经营者）有不同的目标和要求，因而旅游经济活动是否有成效就看其达到各参与者的目标的状况，简而言之就是旅游经济活动的效益。这些效益主要体现在以下三方面。

第一，旅游经济活动是否满足了旅游者的需求，从而需要对旅游者的消费进行分析和研究；第二，旅游经济活动是否满足了旅游经营者的需求，从而需要对旅游经营者的收入和分配进行研究；第三，旅游经济活动是否满足了旅游目的国的需求，从而要求对旅游经济活动的宏观效益和微观效益进行综合分析研究。

### 三、旅游经济学的研究方法

旅游经济学是一门综合性的学科，其研究的内容十分广泛，涉及多种学科的内容。因此，要使旅游经济学的研究成果具有科学性、系统性，并能对实际工作具有指导意义，就必须采用科学的研究方法。马克思主义的辩证唯物主义和历史唯物主义，是研究任何学科都必须遵循的根本指导思想和方法，也是研究旅游经济学必须遵循的基本指导思想和方法。作为经济学一般原理在旅游经济活动中的拓展和应用，旅游经济学在充分借鉴经济学研究方法和规律的基础上，也尽可能地反映旅游经济活动的特殊规律，形成了合乎自身规律的研究方法体系。具体地讲，研究旅游经济学必须坚持以下方法。

## （一）坚持理论联系实际的方法

科学是对事物运动的客观规律性的理论概括。任何科学的理论都是来源于实践，又对实践起指导作用。只有通过实践才能证实和发展真理。旅游经济学是对旅游经济活动实践的科学概括和总结，因此研究旅游经济学必须坚持实事求是的科学态度，将理论与实践相结合。坚持理论与实际相结合，一方面，要求一切研究都要从旅游经济活动的客观实际出发，运用现代经济理论分析旅游活动中的各种经济现象和经济关系，解决旅游经济发展中的实际问题，揭示其发展变化的客观规律性，并上升为理论，用以指导旅游经济的实际；另一方面，必须以"实践是检验真理的唯一标准"为准绳，把对旅游经济现象、经济关系及经济规律的科学总结和概括，再拿到实践中进行反复检验，并根据实践的发展进行修改、完善和充实，才能使旅游经济理论体系不断成熟和发展。

## （二）坚持系统分析的方法

建立在系统论、信息论和控制论基础之上的系统分析方法，是一种新型的、综合型的研究方法。它强调从系统、综合的角度研究事物运动的客观规律性，从而克服研究问题中的狭隘、片面、孤立、静止及封闭的观点和方法。旅游经济虽然是从属于国民经济系统的一个部分，但其本身也是一个系统，只有运用系统分析的方法，才能真正掌握旅游经济的整个理论体系和方法，有效地指导实际工作。

### （三）要坚持全面分析的方法

旅游经济活动是社会经济活动的一个子系统，其本身又是由各种要素所组成的系统。因此，旅游经济的研究要着眼于旅游经济活动的全局，以整个社会经济为背景，才可能揭示和掌握旅游经济的客观规律性。

### （四）必须坚持历史的观点和方法

根据历史唯物主义的原理，从旅游活动的起源、旅游活动的商品化过程开始研究，并把它置于社会发展的不同历史时期来分析，按照社会生产力及经济发展水平的差别，认识旅游经济在不同社会发展阶段的特点及作用，才能科学地把握旅游经济的发展趋势，有效地指导旅游经济活动的实际工作。

### （五）必须对旅游经济进行动态的分析

因为运动是客观世界永恒的规律，旅游经济活动也是动态发展的，这就要求运用动态发展的观点和方法分析和研究旅游经济活动。在对大量旅游经济的资料、信息进行客观静态分析的基础上，要把旅游经济理论和方法应用于实践，还必须根据各种因素及条件的变化，对旅游经济做动态的分析和运用。

### （六）坚持定性分析与定量分析相结合的方法

世界上任何事物都是质变和量变的统一。其中质变决定事物的根本性质，并使它同其他事物区别开来。质变和量变之间相互依存、相互影响，一定的质变规定着一定的量变，量变到一定程度也会引起质变。旅游经济现象同各种自然、社会现象一样，不仅具有质和量的规定性，而且也在不断地变化。因此，在研究旅游经济学时，对各种经济现象和经济关系必须在研究质的同时，注意研究量的变化，将定性分析与定量分析结合起来。定性分析就是探索和确定事物的本质特征。分析和确定旅游经济活动中各种经济现象的本质特征是旅游经济学研究的主要任务之一。例如，分析一个旅游目的地市场需求的变化，在现代旅游经济活动中会表现为旅游接待规模的增减，或旅游价格水平的涨落。但从本质上看，可能是由该目的地旅游市场发育程度或旅游管理体制是否规范有效决定的。可见，只有透过一些表面现象，才能准确把握问题的根本趋势。定量分析就是探索和研究量的变化对事物本质的影响。旅游经济活动的变动性是由各种旅游经济现象量的变化所引起的，如果旅游产品价格或闲暇时间发生变化，旅游需求就必定会受到影响，从而引起旅游经济活动的变化。因此，定量分析有助于在旅游经济学的研究中从动态上把握旅游经济活动运行的特征与变动趋势，它对指导旅游实际工作具有积极的意义。

### （七）坚持实证分析与规范分析相结合的方法

经济学理论中，实证分析所研究的是"是什么"的问题，或者说是人类所面临的实际经济问题"是如何解决"的问题。实证分析不涉及价值判断，只描述旅游经济活动和旅游现象发生和发展的客观过程，目的在于揭示旅游经济现象的内在联系，揭示有关变量之间的因果关系，分析和预测人们旅游经济行为的后果。实证分析所表述的问题可以用事实、证据，或者从逻辑上加以证实或证伪。规范分析所研究的是"应该是什么"的问题，或者说是人类所面临的实际经济问题"应该如何解决"的问题。规范分析必须以一定的价值判断为基础，确定遵守旅游经济理论的前提，注重对旅游经济行为和后果的"好"与"不好"的判断，并试图提出解决具体问题的正确对策和途径。规范分析所研究的问题一般不能用事实、证据，或者从逻辑上加以证实或证伪。

需要说明的是，实证分析与规范分析较之定性分析与定量分析是两类不同的范畴，不应将这两类范畴相混淆。定性分析并不一定带有价值判断，因此定性分析可能是一种实证分析。例如，政府最低工资的政策是否会减少就业量是一种定性分析。如果进一步研究政府最低工资政策使就业量减少了多少则是定量分析，这要通过统计学或计量经济学方法加以分析。这两种方法都属于实证分析，因为用这两种方法所分析的问题都可以用事实加以证实或证伪。

### （八）坚持运用多学科知识的方法

旅游经济活动是一项综合性的社会经济活动，其内容涉及人类生活、生产的诸多方面，所以旅游经济的研究必然要涉及经济学、旅游学、社会学、心理学、统计学、会计学、计算机科学等多学科的知识。因此，在研究旅游经济学时，要拓宽思路，开阔眼界，注意学习和了解其他相关学科的理论研究及发展，并充分运用其他学科的最新研究成果，不断地丰富这门学科的内容，提高旅游经济的研究水平和对实践的指导性。

旅游经济学作为一门独立的学科，有自己的研究方法。对旅游经济学研究方法进行比较合理的分类，有助于提高旅游经济学研究的科学水平。研究方法论和研究方法不同。方法论是关于学科方法的理论。从哲学的层次来说，就是关于认识途径的理论学说，知识产生的程序系统，这门学科的概念、理论和基本原理的研究。方法论包括哲学方法、归纳法、演绎法，是研究工作的指导思想，是旅游经济学的理论性、综合性研究。方法则是在正确理论指导下，进行科学研究活动的途径、手段和方式；调查分析法，旅游规划法，旅游决策法，比较研究法，旅游供求关系分析法，旅游者行为分析法，定性、定量和模型分析法等。只有掌握这些方法，才能搞好旅游经济学的研究。旅游经济学研究的方法主要可以划分为以下三个层次。

第一层次是适用于旅游经济学研究的特殊方法，如旅游调查分析法、个案分析法、社会调查与统计法、旅游规划法、旅游决策法、旅游供求关系分析法、旅游消费者行为分析法、旅游企业经济效益模型分析法等。

第二层次是适用于各门学科的一般的研究方法，带有一定的普遍意义，如归纳法、演绎法、数学方法、系统科学方法等。

第三层次是关于认识世界、改造世界、探索实现主客观世界相统一的哲学方法论，即唯物论和辩证法。马克思主义唯物辩证法、历史唯物主义的认识论是唯一科学的世界观和方法论，它对一般的科学方法和具体科学方法有重要的指导意义。

这三者之间的关系是互相依存、互相补充的对立统一关系。由于旅游经济学广泛地涉及旅游社会学、旅游文化学、旅游地理学、旅游心理学等诸多学科，因此，学习和借鉴这些旅游学相关学科的知识和方法，对于旅游经济学研究也十分必要。

总之，如一位学者所说的："经济学并不是对经济问题给出的一套现成答案，而是分析、解决问题的一种方法。"正确地掌握旅游经济学的研究方法，无疑将为学习者更好地研究旅游经济活动规律提供一把入门的钥匙。

# 课后练习

## 一、单项选择题

1. 旅游活动的主体是（    ）。

　　A. 旅游者　　　　　　B. 旅游生产者　　　　C. 旅游行业　　　　D. 政府

2. 采用商品交换形式所形成的旅游者与旅游生产者、旅游行业、政府及其他利益相关者之间的经济联系和经济关系的总和。

　　A. 旅游　　　　　　　B. 旅行　　　　　　　C. 旅游活动　　　　D. 旅游经济活动

3. 商品化阶段，系统介绍古代旅游的著名事件和旅游特色的著作是（    ）。

　　A.《旅游学》　　　　　　　　　　　B.《旅游学—要素·实践·基本原理》

　　C.《旅游学概论》　　　　　　　　　D.《旅游学原理》

4. 1845 年，预示一种新的旅游生产方式的出现，旅游经济进入专业化阶段的标志是（    ）。

　　A. 蒸汽机的出现　　　　　　　　　B. 度假胜地的形成

　　C. 托马斯库克公司的成立　　　　　D. 人造旅游物的兴起

5. 现代旅游活动的基本运行模式是（    ）。

　　A. 商品化　　　　　　B. 专门化　　　　　　C. 产业化　　　　D. 后产业化

## 二、多项选择题

1. 旅游活动包含的关系有（    ）。

　　A. 人与自然的关系　　　　　　　　B. 人与社会的关系

　　C. 人与社会的关系　　　　　　　　D. 旅游者与旅游行业的关系

　　E. 旅游行业与政府的关系

2. 旅游经济活动产生和发展经历的阶段有（    ）。

　　A. 自发阶段　　　　　　　　　　　B. 商品化阶段

　　C. 专门化阶段　　　　　　　　　　D. 产业化阶段

　　E. 现代化阶段

3. 产业革命对旅游经济活动的影响体现为（    ）

　　A. 为人们外出观光奠定了经济基础　　B. 提供了交通的便利

　　C. 形成著名的旅游胜地　　　　　　　D. 引起了政府的关注

　　E. 达成了社会的共识

4. 旅游者流动的特点有（    ）。

　　A. 目的性　　　　　　　　　　　　B. 营利性

C. 指向性　　　　　　　　　　　　　D. 分散性

E. 暂时性

5. 旅游系统的构成要素（　　　）。

A. 旅游者　　　　　　　　　　　　　B. 旅游客源地

C. 旅游交通　　　　　　　　　　　　D. 旅游目的地

E. 旅游业

## 三、判断题

1. 现代旅游历史上"大众旅游"的高潮期是在 19 世纪末到 20 世纪 20 年代后期。
（　　）

2. 我国旅游业起步时间较晚，因此在旅游经济方面的研究是从 20 世纪 90 年代才开始的。（　　）

3. 经济学是研究人类社会各种经济活动、经济关系和经济规律的学科总称。（　　）

4. 现代旅游经济是社会生产力发展到一定历史阶段的产物，是国民经济的有机组成部分。（　　）

5. 旅游经济学的研究对象既不是旅游活动，也不是旅游业或其他，而是旅游经济规律。（　　）

## 四、简答题

1. 旅游经济学是如何产生的？

2. 旅游经济学有何特征？

3. 旅游经济学的研究对象是什么？

4. 旅游经济的研究任务和内容包括哪些方面？

5. 旅游经济学的研究方法有哪些？

# 第二章
# 旅游产品与开发

**知识目标**

1. 了解旅游产品的含义及特征。
2. 掌握旅游产品的一般构成需求构成和供给构成。
3. 明确旅游产品开发的决定因素及开发过程，掌握旅游产品开发的策略。
4. 掌握旅游产品生命周期。

**能力目标**

1. 在了解市场的基础上设计出具体的旅游线路。
2. 根据消费者需求开发出适销对路的产品。

**案例导入**

　　20世纪60年代末期，印度尼西亚政府认识到巴厘岛是发展国际旅游的最佳地点，鉴于在此之前巴厘岛旅游业发展缺乏计划性，因此精心制定巴厘岛旅游开发规划成为首要的工作。1970年，印度尼西亚政府和联合国开发计划署、世界银行就制定巴厘岛地区旅游开发规划达成了协议。该规划由法国顾问和专家负责，于1971年完成并经政府批准实施。规划强调了在一个旅游地开发和发展具有国际水准的食宿设施、提供足够基础设施的重要性，确定了圣诺和哥打两个主要的旅游度假开发区以及杜阿岛综合旅游度假区。并建议在巴厘岛主要景点、中转点和不同度假中心之间建立一个公路网络，规划还建议分不同阶段实施该旅游地的开发。

　　从20世纪70年代后半期到80年代末，随着巴厘岛旅游开发规划的实施，尤其是几家国际大饭店和许多规模虽小但质量上乘的旅游饭店的开业．巴厘岛旅游业迅速发展，住宿设施的增加刺激了该岛旅游胜地内独立的小型工艺品商店、餐馆以及其他以旅游者为中心的企业的成长；而以绚丽多姿的地方文化、多样化的手工艺术、传统的村庄和生活方式，独特的印度教文化，与山脉、湖泊、海滩和稻田组成的丰富多彩的自然环境相结合，巴厘岛迅速成为世界著名的旅游地。据统计，到印度尼西亚旅游的所有国际旅游者中，大约有50％以上把参观巴厘岛列为重点，或者把它作为到印度尼西亚旅游的唯一目的地，有的把它作为多个目的地的中转站，国际航班直飞巴厘岛的乘客约占到印度尼西亚全部飞机乘客的22％。

（资料来源：http：//www.chinadmd.com/file/wco3reerwwo6wcpaoitcs3ai_5.html）

问题：

1. 什么是旅游产品？

2. 旅游产品开发有什么意义？

# 第一节  旅游产品的性质和特征

## 一、旅游产品的含义

旅游产品是指旅游者以货币形式向旅游经营者购买的一次旅游活动所消费的全部产品和服务的总和。作为旅游经济的一个专门概念，旅游产品不是指旅游者在旅游过程中所购买的某一单项产品或服务，也不是指旅游者所购买的各种产品和服务的简单叠加，而是指在一次旅游活动中实现，并由一系列单项产品和服务有机组成的综合产品。这些单项产品和服务有机地联系、紧密地配合，不可分割。而对这些单项产品和服务的消费，在时间上有明显的时序性，在空间上有明确的定点性。例如，先要有交通工具把旅游者运送到旅游目的地，然后才有旅游者在目的地的食宿和游览；旅游者一定要亲自到旅游点去，一定要身临其境才能产生旅游消费。因而，旅游产品的生产和消费完全依附于旅游活动。旅游活动开始，旅游产品的生产和消费随即开始；旅游活动结束，旅游产品的生产和消费也随之结束。因此，科学地认识和理解旅游产品的含义，应从以下三个角度来把握。

### （一）旅游产品是一个整体概念

从旅游经济理论的角度看，旅游产品是一个整体概念，它是由多种产品组合而成的综合体。具体地讲，一条旅游线路就是一个单位的旅游产品。在这条线路中，除了向旅游者提供各类旅游吸引物以外，还包括沿线提供的交通、住宿、餐饮等保证旅游活动顺利进行的各种服务。例如，飞机上的一个座位，旅馆里的一间客房、一张床位、一顿美餐或是在游览点内导游人员的一次讲解活动，都只是整体旅游产品中的单项产品或服务，亦称单项旅游产品。每个单项旅游产品都是整体旅游产品的一个组成部分，这些单项旅游产品一般通过旅行社将他们组合起来，形成能满足旅游者各种需要的整体旅游产品。通常，团队旅游者多数由旅行社安排参加包价旅游，即购买整体旅游产品；而散客旅游者或团队中个别旅游者，则根据自己的特殊需要而购买单项旅游产品。因而，旅游产品有整体旅游产品和单项旅游产品之分。整体旅游产品是满足旅游者旅游活动中全部需要的产品（或服务），如一条旅游线路，一个专项旅游项目。单项旅游产品则主要指住宿产品、饮食产品及交通、游览、娱乐等单方面的产品（或服务）。

## （二）旅游产品是一段旅游经历

从需求方面看，即从旅游者的角度来看，旅游产品是指旅游者花费一定的时间、费用和精力所获得的一段旅游经历。这个经历包括旅游者从离开常住地开始，到旅游结束归来的全部过程中，对所接触的事物、事件和所接受的各种服务的综合感受。旅游者眼中的旅游产品，不仅仅是其在旅游过程中所购买的一个饭店的床位、一个飞机或火车的座位，或是一个旅游景点的参观游览、一次接送和导游服务等，而是旅游者对所有这些方面的总体感受。换句话说，旅游者用货币换取的不是一件件具体的实物，而是一次旅游经历。这说明构成旅游产品的诸多单项产品和服务，在质地上应当是均一的，如果厚此薄彼，就会引起产品畸形以致有损于整个产品的形象和价值。例如在一次旅游活动中，有一件单项产品或一项服务的质量特别低劣，以致引起旅游者的不满，那么这个旅游产品的整个体验也许就会因此一落千丈，信誉也许就要因此丧失，这个旅游产品的再生产、再销售也就会遇到困难。实践证明，在旅游产品的产、供、销全过程中，只有一丝不苟地按时、按地、按质、按量地组织好整个旅游产品的生产、销售及消费，保证整个旅游活动过程各个环节的衔接和配合，才能最佳地实现旅游产品的价值，使旅游者获得一次良好的旅游经历及感受。

## （三）旅游产品是一种服务产品

从供给方面看，即从旅游经营者角度来看，旅游产品是指旅游经营者凭借一定的旅游资源和旅游设施，向旅游者提供的、能满足其在旅游活动中所需要的各种产品和服务，通过旅游产品的生产与销售，旅游经营者达到赢利的目的。旅游产品最终表现为活劳动的消耗，即旅游服务的提供。旅游服务是旅游行业的员工凭借旅游资源、旅游设施以及其他必要的劳动资料，在旅游活动过程中，为旅游者提供各式各样的劳务以满足旅游者的需求。必须指出，旅游服务是与有一定使用价值的有形物质结合在一起的服务，只有借助一定的资源、设施和设备，旅游服务才能得以实现。旅游产品与其他产品的不同点，就在于服务的使用价值不是以物的形式来体现其效用，而是通过人的活动、通过提供劳务发挥其有用性。也就是说，旅游服务不是作为物而有用，而是作为活动而有用。作为物而有用的产品，要先把这个产品生产出来才能消费；而作为活动而有用的产品——服务，既不能先于消费而生产，也不能贮藏起来待价而沽。服务的生产和消费是同步进行的，二者同时开始，同时结束。例如，行李员把行李搬进客房的过程标志着服务开始；搬运结束，服务也就终止。因此，旅游产品是以服务形式表现的无形产品。

**小贴士**

### 云南精心打造"八大旅游产品"

多年来，云南省充分发挥旅游资源特色和优势，不断丰富、完善各类旅游产品的内容，大力开发和发展特色鲜明的旅游产品，精心打造"八大旅游产品"，使云南旅游逐步成为在国际国内市场上有竞争力和吸引力的旅游名牌产品，成为中国推向国际国内旅游市场的重要旅游目的地。云南着力打造的"八大旅游产品"特点突出的主要是以下几种。

**1. 自然生态旅游产品**

主要依托云南现有国家级、省级自然保护区和风景名胜区，在对综合自然生态系统、珍稀动植物、特有植被、高原湖泊加强保护的前提下，有针对性地选择、建立一批森林公园、热带雨林、草原风光、多样性生态类型和生物类型的自然生态精品旅游产品，使国内外旅游者在云南真正能够体验回归自然和感受"香格里拉"的神奇。

**2. 民族风情旅游产品**

主要依托云南26个民族绚丽奇异的民族文化和风情，向广大中外旅游者展示各民族的文化艺术、生活习俗、喜庆节日、风味产品、竞技活动、生产劳动等民族风情文化，使游客在旅游活动中游览民族村寨，参加民族节度，品尝民族餐饮，体验民族歌舞，购买民族商品，领略各种绚丽多彩的民族风情文化活动。

**3. 会展商务旅游产品**

充分利用云南"立体气候"条件，尤其是"春城"四季如春的气候和良好的地理区位条件，抓好国际国内各种会议、展览精品旅游产品的推出，并围绕会展旅游需要，配合建设高尔夫球场、网球场、文化娱乐和会展中心等设施，精心组织中国昆明国际旅游节和各种民族节度活动，使昆明日益成为备受国内外欢迎的商务会展旅游中心。

**4. 度假旅游产品**

依托全省已有的10个国家级、省级旅游度假区，建设和完善旅游度假区的度假旅游项目和配套服务设施，把各个旅游度假区发展成特色鲜明的度假旅游精品产业，使之与国际接轨并进入国际旅游度假市场，促进云南旅游逐步从观光旅游向观光与度假旅游转变，提升了云南旅游的品位和综合经济效益，并逐渐成为国际知名的度假旅游地。

**5. 康体旅游产品**

云南具有众多的江河湖泊、丰富的地热资源、特殊的气候和高海拔条件，尤其是地下温泉遍布全省大部分地区，通过利用温泉并结合中国传统的推拿、针灸等民间疗法，积极发展健康旅游；同时还结合云南26个民族的近200项传统体育活动，以及众多江河湖泊和良好的气候条件，建立了一批档次较高、服务设施较配套的体育中心，大力发展涌流、登山、攀岩、竞技等体育游产品和国际性体育赛事。

（资料来源：https://wenku.baidu.com/view/f924e09128ea81c758f578e1.html）

## 二、旅游产品的使用价值和价值

旅游产品之所以能成为商品，这是因为它具有一般商品所具有的基本属性。它和其他商品一样，也是使用价值与价值的统一，也要受价值规律的作用及各种因素的影响。

## （一）旅游产品的使用价值

商品的使用价值，是指其能满足人们在物质方面或者精神方面的某种需要。旅游产品同样也具备这种属性，只是旅游产品的使用价值具有区别于其他产品的特殊性质，具体表现在以下几方面。

### 1. 旅游产品具有多种使用价值

其他产品只能满足人们在消费上的某种需要，而旅游产品在旅游活动中能满足旅游者从物质方面到精神方面的多种需要。一般商品其使用价值通常只有一种，而旅游产品则有多种，从提供基本的生活需要，如食、住、行等开始，继而提供更高层次的满足人们发展的需要，如观光、游览、疗养、娱乐等。

### 2. 旅游产品的使用价值具有多效用性和多功能性

一个完整的旅游产品，例如到某国或某地去旅游，虽然可以根据旅游者的需要、旅游产品的成本及旅游市场的供求状况等，制定出高、中、低等若干档次的旅游产品供给及相应的价目表，但无论是哪一规格档次和价格等级的旅游产品，其使用价值都必须是多效用、多功能和综合性的，而不能只管吃的、不管住的，或者只管住的、不管行的和游的等。也就是说，离开了旅游活动的多效用性和多功能性，就没有旅游产品的存在。

### 3. 旅游产品的使用价值包括正常使用价值和附属使用价值

在旅游产品的使用价值构成中，有的使用价值属于正常的，是构成旅游产品使用价值的基本部分；而有的则属于非正常的，即构成旅游产品使用价值的附属部分。例如旅游者在旅途中突发疾病，旅游经营者必须及时提供医护条件及相应服务等，尽管这些服务不属于旅游产品使用价值的正常内容，但若发生了，旅游经营者也要义不容辞地提供。

## （二）旅游产品的价值

价值是商品的经济本质，旅游产品之所以是商品，还因为它具有价值属性。旅游产品的价值实体和其他任何商品的价值实体一样，都是人类无差别的、一般的、抽象的劳动。旅游产品的价值与一般商品相同，也基本由两个部分组成：一是转移价值，即旅游服务所凭借的建筑物、服务设施的折旧，向游客提供饮食和日用品的原材料消耗等；二是新增价值，包括支付旅游从业人员用以维持劳动力再生产所需消耗物质资料的价值和旅游从业人员创造的剩余价值。从价值决定和价格形成的角度来看，旅游产品的价值是有其特殊的性质，主要表现在以下几方面。

### 1. 表现在旅游服务价值量的确定上

服务是旅游产品的核心，服务质量的好坏直接影响旅游产品的质量和形象。在服务设施条件相同的情况下，服务方式、服务效率和服务态度的差别会产生迥然不同的服务效果。高质量的服务反映旅游产品的质量好，价值大；低质量的服务反映旅游产品的质量差，价值小。服务质量的优劣虽然与投入劳动量的多少有一定关系，但无直接影响，而重要的是与从业人员的文化素质、性格修养、职业道德水平的影响密切相关，它们主要反映人类社会交往关系的标准。因此，只有提供高质量的服务，才能保证旅游产品的价值及其实现。

### 2. 表现在旅游吸引物价值量的确定上

旅游吸引物是旅游者决定流向的主要依据，是旅游产品构成的重要内容。旅游吸引物种类繁多，在价值量的计算上也差异较大。一类如人文景观吸引物中的历史遗产、文物古迹、建筑物等，除了是前人劳动的结晶外，历代人们的维修保养也付出了大量劳动，故其价值难以估量。更重要的是这些吸引物具有无法替代的历史价值，这种价值不能以消耗多少劳动量去衡量，而这种价值的不可估量性反映在价格上即为垄断性。另一类是吸引物中的自然现象和社会现象，没有人类劳动的投入就没有价值。因此作为旅游产品构成中的自然景观一般是经过人类开发后具有了可进入性的吸引物，而社会制度、风土人情、传统生活方式等社会现象则是经过漫长的历史演进积累而成的，其中蕴藏着人类的智慧与创造，是人类脑力和体力劳动的结晶，并具有别人无法模拟的独特性，也具有不可替代的社会价值和历史价值，在价格上同样表现为垄断性。

### 3. 表现在旅游设施附加值的价值量确定上

旅游产品中那些具有几何形体和物理、化学等属性的旅游设施，同市场上的其他物质产品一样，其价值无疑是由凝结于其中的社会必要劳动量来决定。但是，由于这些设施介入旅游活动过程，并受旅游经济活动的特点所影响，因而其价值决定和价格形成又有一些特别的地方。例如，在某一种产品的生产成本既定的条件下，进入旅游活动中的产品的价值和价格，就要比进入其他经济活动中的价值和价格高一些。这是因为旅游者在旅游活动过程中享受这些设施的环境条件和服务内容要比其他活动优越得多，而这些环境条件和服务内容是旅游从业人员用劳动创造出来的，因而其价值和价格自然也就要高些。因此，旅游设施在旅游产品的组合过程中其价值量也会发生变化而产生新的附加值。综上所述，旅游产品与一般商品一样同样受价值规律的作用，但由于它独特的、历史的、社会的、自然的因素，使其价格除了主要由其价值决定外，还受制于旅游产品各部分所体现的人与人的关系和垄断因素的作用。

## 三、旅游产品的特性

旅游产品作为一种以服务为主的综合性产品，其生产不同于一般物质产品的生产。一般物质产品的生产过程是独立于消费过程之外的，而旅游产品的设计组合虽也独立于消费者之外，但其生产只有与消费过程相结合，完成对消费者的服务，才能算生产过程完成。因此，旅游产品除了具有一般物质产品的基本属性外，还具有自己独特的产品特征。

### （一）旅游产品的无形性

虽然旅游产品构成中确有一部分物质产品供应，如航班的机位、住宿的客房、餐饮、景点设施等，但服务性的产品供应如导游、接待服务等却占有很大比重，旅游线路、日程、节目的设计编排，更属于构成旅游产品的不可缺少的软件部分。因而，旅游产品的无形性首先表现在旅游产品的主体内容是旅游服务。只有当旅游者到达旅游目的地享受到旅游服务时，才能感受到旅游产品的使用价值。而当旅游者在做旅游目的地的选择时，一般见不到旅游产品的形体，在旅游者心目中只有一个通过媒介宣传和相关渠道介绍所得到的印象。其次，旅游产品的无形性还表现在旅游产品的价值和使用价值不是凝结在具体的实物上，而是凝结在无形的服务中。只有当旅游者在旅游活动中享受到交通、住宿、餐饮和游览娱乐的服务时，才认识到旅游产品使用价值的大小。也只有当旅游者消费这些服务时，旅游产品的价值才真正得以实现。旅游产品的这一特性表明，在大体相同的旅游基础设施条件下，旅游产品的生产及供应可以具有很大差异，因此旅游产品的深层开发和对市场需求的满足较多地依赖于"软开发"，即无形产品的开发，也就是提高旅游服务的质量和水平。

### （二）旅游产品的综合性

旅游经营者出售给旅游者的旅游产品，通常是包括食、住、行、游、购、娱在内的综合性产品。因此，旅游产品的综合性首先表现在它是由多种旅游吸引物、交通设施、住宿餐饮设施、娱乐场地以及多项服务组成的综合性产品。这种综合性既体现为物质产品与服务产品的综合，又体现为旅游资源、基础设施和接待设施的结合。其次，旅游产品的综合性还表现为旅游产品的生产涉及众多的部门和行业。其中有直接向旅游者提供产品和服务的旅馆业、餐饮业、交通部门、游览点、娱乐场地以及旅行社等旅游企业和部门，也有间接向旅游者提供产品和服务的部门和行业，如工业、农业、商业、制造业、建筑业、轻工业、纺织业、食品业、金融、海关、邮电、文化、教育、园林、科技、卫生、公安等。其中既有物质资料生产部门，又有非物质资料生产部门；既有经济类部门，又包含非经济类的政府部门和行业性的组织等。这一特征表明，旅游产品作为一种综合性产品，其开发所涉及的因素较复杂，制约条件也较多。

### （三）旅游产品的依存性

旅游产品的原料或资源投入中，有很大部分属于公共物品。某些旅游吸引物如自然景观或人文景观，基本上属于公共物品，具有非排他性与一定程度的消费非竞争性，因而旅游产品对于公共物品具有较强的依存性，没有良好的基础设施和相关条件，旅游产品的生产和供给会十分困难。首先作为旅游产品构成中的许多景观是自然存在或历史遗留的，并由政府投资进行建设与保护，因而是一种公共物品，任何旅游者都可以自由观赏，任何旅游经营者都可以将其作为自己销售的旅游产品的一部分而获利。其次作为旅游产品构成中的基础设施是全社会所共同享有的，这些基础设施以服务于社会各个行业的公益性目的而存在，旅游产品在其组合过程中只是部分地利用或暂时性利用，并不排斥其他行业或部门对公共基础设施的利用。当然，并非所有的旅游吸引物都是公共物品，如企业以营利为目的而投资兴建的某些景点就不是公共物品，某些可供游人观赏的景观也并非都具有公共物品的消费非竞争性，因为这些景点本身会受到游客容量限制，而使其具有一定的竞争性。

### （四）旅游产品的同一性

旅游产品是一种特殊的最终消费品，它满足的是人的精神文化需求，因而旅游产品具有生产与消费的高度同一性。首先，与物质产品的生产相比较，旅游产品是一种经过深度加工的高附加值产品，原来分散存在于各个行业的不同产品，经过旅游经营者的设计、开发、组合与销售，大大提高了其原有价值，所附加的多数为劳务性价值。其次，旅游产品只有进入消费过程才能实现其价值。由于旅游产品生产与消费的时空同一性，必须有现场消费的旅游者，旅游产品才开始生产，旅游者一旦离开生产立即终止。因此，旅游产品生产不像物质产品生产那样可以暂时贮存起来，旅游产品的同一性决定了旅游产品不仅不能贮存，而且一旦旅游消费结束则旅游产品就自然解体，因而是一种最终消费品。

### （五）旅游产品的替代性

虽然现代旅游消费越来越成为人民大众的基本生活消费，但它毕竟不同于基本物质生活消费，而要受到政治、经济、社会等各方面复杂因素的影响，表现为较高的需求弹性和替代性。首先是旅游产品与其他商品之间存在互相替代关系，旅游产品的价格同其他商品价格的不同变化，会引起旅游产品需求量的变化。例如旅游产品的价格下降而当地娱乐业价格不变，则意味着旅游需求量将增加而娱乐业的需求量将减少。其次是旅游产品本身也具有很强的替代性。外出旅游是为了获得一种新鲜的体验，不同的旅游目的地各有千秋，消费者选择的余地很大，选择亦带有随机性，这就导致不同旅游目的和不同类型的旅游产品相互替代性很强。实践表明，旅游产品的需求价格弹性、需求收入弹性和交叉弹性都比较高，从而使旅游产品经营具有较大风险，同时竞争也很激烈。

### （六）旅游产品的外向性

外向性是旅游产品与生俱来的特点，旅游产品只能存在于开放经济之中，相当于一种就地出口的特殊的"外贸产品"。这种就地出口的特殊"外贸产品"存在两大出口优势，一是换汇成本低，二是不存在贸易壁垒。但旅游产品的外向性同时也决定，一国的旅游产品只是国际旅游市场中的旅游产品的一部分，它必须与国际旅游市场中其他产品相配合，并参与国际旅游市场的激烈竞争，才能真正在国际市场中实现一国旅游产品的价值。由于旅游产品是开放经济中存在的外向性产品，因而旅游产品的营销不但要着眼于国际旅游市场需求变化，而且要考虑汇率变动、国际市场竞争因素等，特别是旅游接待国旅游产品的总体形象是旅游产品发展的重要因素，因而必须搞好旅游名牌产品的建设。

# 第二节　旅游产品的构成

## 一、旅游产品的形态

旅游产品的形态是指旅游产品的存在形式和表现类型。第二次世界大战前的传统旅游产品形态主要有观光旅游产品、文化旅游产品、商务旅游产品、度假旅游产品等。"二战"后至今，不仅这些传统旅游产品依然存在并有所丰富和发展，而且为适应旅游者的新需求，又逐渐产生了一些新兴的旅游产品。其中主要有满足旅游者健康需求的康体旅游产品、满足旅游者发展需求的业务旅游产品、满足旅游者享受需求的享受旅游产品和刺激旅游产品等。

### （一）观光旅游产品

观光旅游产品是以满足旅游者观赏游览自然风光、城市风光、名胜古迹等为目的的旅游产品。这类旅游产品，在世界许多国家又被称为"观景旅游"产品。世界上传统观光旅游产品种类很多，主要有自然风光、城市风光、名胜古迹等；"二战"后世界旅游市场竞争日益激烈情况下，世界各国为适应旅游市场的需求竞相开发新的旅游产品，各种新的观光旅游产品不断涌现，其中主要有微缩景观、"外国村"或"外国城"、"仿古村"或"时代村"、国家公园和主题公园、野生动物园、海洋观光等。上述传统观光旅游产品及战后新发展起来的观光旅游产品，构成了世界观光旅游产品的主要部分，部分观光旅游产品不仅仅是单纯的观光旅游产品，其文化内涵也很丰富。

## （二）文化旅游产品

文化旅游产品是满足旅游者了解旅游目的地文化需求的旅游产品。当今世界文化旅游产品，不仅档次逐渐多样化，而且在战后又有显著发展。世界文化旅游产品种类繁多，其中主要有博物馆旅游、艺术欣赏旅游、民俗旅游、怀旧旅游、宗教旅游等。随着社会经济的发展，世界新兴出现的文化旅游产品主要有文化旅游区或旅游文化中心、大型艺术节等。文化旅游产品通常蕴含着较为深刻而丰富的文化内容，产品吸引对象一般都具有相当高的文化素养和造诣。

## （三）商务旅游产品

商务旅游指人们外出旅游是为了经营洽谈、会晤或交流信息等。商务旅游的过程是商务旅游者花钱购买旅游产品和服务的综合消费过程。商务旅游产品通常具有下述特点：一是目的地选择取决于工作需要或由他人决定；二是商务旅游很大程度上限于城镇；三是商务旅游时间较短但比较频繁；四是商务旅游对当地环境影响很小。早期的传统商务旅游产品，仅能为商务旅游者提供客店及其餐饮服务。随着现代旅游经济的发展，商务旅游产品还包括会议旅游、奖励旅游、大型商业性活动等，不仅商务旅游越来越频繁，而且商务旅游设施和服务也向现代化方向迅速发展，并为各类企业家、经营者、营销人员及经济工作者提供多方面的服务。

## （四）度假旅游产品

度假旅游指旅游者利用假期进行休养和消遣的旅游方式。度假旅游一般具有下述特点：一是度假旅游的地点相对固定；二是度假旅游更强调休闲和消遣；三是度假旅游在某一地区停留的时间相对较长；四是度假旅游者的重复性比较高；五是度假旅游者一般不需要导游。世界上深受度假旅游者所喜爱的传统旅游产品有海滨旅游、乡村旅游、森林旅游；新兴出现的度假旅游产品有度假村或度假中心（度假区）、野营旅游等。度假旅游产品主要指度假地而言，成功的度假地应具备下述条件：一是自然景色优美；二是拥有令人满意的住宿设施；三是有良好的气候，最好可形成全季候旅游接待；四是要有完善的体育、娱乐设施；五是有便捷的交通、通信条件。

## （五）康体旅游产品

康体旅游产品指能够使旅游者身体素质和体况得到不同程度改善的旅游活动。任何一种旅游活动都有益于旅游者的身心健康，但康体旅游产品更是如此。作为新兴的旅游产品，康体旅游产品包括体育旅游和保健旅游，体育旅游有滑雪旅游、高尔夫球、漂流、海滨滑水、探险等，保健旅游主要有健身旅游，疗养旅游，考察森林、湖泊、山地、花卉、鸟兽等。康体旅游者的康健动机较为突出，对旅游目的地有特殊的要求，通常需要一定的设施、器材和场地等条件。

### （六）业务旅游产品

近些年来，世界上已存越来越多的旅游者，开始由单纯休息性的消极旅游转向积极旅游，即在外出旅游的同时，把学习和探求专业业务知识、技能作为旅游的主要目的，以满足求知的需求。当然，作为传统的观光旅游产品和文化旅游产品，一般都可以使旅游者开阔视野、增长知识，促进旅游者业务水平的提高。特别是商务旅游产品中的会议旅游、奖励旅游，其内容多数也是业务性很强的活动。但战后至今，为满足旅游者的需求，出现了新兴业务旅游产品，其中主要有修学旅游、工业旅游、务农旅游、学艺旅游以及科技旅游、考察旅游等。这些旅游产品都是满足旅游者某一方面特殊需要，因而亦称为特种旅游。

### （七）享受旅游产品

与其他社会活动相比较，旅游被视为是一种享受。随着人们物质生活水平的提高，必然会产生享受需求。为满足人们的享受需求，世界上许多国家陆续推出了享受旅游产品。目前主要有豪华列车旅游、豪华游船旅游、美食旅游、超豪华旅游等。享受旅游也被人们称为"花大钱"的旅游，通常具有下述特点：一是费用特别高；二是可以自己安排旅游路线及住宿地点；三是可以自由地参加各种娱乐活动；四是有专业的服务人员。

### （八）探险旅游产品

探险旅游，指旅游者从未见过、听过或经历过，既标新立异又使人特别兴奋或惊心动魄的旅游活动。探险旅游产品一般具有以下特点：一是旅游目的地非同寻常；二是旅游活动中旅游者处于高度紧张和兴奋状态；三是能充分满足旅游者的好奇心；四是能使旅游者留下难忘的记忆。世界各国的探险旅游出现时间虽然不长，但种类和项目繁多，目前主要有秘境旅游、海底旅游、火山旅游、沙漠旅游、惊险游艺旅游、斗兽旅游、观看古怪比赛旅游等。

 小·贴士

#### 上海：创意园区打造成文化旅游景点

从八号桥、莫干山路50号到1933老场房，近年来愈来愈红火的上海新兴创意产业园区已经不再是办公室板块单调的集合，而是集聚了越来越多旅游要素、逐渐变成的一个"好吃、好玩、好看"的崭新旅游景区。它不仅丰富了上海都市旅游的内涵，也成为反映沪上文化旅游特色的一大亮点。

**1. 八号桥：从闲置厂房到工业旅游示范点**

曾经是闲置的汽车制动器厂房的八号桥，历经改建，如今是汇集了中外创意产业的翘楚，一跃成为文化与时尚的聚集地，甚至还是全国工业旅游示范点中首个以创意产业为特色的示范点。据上海工业旅游促进中心秘书长鲍炳新介绍，改造后的八号桥吸引了海内外众多艺术设计类及时尚类的创意公司入驻，占整个创意园区的80%，包括国际知名建筑及室内设计、影视制作、艺术画廊、广告、公关、媒体、顶级餐饮等。其余的20%则被改建成为休闲设施。为配合工业旅游示范点的发展，更好地满足游客吃、购、娱的需求，八号桥目前利用剩余空间已经开始了第二期工程建设。

**2. 莫干山路50号：上海的塞纳河左岸**

被称为"上海的塞纳河左岸"的莫干山路50号，隐匿在苏州河岸旧的工厂仓库里，红砖青墙中聚集着多个艺术家工作室、艺术中心以及画廊，老仓库变成时尚的艺术作品创作工坊，自然成为社会关注的焦点。而且这些工作室是常年对外开放的，徜徉其间既可以感受新锐艺术的气息，又可以看艺术家如何现场挥毫泼墨，将脑海中的灵感化为纸上神奇，观赏性大大提升；正在招收学徒的手绘玻璃小作坊增加了整个园区的互动参与性，而同样被赋予艺术气息的咖啡馆则填补了莫干山路餐饮休闲空白。

**3. 1933老场坊：脱胎换骨后"倚老卖老"**

于2007年10月以全新面貌亮相的1933老场坊，作为曾经的远东最大的屠宰场，经过重新设计改造后，吸纳了外滩18号的高档时尚、新天地的人气活力、田子坊的艺术氛围。脱胎换骨后的1933老场坊里汇集了多个创意设计工作室，在那里的创意设计街上，人们可以享受创意设计师们为他们量身而制的独家设计。让人感慨的是老场坊并没有因新元素的融入而摒弃古老的韵味，而是"倚老卖老"，用现代的审美观来"卖老"，以增强对旅游者的吸引力。

（资料来源：http://www.docin.com/p-1749169488.html）

## 二、旅游产品构成分析

对旅游产品的构成可以从不同的角度进行分析，一般讲，可以从旅游经营者和旅游消费者两个角度划分。从旅游经营者方面又可以按市场营销、劳动表现形式进行划分；从旅游消费者方面也可以按消费形式、旅游需要程度进行划分。

### （一）按市场营销划分

按市场营销理论，旅游产品由核心部分、外形部分和延伸部分所组成。核心部分是指与旅游资源、旅游设施相结合的旅游服务，能满足旅游者从事旅游活动最基本的需要，是整个旅游产品的基本部分。外形部分是指旅游产品的质量、特色、风格、声誉及组合方式等，是旅游产品特质向生理或心理效应转化的部分，属于旅游产品向市场提供的实体和劳务的外观和款式。延伸部分是指提供给旅游者的优惠条件、付款条件及旅游产品的推销方式等，是旅游者购买旅游产品时所得到的附加利益的总和。旅游者在旅游过程中购买的是整体旅游产品，在旅游产品核心部分的基本功能确定之后，产品的外形部分和延伸部分诸因素决定了旅游者对旅游产品的评价。因此，旅游经营者在进行旅游产品营销时，应注重旅游产品的整体效能，除了要突出旅游产品核心部分特色外，还应在外形部分和延伸部分上形成产品的差异性，以赢得市场竞争的优势。

### （二）按劳动形式划分

按劳动表现形式划分旅游产品可分为实物、劳务和吸引物。实物包括旅游设施、旅游购物品等，是以物化劳动表现出来的，具有物质等属性的实体存在物。劳务是活化的劳动，其效用蕴藏在服务人员的各种服务活动之中。吸引物包括自然吸引物和社会吸引物，自然吸引物如阳光、气候、海水、森林、名山大川等属于自然生成物，不包括任何人类劳动的成分，但这些自然物却是旅游产品不可缺少的自然基础，是整个旅游产品不可缺少的载体；社会吸引物如古代建筑、文化遗址、园林景观、历史文物等属于古代人类的劳动结晶，其价值是再生产这类产品的社会必要劳动所无法决定的，其经济学意义上的价值是无法估量的。旅游产品中的实物可以以独立的形态而存在，是产品组合中的手段性成分；劳务只存在于活动过程之中，其效用的发挥必须凭借旅游资源、旅游设施以及其他必需的劳动资料，是产品组合中的灵魂性成分；自然和社会吸引物以自然界的存在物和古代人类劳动及文化积淀物的形式而存在，是产品组合中的基础性成分。

### （三）按消费形式划分

按消费形式划分，旅游产品由食、住、行、游、购、娱六部分组成，即分别向旅游者提供饮食、住宿、交通、游览、购物、娱乐的消费内容。住宿和饮食向旅游者提供生活和设施条件的消费，交通是向旅游者提供实现旅游活动的手段，游览是向旅游者提供旅游活动的中心内容，购物是向旅游者提供辅助性消费的内容和形式，娱乐则向旅游者提供了所需要的主要感受和体验。从消费结构来说，旅游产品的食、住、行、游、购、娱六个要素，其消费潜力是不同的。饮食存在着消费极限，增加消费的途径是提高饮食质量；住宿和交通的消费也是有限度的，提高消费的办法是增加服务内容和多档次经营；游览和娱乐的消费弹性较大，增加消费的方式是加大投资，丰富游乐项目；购物是消费弹性最大的环节，主要通过发展适销对路的旅游商品来提高消费水平。

### （四）按旅游需求程度划分

按旅游需求程度划分，旅游产品可分为基本旅游产品和非基本旅游产品。基本旅游产品是指旅游者在旅游活动中必需的且需求变动较小的旅游产品，如住宿、饮食、交通等；非基本旅游产品是指并非旅游活动必需的且需求变动较大的旅游产品，如旅游购物、医疗保健服务、通信服务等。基本旅游产品和非基本旅游产品的划分，有助于旅游目的地国家或地区的旅游经营者针对不同的旅游市场，提供不同内容的旅游产品，使旅游产品更好地满足旅游者的消费需求；同时也有助于旅游者在选择和消费旅游产品过程中，有计划地调整自己的消费结构和档次水平，使旅游活动更轻松舒适，以达到益身益心的目的。

### 三、旅游产品的构成要素

旅游产品的形态主要标志旅游产品存在的形式和表现类型，旅游产品的构成主要反映旅游产品在不同侧面或不同层次的构成内容，旅游产品的构成要素则表明不同存在形态的旅游产品是由不同的内涵性构成要素所组成。一般而言，旅游产品的基本构成要素主要包含旅游吸引物、旅游设施、旅游服务和可进入性四个方面。

## （一）旅游吸引物

旅游吸引物是指一切能够吸引旅游者的旅游资源及条件，它既是一个地区能否进行旅游开发的先决条件和旅游者选择目的地的决定性因素，也是构成旅游产品的基本要素。旅游吸引物的存在形式，既可以是物质实体，也可能是某个事件，也可能是一种现象。旅游吸引物的类型可以从不同方面进行划分。

### 1. 按旅游吸引物的属性可划分为自然吸引物、人文吸引物、特产吸引物三类

自然吸引物包括气候、森林、河流、湖泊、海洋、温泉及火山等自然风景资源。人文吸引物包括文物古迹、文化艺术、城乡风光、民族风情及建设成就等人文旅游资源。特产吸引物则主要包括土特产品、风味佳肴等。

### 2. 按旅游吸引物的开发程度可以划分为早期开发的、近期开发的、正在开发的、尚未开发的四类旅游吸引物

早期开发的旅游吸引物，指开发时间很长且具有接待能力的旅游景物。近期开发的旅游吸引物，指最近开发的且具有接待能力的旅游景物。正在开发的旅游吸引物，指已经进行规划并正在开发或即将开发的旅游景物。尚未开发的旅游吸引物，指尚未开发但具有旅游价值的各种自然景观和人文景物。

### 3. 按吸引力的大小可以划分为"热点""温点""冷点"三类旅游吸引物

"热点"旅游吸引物，指参观游览的人很多，甚至环境容量已经达到饱和的旅游点。"温点"旅游吸引物，指参加游览的人保持中等水平的旅游点。"冷点"旅游吸引物，指目前去参观游览的人还比较少的旅游点。

### 4. 按是否消耗的程度可以划分为消耗性、非消耗性旅游吸引物

非消耗性旅游吸引物，指自然景观、人文景观中那些可以长期反复使用而不会消耗的吸引物。消耗性旅游吸引物，是指如土特产品、佳肴名菜等必须由再生产来补充，才能持续满足旅游消费的吸引物。

## （二）旅游设施

旅游设施是完成旅游活动所必须具备的设施、设备和相关的物质条件，是旅游者到达旅游目的地和旅游业取得效益的基本条件，也是构成旅游产品的必备要素。旅游设施在旅游产品构成中不是确定游客流向的主要因素，但旅游设施不配套则会影响或阻碍旅游者对旅游吸引物的追寻。旅游设施一般分为专门设施和基础设施的两大类。

### 1. 专门设施

这是指旅游经营者用于直接服务于旅游者的凭借物，通常包括游览设施、交通设施、餐饮设施、住宿设施等。游览设施指旅游点建设的供人们登临、游览、憩息的设施和设备。交通设施包括交通通道和交通工具两个方面，通道是指到达旅游目的地的路径，工具指运送方式和设备。餐饮设施指为旅游者提供餐食服务的场所和设备，包括餐馆、冷饮

店、咖啡厅、饮食店等。住宿设施是旅游者在旅行途中的"家"，指能够提供多种服务功能的饭店、度假村、别墅等。

**2. 基础设施**

这是旅游业乃至旅游目的地城镇赖以生存和发展的基础。其内容包括城镇（风景区）道路、桥梁、供电、供热、通信、给排水、排污、消防、环境保护和环境卫生，以及城街区美化、绿化、路标、路灯、停车场等。这些设施是为了城镇居民生产生活需要所提供的。这些基础设施不是直接对旅游者提供服务，但在旅游经营中它是直接向旅游者提供服务的旅游部门和企业必不可少的。可以说，上述专门设施如游览、交通、食宿等设施，都是建立在这些基础设施上面的，如果没有这些方面的措施和设备，上述专门设施的功能就不可能得到有效发挥。

### （三）旅游服务

旅游服务是旅游产品的核心，旅游者购买并消费旅游产品，除了在餐饮和旅游活动中消耗的少量有形物质产品外，大量地是对接待服务和导游服务的消费。旅游产品所以能以一种混合体的形态出现，主要是由它的服务性质所决定的。旅游服务的内容可以从不同角度进行划分。

第一，从服务产品的产生过程划分，包括服务观念、服务技术和服务态度。

服务所表现的是一种人与人的关系，因而服务观念是从事服务工作的前提。只有建立完整的合乎实际的服务观念，达到社会认知、自我认知和工作认知的协调一致，才可能具有积极主动的服务精神和服务态度。服务技术是从事服务工作的基础，高超而娴熟的服务技术会成为一种艺术表演，使表演者和欣赏者从中获得享受。因而服务技术水平的高低就成为评判服务质量的标准。服务态度是服务工作的外在集中表现，不仅表现出服务人员对旅游者的尊重和理解，而且也表现出服务人员的气度修养和文明素质，因此是旅游者关注的焦点。

第二，从服务产品的静态角度划分，旅游服务包括服务设施、服务项目和服务价格三部分。

服务设施是旅游服务的物质基础，其现代化水平决定了旅游服务能达到的水平和标准；同时服务设施的完善程度也从客观上影响和制约着旅游企业能否提供多功能的服务。服务项目是在服务设施基础上的扩大和深化，服务项目内容的多少决定着是否能为旅游者提供方便、快捷和高效的服务形式和内容。服务价格是服务质量的货币形式，与服务质量有着可逆的线性关系，不同的价格反映着所提供的不同等级的服务，这是国际旅游业的通行原则。

第三，从旅游服务的经营阶段划分，可分为售前服务、售中服务和售后服务三部分。

售前服务是旅游活动前的准备性服务，包括旅游产品设计、旅游线路编排、出入境手续、货币兑换等；售中服务是在旅游活动过程中向旅游者直接提供的食、住、行、游、购、娱及其他服务；售后服务是当旅游者结束旅游后离开目的地时的服务，包括送到机场车站、办理有关手续、托运行李、委托代办服务等。

### （四）可进入性

可进入性是旅游产品构成中的基本因素之一，它不仅是连接旅游产品各组成部分的中心线索，而且是旅游产品能够组合起来的前提性条件，具体表现为进入旅游目的地的难易程度和时效标准。可进入性的具体内容主要包括以下几个方面：

**1. 便利的交通条件**

交通运输是进行旅游产品组合的必备条件，一个没有良好交通条件的旅游目的地是不可能吸引大量旅游者的。交通条件包括对外交通的工具种类，如车辆、飞机、船舶等；对外交通联系，如国际和国内交通的联结与方便程度等；区内地方交通的种类、数量、能力、布局以及区外交通和区内资源地连接的情况等。

**2. 通信的方便条件**

通信设施也是旅游产品组合中不可缺少的必备条件，尤其是旅游产品技术组合中不可缺少的重要因素。与交通条件的先行作用一样，旅游产品中通讯设施具备与否，其配套状况、规模、能力以及线路布置，都将直接影响旅游产品的质量及旅游业的投入产出效益。

**3. 手续的繁简程度**

包括出入境签证手续的难易、出入境验关程序、服务效率和频率、咨询信息等，这不仅影响到旅游目的地的客流量大小，而且对旅游产品的成本、质量、吸引力等都有重要的影响作用。

**4. 当地社会的承受能力**

主要指当地社会公众对旅游开发的态度、社会公众舆论、社会治安状况、社会管理水平、人口密度、交通管理等状况，都是影响可进入性的重要因素。

# 第三节  旅游产品的开发

## 一、旅游产品开发原则

旅游产品开发是根据市场需求，对旅游资源、旅游设施和旅游服务等进行规划、设计、开发和组合的活动。它包括两个方面，一是对旅游地的开发，二是对旅游路线的开发。旅游产品的开发涉及一个地区的经济、文化、社会环境等诸多领域，是一个系统工程。为此，必须遵循一系列的开发原则，确保项目开发成功。

### （一）旅游地开发原则

**1. 环境保护与可持续发展原则**

环境保护、可持续发展是我国一项基本国策，也是旅游地开发遵循的基本原则。旅游的主要因素之一就是环境，没有一个好的环境，旅游业就是无源之水、无本之木。世界环境和发展委员会（WECD）于1987年发表的一份报告中给"可持续发展"下的定义是："既满足当代人的需求，又不危及后代人满足其需求的发展。"从根本上说，旅游的发展和可持续发展有一种天然的耦合关系，对可持续发展战略的这种要求是一致的。为此，要大力培育绿色观念，推行绿色开发，生产绿色产品，开展绿色经营。

**2. 市场导向与效益第一原则**

遵循社会主义市场经济运行规律，充分把握市场动态，以旅游市场需求作为旅游地开发的出发点。为此，要进行旅游市场定位，确立目标客源市场，开发适销对路的旅游产品，确保旅游产品的生命力经久不衰。旅游业作为一项经济产业，在其开发过程中，必须始终把提高经济效益作为主要目标，同时讲求社会效益和环境效益，谋求综合效益的提高。

**3. 适度超前原则**

在旅游地开发中，首先，产业化思想发展应适度超前，树立大旅游观，培育旅游产业使之成为联动其他产业发展的经济生长极；其次，确定旅游产业发展速度应适度高于当地的国民经济增长速度，体现其优先快速发展；再次，在旅游产品设计与推出时，遵循市场原则，预测市场需求，超前发展系列化、有竞争力的旅游产品。

**4. 培育特色与开发精品原则**

重视发掘旅游地自然与文化底蕴深厚的旅游资源，坚持高起点、高品位和高效益的项目开发基本思路，创造系列化、层次化、多元化、精品化的旅游产品。

**5. 系统配套原则**

协调旅游地的旅游资源系统、旅游客源市场系统、旅游购物品系统、旅游服务系统及旅游政策管理系统之间的关系，合理分配，充分挖掘旅游业各系统的潜力，使旅游地的旅游业得以高效稳步发展。

## （二）旅游路线开发原则

旅游路线是指为旅游者提供各种旅游活动的旅行游览路线，它通过一定的交通线和交通工具与方式，将若干个旅游点或旅游活动项目，按某一需要合理地贯穿和组织起来，并成为一个完整的旅游运行网络和产品项目。旅游路线有多种组织和开发方式，但是在开发时应遵循下列原则。

**1. 便利、高效、快速、安全、舒适与经济原则**

这是旅游路线开发必须考虑的基本原则，它关系到旅游路线组织安排的合理性，关系到旅游地的发展。

**2. 多种选择原则**

不论是观光游览还是专题旅游，不论是团体旅游还是散客旅游，都要为旅游者提供多种自由选择的机会。在安排项目线路、游览方式、时间选取和消费水平的确定上，必须有多种方案供旅游者选择。尤其在当今，旅游是表现人们个性的重要机会，更应组织丰富多彩的旅游项目和路线供旅游者充分选择。

**3. 特色个性原则**

旅游路线一定要有特色，这是具有吸引力的根本所在。因此，在旅游地的选择、项目内容的安排上，切忌彼此雷同，要主题特色鲜明，有新鲜感，形成自己的个性，以满足特定需求的旅游者的愿望。

#### 4. 避免走重复路线原则

重复路线往往易造成游客相互碰撞、阻塞道路，甚至造成安全事故，同时也使得游人索然乏味，减弱旅游兴趣。因此旅游路线，宜曲不宜直，以尽量形成曲径通幽、柳暗花明的气氛。

#### 5. 串联更多景点原则

在旅游路线上，将景物、景点、景区相互连成一个完整的、有机的风景游览体系，使游客产生移步换景的感觉，以发挥景点的整体效应。

## 二、旅游产品开发内容

旅游产品开发包括对旅游地和旅游路线的开发两方面内容。

### （一）旅游地开发

旅游地开发是在一定空间上开展旅游资源开发建设，使之与相关的旅游条件有机结合，成为旅游者停留活动的目的地。它通常包括旅游资源开发、旅游设施开发、旅游购物品开发、旅游人力资源开发、旅游宣传促销等内容。

#### 1. 旅游资源开发

开发旅游资源从步骤上可分为旅游资源普查、旅游资源开发可行性论证、功能分区及项目规划。旅游资源普查是旅游资源开发利用的一项重要前期工作。资源普查的基本任务是摸清旅游资源的数量、质量、性质、分布、价值、存在环境、利用现状、开发条件等基本状况，在此基础上对获得的材料进行分析、整理，并做出初步评价，从而为旅游产业定位提供客观依据。旅游资源可行性论证主要从四个方面入手：开发投资者的实力及资格论证、市场前景论证、项目开发经营的微观条件论证（劳力、资金等）、宏观社会条件论证（包括开发地的自然与社会的周边环境）。最后根据区位条件和旅游资源、旅游市场分析，将旅游地划分若干旅游区并进行项目规划。

#### 2. 旅游设施开发

对旅游地进行可行性论证并确定功能分区和项目后，就进入旅游设施开发建设阶段。具体包括以下内容：一是考虑旅游地的可进入性，包括交通通道的建设和交通工具的购置等；二是建设和完善旅游基础设施，不仅指交通，还包括给排水、用电、电信等基础设施建设；三是建设旅游专门设施，即建设主要满足旅游者的食、宿、行、游、购、娱等需要的各种服务设施；四是建设旅游景观。

#### 3. 旅游购物品开发

旅游购物品是旅游弹性消费的最大组成部分。根据香港旅游协会统计，旅游者在香港购物的花费约占全部消费的 64.12%；又据统计，旅游者在我国北京、上海、桂林的购物分别占旅游消费的 50%、40%、30.8%。可见，旅游购物品市场前景广阔。独具特色的旅游购物品还可以成为各旅游地旅游企业识别系统（CIS）中易被旅游者认知的形象标志，是旅游地的最好的广告。但目前大多数旅游地旅游购物品市场机制不健全，在开发、管理和销售上缺乏统筹安排，存在一定问题。为此，我们应努力加强旅游购物品的设计和开发。旅游购物品开发设计遵循的原则有两个：一是旅游购物品结构与旅游者购买力相结合。根据市场客观要求，随时对客源市场及游客的消费层次和偏好进行动态分析，实行多层次开发，合理制定低、中、高档旅游购物品经营的比例。二是旅游购物品开发与旅游项目开发相配合。旅游地在开发建设时，应根据旅游地特色来对旅游购物品进行设计、制作和配置，实行定向开发，避免异位仿造。旅游购物品在品质、文化内涵、款式等方面应将地方性、艺术性、纪念性、实用性有机地结合起来。为此，可以采取以下开发措施：①建立旅游购物品研制机构，强化旅游商品的研制与开发力度，同时挖掘民间工匠和艺人在传统地方特色商品、土特产品、纪念品方面的制作开发能力。②建立旅游购物品专项发展基金，扶持和鼓励新产品的研制与开发，定向、定点培育旅游购物品定点生产企业，使有条件的生产厂家成为旅游购物品定点生产厂。③利用新闻媒体和宣传组织力量，有重点地树立和强化一批旅游名牌商品，名牌产品具有超群的特色，集高信誉、高素质、高文化品位于一身，消费者在购买商品时，只要是同类商品中具有选择弹性的，就愿意将手中的货币投向知名度高的名牌产品。在现代市场竞争中，旅游购物品生产企业要面对市场，实施名牌战略，提高产品的竞争力。因此，应对旅游购物品进行分析、整理，完善产品系列化，不断提高产品质量和文化品位。在传统旅游商品、土特产品、纪念品的开发上，做好特色文章，采取"人无我有，人有我优，人优我新"的产品战略，力创具有旅游地特色的品牌。

### 4. 旅游人力资源开发

旅游业是服务性产业，从事这一产业的人力资源状况，将是决定旅游地开发能否取得成功的最为重要的因素之一。旅游服务，不仅指狭义的宾馆服务人员，它更包括旅游管理、宾馆饭店、餐饮、旅游景点、旅行社和旅游车船公司的管理决策层及全体员工，乃至一般的社区成员。因此，旅游地的开发，绝对离不开人力资源的培养、管理和培训。一般采取以下两种开发措施。第一，培训教育：①旅游地必须实施岗位培训制度，提高岗位培训质量。岗前培训要以取得上岗资格为中心，岗后培训要以升格员工的技术等级证书和专业技术职称证书为中心。②旅游宾馆要建立自己的培训师资队伍，规模不够的可按行业、按区域联合组织培训。要走出去、请进来，请专家学者结合专业讲授本行业、本岗位旅游发展动向、新科技，对职工在岗位上自学成才者要给予鼓励。③努力提高从业人员的外语水平。资助职工参加全国饭店职业英语标准化考试。鼓励旅行社人员参加多语种导游考试。④在岗位培训、抓好业务技能培训的同时，应提高职工的职业道德素养，培养爱岗敬业的服务意识，树立旅游地旅游业的良好窗口形象。第二，院校教育：①目前，旅游学院、大专旅游专业、旅游中专以及职高等应作为院校教育的主体。旅游地的大中专院校应加强合作，提高办学质量，有计划、有步骤地培养初级、中级和高级人才。②鼓励旅游企业与学校联合办学，建立董事会制度。企业为学校提供实习空间和设施，学校为企业输送人才和培训师资。③制定优惠政策，吸引一批院校高级专业人才为旅游地的旅游发展提供咨询和科研工作，提高管理决策的科学化。

### 5. 旅游宣传促销

任何一种产品要在市场上畅销，宣传促销是必不可少的。旅游产品不同于一般产品，它具有不可移动性，旅游者必须亲临其境，才能购买旅游产品，所以招徕旅游者，扩大客源更需要宣传。通过宣传扩大旅游地的知名度，在客源市场上树立良好的形象。比较普遍的宣传促销手段有：第一，编印和散发各种宣传品，如旅游导游图、旅游指南、旅游宣传画等；第二，在新闻媒体，如报纸、杂志、电视、广播上做广告，扩大影响；第三，制作和放映反映旅游地的电影、录像和幻灯；第四，制作旅游网页，在网上发布旅游地信息；第五，邀请记者、旅行社代理人和旅游批发商来访；第六，利用旅游节庆活动来宣传旅游地；第七，派出招徕小组赴外地推销。另外，还可以通过媒体发起征集旅游地的旅游形象活动，因为旅游形象的塑造有利于旅游地的宣传促销，有利于旅游社区同心协力，相互协作，发挥整体优势。

### （二）旅游路线开发

旅游产品大多是由若干旅游景点串联而成的旅游路线，旅游路线是旅游产品的具体表现，是旅游地向外销售的具体形式。旅游路线与游览线路是范畴大小不同的概念，两者既有联系，又有区别。旅游路线通常指一个较大的区域范围而言。从广义上讲，它包括旅游景点、景区内的游览线路在内。两者根本差别是旅游路线侧重于"旅"，而游览线路侧重于"游"。游览线路在具体规划上，坚持"因景制宜、曲直自然、方便游览"的原则，选线以不破坏自然景观为准则。在布设上，主要有循环式、枝杈式和混合式三种形式，尽可能使各相关景区、景点形成有机联系，使游客少走或不走重复路程，以期提高游客游览兴趣。旅游路线开发就是把旅游资源、旅游设施和旅游服务综合地联系起来，并与游客的期望相吻合，与旅游者的消费水平相适应的组合性创造活动。旅游路线的种类可以从不同角度进行划分。

**1. 按旅游路线的性质**

可以划分为普遍观光旅游路线和特种专项旅游路线两大类。

**2. 按旅游路线的游程天数**

可以分为一日游路线与多日游路线。

**3. 按旅游活动使用的主要交通工具**

可以分为航海旅游路线、航空旅游路线、内河大湖旅游路线、铁路旅游路线、汽车旅游路线、摩托车旅游路线、自行车旅游路线、徒步旅游路线以及多种交通工具混合使用的综合型旅游路线等。

**4. 按游客组织方式**

可分为包价团体旅游路线、自选散客旅游路线、家庭旅游路线等。

## 三、旅游产品开发策略

旅游产品开发是一个复杂的系统工程，从总体上可采取以下一系列开发策略。

### （一）强化旅游产业观，实施"政府主导型"发展战略

随着旅游业的发展，旅游的产业地位日益重要，产业形象日渐凸显。国家将其作为国民

经济新的增长点，全国大多数省市区将其作为主导型产业、支柱型产业加以重点扶持。因此，必须强化旅游产业观的思想，将旅游业作为一个产业来对待，激发政府及社会各界发展旅游的意识。旅游开发成功地区的经验表明，在旅游发展过程中，"政府主导型"战略在旅游业发展中起着非常重要的作用。特别是在旅游业发展的初期，政府的作用更显重要。

### （二）加强旅游宣传力度，塑造旅游形象

旅游形象表现为旅游者对旅游地的整体印象和评价，是旅游产品形象和旅游管理形象的融合，具体体现在旅游资源产品、旅游服务质量、旅游价格、社会环境等方面。旅游形象建设是一个系统工程，它不仅要求旅游部门来抓，还需要公安、消防、物价、城建、文物等部门共同协调。

### （三）多渠道、多形式筹措开发资金

首先，将旅游业纳入旅游地国民经济发展计划，统筹安排、协调发展。其次，应该坚持"谁投资、谁收益"的原则，广泛吸引社会各界、外来资金的投入，积极发展旅游民营经济。

### （四）树立"大旅游"思想

旅游业涉及食、宿、行、游、娱、购等多要素，是与餐饮、交通、商业、娱乐及其他行业密切相关的综合性产业。各相关部门要树立旅游经济的整体观点，积极主动为旅游业的发展创造良好条件，旅游部门要主动加强与相关部门的联系与合作，加强区际协作，尤其与周边地区建立合作关系。这种区域合作有利于资源共享，优势互补，共同发展。

### （五）旅游资源开发与环境保护并重及坚持可持续发展战略

对文物古迹旅游景点的开发要进行充分论证，强化深度开发意识，禁止粗制滥造，各旅游景点要加强环保工作，严格执行建设项目环境管理规定，如建设风格、式样与当地环境谐和，兴建垃圾处理和污水处理设施，杜绝破坏性开发。

### （六）加强旅游业人才培训

建立一支高素质的适应旅游业发展的员工队伍，提升从业人员的文化业务素质和服务质量高低是旅游业成败的关键要素之一，应制定人才培训规划，以岗位培训为主，以院校教育为基础，全面提高旅游队伍的整体素质。

### （七）加强精神文明建设，增强居民参与意识

旅游地的精神文明程度直接影响着旅游业的发展，应该结合旅游地的精神文明建设，加强旅游发展的宣传，增强居民参与旅游发展的意识，积极参与旅游环境整治、旅游项目投资等。

### （八）理顺景区（点）的管理体制

目前我国许多重要景区（点）在不同程度上存在管理体制问题，影响了景区（点）的开发。应该明确景区（点）责任、权利和义务，理顺管理体制。

### （九）制定相应的地方旅游发展法规

根据旅游发展进程中出现的问题，制定相应的地方法规，加强旅游发展管理，制定鼓励旅游招商引资的优惠政策，制定扶持旅游企业发展的政策等。

### 小·贴士

## 国内外乡村旅游商品开发

我国乡村旅游区主要分布在北京、上海和广州等大城市的近郊，其中以珠江三角洲地区最为发达。以上地区的乡村旅游之所以发展迅速，除了与接待旅游者人数相关的，当地的乡村旅游商品消费情况也比其他地区要好。

**1. 建设乡村旅游商品购物中心，与生产企业联合，并通过媒体，特别是网络进行宣传——以成都市为例**

成都市 2006 年 3 月在郫县农科村、青城后山泰安古镇、锦江区三圣乡和龙泉驿区洛带镇新开了四家乡村旅游商品购物中心，拉开了全市乡村旅游商品购物中心建设的序幕。乡村旅游商品购物中心面积为 100 平方米，主要销售包括食品、用品、工艺品三大类的数百种成都市乡村特色旅游商品。此外，该市数十家旅游商品生产厂家还与这四家购物中心在农科村正式签订了合作协议。比如当游客来到农科村旅游时，不仅可以到一户一景的农家小院休闲娱乐，还可以逛逛新建成的乡村旅游商品购物中心农科店，尽情挑选各种特色纪念品。装潢一新的店面格外引人注目，店内陈列的商品也是五花八门：郫县豆瓣、蜀绣、草编、兰草盆景等极具郫县地方特色的商品。在这间不大的店面里，收藏了来自全成都市各大乡村的特色产品，吸引了不少游客来这里休闲购物，在欣赏完农家美景之后，到这里来选购一些特色工艺品带回家也不失为一件美事。乡村旅游商品购物中心的建立不仅为广大旅游爱好者购买特色商品提供了方便，也将在一定程度上促进农副产品商品化，提高农副产品附加值，形成特色旅游商品品牌，助推当地旅游产业快速发展。

**2. 通过发展乡村旅游商品，延伸"农家乐"旅游产品的价值链，从而扩大就业——以南充市为例**

南充以"土、野、乐、趣"为特色的"农家乐"旅游迎合了都市人亲近自然、休闲娱乐的消费心理，越来越多的城里人愿意到农村。在他们经营的"农家乐"产品中，不仅是一般意义上的"吃农家饭、品农家菜、住农家屋、干农家活"，而是将这一产品的价值链进行了充分的延伸，他们提出的宣传语是"吃农家饭、品农家菜、住农家屋、干农家活、娱农家乐、购农家品"。深度挖掘乡村旅游市场需求，使得全市各地的"农家乐"旅游蓬勃发展，给农民带来了更大的经济收益，同时促进了农村产业结构的全面优化，解决了农村剩余劳动力转移和就业，并加速了农民思想观念的转变，为农村社会环境的改善起到了一定的作用。

**3. 民族传统用品与工艺美术研究机构的结合，促进乡村旅游商品的开发与销售——以广西壮族自治区为例**

广西近年来，在当地政府的支持下，经广西工艺美术研究所的不断开发与指导，将壮锦、铜鼓等富有当地特色的少数民族生活用品，开发成为少数民族地区传统工艺品，为农民增加了收入。

**4. 对传统乡村旅游商品的再度开发——以四川省雅安市为例**

四川省雅安市经过对传统乡村旅游商品——茶叶的再度开发，让游客了解到茶不仅可以饮，还可以带回家里欣赏。茶叶做的窗帘、中国结、各种造型的茶砖让人眼花缭乱。雅安西康大酒店在2004年推出了茶文化酒店的品牌，目前已经开发出30多种商品，尤以十二生肖茶最受游客的喜爱。

（资料来源：http://www.docin.com/p-1420644213.html）

# 第四节　旅游产品的生命周期

## 一、旅游产品生命周期概述

旅游产品生命周期借用了有形产品生命周期的概念。所谓旅游产品生命周期就是指一个旅游产品从开发出来投放市场到最后被淘汰退出市场的整个过程，一条旅游路线、一个旅游活动项目、一个旅游景点、一个旅游地开发大多都将遵循一个从无到有、由弱至强，然后衰退、消失的时间过程。旅游产品生命周期的各个阶段通常是以旅游产品的销售额和利润的变化状态来进行衡量。

旅游产品生命周期可以划分为导入期、成长期、成熟期、衰退期等四个阶段，处于不同阶段的旅游产品在市场需求、竞争、成本和利润等方面有着明显不同的特点，也决定着供给者的不同营销策略。如果把旅游产品从进入市场到退出市场的整个历程按销售额和时间绘制成图，更能看出旅游产品生命周期的动态全貌，如图2-1所示。

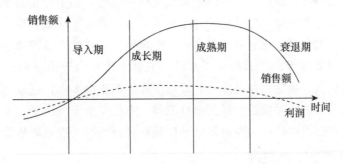

**图2-1　旅游产品生命周期图**

## （一）旅游产品的导入期

旅游产品的导入期是指旅游产品刚开发出来投放市场，销售缓慢增加的阶段。新产品的导入期表现为新的旅游景点、旅游饭店、旅游娱乐设施落成，新的旅游路线开通，新的旅游项目、旅游服务首次向市场推出。由于旅游产品刚投放市场，还未被广大消费者所认识，因此旅游新产品在市场上知晓度很低。在导入阶段，由于旅游产品刚刚面世，旅游产品还有待完善，消费也有一定的风险，更谈不上了解和接受。而旅游开发企业通过修建旅游设施、改善交通条件，加强宣传促销，一部分求新和好奇的游客开始出现，而更多游客往往持观望态度，因此导入期的旅游新产品需求量很少，销售量增长缓慢而无规律。由于前期投资大，市场开发费用高，旅游产品的单位成本较高，因而价格较高也是制约旅游新产品销售增长缓慢的重要原因；企业为了使旅游者了解和认识产品，需要做大量的广告和促销工作，产品的销售费用较大。在这个阶段内，旅游者的购买很多是尝试性的，重复购买尚未出现，旅行社等中间商企业也通常采取试销态度。由于旅游新产品的销量小，利润低甚至亏损，成功与否前景莫测，竞争对手往往还持观望态度，市场还未出现竞争。

## （二）旅游产品的成长期

旅游产品经过导入阶段的游客试探性消费，一旦感觉良好，游客稳定增加，就会进入旅游产品的成长期。在成长阶段，旅游产品改良前期暴露的缺点，并逐步完善，旅游产品中的旅游景点、旅游地开发初具规模，旅游设施、旅游服务逐步配套，旅游产品基本定型并形成一定的特色，开发阶段的宣传促销开始收效，在旅游市场上知名度逐步提高，游客对产品更加熟悉，越来越多的游客进入购买体验，同时还有部分重复游客也开始出现。与此同时，旅游产品的开发投资也逐步减少，尽管对旅游产品促销总费用还在继续增加，但分摊到单个游客的促销费用迅速下降。由于旅游产品需求的大幅度增加和成本大幅度下降，导致该旅游产品的利润迅速上升，由导入期的亏损出现净利润额。在成长期，旅游产品表现出良好的市场前景，在旅游产品利润和良好市场前景的吸引下，竞争对手开始开发类似的替代旅游产品推向市场，市场上出现竞争。

## （三）旅游产品的成熟期

旅游产品到了成长期后期，游客和销售量的增长势头必然放慢，于是进入了旅游产品的成熟期。成熟期又可以划分为增长成熟期、停止成熟期和下降成熟期三个阶段。在增长成熟期，旅游产品销售量继续增加，但增长幅度逐步减缓，趋于停止的平稳状态；在停止成熟期，销量尽管有所波动，但总的趋势是停滞不前；而在下降成熟期，销量下降并成为一种明显的趋势，大多属于重复购买的市场。在成熟期，旅游产品的市场需求量已达饱和状态，销售量达到最高点；产品单位成本降到最低水平；由于销量和成本共同作用的结果，旅游产品的利润也将达到最高点，并开始下降。在旅游市场，竞争者开发了很多同类旅游产品，扩大了旅游者对旅游产品的选择范围，市场竞争十分激烈，更为严重的是，出现了更好的替代性旅游产品，前期游客已开始转移到新的替代性旅游品的消费市场中去。

## （四）旅游产品的衰退期

旅游产品的衰退期一般是指产品的更新换代阶段。在这一阶段，新的旅游产品已进入市场，正在逐渐代替老产品。旅游者或丧失了对老产品的兴趣，或由新产品的兴趣所取代。原来的产品中，除少数名牌产品外，市场销售量日益下降。市场竞争突出地表现为价格竞争，价格被迫不断下跌，利润迅速减少，甚至出现亏损。由于衰退期游客数量急剧下降，游客数量有限，不能容纳更多的旅游企业的生存，因此不少竞争实力弱的对手因财务问题，或者因有更好的旅游产品而逐渐退出衰退期的市场。

根据对以上旅游产品生命周期的规律性分析，其具有以下几点意义：一是任何旅游产品都有一个有限的生命周期，大部分旅游产品都会经过一个类似S形的生命周期；二是每个产品生命周期阶段的时间长短因旅游产品不同而异；三是旅游产品在不同生命周期阶段中，利润高低差异很大；四是旅游企业对处于不同生命周期阶段的旅游产品，需采取不同的营销组合策略；五是针对市场需求及时进行旅游产品的更新换代。

旅游产品生命周期是指旅游产品的一般发展规律，不能用来套用于每个旅游产品进行生命周期分析，不同的旅游产品其生命周期是不同的，其生命周期所经历的阶段也可能不同。一些独特的自然景观、历史文化景观，由于资源的特殊性和文化内涵，以及这些景观不可复制性，其产品生命周期可能遥遥无期；而有些人造景观由于可以进行大量复制，一旦竞争产品大量出现，其生命周期必然变短，比如很多地方的缩微景观；有些旅游产品、服务项目由于种种原因甚至未进入成长期就夭折了。

## 二、影响旅游产品生命周期的主要因素

造成旅游产品生命周期的原因非常复杂，主要有下列因素。

### 1. 旅游产品的吸引力

旅游产品的核心是旅游吸引物，而旅游吸引物本身的吸引力是影响旅游产品生命周期的最重要的因素，它与旅游产品中的其他单项产品是"一荣俱荣、一损俱损"的关系。一般来说，旅游吸引物越具特色就越不可被替代，吸引前往的游客就越多，重复旅游的价值越高，以其为核心而构成的旅游产品生命周期就越长，如果该旅游目的地的接待能力小，那么生命周期就更长。如我国一些列入世界文化遗产和自然遗产的旅游目的地就对国内外游客有巨大的吸引力，甚至长盛不衰，比如九寨沟等景点受接待能力的制约，在旅游旺季往往对进入景点的游客进行限制。相反，一些人造新景点，比如有些地方分布在较近地理范围内的重复建设微缩景观，野生动物园，人造古迹等，曾经火爆一时，但是由于替代产品太多，有的仅仅不到10年便进入市场衰退期，而有的则未经历过成长期便已夭折。

### 2. 旅游目的地的自然与社会环境

旅游产品总是处于旅游目的地的特定大环境中，因此，旅游目的地的自然环境和社会环境也是影响旅游产品的重要因素。如目的地的居民对游客态度、目的地的自然环境是否优美宜人、目的地居住环境治安和卫生的状况、交通是否便捷等都会影响旅游产品的生命周期。比如，尽管伊拉克处于幼发拉底河这一人类文明的重要发源地，许多文化旅游资源在全世界绝无仅有，客观上对游客极具吸引力，但是该地区由于连年战乱，人的生命安全得不到保障，游客不敢贸然前往。因此，就这一意义讲，旅游目的地政府必须树立大旅游的观念，用系统工程的方法来统一规划当地的旅游产品，不仅要重视旅游景点的设施建设，还要重视当地的基础设施和社会环境建设，更要重视当地的精神文明建设，这样才可能使本地区旅游业可持续地高速发展。

### 3. 消费者需求的变化

游客的旅游需求可能会因时尚潮流的变化而发生兴趣转移，从而引起客源市场的变化，导致某地旅游吸引物的吸引力衰减。旅游消费观念的变化、收入的增加、新的旅游景点的出现、目的地的环境污染或者服务质量下降都会影响消费需求的变化，从而使旅游产

品生命周期发生变化。

### 4. 市场竞争因素

在旅游业市场竞争日趋激烈的今天，很难形成对旅游产品经营的垄断。对于旅游产品，潜在竞争者在导入期持观望态度，但一旦旅游产品的市场前景明朗，必然吸引竞争者趋之若鹜，相应的替代产品和竞争产品必然就多，该旅游产品的市场就会很快饱和，原旅游产品的生命周期相应缩短。因此，需要旅游企业改变经营观念，不断推出旅游新产品，调整营销策略和市场细分战略，才可能保持可扩展的客源市场，才能延长旅游产品的生命周期。

## 三、旅游产品生命周期各阶段的经营策略

研究旅游产品生命周期的目的是为了使旅游企业根据各阶段的不同特点，制定相应的营销策略。

### （一）导入期的营销策略

旅游新产品的市场知晓度低是制约游客接受产品的限制条件，因此旅游企业在导入期的营销重点就是提高旅游产品的市场知晓度。其主要的措施有：一是完善旅游新产品，使其配套；二是利用各种促销手段大力宣传旅游新产品，尽快在目标市场上提高其知名度；三是在市场上建立起初步的销售网络。旅游新产品在价格上不能定得太高，否则游客接受起来很困难，但是对新产品如果定价太低，也会导致该旅游产品在后期提价困难，较为合理的解决方法是，按照目标成本加上合理利润制定目标价格，但根据导入阶段的特点，按目标价格给予较大的折扣，以鼓励游客试用新产品。

### （二）成长期的营销策略

成长期的营销目标是保持旅游产品的销售增长率，旨在提高旅游产品的市场占有率。经过导入期的旅游产品已经表现出明朗的市场前景，尽管由于游客的快速增长，可以给企业带来利润，但是对企业来说还远不是收获利润的时候。企业对该旅游产品不能杀鸡取卵，应该把经营重点放到开拓市场和提高效率上，以持续提高旅游产品的市场占有率和竞争能力。

成长期主要的营销策略有以下几种。

（1）产品策略：以提高旅游产品质量、完善功能为核心，在提高旅游目的地配套服务接待能力的同时，开始创立名牌，以基本产品为主体继续增加新的衍生品种。

（2）价格策略：把价格恢复到正常价格水平，并配合旅游需求的季节波动，进行适当的价格浮动，考虑根据不同目标市场和地区游客的经济承受能力实行产品差别定价，推动产品更广泛的市场渗透，提高企业的市场占有率。

（3）销售渠道策略：旅游产品销售量的提高和市场扩大，要求企业建立起更加密集、广泛、高效的销售网络，需要企业对前期销售网络进行筛选，并把产品推进到新的分销渠道销售。

（4）促销策略：新产品阶段的重点是提高产品知名度，而成长期要把促销的重点转变

到品牌的忠诚宣传上，旅游产品的广告目标则是用前期游客的旅游体验经验来增强对游客接受旅游产品的说服力。

（5）市场开拓策略：前期的市场策略相对比较集中，无论是针对的目标市场和地理区域都比较集中，产品进入成长期，应该对产品潜在的旅游市场进行细分，并考虑向新的细分市场渗透的策略。

### （三）成熟期的营销策略

在整个旅游产品生命周期中，处于成熟期的时间最长，企业大多时间面临的是制定成熟期的市场营销策略。在成熟期旅游产品市场需开始出现增长缓慢并逐步饱和，因而市场竞争异常激烈，同时旅游产品的成本也达到最低点。旅游企业应该根据成熟期的市场特点来制定旅游产品的营销目标和策略。成熟期要想继续增加市场求总量是不现实的。因此对企业来说，旅游产品在成熟期比较理性的营销目标是以攻为守，维持和提高旅游产品的市场占有率，获取最大利润额。

旅游产品在成熟期的营销策略可从市场开发、产品组合和其他营销因素等三个方面来扩大旅游产品的销售量，稳定企业的市场占有率，以延长产品的成熟期，并与竞争对手有效竞争。

#### 1. 市场开发策略

保持原旅游产品内容和品质的基本不变，在旅游产品的市场开发方面下功夫。市场开发策略可从两点入手，一是发掘现有旅游市场的潜在游客，旅游企业可首先分析旅游产品的现有市场覆盖情况，再研究各细分市场的销售潜力，努力寻找出空白的区域性细分市场及覆盖密度小的细分市场，再针对这些细分市场游客的特点，制定出相应的营销策略；二是鼓励老游客重新购买旅游产品，比如可以调整旅游产品的组合，适当增加一些旅游新项目或是服务新项目，给游客以更多的价值，让曾经旅游过的游客产生故地重游的欲望。

#### 2. 旅游产品的改革

一是继续提高旅游产品本身的质量；二是适当调整产品组合，增加旅游产品的项目，让游客从中得到新的价值；三是提高旅游产品服务的质量和内容。

#### 3. 调整市场营销策略

这是企业通过改变旅游产品外的价格、分销渠道和促销等营销策略来促进旅游产品的销售的方法。首先，对游客最有效的营销因素莫过于价格因素，旅游企业可以通过适当调低产品价格，针对某些特殊的细分市场对游客开展特价，并根据具体情况进行价格折扣等优惠措施，吸引游客的消费。其次是调整旅游产品的销售渠道和网络来促进销售，一是积极探索和开辟新的销售方式来销售旅游产品，比如建立网上电子商务平台进行网络销售；二是在原有销售渠道基础上增加新的销售网点，以提高销售网点的密度；三是给销售中间商以更大的激励措施，比如职能折扣、销售量折扣，以调动其促销产品的积极性。

#### 4. 调整原有的促销方式

首先对广告进行调整，比如通过适当变动旅游产品广告的内容，或者改变所采用的广告媒体，或者调整广告频率和广告的时间。其次是加强人员推销的力度，改进推销人员的推销方法，以及对推销人员的管理方式，强化旅游推销人员的激励考核方式等；适当增加营业推广措施，比如参加旅游产品展销会，实行旅游产品的有奖销售等措施。

### （四）衰退期的营销策略

旅游产品一旦进入衰退期，就意味着产品竞争者推出的旅游替代产品日趋成熟，并大量投放市场，造成游客购买力的转移，等到企业旅游产品的供给能力过剩，产品成本增加，利润就会下降甚至消失。对企业来说，主要的战略目标应该是：稳住后期游客，并适度压缩营销费用，进行市场收缩，同时积极开发新的旅游产品，以替代衰退期的旅游产品。

衰退阶段的营销策略主要有以下三个方面。

（1）主动出击：调整旅游产品的组合，给游客以新的感受和更多的价值，同时增加旅游产品的促销费用，以吸引更多的游客，促使旅游产品的销售再度增长，从而延长产品生命周期。

（2）坚守策略：维持旅游产品原有的营销策略和费用，以不变应万变，静待竞争对手退出市场，这样投放竞争对手的购买力将转向购买本企业的旅游产品，从而使企业旅游产品的销售量再度增加，市场占有率提高，这实际上是一种消极的防守。

（3）收缩策略：对于有多种旅游产品组合的旅游企业来说，可以在分析各种旅游产品的收益和前景的基础上，收缩企业的旅游产品线、市场覆盖面、分销渠道，以减少费用支出，把资金和能力集中于效益好的旅游产品、目标市场和销售渠道。这样会使企业财务状况好转。

（4）放弃策略：与其继续惨淡经营衰退期的旅游产品，还不如以退为进，干脆全面放弃衰退期的旅游产品，把企业的资源和能力转移到其他产品和其他领域。

## 四、延长旅游产品生命周期的经营策略

由于旅游产品生命周期的存在，因此旅游企业通过对其客观规律的认识，可以运用各种经营策略，延长旅游产品的成熟期，使企业获得最佳效益。延长旅游产品生命周期的策略概括起来有以下几种。

### （一）旅游产品改进策略

旅游产品改进策略，是通过对成熟期的旅游产品做进一步的完善和改进以吸引新老旅游者。产品改进策略一是改善旅游产品的质量、功能、形态；二是在原有产品的基础上，增加一些有吸引力的项目；三是提高服务质量，改进旅游基础设施和设备，增加旅游目的地交通运输方式等。比如香港游主要以购物为主，但随着内地产品的丰富，购物的吸引力相对减少，香港特区政府积极开发了新的旅游项目，如2005年投入运营的"迪士尼乐园"必然增加对游客的吸引力，不仅吸引新的游客，还会使许多已经游过香港的老游客故地重游。同样，九寨沟在增加新的景点的同时，修建了九寨机场，降低了游客进入九寨沟的难度，势必延长其旅游产品的生命周期。

### （二）旅游市场开拓策略

市场开拓策略，就是为成熟期的旅游产品寻找新的游客，开发新的市场。如果旅游产品的原客源市场主要在本地区，那么就可以到外地区去开发客源市场，甚至开发国外客源市场，当客源增加时旅游产品的销售量必然持续增长。比如 1997 年下半年，泰国受亚洲金融风暴影响，国内游客和东南亚游客大大减少，旅游业凋敝，而我国受金融风暴的影响较小，因此，泰国旅游部门就把组织客源市场的重点，放到了我国，很快我国游客成为泰国旅游业的主要来源，泰国旅游也因此恢复了生机。就我国国内旅游市场的开拓来看，基于我国的国情，城乡二元结构致使旅游几乎成为城里人的活动，而近年来，我国农村经济发展很快，对旅游的需求大幅度增长，也是旅游产品开发的新的机遇。

### （三）调整旅游产品的营销组合策略

市场营销组合策略，是对产品、促销、销售渠道和定价这四个因素的组合，加以合理的改进和重组，以刺激旅游产品销售量的回升。如提供更多的服务项目，改变分销渠道，增加直销，增加广告，或在价格上加以调整等，以刺激销售量，吸引更多的旅游者。

### （四）旅游产品升级换代策略

延长旅游产品生命周期的根本途径是根据旅游市场上涌现出的需求新特点，进行旅游产品的升级换代和旅游新产品开发工作。如对于中国观光旅游产品来说，理想的情况是，当第一代观光产品，即以七大旅游城市为中心，散布于部分重点旅游城市的观光产品进入成长期后，就有第二代产品逐步进入开发建设阶段，如增加参与性活动在内的娱乐、观光型产品的出现。这样第一代观光产品进入成熟期后，第二代观光产品就进入了成长期，依此类推，使观光产品的生命周期得以延长。

 小贴士

**湄洲文化旅游产品生命周期及每个周期所采取的营销策略**

**一、湄洲文化旅游产品的生命周期**

**1. 开发形成阶段**

1978 年 1989 年湄洲岛旅游业发展的起步阶段与投入阶段并存。湄洲岛旅游业的发展是随着我国改革开放的开始而起步的，这阶段的旅游活动主要以本地及周边的妈祖信仰者上岛朝拜为主，并随着改革开放的逐步推进而发展，上岛旅游人数逐步增加。1989 年后全国旅游业的严重下滑，是一个重要的分界点。

**2. 成长阶段**

1989 年 1996 年是重要的发展阶段。政府加入对旅游基本建筑与基础设施的投资，并努力改善旅游环境，特别是国务院决定在湄洲岛设立国家旅游度假区；另一方面湄洲岛妈祖庙的地位日益突出，受到全世界妈祖信仰者的景仰和崇拜，妈祖文化在世界的影响进一步扩大，客源市场逐渐形成，游客以 15% 的速度增长。

### 3. 成熟阶段

1997 年到 2000 年是稳固阶段，表现在旅游人数和旅游收入稳步增长，旅游者增长较快，尤其是台湾同胞上岛旅游人数突破 10 万人，形成了稳定的市场，但是增速趋缓，1997 年到 2000 年的增速已低于 10%，仅 5%～8%。由于周边旅游业的快速发展，同类旅游产品进入市场，扩大了旅游者对旅游产品的选择范围，使旅游市场竞争十分激烈，加上一些新产品对原有旅游产品的替代性使湄洲岛旅游发展面临着严峻的考验。

### 4. 衰退阶段

2001 年至今旅游人数明显出现滞长。2003 年因为"非典"等原因，一度出现负增长。由于湄洲岛旅游产品的单一化、服务体系的不完善、配套设施和基础设施的欠缺，旅游市场的无序化等种种原因，加上周边旅游发展的竞争、旅游新产品的不断出现、旅游市场竞争明显加剧，从而使湄洲岛旅游产品进入停滞阶段。岛上旅游管理者正逐步整合旅游资源、加快旅游新产品的开发和推出，但能否适应旅游者的需求，尚有待观察。

## 二、各生命周期的营销策略

### 1. 开发形成阶段营销策略

湄洲旅游产品的导入期，一是指湄洲文化旅游产品成功进入到市场试销的阶段。在产品导入期，由于消费者对产品十分陌生，企业必须通过各种促销手段把产品引入市场，力争提高产品的市场知名度。湄洲岛旅游业的发展是随着我国改革开放的开始而起步的，这阶段的旅游活动主要以本地及周边的妈祖信仰者上岛朝拜为主，并随着改革开放的逐步推进而发展，上岛旅游人数逐步增加。该阶段以宣传作为重点，主要以湄洲岛周边地区的信仰者为市场，其特点是可以使产品迅速进入市场，有效地限制竞争对手的出现，为企业带来巨大的市场占有率。

### 2. 成长阶段营销策略

在产品进入成长期以后，有越来越多的消费者开始接受并使用，企业的销售额直线上升，利润增加。在此情况下，竞争对手也会纷至沓来，威胁企业的市场地位。因此，在成长期，企业的营销重点应该放在保持并且扩大自己的市场份额，加速销售额的上升方面。另外，企业还必须注意成长速度的变化，一旦发现成长的速度由递增变为递减时，必须适时调整策略。

自 1988 年以来，湄洲岛管委会本着"高起点、高水平、高标准"的要求，围绕建设名副其实的国家旅游度假区，狠抓招商引资、项目建设和优质服务，使度假区的旅游设施逐步配套，景点开发步伐加快，旅游经济逐年提升，妈祖文化进一步弘扬，投资旅游环境日趋优化，为湄洲岛的全面起飞打下坚实的基础。1992 年湄洲岛辟为国家旅游度假区后，香港力宝集团负责用 20 年时间投资 19 亿美元对该岛进行成片开发，目标是把该岛建设成为亚太地区乃至世界一流的朝圣度假胜地。

**3. 成熟阶段营销策略**

产品的成熟期是指商品进入大批量生产，而在市场上处于竞争最激烈的阶段。通常这一阶段比前两个阶段持续的时间更长，大多数商品均处在该阶段，因此管理层也大多数是在处理成熟产品的问题。湄洲岛国家旅游度假区在开发建设中，以弘扬妈祖文化为切入点，努力打造妈祖文化品牌，增强竞争力和吸引力。妈祖文化旅游节是湄洲岛弘扬妈祖文化、吸引海内外游客的主打项目之一。湄洲岛国家旅游度假区不仅拥有妈祖文化这一独特的资源优势，而且具有东距台湾台中港仅72海里的区位优势，为其推进对台交流交往创造了条件，也为自身的发展创造了潜力。

**4. 衰退阶段营销策略**

衰退期是指产品逐渐老化，转入商品更新换代的时期。当商品进入衰退期时，不能简单地一弃了之，也不应该恋恋不舍，一味维持原有的生产和销售规模。必须研究商品在市场的真实地位，然后决定是继续经营下去，还是放弃经营。

（1）改进和重新包装多元化海岛型旅游产品。

湄洲岛朝圣旅游已出现停滞成熟态势，境外旅游人数上升日益减缓，消费购买欲望下降。因此，必须改造和重新包装以妈祖文化为核心的多元旅游产品，对全岛的旅游资源进行整合，推出参与性、娱乐性、生态性、休闲性的旅游产品，以延长旅游产品的生命周期，保证湄洲岛国家旅游度假区沿着良性循环的健康轨道发展，提升进入衰退期的旅游者的满意度。如对度假型旅游者应大力促销湄洲岛南部旅游产品，多开展一些参与性的旅游项目和娱乐活动。

（2）依托文化赛事活动与新产品的开发推介湄洲女形象。

此外，依托祖庙，推介湄洲女形象，举办系列妈祖旅游文化节事活动，丰富妈祖文化内涵，开发滨海旅游活动势在必行。开发旅游新产品，开拓新的客源。通过建立湄洲岛生命周期复苏途径系统模式，扩大潜在客源的加入，改变原旅游地生命周期曲线，延长旅游区的生命进程。

（资料来源：http://www.doc88.com/p-146662215820.html）

# 课后练习

## 一、单项选择题

1. 旅游产品是指旅游者以（ ）形式向旅游经营者购买的，一次旅游活动所消费的全部产品和服务的总和。

 A. 货币     B. 艺术     C. 设施     D. 文化

2. 下面（ ）项不是旅游产品的特性。

 A. 综合性     B. 无形性     C. 复杂性     D. 依存性

3. 按照旅游产品的基本功能划分，保健旅游属于（　　）产品的范畴。
    A. 康体旅游　　　　　　　　　　B. 享受旅游
    C. 探险旅游　　　　　　　　　　D. 特种旅游
4. "温泉疗养"是（　　）旅游产品。
    A. 复杂型　　　　　　　　　　　B. 享受型
    C. 特种型　　　　　　　　　　　D. 康体型
5. 下列不属于旅游产品成长期表现的是（　　）。
    A. 旅游产品中的旅游景点、旅游地开发初具规模
    B. 新的旅游产品已进入市场，正在逐渐代替老产品
    C. 旅游设施、旅游服务逐步配套
    D. 旅游产品基本定型并形成一定的特色

## 二、多项选择题

1. 成长期主要的营销策略有（　　）。
    A. 开始创立名牌，以基本产品为主体继续增加新的衍生品种
    B. 把价格恢复到正常价格水平，并配合旅游需求的季节波动，进行适当的价格浮动
    C. 当调整产品组合，增加旅游产品的项目
    D. 把促销的重点转变到品牌的忠诚宣传上
2. 下列属于文化旅游产品的有（　　）。
    A. 博物馆旅游　　　　　　　　　B. 艺术欣赏旅游
    C. 民俗旅游　　　　　　　　　　D. 怀旧旅游
3. 影响旅游产品生命周期的主要因素有（　　）。
    A. 旅游产品的吸引力　　　　　　B. 旅游目的地的自然与社会环境
    C. 消费者需求的变化　　　　　　D. 市场竞争因素
4. 旅游地开发原则有（　　）。
    A. 市场导向与效益第一原则　　　B. 培育特色与开发精品原则
    C. 串联更多景点原则　　　　　　D. 适度超前原则
5. 新产品的导入期表现为（　　）。
    A. 新的旅游景点、旅游娱乐设施落成　　B. 新的旅游路线开通
    C. 新的旅游项目首次向市场推出　　　　D. 旅游服务首次向市场推出

## 三、填空题

1. 一般而言，旅游产品的基本构成要素主要包含＿＿＿＿＿、＿＿＿＿＿、＿＿＿＿＿、＿＿＿＿等四个方面。
2. 旅游产品的使用价值具有＿＿＿＿、＿＿＿＿。
3. 旅游产品的特性有＿＿＿、＿＿＿、＿＿＿、＿＿＿、＿＿＿、＿＿＿。
4. 旅游产品开发包括两个方面，一是＿＿＿＿＿＿，二是＿＿＿＿＿＿。
5. 旅游产品生命周期可以划分为导入期、＿＿＿＿、＿＿＿＿、＿＿＿＿等四个

阶段。

## 四、简答题

1. 怎样理解旅游产品的含义？
2. 构成旅游产品的要素包括哪些方面？
3. 试述如何进行旅游产品开发。
4. 旅游产品开发的内容是什么？
5. 阐述旅游产品的生命周期。

# 第三章

# 旅游需求与供给

■ **知识目标** ▱

1. 了解旅游需求与旅游供给的概念和分类。
2. 掌握旅游需求与旅游供给的弹性。
3. 理解和掌握旅游供需的均衡关系。

■ **能力目标** ▱

1. 掌握旅游需求弹性的计算以及运用。
2. 掌握旅游供给弹性的计算以及运用。

■ **案例导入** - - - - - - - - - - - - - - - - - - - - - - - - - - - - - - - - - - - - - - - - - - - - - - - - - -

### 台北旅行商拓展广西新线路 适应台湾游客新需求

中国台北市旅行商业同业公会一行，结束了为期 6 天对广西旅游新线路的考察行程。台湾旅行商们计划通过此行，开辟一条桂林以外的，集生态、长寿养生、民族风情、文物古迹于一体新的旅游景点线路，以适应台湾游客观光游览新需求，推动台北与广西乃至促进两岸旅游业快速发展。

多年来，台湾省居民到广西旅游均以赴桂林为主，每年赴桂林旅游的台湾游客平均达到 40 万人次，而台湾游客到广西其他旅游点就比较少。此次考察主要是开辟广西西部和西南的特色旅游线路，河池、崇左等地的旅游资源丰富，民族风情浓郁；而大新的德天跨国瀑布、明仕田园风光等神秘的中越边境游线路对台湾游客具有很强的吸引力，完全可以列入新的"台北—南宁—宜州—巴马—南宁—大新—台北"这条广西精华游线路。

自 2009 年 4 月 8 日广西居民赴台旅游首发以来，赴台旅游受到广西民众的热捧。仅 2010 年一年，广西居民赴台旅游为 10336 人次，同比增长 300% 以上。

鉴于桂台旅游持续升温态势，广西机场管理集团与台湾相关航空公司合作，相继开通了南宁至高雄、桂林至高雄等直航航线。台湾远东航空公司还将陆续开通南宁—台北松山机场定期往返航班和南宁—高雄航班。上述航线把广西境内的主要景点及周边省会城市串联起来，对促进桂台旅游业发展产生重要作用。

（资料来源：中国网 http://www.china.com.cn）

问题：旅游需求与供给之间有什么关系？

# 第一节 旅游需求概念及特征

## 一、旅游需求的概念

在经济学中，需求是指在一定的时期，在既定的价格水平下，消费者愿意并且能够购买的商品数量。旅游需求是指人们所需的商品或服务为旅游产品和旅游服务的情况下，为了满足对旅游活动的欲望，在一定时间和价格的条件下，具有一定支付能力可能购买的旅游产品的数量。简言之，旅游需求就是旅游者对旅游产品的需求。如果进一步分析，则可以看出，需求是购买欲望与支付能力的统一，缺少任何一个条件都不能构成有效或现实的需求。正确的理解旅游需求应注意以下几点：

（1）旅游需求表现为旅游者对旅游产品的购买欲望，是一种主观愿望。

（2）旅游需求表现为旅游者对旅游产品的购买能力。

（3）旅游需求通常多指对总体旅游产品的需求，并且是市场有效需求。

（4）一定的时期通常指一年，一定条件指影响需求量的各种因素不变。

（5）需求量是指愿意而且能够负担得起的数量，而不是已经购买的数量。

（6）旅游需求是指一种旅游产品（包括服务）的需求量与价格之间的关系。

旅游需求分为个人旅游需求和旅游市场需求。个人旅游需求是指单个消费者或家庭对某种旅游产品的需求，旅游市场需求是对市场上某旅游产品的所有个人需求的加总。个人需求是构成市场需求的基础，而市场需求则是所有个人需求的总和。在旅游经济学研究中，旅游需求通常多指旅游市场的需求。

## 二、旅游需求的产生

从社会行为的角度看，旅游需求是科学进步、生产力提高和社会发展的必然产物，因而旅游需求必须同时具备主观和客观两个方面的条件。主观上，要有外出旅游的动机，客观上要具备一定的支付能力和闲暇，因此旅游动机、支付能力和闲暇是产生旅游需求的三要素。

### 1. 旅游动机

旅游动机是产生旅游需求的主观条件，它是旅游者整个旅游活动的出发点，又贯穿于整个旅游活动的全过程，并且影响着旅游者未来的旅游活动。其目标是旅游者追求的预期结果在头脑中的一种超前反应，确定人的行为方向。主要包括旅游者身体、文化、社会交往、地位和声望等方面的动机。

促发旅游动机产生的心理需要有两种：即探新求异的积极心理和逃避紧张现实的消极心理。比如，人们烦躁时，可能选择通过音乐的方式，也有可能通过阅读的方式，再或者选择通过旅游的方式来消解烦躁。当人们选择通过旅游的方式来解决问题的时候，这就生成了旅游动机。旅游动机就是使人们产生旅游需求的内在驱动力，是人们的一种自主、能动的主观愿望，是形成旅游需求的首要主观条件。

**2. 支付能力**

支付能力就是人们的可支配收入水平。可随意支配收入的水平决定着旅游者的旅游支付能力，是产生旅游需求的首要经济前提。旅游支付能力的强弱影响着一个人能否成为现实的旅游者，影响着其的消费水平及其在外旅游期间的消费构成，甚至还会影响着旅游者对出游目的地以及旅行方式的选择。正是在这个意义上，可随意支配收入水平是决定个人旅游需求的重要的物质基础。

旅游支付能力的强弱将影响旅游的距离、旅游的方式和旅游的类型，旅游支付能力越强，旅游空间范围所受的限制越小，旅游需要实现的程度越高。

**3. 闲暇时间**

闲暇时间是个人拥有的不受日常工作、学习、生活之余以及必须活动等条件限制，完全可以根据个人的意愿去利用和消磨人生的时间，它是以时间形态存在的社会资源。

闲暇时间是除旅游支付能力外，形成现实旅游需求的又一重要的客观要素。旅游活动必须花费一定时间，没有时间就不能形成旅游行为，因而闲暇时间是构成旅游活动的必要条件。

从国际旅游方面来看，很多发达国家的工人每周平均工作时间缩短，假期增加，如欧美的许多工人在 1960 年每周平均工作 70 小时，而现在每周工作时间缩减到 40 甚至 35 小时；人们每年的连续假期由一个月增至一个半月到两个月；不少国家还实行带薪假期制；美国、日本等国的一些企业、公司还给工作成绩优良的员工提供免费旅游；一些退休的工人、职员也有大量可供自己支配的时间。从国内旅游来看，学校的部分教职员工和学生每年可利用寒、暑假旅游；我国也全面实行每周 40 小时工作制；有些工厂利用节假日组织职工集体外出旅行。以上种种情况都为人们外出旅行创造了时间的条件。

## 三、旅游需求的基本分类与特征

### （一）基本分类

根据属性不同，可以把旅游需求分为四类——物性需求、人性需求、神性需求和社会需求。

**1. 物性需求**

物性需求是旅游中所占分量最大的一块，它满足了人的几乎所有感官的体验——视觉、听觉、嗅觉、味觉、触觉，动感体验与静谧体验等。

### 2. 人性需求

人性需求主要包含四个方面——情感体验（如蜜月、感伤、孤独、亲情、友情）、科学与智慧体验（如实习、田园生活、科考、智力游戏等）、运动体验（体育、探险、极限挑战等）、商务体验（如拓展、合作、谈判、会务、展览等）。

### 3. 神性需求

主要是宗教体验。宗教对人的吸引总是特别的，与宗教有关的文化古迹、建筑景观对人的吸引也是独特的。

以物性、人性、神性需求作为三大类别框架，继续细分，我们知道有多少需求，就会有多少游憩方式——而这正是旅游设计的核心问题。

### 4. 社会需求

社会需求主要包含两方面：一是经济的需求，二是文化的需求。由于旅游产业的兴起会给当地的经济带来不可忽视的作用，很多拥有旅游资源的地方已经开始对此日益重视，作为提高人民生活水平的途径之一。同时，旅游也是最好的宣传本地文化的手段，它以一种潜移默化的形式将当地的形象以符号的形式铭记在游客的脑海里，从而提高当地的社会知名度。

## （二）旅游需求特征

旅游需求同一般商品需求相比较，具有以下不同特征。

### 1. 整体性

旅游活动是一个全程性的活动。一般来说，旅游者在决定去某地旅游时，都不是单一性的考虑某一方面的旅游产品和服务，而是整体性的对旅游活动进行综合考虑，这种对总体旅游产品的需求涉及行、游、住、食、购、娱等多个方面，离开了对各方面相关产品的需求，其目的也就无法实现。因此，旅游需求在客观上就是一种整体性的需求，对各方面旅游产品组合需求。

### 2. 指向性

旅游需求的指向性包含时间指向性和地域指向性。

旅游需求的时间指向性是指旅游需求在时间上具有较强的季节性，如哈尔滨在冬季，可以提供观赏冰灯和滑冰等特殊的地域性旅游活动项目，而成为旅游的黄金节；旅游需求的地域指向性是指旅游需求在空间上具有较强的冷热性，如我国春节、"五一"和"十一"黄金周，人们纷纷选择旅游活动的消费，使旅游需求陡然上涨。

### 3. 敏感性

旅游需求的敏感性是指人们对出游环境发生变化所做出的敏感反应，这种环境变化既包政治社会环境也包括自然经济环境。例如一些人比较容易接受朋友推荐，另一些人更加相信媒体的宣传等。但由于旅游产品的生产和消费是不可分割的，这就造成旅游产品在销售的时候只能提供相关产品的消息，而信息的可靠性受产品本身的影响力和购买者的心理感受因素的影响，因此，不论舆论宣传的好坏，对旅游需求的影响是十分明显。

**4. 多样性**

旅游需求的多样性是指人们在旅游地选择、旅游方式、旅游等级、旅游时间和旅游类型等方面存在的差异性。

受旅游者的个性、社会地位、文化、健康和目的等因素影响，消费内容和消费方式会因人而异，使之呈现多样性。

## 四、旅游需求规律

与一般消费需求的满足不同，旅游需求的实现是一种异地消费活动，除了受价格、可自由支配收入的影响以外，还受到闲暇时间的约束。旅游需求量变化的规律性就主要反映为旅游需求量与旅游产品价格、可自由支配收入和闲暇时间的相关性和变动关系。因此，旅游需求规律是在影响旅游需求量变动的其他因素不变的情况下，旅游需求量与旅游产品价格变化呈反比关系，与人们可自由支配收入和闲暇的变化呈正比关系。

### （一）旅游产品的需求量与旅游产品价格变化呈反比关系

旅游产品价格是影响旅游需求量的基本因素。在一定时期内，当旅游产品价格相对于成替代关系的其他产品和服务的价格发生变化时，人们对旅游产品的需求量就会发生变化。当旅游产品价格相对上升时，旅游需求量就会下降；当旅游产品价格相对下降时，旅游需求量就会上升。可见，在其他影响旅游需求量因素不变的情况下，在一定时期内人们对旅游产品的需求量会随着旅游产品价格的升降而呈现反方向的变化。需求曲线是根据需求表或需求函数做出的反映需求量与价格关系的曲线，如图3-1所示。

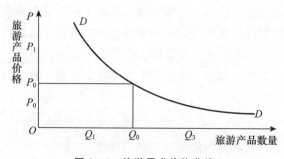

图3-1　旅游需求价格曲线

### （二）旅游需求量与可自由支配收入变化呈正比关系

在一定时期内，人们的可自由支配收入是有限的，当价格发生变化时，一定量的可自由支配收入的购买力也会随之发生变化，如当旅游产品的价格下降时，虽然可自由支配的收入额没有发生变化，但是实际可自由支配收入是增加的，从而使人们有能力以原有水平的收入扩大对旅游产品的需求量。这种价格变化的收入效果表明人们的可自由支配收入的大小同旅游需求量之间存在着密切的关系。一般来说，在其他因素不变的情况下，可自由支配收入同旅游产品需求量之间存在正向变动关系，如图3-2所示，即可自由支配收入越多，对旅游产品的需求量也越多，尤其表现为外出旅游次数或在外旅游天数的增加，反之亦然。

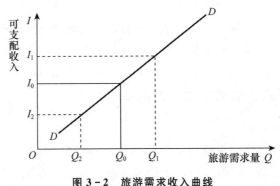

图 3 - 2 旅游需求收入曲线

## 五、旅游需求指标体系

旅游需求指标是指综合反映旅游需求状况，并用于预测旅游需求发展趋势的指标，是旅游经济指标体系中的有机组成部分。

旅游需求指标反映出一定时间、地区和条件下旅游需求的现状和发展前景，主要有已有的来访旅游需求状况的指标和客源市场旅游需求发展潜力的指标。

### （一）已有的来访旅游需求状况的指标

**1. 旅游者人数指标**

旅游者人数指标反映的是旅游目的地国家或地区在一定时期内接待国内外旅游者的数量多少。旅游者人数指标又可分以下两个指标。

旅游者人数，是指旅游目的国家地域地区在一定时期内所接待的旅游者总人数。

旅游者人次，是指一定时期内，到达某一旅游目的地国家或地区的旅游者人数与平均旅游次数的乘积，旅游者人次一般会高于旅游者人数，因为同一旅游者有可能多次到同一目的地游览。

**2. 旅游者消费指标**

旅游者消费总额，是指旅游者在一定时期内，在旅游目的地国家或地区旅游过程中支出的货币量。国外旅游者的消费总额就是旅游目的地国家或地方的外汇收入，但国际旅游往返于客源地区与目的地之间的国际交通费用，一般不纳入国际游客的消费总额。

旅游者人均消费额，是指一定时期内旅游者在目的地的旅游消费总额与旅游者人次之比。通过这个指标，人们可以了解旅游者在旅游目的地消费支出的变化情况。

旅游消费率，是指一定时期内一个国家或地区的出国旅游消费总额与该国或该地区的居民消费总额或国民收入的比值。这个指标可以反映一定时期内某一国家或地区的居民对出国旅游的需求程度。

**3. 旅游者过夜数指标**

旅游者过夜数，是指在一定时期内，旅游者人次与人均过夜数之积。因为单凭旅游人次指标难以说明旅游需求发展的实际情况，如果同时把旅游者停留时间考虑进去，便能更全面地反映出某一时期的旅游需求状况。

旅游者人均过夜数，是指在一定时期内所有在目的地的一次行程中停留天数的平均情况。该指标从平均数的角度反映了旅游需求的现状，便于揭示旅游需求的变化趋势，旅游经营者可根据这一指标的变化情况去追寻产生这种变化的原因，并据以确定相应的对策。

### （二）客源市场旅游需求发展潜力的指标

#### 1. 旅游出游率指标

在国际旅游中，旅游出游率指标反映了一国或一地区产生旅游需求的能力。

旅游总出游率，是指一定时期内一个国家或地区出国旅游的人次与其总人口的比率。用公式表示为：旅游总出游率＝出国旅游人次/该国总人口数×100％。

旅游净出游率，是指一定时期内一个国家或地区出国旅游的人数与其总人口的比率，用公式表示为：旅游净出游率＝出国旅游人数/该国总人口数×100％。

#### 2. 旅游重游率

旅游重游率是指一定时期内一个国家或地区的出国旅游人次与出国旅游人数之比，在国际旅游中，该指标反映的是一定时期内，一国或一地区居民出国旅游的频率。用公式表示为：

旅游重游率＝出国旅游人次/出国旅游人数×100％。

## 六、影响旅游需求因素

影响旅游需求的因素，除了旅游者自身的旅游动机、支付能力和闲暇时间等因素外，其他各种因素如经济、产品、消费者客观、消费者心理等方面因素也会影响旅游者的需求。

### （一）经济因素

经济的因素主要有产品的价格、相关产品的价格等。产品价格的变化对需求的影响是市场经济条件下的一个基本规律，它同样也适用于旅游产品。而且，由于旅游产品属于奢侈消费品，因此价格的变化对需求的影响表现得更为明显，但一味地降低产品的价格会影响产品质量。对于特定的旅游产品，其相关的旅游服务的价格变动会对其造成影响。

### （二）产品因素

产品的因素主要有产品的质量、产品的特色等要素。产品的质量是产品的核心内容。对旅游产品而言，包括景观质量、景观受保护的程度、旅游行程安排的合理程度、旅游交通的便利程度、旅游设施的档次、旅游服务的好坏及其他相关活动、设施的情况等。旅游产品的特色是决定旅游需求的另一个内容。

### （三）消费者客观因素

消费者的客观因素主要有：旅游者的收入、余暇时间、旅游者的生活环境等。旅游者个人收入增加，对旅游的需求会增加，反之会减少。余暇时间的增加将增加对旅游的需求。旅游者的生活环境对旅游者的需求也有较大的影响。旅游需求量与消费者可自由支配收入和余暇时间之间通常存在着正相关的关系。一般地说，个人可自由支配收入和余暇时间越多，旅游需求量越大；反之则越小。但是，某些低档服务产品的需求量会随着可自由支配收入的增加而减少。因为在条件允许的情况下，人们总是追求高档的需求。

### （四）消费者心理因素

消费者的心理因素主要包括消费者偏好、消费者的价格期望、社会的流行时尚等。消费者偏好是指旅游者在进行消费选择时表现出来的兴趣爱好的不同。消费者的价格期望是指消费者对未来产品价格的预测和期望，这将在短期内影响消费者对产品的需求。如果预测未来产品的价格可望下降，则目前的旅游需求就会下降；反之，则旅游需求上升。对旅游产品的需求还与时尚有关。流行时尚将影响客源地人们对旅游产品的需求。一旦某一旅游产品成为时尚，人们对它的需求将增加，而对非时尚的旅游产品的需求变化往往不大，甚至出现短时相对的下降。

# 第二节 旅游需求弹性

## 一、弹性的概念

在经济学中，弹性指在经济变量之间存在函数关系时，一个经济量变量的百分比相应于另一个经济量变量的百分比来反映经济量之间的变动的敏感程度。如自变量的经济变量 $X$ 的任何变化，都必然引起作为因变量的经济变量 $Y$ 的变化。弹性是买卖双方对市场价格的敏感程度，所以弹性可以使我们更精确的分析旅游需求与旅游供给的弹性。

弹性一般可分为点弹性和弧弹性。点弹性是指当自变量变化很小时（即在某一点上）而引起的因变量的相对变化。其计算公式如下：

$$E = \frac{\Delta Y/Y}{\Delta X/X}$$

式中：$E$ 表示点弹性的弹性系数，$X$ 表示自变量，$Y$ 表示因变量，$\Delta X$ 是自变量的百分比；$\Delta Y$ 是因变量的百分比。

而弧弹性是指自变量变化较大时，取其平均数对因变量的相对变化量。其计算公式如下：

$$E_a = \frac{Y_1 - Y_0}{(Y_1 + Y_0) \ / \ 2} \div \frac{X_1 - X_0}{(X_1 + X_0) \ / \ 2}$$

式中：$E_a$ 表示弧弹性的弹性系数，$X_0$、$X_1$ 表示变化前后的自变量，$Y_0$、$Y_1$ 表示变化前后的因变量。

点弹性与弧弹性的重要区别就在于：点弹性是指因变量相对于自变量某一点上的变化程度；而弧弹性则是指因变量相对于自变量某一区间上的变化程度。弧弹性用来计算变化率的基础是两个点数据的平均值，而不是原始观察值，其意义在于能够更准确地测定在两点范围内两个变量之间的平均相对关系。

## 二、旅游需求弹性

在经济学中，弹性主要是指两个经济变量的相关关系，则旅游需求弹性是指旅游需求对影响因素变化的敏感性，即在影响旅游需求的各种因素中，其中任何一项的变化都会引起旅游需求量的相应变化。由于旅游产品的价格和人们可支配收入是影响旅游需求的最基本因素，因此旅游需求弹性可具体划分为旅游需求价格弹性、旅游需求收入弹性和旅游需求交叉弹性。

### （一）旅游需求价格弹性

旅游需求量随旅游产品价格的变化而发生相应变化，所以我们把旅游产品价格变化的百分比与旅游需求量变化的百分比的比值变化关系称为旅游需求价格弹性。旅游需求量对旅游产品价格变化的尺度就是旅游需求价格弹性系数，如图 3-3 所示，用 $E_P$ 来表示。价格弹性系数的计算公式如下：

$$需求价格弹性 = \frac{需求量变动的百分比}{价格变动的百分比}$$

$$E_P = \frac{\Delta Q}{Q} \div \frac{\Delta P}{P} = \frac{\Delta Q}{\Delta P} \times \frac{P}{Q}$$

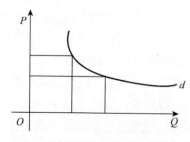

**图 3-3　旅游需求价格弹性系数**

式中：$E_P$ 表示旅游需求的价格弹性系数，$\Delta Q$ 表示旅游需求量的前后变化量，$\Delta P$ 表示旅游产品价格的前后变化量。

这里我们进一步说明点弹性与弧弹性两种不同的弹性计算方法。以表 3-1 为例来说明点弹性的计算：

**表 3-1　各种价格下的旅游需求表（价格与需求增量很少）**

| 价格（元/张） | 需求量（次/天） |
| --- | --- |
| 100 | 2000 |
| 100.5 | 1998 |
| 101 | 1995 |

假设当某旅游点门票价格为 100 元时，每日接待旅游者 2000 人次；当其票价涨到 100.5 元时，日接待人次降为 1998 人次。计算价格由 100 元到 100.5 元之间的旅游需求价格弹性。根据点弹性公式：

$$E_{DP} = -\frac{1998-2000}{2000} \div \frac{100.5-100}{100} = 0.2$$

在上式中，是以 2000 人次和 100 元当作 $Q_1$ 和 $P_1$；现在以 1998 人次和 100.5 元分别

当作 $Q_1$ 和 $P_1$，其需求价格弹性系数为：

$$E_{DP} = -\frac{2000-1998}{1998} \div \frac{100-100.5}{100.5} = 0.2012 \approx 0.2$$

由此可见，在计算点弹性时，由哪组数字作为基础价格与需求量，其结果并没有太大的差别。所谓弧弹性，是指需求曲线上两点之间的弧的弹性。下面用表 3-2 为例来说明弧弹性的计算方法。

表 3-2　各种价格下的旅游需求表（价格与需求增量很大）

| 价格（元/杯） | 需求量（人/天） |
|---|---|
| 10 | 50 |
| 11 | 30 |
| 12 | 20 |

假定某餐馆出售的某饮料价格为 10 元/杯时，每天购买此饮料的顾客为 50 人；当其价格上涨为 11 元/杯时，则每天购买的人数为 30 人。如果要测定由 10 元到 11 元之间的旅游需求价格弹性，那么由于 $P_1$ 和 $Q_1$ 所选择数值不同，其结果分别为：

$$E_{DP} = -\frac{30-50}{50} \div \frac{11-10}{10} = 4$$

$$E_{DP} = -\frac{50-30}{30} \div \frac{10-11}{11} = 7.3$$

由此可见，两种计算方法的结果差别很大。其原因在于，计算价格下降百分比与价格上升百分比时所使用的基础价格不同，前者是 10 元，后者是 11 元。同理，需求量从 30 人增加到 50 人与从 50 人下降到 30 人时需求量变化的百分比也不相同。但是如果我们把需求量和价格都取其改变前和改变后的平均值，就可避免这种计算上的误差，同时也会使结果更精确。这就是弧弹性的计算公式：

$$E_{DP} = -\frac{Q_2-Q_1}{(Q_2+Q_1)/2} \div \frac{P_2-P_1}{(P_2+P_1)/2}$$

利用弧弹性公式，我们重新计算表 3-2 中的旅游需求价格弹性，则结果为：

$$E_{DP} = -\frac{50-30}{(50+30)/2} \div \frac{10-11}{(10+11)/2} = 5.25$$

这个弹性系数表示：旅游产品价格每增减 1%，都会使旅游需求量以 5.25% 的比率随之发生反方向变动。

因此，当我们计算弹性时，对于微小的百分比变动，可采用点弹性公式；但对于较大幅度的变动，则采用平均价格作为计算价格变动的基础价格，即采用弧弹性公式来计算弹性。弹性的一个重要应用是它有助于弄清价格上涨对于收益的影响。旅游需求价格弹性说明旅游产品价格变动对消费者货币总支出的影响。消费者货币总支出等于消费者对商品的需求量乘以商品的单位价格，对于销售者来说就是总收入。由于需求量与价格呈反方向运动，价格的上升或下降会引起需求量的减少或增加，因此会引起旅游者货币总支出和经营者货币总收入的变化。

由价格弹性系数的计算公式可知，旅游需求量与旅游价格之间呈反比关系，所以 $E_P$ 的值通常为负，因此在分析价格弹性的大小时，一般取其结果的绝对值。根据其绝对值的大小，旅游需求价格弹性系数存在以下三种情况。

（1）当旅游需求的价格弹性系数 $|E_P|>1$ 时，表明旅游需量求富有弹性，曲线上的斜率较大，此时旅游产品价格的微小变化会引起旅游需求量的较大变化。

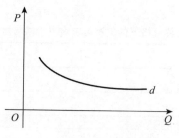

图 3-4　旅游需求价格弹性系数

（2）当旅游需求的价格弹性系数 $|E_P|=1$ 时，表明旅游需量求与旅游需求价格是等量弹性，此时旅游产品价格的变化对旅游总收益影响不大。

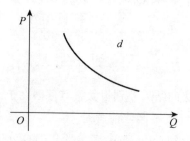

图 3-5　旅游需求价格弹性系数

（3）当旅游需求的价格弹性系数 $|E_P|<1$ 时，表明旅游需量求缺乏弹性，需求曲线上的斜率越小，此时旅游产品价格变化，只会引起旅游需求量的微小变化。

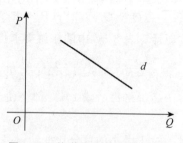

图 3-6　旅游需求价格弹性系数

不同的旅游目的、不同的旅游产品或各种旅游项目的不同，其需求价格弹性也会不同，就形成旅游需求价格弹性系数也不同。因此，旅游需求价格弹性对旅游收入有重要的影响，旅游需求价格弹性系数的大小预测者进行价格调整时，能预测到旅游收入的变化。一般情况下，生活必需品需求价格弹性小，而奢侈品及高端商品的需求价格弹性大。虽然旅游活动已步入大众化的发展阶段，但是旅游活动对大多数劳动阶层的人民来说，仍属于较高层次的消费。因此，旅游需求价格弹性的绝对值往往大于 1，这说明旅游价格的变动会引起需求量更大的变动。因此，在制定各种旅游产品价格时，应注意各类旅游产品价格对旅游需求的影响。

### （二）旅游需求收入弹性

市场中旅游需求量，除了受价格影响外，同时还受旅游者的可支配收入水平的影响。旅游需求量变化的百分比与可支配收入水平变化的百分数比的比值变化关系称为旅游需求收入弹性。旅游需求量对可支配收入水平变化的尺度就是旅游需求收入弹性系数，用 $E_i$ 来表示。价格弹性系数的计算公式如下：

$$E_i = \frac{\Delta Q}{Q} \div \frac{\Delta I}{I} = \frac{\Delta Q}{\Delta I} \times \frac{I}{Q}$$

式中：$E_i$ 表示旅游需求的收入弹性系数，$\Delta Q$ 表示旅游需求量的前后变化量，$\Delta I$ 表示可支配收入水平的前后变化量。

由公式也可知，旅游需求量随旅游者的可支配收入水平的增加而增加，减少也会随之减少，所以旅游需求收入弹性始终是正值。旅游需求收入弹性系数存在以下三种情况。

（1）当旅游需求的收入弹性系数 $E_i > 1$ 时，表明旅游需求量与可支配收入水平的影响程度大。

（2）当旅游需求的收入弹性系数 $E_i = 1$ 时，表明旅游需求量与可支配收入水平是等量弹性。

（3）当旅游需求的收入弹性系数 $E_i < 1$ 时，表明旅游需求量与可支配收入水平的影响程度小。

把握收入弹性，对旅游经营者而言，可以根据人们可支配收入的变化，预测其对旅游产品需求的影响，从而采取措施调整旅游产品的结构，满足更多人对旅游活动的需求。一般情况下，高端旅游消费品的需求收入弹性大。因为随着社会生产力和人们收入水平的提高，人们用于低级的生活必需品的支出比重将逐渐下降，而对高端生活消费用品的支出将逐渐上升。旅游活动正是满足人们高层次生活的需求，并逐渐成为人们不可少的生活消费品，因此旅游需求收入弹性一般都比较大。

### （三）旅游需求交叉弹性

需求的交叉弹性是指某种商品需求量的变动对其他相关商品的价格变动的反映程度。旅游需求交叉弹性是一种旅游产品的需求量对另一种旅游产品价格反映的敏感程度。计算公式如下：

$$E_{xy} = \frac{\Delta Q_x}{Q_x} \div \frac{\Delta P_y}{P_y}$$

式中：$E_{xy}$ 表示旅游需求交叉弹性系数，$\Delta Q_x$ 表示 X 旅游产品需求量的前后变化量，$\Delta P_y$ 表示 Y 旅游产品价格的前后变化量。

多数情况下，需求的价格弹性为负值，收入弹性为正值，而交叉弹性的取值取决于相关的两种商品的关系，即两种商品是替代关系还是互补关系。具有互补关系的商品称之为互补品，具有替代关系的商品称之为替代品。如为替代品，两者的价格和需求量同方向变动，为正值；如为互补关系，两者的价格和需求量反向变动，为负值。正的交叉弹性越大，两者商品的替代性越高；负的交叉弹性越大，两种商品的互补关系越密切。因此，掌握了需求交叉弹性的理论和方法，有利于企业制定自身产品的价格策略。特别是对于某些大型企业，往往拥有多条生产线，同时生产相互替代或相互补充的产品，用需求的交叉弹性分析各种产品之间的风险问题，从整体目标出发，统筹规划，协调好交叉产品的营销策略是十分必要的。

# 第三节　旅游供给概念及特征

## 一、旅游供给的概念

在经济学中，供给是指一定时期内以一定价格向市场提供的商品数量。则旅游供给是指旅游业经营者在一定时期内、一定市场和一定的价格水平上，意愿并能够向市场提供的旅游产品数量。对上述的概念需要把握以下几点。

（1）这里讲的旅游产品，包括旅游资源、旅游设施和旅游服务及其一切间接地为旅游者服务的其他设施。

（2）旅游供给的目的是为了满足旅游需求，因而必须是有效供给的（即主观上愿意提供，客观上能够提供的产品数量）。

（3）一定时期通常指一年，一定条件指除价格外，其他影响供给量的各种因素不变。

（4）供给量不是生产者实际卖出的产品或服务的数量，而是一种生产能力。旅游供给主要是服务能力，是合成意义上的生产能力。

## 二、旅游供给的内容

通常，用旅游接待能力来衡量一个国家或地区旅游供给量的大小。根据旅游目的地总体旅游产品的构成情况，旅游供给可以分为基本旅游供给和辅助旅游供给。

### （一）基本旅游供给

基本旅游供给是指一切直接与旅游者发生联系使旅游者在旅游过程中亲身接触和感受的旅游产品，它包括旅游资源、旅游设施（交通运输设施、食宿接待设施、休闲娱乐设施、旅游购物设施等）和旅游服务（交通部门的客运服务、食宿部门的食宿服务、旅行社的导游和翻译服务、商业零售部门的购物服务、旅游问讯服务等）等旅游者在旅游活动期间的需要和各种服务，是旅游供给的主要内容，也是旅游业经营的主要内容。

### （二）辅助旅游供给

辅助旅游供给是指为基本旅游供给提供体系服务和配套服务的基础设施和相关设施，包括供水、供电、供气、污水处理、供热、电信和医疗系统以及旅游区地上和地下建筑，如机场、码头、道路、桥梁、铁路、航线系统等各种配套工程。辅助旅游供给还属于公共设施服务项目，因其特点是除了为旅游者提供服务外，还为非旅游者提供服务。

## 三、旅游供给的基本组成与特征

### (一) 组成部分

#### 1. 旅游资源

旅游资源是指那些能够对旅游者构成吸引力的自然因素、社会因素及其他因素，是旅游目的地旅游供给的首要内容，是旅游业发展的基础。如果没有旅游资源，旅游业则失去了其存在和发展的基础。例如，一个国家或地区拥有的旅游资源丰富而且独具特色，那么，它对旅游者就会形成强烈的吸引力。所以，一个国家或地区的旅游业是否兴旺发达，首先取决于它所拥有的旅游资源的丰裕程度和质量。

在旅游资源中，最基本的部分一般是自然资源、历史遗产和民族文化。这些旅游资源因其成因而固定在一定的地域和社会环境之中，因而具有垄断性和不可移动的特点，否则，它们便会失去其原有的价值和吸引力。此外，由于这些旅游资源一部分是大自然的恩赐，另外一部分是长期社会历史发展的产物，因而，在全部旅游供给中，其数量在相当长的时间内是恒定不变的，也就是说，这些旅游资源的供给不可能随着旅游市场需求的扩大而任意扩大。

#### 2. 旅游设施

旅游设施是旅游经营者为直接开展旅游经济活动向旅游者提供食、住、行、游、购、娱等方面服务的凭借物，是旅游企业投资的主体部分，是代表旅游目的地接待能力的硬性指标。这种旅游接待能力的大小反映着一个国家或地区旅游业的实力和发展规模。一般来说，旅游设施主要包括旅游运输设施、旅游食宿接待设施、游览娱乐设施和旅游购物设施四部分。

#### 3. 旅游服务

从目的地旅游供给的角度看，旅游服务既包括商业性的旅游服务，也包括非商业性的旅游服务。前者一般指当地旅行社的导游服务和翻译服务、交通部门的客运服务、饭店业的食宿服务、商业零售部门的购物服务及其他部门向旅游者提供的商业性接待服务。后者则主要包括旅游目的地为旅游者提供的旅游问询服务和出入境服务，以及当地居民为旅游者提供的义务服务。旅游服务的最终目的是通过使旅游者的需求在合理的基础上得到最大满足，从而获得良好的社会和经济效益。因此，整个服务体系的运转必须以提高质量为中心。

### (二) 旅游供给的特征

旅游供给是一种特殊的产品供给，具有其自身的特殊性。这种特殊性是由旅游产品的特性所决定的，主要表现在以下几个方面。

#### 1. 计量差别性

旅游产品的计量单位不同于一般有形产品，由旅游产品的综合性表明旅游供给的构成要素具有异质性，因而不能用提供的旅游产品来计算，而是用旅游者作为旅游供给的计量单位。

### 2. 产地消费性

地域固定性是旅游产品的一大特点，因此，旅游供给在地域上是不可移动的，只能是在固定空间上的产品供给；而旅游者要消费这些旅游产品，到旅游供给的产地进行消费，这使旅游产品在生产、供给规划上与一般的产品存在很大的差别。一般产品的供给、物流环节是规划要重点考虑的内容；而旅游产品的供给，景点、景区的环境容量和承载力则是规划首先要明确的问题，它决定着未来旅游供给的数量和水平。

### 3. 持续性

旅游产品能在较长一段时间内保持持续供给，甚至永续利用，但旅游产品一旦遭到破坏，则会影响其供给能力，甚至永久丧失供给能力。

### 4. 关联性

旅游需求是一种综合需求，旅游者在旅游过程中的食、住、行、游、购、娱等各方面的需求，单靠某一个旅游企业的供给是无法满足的。因此，旅游供给必然是由社会多个旅游企业与多种行业共同协作完成的。旅游者的需求是多种产品的组合需求，旅游供给是多个企业、多种行业的组合性协作供给。

### 5. 多样性

旅游供给的存在是以需求为前提的，由于旅游产品的使用价值在于满足人们的心理和精神需要，这种需要千差万别，所以，旅游供给具有多样性的特点。即使旅游供给者采用组团旅游的方式来提高规模效益，但同时也要注意满足团队中个别旅游者的特殊需求。这要求旅游供给者在旅游产品的生产和供给过程中，要充分考虑旅游者在物质和精神方面的需求，把所有相应的物品和服务都纳入经营的范畴，在大力发展传统性大众旅游产品的同时，针对特殊旅游者的特殊需求，积极开发个性化的旅游产品和供给。

## 四、旅游供给的规律

旅游供给规律的基本内容是：在其他条件不变的情况下，某旅游产品的供给量与该旅游产品的价格呈同方向的变化。一般而论，随着商品价格的升高，生产者愿意并且能够提供的商品数量增加；相反，随着商品价格的降低，生产者愿意并且能够提供的商品数量减少。即生产者的供给量与商品价格之间呈同方向变动。其关系可用图 3-7 表示。

### 1. 旅游供给量变化的规律性

在其他因素既定情况下，由于旅游经营者追求利润最大化目标，而使旅游供给量与旅游产品价格呈同方向变化的规律性。在旅游市场上，当旅游产品价格上涨时，旅游供给会增加；反之，当旅游产品价格下降时，旅游供给会相应减少，即旅游供给量与旅游产品价格之间呈正比例关系，如图 3-7 所示。

### 2. 旅游供给能力的相对稳定性

旅游供给能力分为旅游综合接待能力和旅游环境承载能力。它在一定条件下是既定的，且旅游供给受旅游环境承载能力的限制，因而旅游供给量受旅游供给能力的制约。所

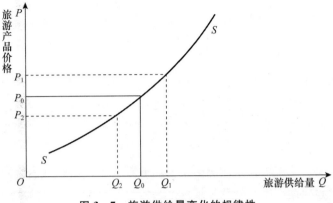

图 3-7 旅游供给量变化的规律性

以在旅游供给能力的制约下，旅游供给量不能随着旅游产品价格发生无限变动，因此当旅游供给能力最大时，旅游供给具有相对稳定性，如图 3-8 所示。

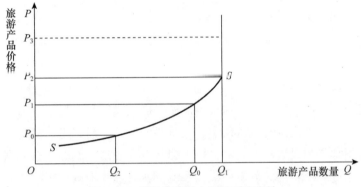

图 3-8 旅游供给能力的相对稳定性

### 3. 旅游供给水平变化的价格弹性

旅游产品变化不仅受到旅游产品价格的影响，也受其他各种因素的影响。在旅游产品价格既定条件下，其他因素的变动会引起旅游供给曲线 S—S 向左或向右水平变动。如果其他因素不变，旅游产品的价格变化将导致旅游供给量沿着供给曲线 S—S 发生变动，如图 3-9 所示。

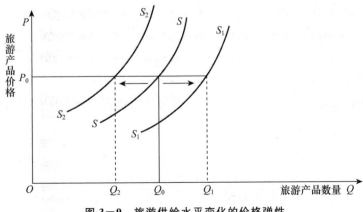

图 3-9 旅游供给水平变化的价格弹性

## 五、旅游供给的影响因素

### （一）旅游资源因素

旅游资源是的旅游产品开发的基础，是旅游供给的基本要素。有了旅游资源的开发，产生了旅游吸引力，才能为其他旅游产品提供发展的空间。一个国家或地区的旅游资源状况如何，不仅决定着旅游产品的开发方向和特色，而且影响着这个国家或地区旅游产品的供给总量和质量。

旅游资源的状况会给旅游供给带来两个方面的影响：一是旅游供给的方向和内容，二是旅游供给的数量和规模。旅游资源是旅游产品的主要内容，一个国家或地区可以提供什么样的旅游产品，首先是由这个国家或地区可供开发的旅游资源状况决定的。有了旅游资源的开发，才能为旅游产品的其他构成成分提供发展的空间。因此，一个国家或地区旅游资源的种类、品位和特色等，决定了这一国家或地区旅游供给的主要内容。

### （二）旅游价格因素

旅游价格因素对旅游供给的影响涉及两个方面：一方面是旅游产品的价格，旅游供给直接受旅游产品价格的影响，当旅游产品价格提高时，旅游业经营者在同样的成本投入中获得更多的利润，因而会刺激旅游业经营者增加旅游供给量；反之，旅游产品价格下降，则导致旅游业经营者的利润降低，从而减少旅游产品的供给量。另一方面是旅游生产要素的价格，旅游生产要素也直接对旅游供求产生重要的影响作用，当旅游生产要素价格提高时，其生产成本增加，如果旅游产品的价格不能相应的提高，旅游企业的利润就会降低甚至亏损，企业就会减产或转产，旅游供给在数量上就表现为缩减；反之，如果旅游产品的生产要素价格降低，而旅游产品价格相对提高，则会使旅游供给的数量增加。

### （三）社会经济因素

科学技术是第一生产力，是推动社会经济发展的强大动力，因此也是影响旅游供给的重要因素之一。所以社会经济对旅游供给的影响表现在利用科学技术有关的生产要素发展旅游供给的生产方法上。

社会经济的发展，为旅游资源的有效开发和利用提供了更多的手段，为旅游发展提供了完善的服务设施，为保护旅游资源，实现旅游资源的永续利用提供了可能，这些都将有效地增加旅游供给的数量。此外，科学技术的进步，也为加快旅游资金周转，降低旅游产品成本，提高旅游经济效益提供了有力支持，从而使旅游供给更加有效。

### （四）政府的政策因素

旅游目的国或地区政府，对发展旅游业的认识、观念以及所制定的各项有关旅游的政策和规定，对旅游业的发展将起到支持或限制的作用。特别是有关旅游经济发展的战略与规划，扶持和鼓励旅游经济发展的各种政策，如一些国家或地区在旅游税收、价格、投资等方面都实行了优惠的政策，大大激发了旅游供给者的积极性，对于扩大旅游供给的规模、数量和质量都起到了极大的激励作用。

# 第四节 旅游供给价格弹性

## 一、旅游供给价格弹性

旅游供给随旅游产品价格的变化而发生相应变化的这一反应，称为旅游供给价格弹性。它与需求价格弹性类似，是指一种商品市场价格的相对变动所引起的其供给量的相对变动，即供给量的变化百分比与价格变化百分比的比值。亦即供给量变动对价格变动反应程度。供给价格弹性是用来衡量商品的供给量变动对商品自身价格变动反应灵敏程度的，衡量这种影响程度的参数，称为旅游供给价格弹性系数。其计算公式如下：

$$供给价格弹性 = \frac{供给量变动的百分比}{价格变动的变分比}$$

### （一）点弹性

$$E_s = \frac{\Delta Q}{Q} \div \frac{\Delta P}{P} = \frac{\Delta Q}{\Delta P} \times \frac{P}{Q}$$

式中：$E_s$ 表示旅游供给的价格弹性系数，$\Delta Q$ 表示旅游供给量的前后变化量，$\Delta P$ 表示旅游产品价格的前后变化量。

### （二）弧弹性

$$ES_p = \frac{Q_1 - Q_0}{(Q_1 + Q_0) / 2} \div \frac{P_1 - P_0}{(P_1 + P_0) / 2}$$

式中：$E_s$ 表示旅游供给的价格弹性系数，$Q_1$ 表示旅游供给量的后变化量，$Q_0$ 表示旅游供给量的前变化量，$P_1$ 表示旅游产品价格的后变化量，$P_1$ 表示旅游产品价格的前后变化量。

旅游产品价格域旅游供给之间存在同方向变化的规律，如果旅游产商品价格上涨，旅游供给也会相应增加；反之，旅游产品价格下降，旅游供给就会减少。因此旅游供给价格弹性系数存在以下五种情况，如图 3-10 所示。

（1）当旅游供给的价格弹性系数 $E_s > 1$ 时，表明旅游供给价格富有弹性，旅游供给量的变动百分比大于旅游产品价格变动的百分比。旅游产品价格的微小变化，都将对旅游供给量带来大幅度的影响。

（2）当旅游供给的价格弹性系数 $E_s = 1$ 时，表明旅游供给价格具有单位弹性，旅游供给量变动与旅游供给价格变动的百分比是相等的。

（3）当旅游供给的价格弹性系数 $E_s < 1$ 时，表明旅游供给价格缺乏弹性，旅游供给量的变动百分比小于旅游产品价格变动的百分比。旅游产品的大幅度上涨和下跌，对旅游供给量的影响作用不强。

（4）当旅游供给的价格弹性系数 $E_s = 0$ 时，表明旅游供给价格完全缺乏弹性，此情况下，无论旅游产品价格怎样变动，旅游供给量都基本保持不变。

（5）当旅游供给的价格弹性系数 $E_s = \infty$ 时，表明旅游供给价格完全富有弹性，在既定的旅游产品价格条件下，旅游供给量可任意变化。

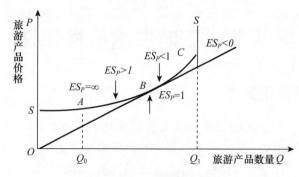

图 3-10　旅游供给弹性

现实经济生活中，供给单一弹性、供给完全无弹性和供给完全富于弹性比较少见，大多数商品的供给不是富于弹性就是缺乏弹性。如一些不可再生性资源如土地的供给，以及那些无法复制的珍品的供给价格弹性等于零，而在劳动力严重过剩地区劳动力供给曲线具有完全弹性（无穷大弹性）的特点。

## 二、旅游价格的预期弹性

旅游供给弹性是指旅游供给对各种应响因素变化作出的反映。而旅游价格预期是指旅游产品未来价格的相对变动与当前价格相对变动之比。旅游价格预期弹性无论对旅游者还是旅游业经营者而言，都是一个重要的影响因素。其计算公式如下：

$$E_F = \frac{\Delta F \ / \ F}{\Delta P \ / \ P}$$

式中：$E_F$ 表示价格预期弹性系数，$\Delta F$ 表示未来价格的前后变化量，$\Delta P$ 表示现行价格的前后变化量。

### （一）对旅游者而言

（1）当旅游价格预期弹性系数 $E_F > 1$ 时，表明旅游者预期价格的相对变动降大于现行价格的相对变动。即当现期旅游价格上升时，旅游者预期未来旅游价格上升的幅度可能更大，于是就会增加现期旅游产品的购买；当现期旅游价格下降，旅游者就会预期未来旅游价格下降的幅度可能更大，从而就会减少现期旅游产品的购买。

（2）当旅游价格预期弹性系数 $E_F < 1$ 时，表明旅游者预期价格的相对变动降小于现行价格的相对变动，于是现期旅游价格提高，旅游者持币待购，并导致现期旅游需求减少。但由于旅游需求同时还受闲暇时间等因素的影响，因而旅游价格预期对于旅游需求的影响相对较小，即旅游预期价格弹性系数一般都较小。

### （二）对旅游业经营者而言，旅游价格预期弹性的作用比较大

（1）当旅游价格预期弹性系数 $E_F > 1$ 时，表明旅游业经营者预期未来价格的相对变动大于现行价格的相对变动。于是当现期旅游价格上升时，旅游业经营者为了获得更大的收益，就会减少现期的旅游供给，并加大投入以增加未来旅游供给量；当现期旅游价格下降时，旅游业经营者为了保持稳定性，也会适当减少现期的旅游供给。

（2）当旅游价格预期弹性系数 $E_F < 1$ 时，表明旅游业经营者预期未来价格的相对变动

小于现行价格的相对变动。即旅游市场价格相对稳定，于是旅游业经营者就会加大旅游宣传与促销，以增加现期的旅游供给。

### 三、影响旅游供给价格弹性的因素

#### （一）增加产量所需追加生产要素费用的大小

一般地说，若增加产量的投资费用较小，则供给弹性大；反之供给弹性小。

#### （二）时间的长短

一般在短时期内，厂商只能在固定的厂房设备条件下增加产量，因而供给量的变动有限，这时供给弹性就小；在长期内，厂商能够通过调整规模来扩大产量，这时供给弹性将大于同种商品在短期内的供给弹性。

# 第五节 旅游供需均衡

## 一、旅游供需的矛盾运动

所谓矛盾，是指事物之间或事物内部的要素之间的对立统一的关系。旅游供给与旅游需求通过旅游产品价格的结合，形成了旅游供给和旅游需求互相依存又相互矛盾的运动规律。因此，他们之间的对立统一关系构成了旅游经济活动的基本内容。

### （一）旅游供给与需求相互依存

从旅游供给与需求关系来看，旅游供给源于旅游需求，但当旅游经济发展到一定程度后，旅游供给又能激发旅游需求，从而产生新的旅游需求，促使人们的旅游需求范围不断扩大，从而使质量不断提高，所以旅游供给与旅游需求是互为前提和基础的。

### （二）旅游供给与需求相互矛盾

旅游供给和旅游需求各自形成的要素不同，影响因素也相差甚远。其原因是旅游供给与旅游需求双方的利益诉求不一致。作为旅游者，总是希望自己以较低的价格买到更好的产品，获得更多的消费剩余，旅游价格与自身的利益密切相关；而作为旅游业的经营者，总是希望自己的产品能以更高的价格销售给旅游者，从而获得更大的利润。因此在买卖旅游产品过程必定在追求利益上产生矛盾。

## 二、旅游供需矛盾运动规律

### （一）含义

旅游市场上供需矛盾的本质就是供给与需求能否相互适应、相互协调的矛盾。如果供需之间大体上能够适应，矛盾不突出，可以称之为供求平衡；如果供需之间根本不能适应，矛盾突出，则被称为供求失衡。在旅游市场上，平衡是相对的，有条件的；不平衡是绝对的、无条件的。旅游供给与旅游需求彼此之间要求互相适应，并表现出供求从不平衡到平衡，再由平衡到不平衡的循环往复变化过程，称为旅游供求矛盾运动规律。

## （二）旅游供需矛盾的表现

### 1. 旅游供给和需求在数量上的矛盾

旅游供给与需求在数量方面的矛盾，主要表现在旅游供给或旅游接待能力与旅游总人次上的矛盾。在旅游市场上，旅游需求是一个多变量，它会随着人们的收入水平、消费水平、时间、气候、社会环境、宣传舆论等的改变，都会使旅游需求产生较大的波动，使旅游人次也跟着波动。但旅游供给却不同，一段时期内建设形成的旅游供给能力，相对而言是有限的、稳定的，不可能有快速的提高或降低。旅游供给的既定性与旅游需求的多变性，必然使供给与需求难以适应，出现旅游供给总量与接待旅游者总人次上的不平衡。

### 2. 在地域上的矛盾

旅游供给与需求的空间矛盾，主要表现为旅游供求在地域空间上分布失衡，即有的旅游地供大于求，游人稀少，有的旅游地供不应求，游人如织，形成旅游的冷点、热点和温点地区。其矛盾点表现为旅游资源在位置上的固定性、场地的有限性和旅游需求的变动性。

### 3. 在结构上的矛盾

旅游供给与需求的结构矛盾是指旅游供求在构成上不适应。在旅游市场上供需结构矛盾所产生的直接影响就是，同一时期内某一旅游产品供不应求，另一旅游产品则供过于求。这种不适应是多方面的，集中表现在：旅游供给的内容和项目与旅游需求不相适应，旅游供给的档次和级别与旅游需求不相适应，旅游供给的方式与旅游需求不相适应等。造成不适应的原因在于，旅游供给在一定时期内是稳定的、固定的；而旅游需求却是复杂的、多样的。实际上，旅游热点地区与冷点地区的形成，某一地区宾馆档次偏高或偏低的现象，都与供需的结构矛盾有关。

### 4. 在季节上的矛盾

旅游活动的季节性决定了旅游供给能力的发挥时间因素影响，有些季节因素虽然不会影响产品供给，但会抑制旅游者的消费需求，从而造成供给与需求之间的冲突。如冬季滑雪和冰灯展览等旅游活动往往会激发旅游者的旅游需求；炎热的夏季，避暑旅游胜地就是供不应求的了。

### 5. 在质量上的矛盾

旅游供给与需求在质量方面的矛盾，主要是以旅游服务的形式表现出来。旅游者对产品质量的判定不能像一般商品那样，可以用具体的尺度和指标去求证。而是取决于旅游者自身的感受。由于这种感受带有很强的主观性，因此会使旅游者对旅游产品的心理预期与实际的旅游供给产生一定的差距。以导致旅游者对旅游质量的评价不尽相同。因此，旅游经营者在提供旅游产品时，一定要充分考虑不同旅游者的心理特征和行为方式，了解他们的特殊需要，开展有针对性的个性化服务，提高服务水平，加快旅游设施建设和更新，尽量缓解旅游供需在质量方面的矛盾。

#### 6. 在时间上的矛盾

最明显的例子是我国每年的"五一""十一"和"春节"是我国每年的黄金周假期。在此期间，各大景区游人如织，拥挤不堪。"黄金周"一过，游客稀少，冷冷清清。这就是所谓的旅游旺季和淡季。旅游需求的这种时间集中性和指向性与旅游供给的设施稳定性和常年性必然形成很大的反差和矛盾。一般而言，在客源国或客源地区的节假日，旅游需求产生得多，在旅游资源表现好的季节，旅游需求也产生得多，在人们的闲暇时间集中期，需求也多，因而，旅游供给应针对旅游需求的这种多变性、不稳定性采取相应的措施。

### 三、旅游供给和需求的均衡

#### （一）均衡的概念

均衡也叫供需平衡，它是指的一种状态，这种状态下的价格使得需求和供给暂时相等。在均衡状态下，市场价格就是均衡价格，市场供给量就是均衡数量。如图 3-11 所示：

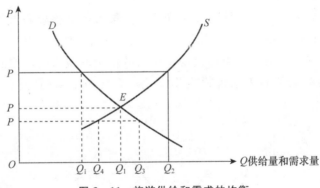

图 3-11 旅游供给和需求的均衡

#### （二）旅游供需变化对均衡价格的影响

##### 1. 旅游需求变化对均衡价格的影响

在旅游供给情况不变的情况下，伴随着旅游需求的增加，均衡价格会上升；旅游需求减少，均衡价格下降，如图 3-12 所示：

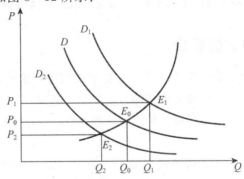

图 3-12 旅游需求变化对均衡价格的影响

## 2. 旅游供给变化对均衡价格的影响

如果旅游需求暂时不变，又因为旅游供给的变化，也会造成市场均衡价格发生变化。旅游供给增加，均衡价格会下降；旅游供给减少，均衡价格会上升，如图3-13所示：

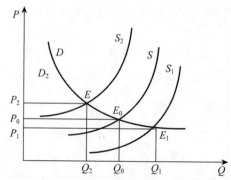

图3-13 旅游供给变化对均衡价格的影响

## 3. 旅游供需同时发生变化对均衡价格的影响

旅游供给和旅游需求有时会同时发生变化，如果市场上旅游需求的增加大于旅游供给，就会造成旅游产品价格的上涨；如果市场上旅游需求的增加小于旅游供给，就会造成旅游产品价格的下降；当旅游需求的减少小于旅游供给的减少时，旅游产品的价格会提高。可知，无论旅游供给和需求怎样发生变化，都会产生新的均衡价格，如图3-14所示：

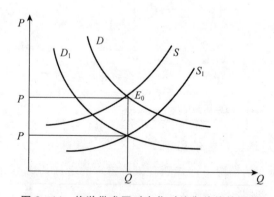

图3-14 旅游供求同时变化对均衡价格的影响

## 四、旅游供需均衡的调控

一般情况下，旅游产品的供需均衡主要是总量的相等，旅游供需平衡含义更为广泛，除包含数量的均衡外，还要求供需方在质的方面要相互适应。在市场经济条件下，旅游供给与需求的矛盾主要是依靠价值规律和供求规律来调节。价值规律对旅游供给与需求的调节是通过价格机制来完成，在旅游市场上，价格上涨时，旅游需求量会相应减少，旅游供给量则会相应增加；反之，当旅游价格下降时，旅游需求量会增加，旅游供给量则会减少。因此，价格机制是调节旅游供求平衡的一个重要杠杆。旅游供求规律对旅游供求矛盾的调节作用是通过市场机制来实现的，在市场条件下，市场上旅游产品供过于求，旅游产品难以全部销售出去，旅游业中的部分资金就会转而投向其他产业，从而使旅游供给减少；而市场上旅游产品供不应求时，随着旅游产品价格的上涨，不仅旅游业本身会努力扩大在生产，而且，其他产业的资金也会投向旅游业，从而使旅游供给扩大。

在旅游经济活动中，除了依靠价值规律和供求规律，运用价格机制和市场机制调节旅游供给与需求的矛盾外，借以调节旅游供给与需求矛盾的措施很多，这些措施旨在通过控制供给和影响需求来达到调节供求矛盾的目的，常见的调控手段和措施主要有技术手段、经济手段、法律手段等。

**1. 技术手段**

对旅游供求均衡调控的技术手段主要包括制定科学的旅游业发展规划和进行有针对性的旅游促销。

旅游规划是通过规划旅游目的地旅游业发展规模和速度调控旅游供给，实现对旅游目的地供求均衡的调节方式，是一种前馈控制。旅游规划的内容主要包括旅游需求分析、旅游产品开发、旅游发展重点项目、旅游设施、配套基础设施建设、人力资源开发等。科学的旅游业发展规划是一种长远性的调节措施，对旅游目的地的旅游供给规模有较强的控制作用。

旅游促销是一种通过影响旅游需求实现旅游供求平衡的调控手段。旅游目的地的旅游供给一旦形成以后，短期内不可能因为出现供过于求而迅速的减少旅游供给量。面对需求不足引起的旅游设施闲置、旅游产品价值无法实现，旅游目的地往往采取加强促销的方法刺激该地区旅游需求量的增加，争取更多的旅游者来访，缓解旅游目的地供求矛盾。作为解决供大于求的矛盾手段，旅游促销具有方法直观、见效较快的特点，如果促销措施得力，针对性强，短期内就会得到旅游需求市场的反应，因此，旅游促销受到旅游目的地的重视，成为旅游目的地解决旅游供求矛盾的重要手段。

**2. 经济手段**

经济手段是国家用于调节旅游经济活动的各种与价值形式有关的经济杠杆，主要有财政、税收、价格、利率、工资等，它们共同构成调节国家经济的调节体系。在旅游经济调节体系中，各种经济杠杆以其独特的方式对旅游供给与需求起到一定的调节作用。

国家通过财政拨款促进落后地区旅游业的发展，实现各地区旅游业的均衡发展，旅游目的地通过对旅游企业减免税收，不仅可以刺激社会对旅游业的投资，还可以降低旅游产品开发成本，增强旅游业对外竞争的能力，另外旅游目的地还可以通过对来访旅游者征税，调节旅游需求，实现旅游供求均衡运动。

信贷、利率杠杆在调节旅游供给与需求方面也有特殊机能，国家通过对信贷、利率杠杆的运用，有效的控制旅游投资的规模和投向，调节旅游部门和企业的生产规模、产品结构，保证旅游经济协调发展。

价格杠杆调节旅游经济是指旅游目的地政府在价值规律自发作用的基础上采取不同的价格政策，达到对旅游供求均衡进行调节的目的。政府可以通过制定最高、最低限价，地区差价，季节差价等价格策略的实施，或者迫使价格下降，减少旅游供给，或者促进与产品价格上涨，扩大旅游供给，提高旅游供给随旅游需求变化并趋于动态均衡的主动性。

在现实的旅游经济运行中，各种经济手段相互联系、相互制约，共同作用于旅游经济全过程，综合运用这些经济手段，才能确保旅游经济协调发展。

### 3. 法律手段

国家法律对旅游业的发展、旅游供求的均衡有宏观影响作用。首先，法律规范了旅游市场行为，保证旅游生产、经营、消费的顺利进行，为旅游经济运行中旅游供给与需求矛盾的自我调节提供了良好的市场环境。其次，国家运用法律手段可以制止、纠正旅游经济运行中的不良企业行为，落实旅游目的地旅游业发展战略与规划，贯彻、执行旅游经济政策，对旅游供给与需求的相互适应具有间接的影响。最后，一些相关的法律、法规和条例对逐步扩大旅游供给，稳定和刺激旅游需求有明显的促进作用。

# 本章小结

旅游需求与旅游供给是旅游经济活动中两个基本因素，它们之间的关系既对立又统一，他们之间的矛盾运动构成了旅游经济活动的主要内容。旅游需求是人们在具备旅游动机、支付能力和余暇时间的条件下，为了满足其对旅游活动的欲望，愿意在一定的时间里，按照一定的价格购买的旅游产品的数量。旅游需求受旅游产品价格、旅游者收入水平、余暇时间等基本因素的作用与影响，同时，还受政治、经济、社会、文化等多种因素的影响。从客源地来说，影响旅游需求的因素有人口因素、消费习惯和消费限制，从旅游目的地来说，影响旅游需求的因素有旅游供给水平、旅游目的地价格水平等，从客源地与目的地互动的角度看，还有汇率、距离、政治和特殊因素。衡量旅游需求的指标主要有旅游者人数、旅游者逗留天数、旅游消费、旅游出游率等指标。供给是指生产者在各种可能的价格下，愿意并且能够向市场提供的某种产品的数量。旅游供给具有产地消费性、关联性、非贮藏性、多样性、固定性。价格是影响旅游供给的基本因素，此外，影响旅游供给的因素还包括旅游吸引物因素、社会经济发展水平、政府的旅游政策、预期因素等。由于多种因素影响作用于旅游需求与供给，使得旅游需求与供给总是处在不断的矛盾运动之中，这些矛盾主要表现在数量、时间、空间和结构等方面。在旅游经济活动中，除了依靠价值规律和供求规律，运用价格机制和市场机制调节旅游供给与需求的矛盾外，还可以使用技术手段、经济手段、法律手段等通过控制供给和影响需求来达到调节供求矛盾的目的。

# 课后练习

## 一、单项选择题

1. 旅游市场形成的基础是（　　　）。

　　A. 旅游者　　　　　　　　　　　　　　B. 旅游需求

　　C. 旅游供给　　　　　　　　　　　　D. 旅游资源

2. 企业实行薄利多销策略的理论基础是（　　　）。

　　A. 商品的需求价格弹性系数大于 1 时，抬高价格使得销售收入增加

　　B. 商品的需求价格弹性系数小于 1 时，抬高价格使得销售收入增加

　　C. 商品的需求弹性系数大于 1 时，降低价格使得销售收入增加

　　D. 商品的需求弹性系数小于 1 时，降低价格使得销售收入增加

3. 下列选项不属于辅助性旅游供给的是（　　　）。

　　A. 供水系统　　　　　　　　　　　　B. 供电系统

　　C. 供气系统　　　　　　　　　　　　D. 景区游步道护栏

4. 当 $E_f = 0$ 时，表示旅游供给（　　　）。

　　A. 富有弹性　　　　　　　　　　　　B. 缺乏弹性

　　C. 完全缺乏弹性　　　　　　　　　　D. 完全富有弹性

5. 由于旅游淡旺季变化导致的旅游供给和旅游需求的矛盾属于（　　　）。

　　A. 旅游供需数量矛盾　　　　　　　　B. 旅游供需区域矛盾

　　C. 旅游供需结构矛盾　　　　　　　　D. 旅游供需季节矛盾

## 二、多项选择题

1. 旅游需求特征（　　　）。

　　A. 整体性　　　　　　　　　　　　　B. 指向性

　　C. 敏感性　　　　　　　　　　　　　D. 多样性

2. 旅游需求弹性可具体划分为（　　　）。

　　A. 旅游需求价格弹性　　　　　　　　B. 旅旅游需求交叉弹性

　　C. 旅游需求收入弹性　　　　　　　　D. 弹性

3. 在其他条件不变的情况下，旅游供给的规律（　　　）。

　　A. 某旅游产品的供给量与该旅游产品的价格呈同方向的变化

　　B. 某旅游产品的供给量与该旅游产品的价格呈不同方向的变化

　　C. 生产者的供给量与商品价格之间呈同方向变动

　　D. 生产者的供给量与商品价格之间呈不同方向变动

4. 影响旅游供给价格弹性的因素（　　　）。

　　A. 增加产量所需追加生产要素费用的大小　　B. 生产要素费用

　　C. 时间的长短　　　　　　　　　　　D. 投资费用

5. 旅游供需均衡的调控手段（　　　）。

　　A. 技术手段　　　　　　　　　　　　B. 经济手段

　　C. 法律手段　　　　　　　　　　　　D. 制度手段

## 三、判断题

1. 旅游需求与产品价格呈反方向变化。（　　　）

2. 当旅游需求价格弹性系数小于 1 时，提高价格可增加旅游收入。（　　　）

3. 旅游购物属于基本旅游消费。（　　）

4. 旅游供给量随该产品的价格变动为反方向变化，随人们可自由支配收入和余暇时间的变动为同方向变化。（　　）

5. 当旅游供给完全缺乏弹性时，在既定旅游产品价格下，旅游供给量可以任意变化。（　　）

## 四、简答题

1. 简述旅游需求规律的内容。

2. 简述旅游客源地在旅游经济运行中的作用。

3. 如何调节旅游市场上的供需矛盾。

4. 结合实际，谈谈旅游需求规律。

5. 结合实际，谈谈旅游供需矛盾的运动。

## 五、计算题

1. 起初，每个比萨价格是 20.50 元，每小时销售 9 个比萨；后来，每个比萨的价格下降到 19.50 元，需求量增加到每小时 11 个比萨。求比萨的需求价格弹性。

2. A 景区的门票价格定为 100 元，每天有 200 人来参观旅游；但是将门票价格下调为 80 元时，则旅游者人数可达到每日 260 人，试计算当旅游者人数为 260 人时的门票需求价格弹性系数，以及旅游者人数在 200～260 人之间时的门票需求价格弹性系数，并分析景区应该提价还是降价来增加经济效益？

# 第四章
# 旅游价格与策略

**知识目标**

1. 了解旅游价格的特点及分类。
2. 掌握旅游价格的定价策略。

**技能目标**

1. 分析旅游价格的形成和定价。
2. 解释旅游供求价格弹性。

**案例导入**

### 酌情使用

某城市有一家汽车旅游公司，主要业务为经营前往100千米之外的某地一日游观光产品。假定设有50个座位的旅游大客车每往返一趟的总成本为480元，其中变动成本为350元。在旅游旺季/平季时期，由于市场需求旺盛，因此，该公司是基于总成本对该一日游产品进行定价。

假定每一个班次的运营以30名乘客为基础，那么只要将价格定为16元/人，便可实现保本经营（16×30＝480）。若是在这一基础上进行加成定价，那么，超过16元的部分则形成每趟运营的利润。

随着旅游淡季的到来，市场需求开始出现下降。为了争取需求，更重要的是为了保障现金流动，以及为了减小因车辆和人员闲置而可能导致的亏损，该公司决定从最初基于总成本进行定价，转为依据变动成本进行产品定价，以便争取在这一时期的经营中，首先能使变动成本得到补偿。

为此，该公司在分析客源市场价格敏感度的基础上，将该一日游产品的淡季价格降为12元/人。这样一来，随着价格对市场的吸引力增大，每一个班次的运营只要能达到30名乘客，便足以使变动成本得到补偿（12×30＝360）。

（资料来源：https：//wenku. baidu. com/view/70f07bee3186bceb19e8bb6b. html）

问题：

1. 该公司根据什么来进行定价？
2. 如何更好地定价？

# 第一节　旅游价格特点及分类

旅游经营者和旅游消费者始终是旅游经济运行过程中的两大构成部分。旅游经营者要实现自身利益，必须卖出旅游产品，而旅游消费者要满足旅游需求，必然要购买旅游产品。二者之间能够顺利进行的前提就是价格，即旅游价格。旅游经营者需要对产品进行合适的定价，旅游消费者需要支付一定的货币。因此，旅游价格是旅游经济运行的调节器，是指导旅游资源配置的信号，是旅游供求平衡的砝码。

## 一、旅游价格的特点

价格是价值的货币表现，自然，旅游价格即是旅游产品价值的货币表现。从旅游经营者的角度来看，旅游价格表现为向旅游者提供各种产品和服务的收费标准；从旅游消费者的角度来看，旅游价格是为了满足旅游活动需要所购买的旅游产品的价格。

旅游价格因旅游产品的特殊性而具有四个特点：复杂性、多要素性、独占性和波动性。

旅游价格的复杂性。旅游产品的生产和经营涉及饭店、旅行社、航空、景区、景点以及宾馆等众多部门和行业。这些部门和行业有特定的经营范围，可以根据自身的实力和市场的供求状况，对企业的成本和利润进行独立核算。同时，旅游产品也是一种无形的产品，它可以劳务（服务）的形式表现出来，服务所占的比重较大，服务的态度、技巧、方法对旅游产品的影响较大。因此，旅游价格的确定以及旅游者对产品价格水平的判断都是比较复杂的。

旅游价格的多要素性。旅游产品的要素构成很多，主要有旅游资源、旅游设施、旅游服务等。旅游活动中的吃、住、行、游、购、娱等方面都与旅游产品有关，任何一项产品都与经营企业发生交换。这种交换是连锁式交换，一种交换的产生必然引起一系列交换的产生。因而，旅游价格必然是由一系列价格构成的多要素价格。表现在旅游者一方，支付旅游产品价格方式可以是一次性完成（如组团游），也可以分多次进行（如自驾游）。

旅游价格的独占性。世界文化与自然遗产，如法国的凡尔赛宫，希腊的雅典卫城，德国的科隆大教堂，中国的长城、九寨沟、都江堰等，是在很特殊的条件和自然环境中形成的，在社会价值、历史价值和科学价值上都具有不可替代性，不可能通过现代的劳动和技术进行再生产。这些旅游产品的价值是无可估量的，它们的价格因为旅游资源的稀缺性和产品经营的独特性而表现出独占性的特点。此外，一些高科技旅游产品，它们在短时期内也不容易被模仿、复制或再生产，如太空之旅、卫星发射基地等，它们在国际旅游市场上无竞争对手可言，因而在旅游价格上也表现出独占性。

旅游价格的波动性。与其他行业相比，旅游业有明显的旺季和淡季之分。一般说来，每年的大约 4 月开始到 11 月是旅游的旺季，其余时间是旅游的淡季。在旺季，旅游者人数增多，旅游产品供不应求，旅游产品涨价；在淡季，旅游者人数减少，旅游产品供过于求，旅游产品降价。除了旺季和淡季这种常规性价格波动外，还有诸如社会、经济、战争、瘟疫等外在因素的影响。我国 2003 年的"非典"就导致全国旅游活动低迷，"五一""十一"两个"黄金周"人们的出行率都受到了极大影响。

旅游价格的这种波动性与旅游产品的特殊性紧密相关。与一般商品的价格相比，价格的波动性应该是其最大的特点。

## 二、旅游价格的分类

旅游价格大致分为以下四类：基本旅游价格和非基本旅游价格；一般旅游价格和特种旅游价格、全包旅游价格、零包旅游价格和单项旅游价格，现实旅游价格、预期旅游价格和心理旅游价格。

根据旅游产品价格的特点，可以从两个角度对旅游价格进行分类：一个是从旅游经营者角度划分，一个是从旅游消费者角度进行划分。

### （一）从旅游经营者角度划分

从旅游经营者角度，旅游价格可以分为批发价、零售价、门市价、成本价、季节价及优惠价等。

**1. 批发价**

旅游产品的生产者或经营者为达到多销售、快销售的目的，而实行批发价。在旅游经济活动中，批发商主要负责推出旅游产品，如设计和编排旅游线路。

**2. 零售价**

与批发价相对应的是零售价。在旅游经济活动中，旅游零售商从批发商中购进旅游产品，再将旅游产品销售给旅游者。在这个过程当中，旅游零售商需要消耗一定的劳动，支出一定的费用，获得一定的利润，缴纳一定的税金。这些都必须计算到旅游产品的零售价中。因此，旅游零售价要高于批发价。

**3. 门市价**

在不同的地段进行旅游产品销售而形成不同的门市价。繁华地段和冷清地段、旅游热点地区和冷点地区、房屋的租金以及各种劳动消耗都不同。这种不同体现在门市上就形成不同的门市价格，也可以称为地区价。

**4. 成本价**

成本是生产单位所需费用的总和。旅游产品的生产成本包括三个部分：其一是提供旅游服务所凭借的旅游接待设施设备、交通运输工具、建筑物以及各种原材料、燃料、能源的成本；其二是旅游企业从业人员的工资，是活劳动的耗费部分；其三是旅游企业的经营管理费用。但是，即使是同类型旅游产品，由于生产企业各自不同的原因，它们所生产产品的个别劳动耗费以及劳动生产率是不一样的，导致旅游产品价格有高有低，在市场上，必然表现为不同的价格。

**5. 季节价**

旅游产品受季节影响大，主要受旅游者在不同季节的消费有关。世界上不同的国家和地区，其气候条件和自然条件有很大差异，因而形成不同时间的旅游旺淡季。在旺季，旅游产品必然大幅涨价；在淡季，旅游产品又会大幅降价。

**6. 优惠价**

旅游产品优惠价是指旅游产品在明码公布的价格基础上，给予产品购买者一定比例折扣和优惠的价格。旅游优惠价主要有这样几种形式：开业初的优惠、现金优惠、同业优惠、老客户优惠以及销量优惠等。

（1）开业初的优惠：一般而言，旅游经营者在开业之初为打开市场往往会采取各种优惠活动，如产品打折、买一赠一、返券，等等。

（2）现金优惠：为杜绝旅游经营活动中的拖欠款现象，加快资金周转，减少资金的占用成本，旅游企业会鼓励消费者以现金方式付款，同时给予旅游消费者一定的价格折扣。

（3）同业优惠：同行业消费者一般会给予一定的价格优惠甚至免费。如航空公司对旅行社、饭店人员实行价格优惠，旅行社对航空公司、饭店人员的优惠，旅游景区对导游及司机的优惠等。

 **小贴士**

### 九华山风景区门票优惠政策

团队优惠：组织单团4人以上的团队可实行签单制，4～7人团队按全票结算，不享受单团优惠，人数可计入年终总人数。8人以上（含8人）团队周末（周五、周六、周日）按8%优惠，非周末（周一至周四）按人数对应优惠如下：8～99人次，按购票金额的14%优惠；100人以上，按购票金额的16%优惠。组织单团500人以上的旅游专列，每开通一趟，奖励10000元；组织单团100人以上的旅游包机、游轮，每一个航次，奖励2000元。

重要客户优惠：所有具备经营资质的企事业单位在门票管理所办理相关手续，向九华山风景区市场营销中心提出申请，签订协议保证年输送游客超过3000人次，并缴纳2000元保证金后，可成为九华山风景区重要客户，享受一定的市场开拓扶持资金。

境外团队优惠：凡重要客户组织的境外团队在享受正常团队优惠的基础上再享受5元/人的奖励。

香客团队优惠：单团在30人以上的农村香客团队，在享受购优惠票的基础上，再享受5元/人的优惠。旅行社组织的农村香客团队不享受此项优惠。

（资料来源：http://www.17u.net/news/newsinfo_27383.html）

### （二）从旅游消费者的角度划分

从旅游消费者的角度，旅游价格可以分为基本旅游价格、额外旅游价格、打包旅游价格、自助旅游价格、国内旅游价格以及国际旅游价格等。

（1）基本旅游价格，是旅游消费者在活动过程中为满足旅游需求必不可少的消费支出价格。如住宿价格、餐饮价格、交通价格、游览价格等。

（2）额外旅游价格，是相对基本旅游价格而言的，指在旅游消费活动过程中可发生也可不发生的旅游需求部分的价格，一般不会影响旅游活动的顺利进行，如旅游纪念品价格、医疗美容价格等。

（3）打包旅游价格，是指旅游消费者根据自己需要，一次性接受旅行社推出的某条旅游线路的价格。一般而言，消费者可以不支付除打包旅游价格以外的价格就可以顺利实现旅游活动。在旅游经济活动中，还存在另外一种情况，即在打包旅游价格下，消费者还可以一次性支付线路产品中的某一部分或几个部分，其余部分由旅游消费者以零星的方式支付。如游客只支付机票和饭店的包价，而游览的门票、导游费、短途车费等则由消费者视其具体情况而定。

（4）自助旅游价格，是旅游消费者不通过任何中介机构，以多次购买方式，自助完成旅游活动的价格。旅游者可以选择自己购买车票，选择酒店，决定参观景点，甚至自己驾车游览。这种形式的旅游价格优点在于灵活、随心所欲、舒适，缺点在于手续烦琐，价位普遍较高。

（5）国内旅游价格，是指旅游消费者在本国国内旅游的价格。具体还可细分为国内旅游单价和国内旅游包价。

（6）国际旅游价格，是指消费者在国外旅游的价格，一般包括出境旅游价格和入境旅游价格。主要由三个部分构成：国际交通费用、旅游目的地国家或地区旅游产品的价格、客源国的旅游服务费。

我国目前还是发展中国家，国内居民的可支配收入没有海外旅游者高，旅游的意识也没有海外旅游者强，因而我国国内旅游价格要低于国际旅游价格。在目前，国际旅游价格的标准是针对国内居民制定的，因此，无论是国内景点门票、火车票、机票，还是住宿费，都与国际旅游价格有较大出入。以后，随着我国经济水平不断提高，旅游业国际化程度日益加深，国际、国内两种价格差别的现象必然会逐步得以缩小和消除。

# 第二节　旅游价格形成机制及定价目标

## 一、旅游价格的形成机制

### （一）旅游价格的构成

研究旅游价格的形成，首先要考察旅游价格的构成。任何一种价格，都是由成本和盈利（即利润）两部分构成的。旅游价格也不例外。在现实的旅游市场交换中，无论是单项旅游产品（主要涉及旅游六要素中的某一项），还是组合旅游产品（主要指旅游线路），其旅游价格都离不开成本和盈利。需要指出的是，旅游产品价格中的生产成本，是指生产同类型旅游产品的社会平均成本。在市场上，同类型旅游产品的价值有高有低，是由于不同的企业在生产时所耗费的个别劳动不同。旅游产品价格中的利润在单项旅游产品和组合旅游产品中是有差别的。一般而言，利润与价格是成正比的，价格水平越高，利润越大，组合旅游产品中的总费用总要低于旅游者分别消费单项旅游产品之和。

旅游经营者要想盈利，要想在竞争中占据主动，就必须降低成本。而要降低成本，就必须提高劳动生产率，降低生产该产品的社会必要劳动时间。所谓社会必要劳动时间，是指在现有社会的正常生产条件下，在社会平均的熟练程度和劳动强度下，制造某种使用价值所需的劳动时间。劳动生产率高的国家或地区，生产同一旅游产品所必需的劳动耗费少，旅游产品蕴含的价值量比较少，只要以较低的价格将产品销售出去，就可以得到生产过程中的劳动耗费的补偿；而劳动生产率低的国家或地区，情况正好相反，旅游产品蕴含的价值量较大，生产过程中的劳动耗费必须通过较高的产品价格才能得到补偿。但是，在国际旅游市场上，旅游产品的价值和价格是以国际社会必要劳动时间来计量的。生产率高的国家或地区，企业生产某一旅游产品的个别劳动时间往往低于国际社会必要劳动时间，而出售旅游产品的价格却等同于国际社会价格所决定的价格，产品的价格高于价值，企业可以获得较高的利润。生产劳动率低的国家或地区，企业生产该种旅游产品的个别劳动时间往往高于国际社会必要劳动时间，但其产品仍须按照国际社会价值决定的价格出售，该产品的价格就会低于价值，劳动耗费得不到补偿，企业就无利润可言。因此，对于旅游经营企业来说，只有努力改善经营管理水平，提高劳动效率，才能在竞争中占据主动。

旅游价格中的成本，从广义而言，还可以将流通费用和税金两个部分包含在内。所谓流通费用，是旅游产品在流通领域中所耗费的一切物化劳动和活劳动的货币表现。所谓税金是旅游企业依法向国家纳税的金额。

## （二）旅游价格形成的影响因素

### 1. 市场供求规律

旅游产品无论其价值量的大小，都必须拿到市场上进行交换，其价值和使用价值才可能实现。而产品在交换的过程中，其价格就不可避免地受到供求规律的影响。可以说，在价值量一定的情况下，旅游产品的价格很大程度上取决于旅游市场上供需双方的关系变化。一般而言，供大于求时，旅游价格趋于下降；供不应求时，旅游价格趋于上升。例如，近年来，随着旅游业的快速发展，我国许多地区的旅游饭店数量剧增，很快出现了供过于求的状况，很多饭店不得不大幅削价，旅游价格总体趋于下降。

### 2. 市场竞争状况

旅游市场上的竞争，既有供给者之间的竞争，也有需求者之间的竞争，还有供给者与需求者之间的竞争。供给者之间的竞争是卖主争夺买主的竞争，会使旅游产品的市场成交价实现在较低的价位上；旅游需求者之间的竞争是买主争夺产品的竞争，会使旅游产品的市场成交价实现在较高的价位上；而出现供需双方的竞争时，供给者坚持要以更高的价格将旅游产品卖出，需求者坚持以更低的价格买到合适的产品，双方力量的对比最终将决定成交价格是向上倾斜，还是向下倾斜，但是向下倾斜的量不能超过旅游经营者所能接受的最低价格，向上倾斜的量也不能超过旅游消费者所愿付出的最高价格，否则买和卖都不能继续进行。只是，不同的市场时期，竞争中的主要矛盾并不相同，在不同的时期也会发生相应的变化，从而影响旅游价格形成。

**3. 政府的宏观调控**

市场机制和价格机制并不能完全解决市场运行中的存在的所有问题，政府必须适时进行调控，其中就包括价格政策的调控。例如，近年来，旅游业的快速发展导致旅行社大量涌现，导致非正规的旅行社、导游严重地破坏了旅游地形象。为此，国家有关部门制定相应的政策，对旅行社聘请导游做出强制性规定，严格导游资格认证，打击各种导游吃回扣、欺诈现象，客观上保护了旅游消费者的利益。

## 二、旅游价格定价的目标

旅游企业在制定旅游产品价格之前，必须首先确定定价目标，因为它是旅游企业选择定价方法和制定价格策略的依据。旅游价格的定价，必须考虑旅游经营者和消费者等多方面的因素。

由于旅游价格与旅游产品紧密相关，因而旅游价格的定价主要是从旅游经营者或旅游企业的角度进行定价。从这个角度出发，旅游定价目标一般围绕产品、利润、竞争、市场、维持生存的目标而设定。

### (一) 产品目标

旅游产品是旅游价格的载体，是旅游经营者赖以存在的根本。因而，如何打开市场、占领市场是旅游企业首要考虑的目标。旅游企业通常从两个方面确定产品目标，即产品质量目标和争取质量领先的目标。

市场中，无论是何种规模和实力的旅游企业，都要把反映产品质量作为首要的定价目标，以质量论价格，为质量高的产品制定出较高的价格。道理很简单，因为旅游产品的质量和旅游产品的价格，是衡量旅游企业经营管理水平的重要尺度，也是旅游者购买旅游产品最关心的问题之一。旅游产品如果本身质量不高，而旅游企业的定价却很高，旅游者就会拒绝该产品；如果旅游产品本身的质量很高，由于种种原因，旅游企业制定的价格却不能反映产品的质量时，企业的劳动耗费就得不到补偿，长此以往，企业就会放弃对该产品的经营。因此，为旅游产品制定合适的价格，是保证旅游产品的价值和使用价值得以实现的前提，也是企业实现利润目标的必要条件。

争取质量领先的目标是旅游企业为了使自己的产品和竞争对手的产品区别开来，提高产品竞争力而采用的一种定价目标。旅游企业为了获得和保持旅游产品在同行中的领先地位，必须投入大量的资金和服务。可以说，处于领先地位的优质产品，其包含的物化劳动和活劳动都要远比一般的旅游产品高，反映在价格上，这类产品价格就比一般产品价格高。

在产品目标方面，旅游价格的定价还有一种特例，即独占性的旅游资源。如长城、兵马俑、九寨沟等，它们是世界上独一无二的稀缺资源，这种稀缺性反映在旅游价格定价上，就超越了前述目标，使得产品的定价很高。如九寨沟，2005 年门票为 310 元，较 2000 年翻了一番，但仍然可以吸引较多的旅游者。

## （二）利润目标

成本和利润是价格构成的基础，在尽可能地降低成本的情况下，追逐利润的最大化是旅游企业的最大目标。制定旅游价格时，在不同的时期，旅游企业有不同的利润目标。

### 1. 利润最大化

利润最大化是指企业在一定时期内所可能获得的最高利润额。以获取利润最大化为定价目标应当注意以下两点。其一，最高利润额并不意味着最高的产品价值，利润最大化更多地取决于合理的价格所推动的需求量和销售规模。即使产品在某一时间处于高价的位置，旅游者的抵触、竞争对手的加入和替代产品的出现，也会使旅游产品的高价很快降到正常的水平。其二，利润最大化并不意味着局部利润的最大化和短期利润的最大化，因为短期利润和局部利润的最大化所采取的高价格，不能维持得太久，还可能因急功近利而造成市场的不良反应，失去开拓更大市场的机会。因此，旅游企业在以追求利润最大化为目标时，也要采取合适的产品价格，在考虑短期的理想利润时，更要着眼于长期的、整体的利润最大化。最大化利润目标高、难度大，往往只是一种理论和理想。

### 2. 获取平均利润目标

平均利润低于最大利润，但能够被旅游企业所接受。在企业的实际运作中，旅游经营者更多的是以平均利润为目标，尽可能地获得比平均利润更多的利润，以便兼顾企业自身的实际利益。

### 3. 获取适当投资利润率目标

旅游企业对于所投入的资金，都期望在预定时间内分批收回，并从中获得一定的报酬。因此，旅游企业在对产品进行定价时，一般要根据投资额规定的利润率计算每一单位旅游产品的利润额，再加上单位产品的成本，作为该产品的出售价格。旅游企业采用此定价目标时，预期的利润率应该高于银行的贷款利率或是存款利率，要高于政府投资时规定的收益指标，否则，企业制定的产品价格就不能带来相应的投资报酬。

## （三）竞争目标

市场经济的一个重要特点就是竞争。旅游业的快速发展，旅游企业之间的竞争会越来越激烈。不同实力和规模的旅游企业，它们在市场中的竞争地位不一样，面临的竞争状况也不相同。为了应付与防止竞争，适应复杂的竞争环境，竞争对手的价格往往成为旅游企业定价的基础。实力较弱的旅游企业，其定价一般跟随主要竞争对手的价格，与之相同或略比其低；实力雄厚的旅游企业，其定价的自由度则比较大，可以采用比竞争对手低的价格来扩大市场占有率，也可以在一开始就把价格定得很低，以此来迫使弱小竞争者退出市场，或者防止潜在的竞争对手进入市场。

### （四）市场目标

市场是一只看不见的手，它自发地调节着资源的配置。谁拥有更大的市场，谁就在旅游这块大蛋糕上拥有优先切割权。旅游企业市场占有率的高低，是其实力大小的反映，同时还代表着潜在利润的多少。因此，保持和扩大市场占有率是旅游企业定价的基本目标。不过，旅游企业要正确估量自己的实力，同时注意降低的次数不应过于频繁，以免旅游消费者产生预计降价的心理，持币待购，使竞争对手反而有机可乘。此外，由于旅游企业供给能力的形成需要较长的时间，而旅游需求的弹性又较大，因此，以扩大市场占有率为目标的定价，还要求企业及时提供足够的产品和服务，否则，旅游者的需求得不到满足，旅游者就会失去对企业的信任，不利于企业的长远发展。

在扩大市场的适当时候，为了避免同行之间不必要的价格厮杀，旅游企业应该采取措施，稳定价格，以稳定市场。在这种情况下，旅游企业必须和经营同种旅游产品的其他企业达成共识，制定出大家都能认可的价格，并且保持一段时间不变。

### （五）维持生存目标

维持企业生存的定价，是一种特殊的定价形式，是旅游企业在经营发生很大困难时选择的一种定价目标。这种困难包括原材料价格上涨、需求严重不足、自然灾害、战争等特殊情况。这种情况下，旅游企业会大幅度降低价格，以保本价甚至是亏本价抛出旅游产品，目的是尽可能收回资金，或者尽量维持企业的运转，等待市场出现转机。某些景点景区或宾馆、饭店，在经营淡季时也会采取维持企业生存的定价目标。

# 第三节　旅游产品定价的方法和策略

## 一、旅游价格定价的方法

旅游定价的方法是在旅游定价目标确定的前提下展开的，就是说要达到预定的目标，必然采取相应的定价方法。因此，旅游定价的方法可以划分为以下几种。

### （一）产品导向定价法

该方法是以旅游产品本身的价值以及旅游者认可的价值为特点，针对不同的旅游时间、地点、收入等制定不同的价格。因此又可以分为产品价值定价法和需求差别定价法。

产品价值定价法。尽管每一种旅游产品实际价值的确定，都有其客观的依据，但以此衡量出来的价值量的大小，不一定都为旅游者所认同。因此，旅游企业要正确把握旅游者的消费心理，分析他们的价值观，使企业所制定出来的价格能够适合旅游者的判断。

需求差别定价法。又称差别定价法，是指同一旅游产品，旅游企业针对不同的旅游需求时间、地点、收入等制定不同的旅游价格。具体做法有以下几种。

#### 1. 不同客源，不同定价

不同的旅游消费者，他们的收入不同，消费水平也不同，针对不同的消费者实施不同的产品价格，可以增加企业的销售量。例如，我国许多旅游景区对于内宾和外宾，门票价格会有所差别。

**2. 不同地区，不同价格**

同一旅游产品，如果销售的地理位置不同，经营环境发生改变，旅游产品的价格应该做出相应调整。例如，同是二星级饭店，旅游热点地区的客房售价就要高出冷点地区的客房售价。

**3. 不同时间，不同定价**

例如：淡、旺季明显的旅游景点，景点门票在淡季可以定得低一些，在旺季则可以定得高一些。

## （二）利润导向定价法

该方法以成本为基础，确定适当的盈利而对旅游产品定价，亦可称为成本导向定价法。其思路是，先确保成本，再考虑适当的利润。具体方法有成本加成法、目标收益法等。

**1. 成本加成法**

成本加成法的计算公式为

$$单位产品价格 = 单位产品成本 \times （1 + 成本利润率）$$

例如：某餐厅的一道菜，其成本为 50 元，餐厅确定的成本利润率为 35%，则，菜肴售价 = 50 × （1 + 30%）= 65（元）

**2. 目标收益定价法**

目标收益定价法的计算公式为

$$单位产品价格 = \frac{总成本 + 目标利润}{预期销售量}$$

目标收益法是饭店业常用的定价方法。此外，饭店业中经常使用的定价方法还有千分之一法，它是目标收益定价法的特殊形式和具体应用，主要用来制定饭店的客房价格。其计算公式为

$$平均每间客房的售价 = \frac{\frac{建造成本总额}{客房间数}}{1000}$$

例如，某饭店有客房 250 间，饭店总造价是 10000 万元，则

$$每间客房的价格 = \frac{\frac{100000000}{250}}{1000} = 400（元）$$

利润导向定价法明显带有计划经济的痕迹，定价是站在本企业的立场上，没有考虑市场需求和市场竞争。

## （三）竞争导向定价法

竞争导向定价法是为了应付市场竞争，占领并扩大市场份额而采取的特殊的定价方法，主要有随行就市定价法、率先定价法、保本定价法等。这些方法有两个共同点，其一，先考虑市场能接受的消费能力；其二，先考虑在竞争对手面前能占一定的优势，而不

是盲目追求企业的利润最大化。

### 1. 随行就市定价法

随行就市定价法就是旅游企业根据市场上同类旅游产品的现行价格进行定价。在有众多同行互相竞争的情况下，企业采取这种定价方法一方面可以避免价格因为过高或过低而带来的市场压力（过高会失去大量的销售额，过低必须大量增加销售量）；另一方面，企业也可以获得适当的收益。因此，这种价格水平通常易于被各方所接受，尤其被中小企业效仿。多数中小企业一般是以大企业的产品价格作为自己定价的标准，是与它基本保持一致。采取这样的方法，是因为中小企业没有实力利用价格武器主动竞争，而明显的好处是可以规避市场风险。

### 2. 率先定价法

率先定价法是旅游企业根据市场竞争状况，结合自身实力，率先打破市场原有的价格格局，制定出具有竞争力的产品价格。企业采取率先定价的关键做法是：比较、分析、定位、跟踪。具体来说，即是企业首先要把产品的估算价格与市场上的竞争产品价格进行比较，分出高于、低于、一致三个层次；其次，将产品的功能、特色、质量、成本等与竞争产品进行比较，找出优劣；然后，结合企业目标对以上情况进行综合分析，确定出合理的产品价位；最后，还要跟踪竞争产品的价格变化，及时对本企业的价格定位做出调整。采用率先定价法的旅游企业一般要有雄厚的实力，或者在产品上具有竞争对手无法比拟的特色优势，这样，企业才能在自己引发的价格竞争中居于主动地位。

### 3. 保本定价法

保本定价法又称盈亏平衡定价法，指旅游企业根据产品的成本和估计销量计算出产品的价格，使销售收入等于生产总成本。其计算公式为

$$单位产品的价格 = 单位产品的变动成本\frac{固定成本总额}{估计销售量}$$

例如：某饭店有客房 100 间，饭店每天应摊销的固定费用为 10000 元，预计客房的出租率为 50％，每间客房日平均变动成本为 50 元，不考虑纳税，饭店客房的保本价格可以这样确定：

$$每间客房的售价 = 50 + \frac{10000}{100 \times 50\%} = 270（元）$$

保本定价法是企业对各种定价方案进行比较选择的参考标准，以其他方案制定出来的价格。如果高于盈亏平衡价格，企业就有钱赚；如果低于盈亏平衡价格则亏损。

## （四）生存定价法

这种方法又称边际贡献定价法，是旅游企业根据单位产品的变动成本来制定产品的价格，制定出来的价格只要高于单位产品的变动成本，企业就可以继续生产和销售，否则就应该停产、停销。单位产品的预期收入高于变动成本的部分就是边际贡献。

例如，某一旅游产品的总成本为 200 元。其中，变动成本为 60 元，固定成本为 140 元。现在，产品销售十分困难，企业为了减少亏损只能采用生存定价法来确定产品的价

格。那么,产品的价格至少要定在高于60元的水平,如70元。因为,产品的价格如果是70元,企业每售出一单位产品只亏损130元,还有边际贡献10元;产品如果不销售,企业在每单位产品上就要亏损140元,因此,企业还是要选择继续经营。同理,也可计算出如果产品的定价已经低于60元,企业就应该停止经营。

可见,生存定价法是企业在特殊时期,不以盈利为目标,希望尽量减少亏损的一种定价方法。

---

### 经典案例——广东从化乡村旅游享五折优惠

一场以"休闲惠民,美丽从化"为主题的从化旅游推介活动在从化新世纪广场举行。据介绍,对于家庭游客来说,只需花30元便可以在一天内玩遍"大金峰生态景区+广东省最美乡村溪头村"两个景区。由于目前旅行社与商家有合作,所以游客每人包餐仅需30元,而2012年同期则要60元,相当于打了5折。2014年,从化市全年接待了1457.47万人次,旅游收入为52.57亿元,同比增长分别为19.38%和22.19%,从化旅游竞争力在全国县(市)排名第八,连续两年蝉联广东省全县(市)第一。

(资料来源:中国旅游日,2013年5月19日第三版。)

---

## 二、旅游产品定价的基本策略

旅游产品定价策略是指旅游业根据旅游市场的具体情况,从定价目标出发,灵活应用价格手段,使其适应市场的不同情况,实现企业的营销目标。常见的策略有高价值策略、低价值策略、温和价值策略、整数定价策略、尾数定价策略、声望定价策略、习惯定价策略、招徕定价策略、分级定价策略等。

### 1. 高价值策略

高价值策略一般是新产品采用的策略。新产品在刚推向市场时能独占一个阶段,采取高价,以求在短期内获得很大利润。但该策略往往因高价而难以打开局面,或因市场仿效者蜂拥而上,市场饱和加快,供大于求的局面很快形成,结果竞争白热化。

### 2. 低价值策略

低价值策略与高价值相反,目的在于用低价打开市场。但投资回收慢,风险大,一旦失利,即遭惨败。

### 3. 温和价值策略

温和价值策略介于前述两种策略之间,较为稳妥,但缺少进取精神,不会招致大的失利,但也可能丧失许多眼前的机会。

### 4. 整数定价策略

整数定价策略是价格不带尾数,如20元、2000元等。

### 5. 尾数定价策略

尾数定价策略，如原本 2 元一双的手套定为 1.99 元，原来 2000 元一台的按摩椅定为 1999 元。

### 6. 声望定价策略

声望定价策略指有声望的企业或产品的价格定得较高，以声誉来保证质量及其服务。但这也非定势，如耐克运动鞋卖高价，而肯德基则以低价吸引消费者。

### 7. 习惯定价策略

习惯定价策略是指有些产品的价格在人们心目中有定势，若有变动，会引起被动，因而宁可在内容、包装、数量等方面进行调整而不宜大幅度调价。

### 8. 招徕定价策略

招徕定价策略是指在所有产品中，对某几项产品的价格定得很低，甚至亏损，或者在某些节日、季节举办特殊的活动，并适度降低旅游产品或服务价格以刺激旅游者，招徕生意，增加销售。如在旅游淡季，航空公司纷纷降价，机票以低至 2 折的价格出售。在国外航空公司的招徕定价十分丰富而灵活，往往一条国内航线可以推出近 10 种票价，而国际航线可以有上百种票价的选择。招徕定价往往同折扣定价联系在一起，折扣定价常有这样几种：累计数量折扣、非累计数量折扣、季节折扣、同业折扣、现金折扣等。

### 9. 分级定价策略

分级定价策略是指因为旅游产品有不同档次，因而可以据此按质论价，按内容、按项目论价。如成都许多旅行社推出多种档次的九寨沟游，有飞机往返、住星级宾馆、费用全包的，也有坐汽车往返、其他一切自理的。

 小贴士

## 休布雷公司巧定酒价

休布雷公司在美国伏特加酒的市场中，营销能力较强，其生产的史密诺夫酒在伏特加的市场占有率达 23%。20 世纪 60 年代，另一家公司推出一种新型伏特加酒，其质量不比史密诺夫酒差，每瓶价格却比它低 1 美元。

按照惯例，休布雷公司的面前有三条对策可用：

（1）降价一美元，以保住市场占有率。

（2）维持原价，通过增加广告费用和推销支出来与竞争对手竞争。

（3）维持原价，听任其市场占有率下降。

由此看出，不论该公司采取上述哪种策略，休布雷公司似乎输定了。但是，该公司的市场营销人员经过深思熟虑后，却采取了对方意想不到的第四种策略。那就是，将史密诺夫酒的价格再提高一美元，同时推出一种与竞争对手新伏特加酒一样的瑞色加酒和另一种价格更低的波波酒。

这种产品价格策略，一方面提高了史密诺夫酒的地位，同时使竞争对手新产品沦为一种普通的品牌。结果，修布雷不仅渡过了难关，而且利润大增。实际上，休布雷公司的上述三种产品的味道和成本几乎相同，只是该公司懂得以不同的价格来销售相同的产品的价格策略而已。

# 课后练习

## 一、单项选择题

1. 下列哪一个不是从经营者角度划分的（　　）。

    A. 门市价　　　　　　B. 批发价　　　　　　C. 基本旅游价格　　　D. 批发价

2. 因旅游资源的稀缺性和产品经营的独特性而表现出（　　）的特点。

    A. 独占性　　　　　　B. 复杂性　　　　　　C. 多要素性　　　　　D. 波动性

3. 将旅游景点门票的价格定位 100 元，这种价格策略是（　　）。

    A. 尾数定价策略　　　　　　　　　　B. 整数定价策略

    C. 低价值策略　　　　　　　　　　　D. 声望定价策略

4. 旅游产品定价的方法中，不以盈利为目标的一种定价方法是（　　）。

    A. 保本定价法　　　　　　　　　　　B. 生存定价法

    C. 率先定价法　　　　　　　　　　　D. 随行就市定价法

5. 为鼓舞顾客购买更多物品，企业给那些大量购买产品的顾客的一种减价称为（　　）。

    A. 季节折扣　　　　　　　　　　　　B. 现金折扣

    C. 累计数量折扣　　　　　　　　　　D. 同业折扣

## 二、判断题

1. 根据购买者购买数量的大小给予不同的折扣，称为业务折扣。（　　）

2. 旅游产品中按质论价，按内容、按项目论价的属于分级定价策略。（　　）

3. 率先定价法又称盈亏平衡定价法是旅游企业根据市场竞争状况，结合自身实力，率先打破市场原有的价格格局，制定出具有竞争力的产品价格。（　　）

4. 价格的制定是建立在产品的基础上，而产品质量一般是建立在产品价值的基础。（　　）

5. 旅游价格因旅游产品的特殊性而具有以下四个特点：复杂性、多要素性、独占性和波动性。（　　）

## 三、简答题

1. 什么是旅游价格。

2. 旅游差价与旅游优惠价的区别。

3. 简述旅游价格制定的目标。

4. 简述旅游产品定价方法。

# 第五章

# 旅游市场结构与开拓

**案例导入**

## 美国遭遇恐怖袭击事件对全球和我国入境旅游市场的影响

**一、"9·11"事件对美国旅游业的影响**

2001年9月11日，在美国发生恐怖分子劫持飞机撞击世贸大厦和五角大楼的事件。"9·11"恐怖袭击事件使美国旅游业遭受了前所未有的重创，尽管恐怖事件发生在东海岸，但位于西海岸的加州却是重灾区，因为旅游业是加州的经济支柱之一，该州2000年一年接待外国游客640万人，占全国的1/4，旅游收入高达70亿美元。洛杉矶会议与访问者接待局的负责人迈克尔·克林斯19日对记者说："要问现在的国际旅游业状况如何？它停止了！"日本是加州旅游最大客源国，也是这次旅游订单退订数量最多的国家。洛杉矶日本旅游局的经理滕本说，9月份原计划接待8000个日本旅游团，但在恐怖事件后这些团全部取消了。更糟糕的是，10月和11月份的旅游订单也取消了一半以上。

由于外国游客急剧减少，许多旅馆和旅游胜地都感到了极大的压力。在洛杉矶市中心主要接待日本游客的纽奥塔尼饭店，9月的客房入住率仅为25%，而往年这时是75%。专家认为美国旅游业这次遭受的损失超过了海湾战争的冲击。

内华达世界闻名的赌城——拉斯维加斯平均每年接待大约3600万游客，其中外国游客占13％，这次也受到冲击，许多外国旅游团也退了订单。会议访问学者接待局的发言人罗布·鲍尔斯说，与海湾战争不同，这次打击是"心理打击"，负面影响可能需要一年的时间才能消除。外国游客急剧减少，大量旅游计划被取消，旅游业均叫苦不迭。

### 二、对全球旅游业的影响

美国遭恐怖分子袭击事件，既给了美国旅游业一次重大打击，也波及了英、法、德、日、澳、加等发达国家。这一事件对全球旅游业产生了重大影响。美国、加拿大旅游业是直接受害者，各国纷纷取消前往两国的航班和旅行团队。当时由英国出发前往美国、加拿大的航班全部取消，由英国赴美国和加拿大的旅行团也全部取消。9月30日以前德国几个大旅行社去往美国和加拿大的旅行全部取消。日本大量赴美航班被取消，许多旅行社赴美旅游团无法成行。受此事件影响，巴基斯坦、阿富汗及中东个别国家，也遇到了英、法、德等发达国家大量取消旅行团的情况。如英国前往中东的部分航班被取消。德国部分去丝绸之路旅游的客人，担心通过中东、巴基斯坦、阿富汗等敏感地区时的安全，已取消旅游预订。旅游安全一直是旅游者关注的焦点，恐怖活动给全球旅游者的心理投下了阴影。这次利用交通工具制造的恐怖事件，也增加了人们对旅游交通工具特别是对乘坐飞机的不信任感，进而影响旅游动机的形成和旅游行为。另外，由此次事件所引发的原油价格上涨，会增加飞机、船舶以及汽车等交通工具的运营成本，直接导致各国居民外出旅游费用的上升，对全球旅游业造成的影响将是长期的。

### 三、"9·11"事件对我国入境旅游的影响

此次事件对我国入境旅游也带来了直接影响。当时受取消航班的影响，美国来华入境旅游人数大幅度下降，受事件直接影响的个别专业团体退团。交通公社中国旅行大阪支店取消了两个原定去中国的旅游团。但其他国家和地区来华旅游团没有发生大规模退团事件。中国香港地区往内地的团队没有受到影响。这一事件短期内对中国入境旅游市场的影响不会太大。中国旅游的安全性，使得日本等国家部分旅游者原本打算赴美国的旅游客流由于受阻而转向中国，这也是中国旅游业的一个机遇。

美国是我国入境旅游第四大客源国，吸引美国来华旅游人数是营销管理者的一个重大问题。美国的入境旅游、出境旅游和国内旅游均会受到旅游者对安全的担忧和全球经济的影响，其他国家的来华旅游业将受到连带影响。

问题：

运用环境分析的内容及方法，结合案例，分析环境因素对旅游企业的影响。

---

# 第一节　旅游市场的特点

## 一、旅游市场的概念

市场（Market）一词的使用最初是在美国。美国市场协会（American Marketing Associaition，AMA）曾对市场一词做过以下定义："由生产者向消费者或使用者提供商品、完成交换活动的场所。"

市场是社会生产和社会分工的产物。早期的旅游活动并不是以商品的形式出现的，而是一种社会现象。随着社会生产力的发展，社会分工的日益加深，商品生产和商品交换的范围日益扩大，旅游活动也逐渐商品化，所以市场属于商品经济范畴，与商品交换紧密相连。

在社会生活中，逐渐出现了旅游活动的购买者，进而形成了专门为旅游者提供服务的行业，于是以旅游者为一方的旅游需求和以旅游经营者为一方的旅游供给的相互作用，体现了旅游商品买卖双方的关系，因此旅游市场是旅游经济的中心环节。

人们对市场的认识随着生产力的发展和社会分工的扩大而不断深化、充实和完善，在不同历史时期、不同的场合，具有不同的含义。因此，对旅游的市场概念，可以从广义和狭义两个角度来理解。

## （一）广义的旅游市场

广义的旅游市场，是指旅游产品交换过程中所存在的各种经济现象和经济关系。它不仅是指旅游产品交换的场所，而且包括旅游者与经营者之间各种经济行为和经济关系的总和。在市场经济条件下，旅游产品交换离不开旅游市场，而旅游市场的形成和发展必须具备市场交换主体、交换客体和交换媒介。由此，旅游者和旅游经营者之间运用各种旅游市场手段和媒介，围绕着旅游产品形成了各种交换行为和经济关系，并最终促成现代旅游市场的形成和发展。

### 1. 旅游者和经营者是旅游市场的主体

任何产品的市场交换都必须有其需求和供给双方，并由其共同构成市场交换的主体。从旅游角度来看，旅游者是指一定时间和经济条件下对旅游产品具有消费意愿和现实购买能力的社会群体，以旅游产品的需求和消费主体的形式构成了旅游需求市场或旅游客源市场，反映了旅游市场上旅游需求和旅游消费的总量、规模和水平。从旅游供给角度来看，旅游经营者指在一定时空范围和经济条件下愿意并能够提供旅游产品的社会群体，以旅游产品供给者的形式构成了旅游供给市场或旅游目的地市场，反映了旅游市场上旅游产品的供给能力、供给规模和供给水平。因此，旅游者和旅游经营者作为旅游市场主体，离开任何一方都不能实现旅游产品交易，也不能形成现实的旅游市场。

### 2. 旅游产品是旅游市场客体

旅游产品作为旅游者和旅游经营者市场交换的对象物，构成了旅游市场的现实客体，既表现为旅游者在旅游活动过程中购买和消费的各种物质产品和服务的总和，也表现为旅游经营者向旅游市场提供的有关吃、住、行、游、娱、购等旅游要素的有机组合。旅游者和旅游经营者在旅游产品交换中，不仅完成了旅游产品的交易，也同时实现了旅游产品的价值和使用价值。因此，如果没有旅游产品这个旅游市场交换的对象或客体，旅游市场就无法形成，旅游经济活动也就不能有效展开，旅游者的旅游需求无法得到满足，旅游经营者的经济收益也就无从实现。

### 3. 媒介和手段是旅游市场运行条件

在旅游产品交换过程中，仅有旅游市场的主体和客体，还不能有效实现旅游产品的交易，尤其是在现在经济条件下，旅游产品的有效交易离不开一定的交换媒介和手段。交换媒介和手段是指能实现旅游产品在旅游者和旅游经营者之间的交换和专业的必备条件，如货币、信息以及必要的市场设施等。

## （二）狭义的旅游市场

狭义的旅游市场，指在一定时间、地点对某种旅游具有支付能力的购买者和潜在购买者，是商品交换的场所。从经济角度讲，它是旅游产品供求双方交换关系的总和；从地理角度讲，它是旅游市场经济活动中心，属于一般商品市场范畴，具有商品市场的基本特征，包括旅游目的地和旅游消费者以及旅游经营者与消费者间的经济关系。旅游市场有别于一般商品市场，它是以劳务为特征的包价路线，旅游供给与消费过程是同步进行的，具有很强的季节性特点。

### 1. 旅游者

作为旅游产品的消费者，旅游者是构成旅游市场的主体之一，其数量多少在一定程度上决定了旅游市场规模的大小。一个国家或地区的总人口规模决定了旅游者的数量，而旅游者的数量多少又反映了旅游市场规模的大小。

### 2. 旅游购买能力

旅游市场规模不仅取决于一个国家或地区总人口数量及其旅游者人数，还取决于旅游者的购买能力。所谓旅游购买能力，是指人们的可支配收入中能够用于购买旅游产品的部分。旅游购买能力由人们的收入水平决定，随着人们收入水平的提高，用于购买旅游产品的支出也会相应提高。如果没有较高的收入水平和足够大的购买能力，旅游者的旅游活动便无法进行，旅游市场也只是一种潜在的旅游市场。

### 3. 旅游消费欲望

旅游消费欲望是旅游者购买和消费旅游产品的主观愿望，是促使旅游者的潜在购买能力转变成购买力的重要因素。如果人们没有旅游消费欲望，即使拥有较高的收入和购买能力，也不可能形成现实的旅游需求，更不可能主动地选择和购买各种旅游产品。因此，只有当旅游者既有旅游购买能力又有旅游消费欲望时，才能形成现实的旅游需求和旅游市场。

 小·贴士

#### 旅游市场的基本功能

市场作为资源配置方式，它具有以下五个基本功能：

1. 利益刺激功能。即市场主体利益导向规律和价值规律通过利益机制刺激企业和供方从事经营服务活动的积极性，他们按照利润最大化、投入最小产出最大原则组织生产，从事经营活动。

2. 信息传递功能。市场主体在甄别分析信息后，及时做出决策，提供产销对路的产品。因此，信息又是联系国家、市场、企业、消费的纽带。

3. 资源调节功能。即市场机制根据供求的变化、价格的波动引导生产要素的流动，实现社会资源的合理配置。

4. 市场导向功能。它通过价格的变动反映市场供求状况，引导企业进行选择。价格不仅是供求变动的信号，也标志着供方的损益程度。

5. 奖优罚劣功能。它通过竞争对企业及市场的每一个主体进行评价、筛选，结果是优胜劣汰，达到资源的优化配置，最终推动社会经济不断向前发展。

（资料来源：徐虹，旅游经济学．首都经济贸易大学出版社，2008.03）

## 二、旅游市场的特点

旅游市场与一般商品市场、服务市场和生产要素市场相比，既有一定的共性，又不同于其他市场，它具有异地性、多样性、季节性、波动性和竞争性特点

### （一）旅游市场的异地性

旅游产品的生产过程和消费过程的空间不可转移性以及时间上的不可贮存性，决定了旅游市场的异地性。旅游市场通常远离旅游产品生产地，旅游产品的购买者也主要是非当地居民，其他行业的产品大多是可以当地生产、当地销售和当地消费的，即使要在异地开辟市场，也主要通过产品的空间移动来实现，这就决定了旅游市场与旅游生产地、消费地在空间上是分离的。因此，旅游市场的异地性的特点就要求旅游经营者应随时掌握旅游市场的发展动态和变化趋势。并且了解旅游者的需求，了解竞争对手的动态，根据旅游市场需求的变化，及时地调整旅游商品结构、市场营销策略和经营方式。更好地发现并满足旅游者个性化的、动态的有效旅游需求，在竞争中求得生存和发展。

### （二）旅游市场的多样性

旅游市场的多样性是由旅游市场的主体、客体和旅游市场交换关系所决定的。首先，对于不同的国家、不同的自然风光和人文景观，旅游者可以从中得到各种不同的经历与感受。随着人们消费水平的提高，消费结构的优化，体验经济正迅猛发展。

其次，市场经济是需求导向型经济，旅游市场的多样性还表现为旅游者多种多样的偏好引起供给方面的多样性变化，使旅游产品种类更加多样，以便更好地满足旅游者个性化需求。

最后，旅游市场多样性还表现为旅游产品购买形式和交换关系的多样性，如包价旅游、散客旅游、包价与零星购买相结合的旅游等。旅游市场的多样性不仅反映了旅游市场发展变化的特点，而且在很大程度上决定了旅游经营的成败。

### （三）旅游市场的季节性

旅游市场的季节性差别特别明显，这是由旅游地区的自然条件和旅游者的闲暇分布不均衡所造成的。如某些与气候有关的旅游资源会因季节不同而造成资源本身使用价值的不

同，产生淡旺季的差别，旅游者纷纷利用带薪假日外出，也是造成旅游淡旺季的主要原因。如海滨旅游、冰雪旅游、漂流旅游、"五一"劳动节、"十一"国庆黄金周等。因此，旅游目的地国家或地区应根据淡旺季的不同特点作出合理的设计，以最大限度减少或消除季节性对旅游市场的影响。近年来，许多国家、地区的旅游组织和企业在淡季不断开发出独具特色的旅游新产品，使旅游市场在一定程度上趋向于向淡旺季均衡化方面发展。

### （四）旅游市场的波动性

从总体上看，旅游市场不是直线发展，而是在波动中逐步发展。影响旅游需求的因素是多方面的，任何一种因素的变化都会引起旅游市场的变动。对于某一具体旅游市场而言，某些意外事件或者重大活动都会在一定时间段内改变旅游客源的流向，使旅游市场呈现一定的波动性。例如：国际局势、双边关系、自然灾害的突然发生、战争的突然爆发、气候的突然变化以及其他突发事件。如2017年8月九寨沟地震、沿海地区每年6~8月的台风等。

从整个世界旅游市场来看，一直保持着持续的发展态势。但从旅游市场发展一定时期来看，其发展是不稳定的，这就要求旅游业发展必须从动态的角度去分析和把握问题。因此旅游市场容易波动的特点使得整个世界旅游市场在较长时期内表现出在频繁波动中持续发展的态势，也要求旅游企业必须意识到旅游市场的多元化，要根据市场环境变化，灵活地随机应变。

### （五）旅游市场的竞争性

旅游市场是一个供大于求的买方市场，旅游者在市场上占据主导地位。而旅游作为一种消费行为，旅游需求的变化性、可替代性是很大的。这些特征迫使旅游企业要随时对市场进行详细的调查，通过市场把握旅游需求的动态，参与合理的竞争

旅游资源的地域性和分布的广泛性及旅游需求的多样性决定了现代旅游市场是一个竞争十分激烈的市场，市场竞争是价格规律的客观要求和必然结果。只有充分认识到这一特点，才能针对不同的企业制定相应的经营战略和营销策略。

为了提高经济效益，有序地展开市场竞争，旅游企业需要做到：①旅游企业规模及接待能力要适中；②旅游企业内部结构要保持灵活性；③不断进行技术开发，其成果与创新精神明显反映在产业活动中；④通过竞争，企业间、产业要不断进行新陈代谢。

**小·贴士**

### 杭州景点门票"反弹琵琶"

在全国多数重要旅游景点的门票价格逐步上涨的背景下，杭州西湖不仅没有提高门票价格，反而免费开放，并且取得了良好的效益。我们把杭州市的这种与众不同的做法称为"反弹琵琶"。

2003年4月，没有围墙、不收门票的整个西湖把自己的每一寸绿地和每一处景观都免费提供给市民和游客。当时有关专家说，西湖不收门票当然"亏"了——每

年要少几千万元的门票收入。然而，一年以后，杭州有关部门算了一笔账，西湖门票虽然少掉几千万元收入，却因此赢得了上亿元的收益。西湖南线未取消门票之前，每年的门票收入为 600 万元左右，而取消门票之后，这里的游人剧增，人气很旺，仅沿线商铺每年的销售总收入就已达到了 700 万元。不仅如此，2004 年国庆黄金周期间，杭州接待外地游客的旅游收入达 14.78 亿元，比上年同期增长了 51.43%。2004 年与 2003 年相比，外汇收入 5.97 亿元，增长 41.5%；国内旅游收入 361.18亿元，增长 24.1%；全年实现旅游产业增加值 156 亿元，增长 23.4%。

（资料来源：光明网，2005-7-19）

思考题：

1. 结合我国目前景区门票价格的实际，谈谈我国景区的门票价格究竟该不该涨？如果该涨的话，涨多少可以算作是合适的尺度？

2. 杭州在各大景区门票涨价的同时反其道而行，为什么能够取得成功？这种做法是不是在哪里都可以实行？

3. 请结合所学知识和我国旅游经济发展的现实谈谈你对我国目前旅游产品定价的看法。

# 第二节　旅游市场的分类

世界旅游市场是一个整体。每个旅游经营者都必须根据自身的特点对旅游市场进行细分，确定适当的目标市场。为此，必须对旅游市场进行分类，以确定各个国家、各个地区或各个企业的目标市场，并针对目标市场采取合适的旅游市场开发策略。根据地理、国境、消费、旅游目的地、旅游组织形式等因素，可以从以下几个方面对旅游市场进行分类。

## 一、旅游市场的分类

旅游市场主要从区域位置、国境、季节、旅游动机、活动组织的形式和市场竞争的程度等方面进行分类。

### （一）按地域划分旅游市场

世界旅游组织根据世界各地旅游发展情况和客源集中程度，将世界旅游市场划分为六大区域市场，即欧洲旅游市场、美洲旅游市场、非洲旅游市场、中东旅游市场、南亚旅游市场、东亚及太平洋地区旅游市场。其中欧美旅游市场的国际消费收支和国际旅游人数，都占世界旅游市场的绝大部分，东亚及太平洋地区旅游市场虽在世界旅游市场中所占比重较小，但发展迅速，非洲、南亚旅游市场也有不同程度的发展。这一划分反映了世界区域旅游市场的基本状况，并便于进行深入的比较研究。

### （二）按国境划分旅游市场

按国境划分旅游市场，一般分为国内旅游市场和国际旅游市场。国际旅游市场与国内旅游市场相互依存，相互渗透，经常处于统一市场中。

国内旅游市场是国际旅游市场的基础或前提，国际旅游市场是国内旅游市场的发展和延伸。国内旅游市场主要是本国居民在国内各地进行旅游。

国际旅游市场的发展又会促进和影响国内旅游市场的发展。国际旅游市场主要是接待外国旅游者到本国各地旅游，以及组织本国居民到国外进行旅游。

发展国内旅游客源对国内商品流通以及货币回笼起促进作用。国际旅游市场的营业额直接关系到一国外汇储备的增加或减少，随着输出旅游者数量的增加，旅游接待国的外汇收入将会增加。发展国际市场的同时，国内旅游市场也要不断扩大，更要处理好两种市场之间的关系。随着中国经济的发展，中国旅游业正朝着国内与国际市场并重的新格局发展。

### （三）按旅游消费水平划分旅游市场

根据旅游产品质量或旅游需求者的消费水平，可将旅游市场划分为豪华旅游市场、标准旅游市场和经济旅游市场。不同等级的旅游市场对象对旅游产品的质量、服务水平要求不同，旅游供给者应根据不同等级的旅游市场对象提供不同特色的旅游商品。

由于人们的实际收入水平、年龄、职业、偏好、受教育程度以及社会地位、经济地位的不同，其旅游需求和消费水平也不相同，对旅游产品质量的要求也不同。豪华旅游市场的市场目标顾客是上层的社会阶层，作为炫耀性消费他们一般不在意旅游价格的高低，而是将其作为社会地位的象征，如参加旅行团，他们乐于与具有近似社会经济地位的人一起旅游。标准旅游市场的对象是大量的中产阶级，例如，医生、律师、公司职员等。经济旅游市场的对象则是那些收入水平较低或没有固定收入的旅游者。

### （四）按旅游目的划分旅游市场

根据旅游目的可划分为：观光旅游市场、文化旅游市场、商务旅游市场、会议旅游市场、度假旅游市场、宗教旅游市场等。由于旅游者的旅游目的不同，旅游市场的特点也不同，旅游经营者的旅游产品都具有相应的一种或几种旅游市场对象，应根据各种不同性质的旅游市场对象提供适宜的旅游产品。

自 20 世纪 50 年代以来，除了以上传统旅游市场外，又出现了一些新兴的旅游市场，如满足旅游者健康需求的体育旅游市场、疗养保健旅游市场、狩猎旅游市场；满足旅游者业务发展需求的修学旅游市场、工业旅游市场、务农旅游市场、学艺旅游市场；满足旅游者享受需求的豪华列车旅游、豪华游船旅游和美食旅游市场；满足旅游者寻求刺激心理需求的探险与冒险旅游市场，以及火山、沙漠旅游市场，观看古怪比赛旅游市场等。

### （五）按旅游组织形式划分旅游市场

根据旅游组织形式的不同，可将旅游市场划分为团体旅游市场和散客旅游市场。团体旅游是旅游业传统的旅游形式，即由旅行社组团，统一行动，集体参观，直至整个旅游过程结束。20 世纪 60 年代后，旅行方式一般以包价为主，包价的内容可以灵活多样，通常是包括旅游产品基本部分,如食、住、行、游、购、娱,也可以包括基本部分中的某几个部分。团体旅游市场是旅游业获取盈利的重要市场,接待游客集中,便于统一管理且工作简便。

散客旅游市场,主要指个人、家庭及15人以下的自行结伴旅游者,例如新婚旅游、家庭旅游、好友聚游等。散客旅游者则可以按照自己的意愿灵活安排旅游活动的具体内容,也可以委托旅行社购买单项旅游产品或旅游线路中的一部分旅游项目。当前,发展散客旅游已是大势所趋,对于一个旅游目的地,接待散客旅游者的能力已经成为衡量其成熟程度的一个重要标志。个体旅游使旅游市场更加复杂化、高级化,它要求服务项目多样化、专业化、个性化。对于经营者来说,应对这两种不同旅游市场对象采取不同的推销策略,实行不同的价格政策。

### (六) 按表现形式划分旅游市场

按表现形式的不同,旅游市场可以划分为现实的旅游市场和潜在的旅游市场。现实的旅游市场是指已经形成和参与旅游产品的购买、消费的旅游者,也就是说,旅游者对购买旅游产品的消费倾向已经转化为实际购买行为。与此相反,潜在的旅游市场是指旅游者对旅游产品只存在消费倾向,尚未实施购买行为。

### (七) 按人口统计特征划分旅游市场

旅游市场还可以根据人口年龄、性别、职业、文化程度、家庭等因素进行市场细分。如根据年龄可划分为青年旅游市场、中年旅游市场和老年旅游市场;根据性别可划分为女性旅游市场、男性旅游市场。

### (八) 按淡旺季特征划分旅游市场

淡季旅游市场是指旅游供给大于旅游需求的市场,旺季旅游市场是指供不应求的市场。有些国家在淡季旅游市场与旺季旅游市场之间还划分为平季旅游市场。旅游市场的淡旺季的差别对旅游供给者制定旅游价格、旅游宣传与推销的战略和策略有重要意义。

 小·贴士

#### 湖南省入境旅游市场竞争态分析

湖南是中国著名的旅游资源大省,璀璨的历史文化与秀美的湖光山色交相辉映,构成了独具特色的旅游百花园。旅游业特别是入境旅游业具备较好的发展基础,发展较快。但是,近年来,随着旅游市场竞争的加剧,要实现旅游业的可持续发展,就必须增强旅游竞争力,提高竞争力的前提,是进行科学有效的旅游市场研究和分析。但湖南现有的市场研究分析方法过于简单,只是单方面的市场占有率或市场增长率分析,缺乏综合性的市场分析指标体系,由此得到的分析结论,只能解释过去,却不能科学地预测未来发展趋势。鉴于此,应提出旅游市场竞争态及其转移模型,对旅游市场进行综合分析和趋势预测,为旅游规划提供科学依据。旅游市场竞争态旅游系统由市场、旅行、目的地和促销等成分构成,包括客源市场子系统、出游子系统、旅游目的地子系统和支持子系统四个部分。旅游系统规划必须以客源市场系统为导向，以旅游目的地子系统规划为主体，以出游系统为媒介，以支持系统为保障，利用反馈系统来监控，可见市场研究是旅游系统研究的重要组成部分。

（资料来源：刘涵，刘田．对外经济贸易大学出版社，2012.09）

问题：

1．湖南省入境旅游市场竞争态分析说明了什么？

2．湖南省入境旅游市场竞争态分析给我们什么启示？

## 二、旅游市场的形成条件

旅游市场是旅游需求市场和旅游供给市场的总和，反映着国家之间、国家与旅游经营者之间、旅游经营者之间、旅游经营者与旅游者之间错综复杂的经济关系。旅游市场的形成和发展是这些关系协调发展的必然产物。

### （一）资源状况因素

旅游资源是旅游市场形成的首要条件。凡是世界著名风景名胜和历史遗址所在地区，必定会形成发达的旅游市场。比如，世界四大古都埃及开罗、希腊雅典、意大利罗马、中国西安，世界音乐之都奥地利维也纳，世界花园国家瑞士等都形成了重要的国际旅游市场。

### （二）市场形成与经济兴衰同步的

首先，旅游客源市场分布格局与国家经济发展水平和国民人均收入水平相一致的，并且这种客源市场结构具有一定的稳定性。经济的发展是旅游市场形成的主要条件，凡是经济发达和经济看好的国家和地区都是发展最好的最快的旅游市场。第二次世界大战以后，欧美地区是世界上经济发达的地区，从而也使这些国家一直是国际旅游市场的主体，既是世界最大的旅游客源市场，又是世界最大的旅游供给市场，并一直保持着世界旅游强国的地位。其实，随着世界经济格局的变化，世界旅游市场的分布也会发生一定的改变。比如，近些年来，越南、泰国、柬埔寨、印度尼西亚、马来西亚等地区的旅游市场崛起。

### （三）文化地缘关系

许多地域接壤、相互毗邻的国家或者地区之间都有着不可阻隔的政治、经济、历史、文化和通婚等密切交往，形成比较大规模的、长期稳定的人员旅行往来。

### （四）政府职能的积极作用

政府的旅游政策也是影响旅游市场形成的一个重要因素。积极的旅游政策将鼓励旅游经营者采取各种措施满足旅游市场的需求，简化旅游者的出入境手续，促进旅游市场的发育和形成。同时，政府通过对旅游市场有效的宏观调控和宣传促销，维护稳定的政治环境，提高国民素质，重视旅游人才培养，推进旅游设施建设，促进科学技术成果在旅游市场建设中的运用等方面发挥作用，直接影响旅游市场的形成和发展。根据国内旅游抽样调查结果，2016 年全年，国内旅游人数 44.4 亿人次。其中，城镇居民 31.95 亿人次，增长

14.03％；农村居民 12.40 亿人次，增长 4.38％。国内旅游收入 3.94 万亿元，增长 15.2％。其中城镇居民花费 3.22 万亿元，增长 16.77％；农村居民花费 0.71 万亿元，增长 8.56％。

### 国内外关于旅游竞争力的相关研究

**1. 国外相关研究现状**

国外学者对旅游竞争力的影响因素研究给予了较多的关注。Crouch 和 Ritchie 早在 1999 年就对此进行了探讨并认为：决定旅游目的地竞争力的因素主要有核心资源、吸引物、支持资源因素、目的地管理、目的地政策规划和开发、限制性和放大性因素等。Hassan（2000 年）从可持续发展的角度进行分析，认为决定目的地市场竞争力的因素有四个，即比较优势、需求导向、产业结构、环境一致性。比较优势指对目的地竞争力起着关键作用的宏观和微观环境，需求导向指对市场需求变化快速反应的能力，产业结构指有组织的与旅游相关的产业的存在或缺乏，环境一致性指目的地开发与环境的一致性程度，指出旅游竞争力的影响因素包括资源禀赋、支持性因素和资源、目的地管理、环境条件、需求条件等。在 Crouch 和 Ritchie 的概念模型基础上，从实践层面对目的地的旅游竞争力进行了研究，认为旅游目的地竞争力的影响因素，不仅包括目的地吸引物特性，还包括产业管理因素。Crouch 在 2006 年利用主成分分析方法对各影响因素的重要性程度进行了研究，研究结果表明，核心资源与吸引物对目的地竞争力的影响最大，其次是目的地管理，支持性要素与资源居于第三位，目的地政策、规模与开发居于第四位，而限制性和放大性因素居于第五位。

**2. 国内相关研究现状**

黎洁、赵西萍早在 1999 年根据波特的国家钻石模型对国际旅游竞争力的影响因素进行了探讨，认为影响国际旅游竞争力的因素包括旅游生产要素状况、国内旅游需求、旅游相关及辅助产业的状况、旅游企业的战略、结构和竞争、机遇（如重大技术变革、外汇汇率的重大变化、重大事件等）。杨英宝（2002 年）、甘萌雨（2003 年）分别对城市旅游竞争力的影响因素进行了研究。杨英宝认为影响城市旅游竞争力的要素包括城市旅游资源、城市旅游经济条件、科技水平、旅游人才、城市旅游需求、旅游环境、旅游企业等；甘萌雨认为城市旅游竞争力依赖于能够带来城市旅游发展的基本条件，如技术、信息获得能力、人力资源、旅游管理水平等，此外，游客的口碑评价对城市旅游竞争力也具有重要意义。郭舒和曹宁（2004 年）提出六因素联动模型，认为核心吸引物、基础性资源、支持性因素、发展性因素、资格性因素和管理创新是影响旅游目的地竞争力的六个关键性因素。梁明珠和陈小洁（2006 年）从供需两方面，分析了影响主题旅游城镇旅游竞争力的七大要素，即国际国内的市场需求状况、游客市场的规模和成长速度、区位要素、旅游环境要素、核心吸引物要素、城镇形象要素和品牌要素。易丽蓉、傅强（2006年）运用德尔菲法，通过相关分析验证了旅游支持因素、旅游资源、目的地管理、需求状况和区位条件五个因素与目的地竞争力正相关性假设。黄秀娟、黄福才（2007年）把国际旅游竞争力的重要影响因素分为旅游产业因素、旅游环境因素、目的地与客源地的联系因素三个部分，其中，可进入性、旅游企业竞争能力、旅游资源、经济环境、基础设施是国际旅游竞争力的五个重要因素。

（资料来源：旅游经济学，对外经济贸易大学出版社，刘涵，刘田，2012.09）

# 第三节　旅游市场结构及分析

## 一、旅游市场的结构

旅游市场是一个整体，为了全面反映它的构成和全貌，我们可以从不同的角度将旅游市场划分为若干类型。

### （一）区域旅游市场

根据各个地区的经济、文化、交通、地理旅游者流向与流量等方面的状况，将世界旅游市场分为六大区域市场，即欧洲市场、美洲市场、中东市场、非洲市场、东亚及太平洋市场。

### （二）国内旅游市场和国际旅游市场

#### 1. 国内旅游市场

国内旅游市场是指旅游活动在一国范围内进行，旅游者为本国居民。国际旅游市场是指旅游活动在世界范围内进行，旅游者为外国居民。国际旅游市场又可以分为出境旅游市场和入境旅游市场，出境旅游市场指本国居民赴国外旅游，入境旅游市场指外国居民到本国旅游。

#### 2. 国际旅游市场

与国内旅游市场相互依存、密切相连，国内旅游市场是国际旅游市场的基础，国际旅游市场是国内旅游市场的延伸。在经济发展的基础上，一般是国内旅游先发展，国际旅游后发展，这种顺序是发达国家发展旅游业的常规模式。许多发展中国家为促进本国经济的发展，扩大外汇收入，优先发展国际入境旅游，而后发展国内旅游和国际出境旅游，这就是发展旅游业的非常规模式。我们应当根据中国的国情，选择旅游业发展的最佳模式。

**小·贴士**

**2017 年出境游目的地**

| 国家 | 日本 | 韩国 | 法国 | 美国 | 澳大利亚 | 新西兰 | 新马泰 | 德国 |
|---|---|---|---|---|---|---|---|---|
| 比例 | 21.5% | 21.5% | 17.8% | 17.5% | 16.2% | 15.1% | 13.0% | 8.0% |

| 2017 年国内跨省旅游目的地 | | | | | | | |
|---|---|---|---|---|---|---|---|
| 城市 | 三亚 | 杭州 | 北京 | 厦门 | 大连 | 秦皇岛 | 上海 | 青岛 |
| 比例 | 13.0% | 11.4% | 9.5% | 8.6% | 8.1% | 7.4% | 7.1% | 5.8% |

（来源：国家旅游局数据中心）

### （三）主要、次要和机会旅游市场

主要旅游市场指在旅游接待人数中占绝大比例的客源市场，如我国主要旅游市场为日本、美国、韩国等。次要旅游市场指在旅游接待人数中占一定比例的客源市场，如我国的次要旅游市场为英国、德国、澳大利亚、加拿大、法国及东南亚各国等。机会旅游市场指在旅游接待人数中占较小比例，但是呈上升趋势的客源市场，如意大利、北欧和东欧等国为我国的机会旅游市场。同时，我国已成为澳大利亚、韩国、东南亚各国的机会旅游市场。

### （四）高、中、低档旅游市场

由于旅游者的收入各不相同，其旅游需求具有很大的差异，由此形成了不同消费水平的旅游市场，即高档、中档、低档旅游市场。旅游业的经营管理者要根据客源市场的档次确定旅游产品的级别，根据旅游需求的层次确定旅游产品的结构。

### （五）团体与散客旅游市场

人们的个性和旅游动机不同，选择的旅游方式亦有所不同，由此便形成了团体旅游与散客旅游两种旅游形式。团体旅游是指旅游者参加一个旅游团体，并向当地旅行社交付所需费用，然后由目的地旅行社负责该团的旅游活动的组织形式。散客旅游是指单个或自愿结伴的旅游者自主进行旅游活动的组织形式。这两种旅游形式各有优劣，随着国民经济及旅游业的发展，散客旅游的比重将越来越大。

我们划分旅游市场的目的，是为了有针对性地推销旅游产品，进一步开拓、占领旅游市场。

 小贴士

**旅游市场的竞争结构**

**1. 完全竞争旅游市场**

完全竞争又称纯粹竞争，是指不受任何阻碍和干扰的市场状况。完全竞争旅游市场是一种由众多旅游经营者和旅游者所组成的旅游市场。其条件是：①市场上存在着众多的彼此竞争的旅游经营者和旅游者，他们买卖的旅游产品的数量在整个市场中的份额都很小，任何旅游经营者或旅游者都不能支配整个市场的交换；②买卖的旅游产品及出售商品的条件是同质无差别的；③生产要素在各行业之间完全自由流动，旅游经营者可以自由进入旅游市场；④市场信息畅通，市场上的每个旅游经营者和旅游者都可拥有充分的市场信息。在现实中，完全拥有这四个条件的市场是不存在的。所以，完全竞争旅游市场只是一种理论假设，但在分析问题时具有一定的理论价值。

**2. 完全垄断旅游市场**

完全垄断旅游市场也称独家垄断旅游市场，指的是一种完全由一家旅游经营者控制旅游产品供给的旅游市场。完全垄断旅游市场的市场结构特征是：①该旅游经营者所提供的旅游产品具有不可替代性；②旅游产品的价格、质量、数量有可控性，由该旅游经营者独家控制；③市场壁垒普遍存在，其他经营者难以加入竞争行列。完全垄断市场在现实经济生活中是比较少见的。完全垄断旅游市场多因某经营者拥有独特旅游资源而形成，北京的故宫博物院、西安的秦始皇兵马俑、云南的路南石林、长江的三峡等都是我国少见的完全垄断旅游产品。

**3. 垄断竞争旅游市场**

垄断竞争旅游市场又叫不完全竞争旅游市场，是一种介于完全竞争和完全垄断旅游市场之间，既有竞争又有垄断的旅游市场结构。垄断竞争旅游市场结构的特征主要表现是：①同类旅游产品市场上拥有众多的旅游经营者，每一经营者所占市场份额都较小，任何单一经营者都无法控制市场，彼此之间竞争激烈；②旅游经营者进出市场比较容易，新的经营者一般能方便地进入市场；③不同经营者所提供的同类旅游产品具有差异性，旅游产品质量、数量等均有不同；④市场信息不充分。

**4. 寡头垄断旅游市场**

寡头垄断旅游市场是介于完全垄断旅游市场和垄断竞争旅游市场之间的一种旅游市场结构类型，是一种少数旅游经营者控制了行业绝大部分旅游产品供给的市场结构，这些少数旅游经营者所占的市场份额都比较大，任何一家的旅游产品的价格、质量或数量的变化都会影响到整个行业的变化。在经济活动中，这些少数经营者既有竞争又有联合，新的经营者一般是难以进入该市场的。

在上述四种旅游市场结构类型中，完全竞争旅游市场和完全垄断旅游市场是两种极端类型，比较少见。垄断竞争旅游市场和寡头垄断旅游市场是两种较为常见的结构类型。经营者和消费者的不同经济行为的变化，构筑了纷繁复杂的旅游市场结构。

（资料来源：李亚非主编，旅游经济学，中国林业出版社，2001.03）

## 二、旅游市场的细分

细分（Segmentation）又"市场分割"，是美国市场学家温德尔·史密斯根据"买方市场导向"和消费需求的差异性提出的概念。

### （一）旅游市场细分的依据

旅游市场细分是指根据旅游消费者的地理、人口、心理、行为和购买力等因素，将整体市场按照一定的标准划分消费群体，从而确定目标市场、调整产品结构的过程。可见，细分市场就是划分有效需求和消费者群体。因此，市场细分与市场划分有所不同，即从不同的角度、用不同的方法类分整体市场。旅游市场细分作为一种理论、方法和手段，有着客观的依据。

**1. 旅游者对产品的需求**

旅游供方面临着旅游者对产品的整体需求，但任何国家、地区、企业都不可能满足旅游者的所有需求。旅游供方通过市场细分，能够确定各自的旅游消费群体。

**2. 旅游需求质的异同性**

旅游需求千变万化，旅游内容丰富多彩，因此，没有两个旅游者的行程、感觉、评价是一模一样的，也不能细分到每个人的要求，但他们有共同点，能按一定的属性划入相应的消费群体。

**3. 供方优化资源配置**

根据细分后的市场需求特征，供方能将有限的人力、物力、财力用于市场开拓、营销和产品组合，以最大限度地满足细分消费群体的需求。

## （二）需求的区分与归类

旅游市场细分就是对现实与潜在需求者的相似的地理分布、社会属性、经济能力和心理行为进行区分和归类。

旅游市场细分可用单一标准细分法和多重标准细分法。按照单一标准细分法，2017年1月来我国海南省旅游的内地，港澳台与国外游客的细分如表5-1所示。

表5-1 2017年1月来海南省旅游的国内、港澳台与国外游客的细分

| | 内地 | 港澳台 | 国外 | 合计 |
|---|---|---|---|---|
| 人数（万人次） | 462.59 | 1.9 | 5.89 | 470.38 |
| 比例（%） | 98.34 | 0.40 | 1.25 | 100 |

资料来源：阳光海南

## （三）心理细分

旅游活动在本质上是一种体验和精神享受。因此，市场细分又与游客的动机、经历和价值目标相关。

目前，根据心理学理论可从四个方面来细分旅游市场。

**1. 好奇理论**

这是最直观简朴的理论。它认为人们是为了满足好奇心才外出旅游的。例如欧美人对故宫、日本人对敦煌，我国游客对新加坡、马来西亚、泰国的向往，构成了旅游动机。

**2. 逃避现实理论**

旅游是一种生活方式，可暂时摆脱周边的环境和现实。过惯大城市生活的人，愿意到生态环境良好的大自然中调节一下生活节奏。

**3. 四重旅游动机刺激理论**

四重旅游动机刺激理论即文化学习及宗教信仰，人与人的接触，生理需要，以及地位、威望、价值观念等四重动机。例如全球穆斯林大多有去麦加朝圣的意愿，修学旅游、

新婚旅游、探险旅游等均可在旅游目的地实现多重动机。

### 4. 需求层次理论

需求层次理论即美国心理学家马斯洛提出的"需求层次论"（Hierarehy of Needs），把需求依照强度由低到高依次分为五个层次：生理（食品、衣着、住宿）、安全（稳定、安全）、社会（友谊、爱情）、自尊（功名、成就）、自我实现（实现自身的价值和目标）。国内近距离旅游属于较低层次的需求，出国旅游属于较高层次的享受。

## （四）旅游市场细分的选择

细分市场的目的是占领目标市场，巩固和扩大市场份额。虽然市场细分是一种可行的、容易操作的方法，但往往与目标市场、公关营销等相互关联，因此，必须从实际效果和经济效益角度加以规定，从而进行必要的选择。

### 1. 客源的规定性

细分后的市场如没有一定量的需求，对企业就没有经济价值。比如，1996年3月，来上海的新西兰游客仅189人，对当地及周边地区的旅游企业而言，不具备细分及继续细分的价值。

### 2. 市场的可进入性

细分市场还要考虑该市场是否有限制、非关税壁垒、交通工具的制约或实力强大的同行企业。台湾每年约有150万人去香港旅游，但去澳门的不多，因为受到澳门机场的制约。澳门新机场建成后，台澳直航班机增加，为旅游者进入澳门提供了方便；同时，澳门旅游公司以台湾回大陆旅游的中转客人作为一个单独的细分市场，组织企业共同促销，协作招徕游客获得了成功。

### 3. 市场的稳定性

即客源的经济社会、心理需求在一段时间内是稳定的，愿意接受产品、服务和价格的，否则，细分市场就有一定的风险。比如，广东和上海的三家大型旅行社曾以印度尼西亚华侨为细分市场，共同促销，1995年上半年，吸引了3500名旅游者，但一年后减少40%，并呈继续下降之势。

### 4. 市场的经济性

企业细分市场的目的在于确定消费需求和需求对象，从产品和服务的提供中获得经济收益。能否获利与利润率的高低是衡量市场细分成败的主要指标。成功的细分市场可带来滚滚不断的客源和利润。河北省赞皇县嶂石岩风景区虽然以一日游的观光为主体，但不断细分出都市度假需求市场、学生修学考察市场，经过数年的努力，目前年接待度假游客3万余人，占旅游者总数的10%，但人均消费额比观光客高3倍，经济效益相当显著。

## 三、旅游市场的分析

旅游市场的分析是在旅游市场调研的基础上对所收集的资料进行仔细分析和归纳，为旅游市场的开发提供决策依据。旅游市场的分析通常包括如下内容。

## （一）旅游市场的竞争状况分析

旅游市场是不完全的竞争市场，市场上竞争的程度是相当激烈的。每一旅游企业欲进入市场，必须了解其所面临的竞争状况，即要弄清谁是自己的主要竞争对手，谁最强大、对自己的威胁最大，他们提供什么样的产品、价格水平、销售渠道和促销方式，产品的市场占有率，目标市场是在哪里，具有哪些竞争优势与薄弱环节等。在此基础上将本企业的实力与竞争对手进行分析比较，以求知己知彼、扬长避短，在激烈的市场竞争中立于不败之地。

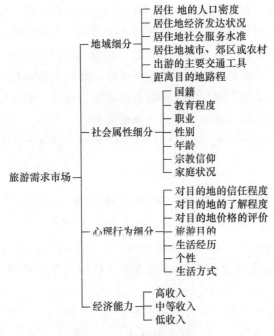

**图 5 - 1 旅游需求市场细分**

## (二) 旅游市场的需求分析

旅游市场的需求分析主要是分析旅游需求的影响因素。旅游需求的主要影响因素如下。

### 1. 人口因素

这是旅游市场需求的基本因素，主要包括人口总数、年龄结构、职业构成、性别比例、受教育程度等。人口因素的多少将直接影响到旅游市场需求总量的大小。例如，欧洲小国摩纳哥是世界上人均收入最高的几个国家之一，每个人的旅游购买能力都很强，但由于其很小的人口总量，因此，整个国家的旅游需求总量并不高。我国是发展中国家，年人均 GDP 只有 8000 美元左右，但我国的人口总量约 13 亿，因此，只要有 1％的出游率，我国的出游人数就可以达到 1 亿多。目前，我国已成为亚洲地区的主要客源输出国。

### 2. 收入因素

旅游者收入的多寡，直接决定旅游需求的大小。旅游者收入的增加意味着其可支配收入的增加和旅游购买能力的提高。分析一国旅游者购买能力的大小，可相应地从一国的人均 GDP 指标衡量。在人均 GDP 高的发达国家，通常旅游购买能力都很强。例如美国、日本、德国等发达的国家，其年人均 GDP 已近 3 万美元，再加上这些国家庞大的人口总量，因而形成了巨大的旅游需求市场。目前，这 3 个国家都已列入世界最主要的客源输出国行列。

### 3. 旅游动机因素

旅游动机与人类的其他行为动机一样，都来自于人类的需要。人类的需要产生动机，动机驱动行为，行为满足需求。可以说，旅游动机是产生旅游需求的内在驱动力，是具体的旅游购买行为的直接依据，旅游者的购买行为是旅游动机的外在体现。由于人们的工作、个性、年龄、受教育程度、心理特征等因素的差别，人们的旅游动机各不相同，因而人们的旅游需求也千差万别，有的是商务旅游、有的是休闲度假旅游，有的是宗教修行旅游，还有的是体育健身旅游等。因此，分析研究旅游者的旅游动机对旅游企业的经营非常重要。掌握了旅游者的动机，就了解了旅游者的需求是什么，就可以按照旅游者的需求设计生产适销对路的旅游产品，就可以掌握市场的先机。

 **小·贴士**

#### "摇钱树" 带热桂林今冬旅游

以往每年的 11 月、12 月对于桂林旅游来说，除了感受到冬季的寒冷外，还有的就是一份旅游淡季的尴尬。前有热热闹闹的"十一"旅游黄金周，后有中国人最注重的春节假期，夹杂在其间的冬季旅游市场，桂林的不少景区景点都是用一个字——"捱"来挺过这段时间。

点燃桂林冬季旅游市场"第一把火"的，是 11 月 15 日开幕的桂林市灵川县海洋乡首届"金秋银杏月"，同样意识到林果产品蕴涵商机的还有阳朔县的橘农们，从 12 月 4 日起，阳朔首届"金橘节"也将粉墨登场。最能从植物中赚取"银子"的当数桂林古东景区，迄今为止，桂林古东景区已经连续举办了四届以红枫为宣传主题的活动，活动名称也由前三届的"红枫节"变成了第四届的"红枫月"。古东景区今冬推出的自行车逍遥游、市民铁人三项赛、农事大比拼、趣味龙舟赛等活动的延续性非常长；其"爱心果林伴我成长计划"更是贯穿全年，极大地丰富了冬季旅游的内涵。

眼下，桂林各个旅游区县和景区景点冬季旅游热闹的场面，也正是旅游从业人员所期待的，一年四季有景赏，365 天天天有客来，彩叶、色果这些"摇钱树"为桂林四季彩城画上了亮丽圆满的一笔。

**分析**：开发旅游淡季市场一般可采取两种市场开发战略。一是创造多种游乐方式。二是利用价格打折。桂林市不少景区景点在淡季期间能从自身资源出发，挖掘以前没有开发出的旅游亮点，开发出赏叶、尝果项目来吸引游客，这样既可以将旺季中的游客吸引、分流到淡季来，又可以将一部分潜在的旅游者转化为现实的旅游者。

（资料来源：桂龙网 2004 年 11 月 25 日）

# 第四节　旅游市场预测及开拓

　　旅游企业是在纷繁复杂、不断变化的旅游市场环境中从事经营活动的，为了实现企业的经营目标，搞好市场经营，必须选择适当的市场开拓策略。所谓市场开拓策略，就是企业通过分析外部环境，识别、选择和发掘市场经营机会，进而利用经营机会实现企业任务和目标的管理过程。

　　市场经营机会是特定市场中尚未被满足的消费者需求，企业分析经营机会一般采用SWOT分析法。SWOT分析法是一种综合考虑企业内部条件和外部环境的各种因素，进行系统评价从而选择最佳经营战略的方法。S是指企业内部的优势（Strengths）；W是指企业内部的劣势（Weaknesses）；O是指企业外部环境的机会（Opportunities）；T是指企业外部环境的威胁（Threats）。SWOT分析法依据企业的目标，对企业生产经营活动及发展有重大影响的内部及外部因素进行评价，按因素的重要程度加权并求和。然后根据所确定的标准，从中判定出企业的优势和劣势、机会与威胁。企业在此基础上，选择所要从事的战略。

　　在选择了适合企业开发和运用的市场经营机会后，企业下一步的工作就是为市场开拓制定恰当的管理程序。

## 一、旅游市场的预测

　　旅游市场预测是指在旅游市场调研与分析的基础上，对未来旅游市场需求的估计。通常是指运用各种定性和定量方法，对旅游市场的发展趋势做出分析和推断的过程。

### （一）旅游市场调查

　　市场调查又称为旅游市场调研或旅游市场营销调研，是指运用系统的方法和手段，有针对性地搜集、处理、储存、传递、分析市场信息，提出评价和建议，并提出与本企业面临的特定营销状况或问题相关的调研结果的过程，其目的是为科学决策提供依据，为旅游企业经营决策提供客观依据。

**1. 旅游市场调查的内容**

旅游市场调查的内容包括：

（1）市场营销环境调查。

（2）旅游市场需求调查。

（3）旅游者调查。

（4）旅游企业营销组合调查。

（5）旅游企业营销活动评估性调查。

**2. 旅游市场调查的类型**

（1）探索性调查：企业对市场情况不清楚或感到对调查的问题不知从何处着手时所采用的方法。主要用于搜集初步资料，在两种情况下较多采用：一种情况是市场现象较为复杂，实质性问题难以确认，为了确定调查方向和重点，首先采用探索性调查寻找并明确实质性问题；另一种情况是当企业提出某些新的设想和构思时，可采用探索性调查掌握有关信息，帮助企业确认这些设想和构思是否可行。

（2）描述性调查：对已经找出的问题做如实的反映和具体的回答，也是对市场的客观情况进行如实的记录和反映。调查前要有详尽的计划和提纲，以保证调查结果的准确性。描述性调查首先要大量搜集市场信息，包括各种相关数据，然后要对调查资料进行归纳、分析和概括，最后形成调查报告。描述性调查一定要实事求是，要有一定的数量分析。

（3）因果性调查：了解市场现象之间的因果关系，是在描述性调查的基础上进一步分析问题发生的因果关系，并弄清楚原因和结果之间的数量关系，也可用于某项市场实验。例如：为了测试广告效果，可以有计划地改变广告内容和广告时间，然后搜集有关销售额、品牌知名度、市场占有率的资料，从而掌握广告对促销的作用。在使用因果调查法时，要注意防止片面性，因为同一种现象或结果，可能是由多种因素引起的，调查人员应当全面分析调查材料认真鉴别调查结果。

### 3. 旅游市场的调查程序

旅游市场调查程序包括三个基本阶段：

（1）调查准备阶段，包括确定调查题目、拟订调查计划、培训调查人员等工作。

（2）正式调查阶段，包括组织调查力量，设计调查表格，现场实地调查，收集各种资料等工作。

（3）资料处理阶段，包括调查资料整理、统计、分析、撰写调查报告等工作。

### 4. 市场调查方法

（1）询问法：由调查者拟定调查提纲，向被调查者提出问题，包括面谈调查、电话调查、邮寄调查、问卷调查等方法。

（2）观察法：调查者到现场观察被调查者的行动来收集资料。

（3）实验法：产品批量生产之前先生产一小批，向市场投放进行销售实验观察和收集用户反映来获得调查资料。

## （二）旅游市场分析

旅游市场分析包括旅游供求分析、市场环境分析、竞争对手分析等。需要指出的是，旅游市场主体在进行了以上调查分析之后，必须明确面临的机会和风险，了解本企业的优势和劣势，认清当前的主要问题。据此，再确定相应的措施和针对性策略。

## （三）旅游市场预测

旅游市场预测按不同的标准可以分成不同的类型。

### 1. 按时间标准分类的市场预测

（1）短期预测，通常指1年以内的预测，为当年的生产、销售计划等提供依据。

（2）中期预测，通常指1年以上，5年以下的预测，为旅游企业和部门中期的经营计划提供依据。

（3）长期预测，通常指5年以上的预测，为政府部门和旅游企业制定长期战略规划和重大决策提供依据。

**2. 按方法分类的预测**

（1）定性预测：是指旅游市场预测人员凭借个人的经验、知识和综合分析能力对目标市场的性质以及可能出现的发展变化趋势所做出的估计与判断。

主要的定性预测方法有：

①旅游者意见法，即通过对旅游者进行调查和征询来进行市场预测的一种方法。具体做法是，当面询问、电话征询、要求填写调查表、召开座谈会等。

②经理人员判断法，即旅游企业邀请企业内部各职能部门的经理人员根据各自的经验，对预期的营业情况进行分析与估计，然后取其平均数作为预测估计数的一种方法。

③营销人员预测法，即旅游企业要求本企业每个专业营销人员对今后的销售做出估计，经营销经理复审，然后上报预测结果的一种方法。

④专家预测法，即旅游企业聘请社会上的专家或专业的咨询公司进行市场预测的一种方法。

（2）定量预测，是用数学的方法来研究、推测未来市场的变化发展趋势。常用的定量预测法主要有时间序列预测法和回归分析预测法。时间序列法包括简单平均法、移动平均法、变动趋势预测法等；回归分析预测法包括一元线性回归法和二元线性回归法等。这种方法可避免定性预测中的主观片面性，预测结果往往十分确切地表明未来的发展水平，为决策提供较为精确的数据。但这种方法对现有信息的数量和质量要求较高，对无法量化的社会政治、经济、文化等因素无法控制。包括时间序列预测法、回归分析预测法等。

## 二、旅游市场开拓的重要性

旅游业是一项竞争激烈的国际性产业，要想在竞争中取胜，必须注重开拓旅游市场。所谓旅游市场开拓，是指为实现旅游产品价值、扩大旅游产品销售、提高旅游市场占有率而进行的一系列活动。它既包括对现有市场潜力的挖掘，又包括新的旅游市场的开辟。它要求有明确的战略目标，并在进行充分的市场调研和预测的基础上，确定合适的市场营销组合，实现经营目标。

开放性及国际性是旅游市场的显著特点。近年来，旅游业的全球性竞争加剧，主要表现为国际竞争国内化、国内市场国际化。国际竞争国内化主要是指许多外国企业集团、跨国公司通过联合、连锁形式进入我国旅游市场，使国内市场的竞争愈演愈烈。国内市场国际化主要是指随着我国改革开放的深入，国内旅游市场逐渐成为国际旅游市场的组成部分，国内市场的竞争越来越呈现出一种国际化的竞争态势。当前，越来越多的国家和企业进入旅游业，旅游市场的竞争比以往任何时候都要激烈。在这种情况下，开拓旅游市场就显得尤为重要。

旅游市场开拓不能盲目进行，应根据实际需要，循序渐进。旅游市场主体为实现其旅游产品价值而进行的，包括旅游市场开发、占有和扩大在内的一系列活动。坚持以旅游需求为导向，加强旅游市场开拓的计划性，处理好全面开发与重点突出的关系，建立健全旅游开发中的法制体系。

小·贴士

"上有天堂，下有苏杭，中间有个周庄"的说法广为流传，周庄成为传统水乡游的首选。但在今年三月初，北京各大旅行社在走江南水乡游的时候不再推出周庄一地，取而代之的是其周边的几大水乡。北京各大旅行社打出广告为南京—无锡—苏州水乡—乌镇游或者镇江、扬州、乌镇水乡三地的华东全境游，有媒体报道，百家旅行社在集体封杀周庄。

在周庄遭受冷落的同时，其周边的水乡景点正在悄然崛起，其中包括乌镇、西塘、木梗。中青旅国内部总经理赵毅透露，这几地水乡也极具韵味，自然景观一点也不比周庄差，它们正在逐渐成为北京旅行社替代周庄的江南水乡游旅游产品。

地接社不满高门票。去年9月，周庄将门票价格调至100元，几年间周庄门票一再飙升，从最开始的30元、48元、50元、60元、68元到目前的100元。旅行社只能将成本转嫁给游客，导致线路报价上升，旅行社的市场竞争力顿时减弱。同时，周庄给旅行社的门票内部价格也随着门票价格上涨而上涨，大多数游客在听完旅行社的介绍，进行产品对比之后也会放弃前往周庄。

据统计，自周庄涨价之后其游客量流入量急剧下降。但周庄政府授权江苏苏州沉浮律师事务所律师发表声明，称"百家旅行社集体封杀周庄"纯属子虚乌有，是严重不负责任的失实报道。

问题：据此案例来阐述旅游企业处于市场竞争中的劣势时，所采取的策略及作用。

（资料来源：中华文本库）

## 三、旅游开拓的策略

旅游市场开拓的策略是指根据已经确定的目标市场和市场战略所采取的措施和方法，具体包括以下四个方面。

### （一）选择和确定客源市场

旅游者的需求是多种多样、千变万化的，任何一个国家、地区或旅游企业，都不可能满足所有旅游者的全部需求。因此，每个旅游目的地国、旅游地区或旅游企业，都应当在市场预测的基础上，为自己的旅游产品选择相应的客源市场，并根据客源数量或购买力的情况下确定顺序，如海南地区的客源市场首先为俄罗斯，其次为韩国、日本等。

### （二）旅游产品策略

对于旅游企业而言，首先要决定用何种产品和服务来满足目标市场需求，它包括旅游产品组合、旅游产品生命周期、旅游新产品开发等方面。在开发旅游产品时，必须把握市场需求，根据市场需求有针对性地开发旅游产品，要大力开发具有民族特色、地方特色和游览区特色的旅游产品，旅游产品的形式也要丰富多样。目前我国的旅游产品开发面临的问题是产品结构单一、配套设施不完善、供给不适应需求、产品质量下降等。针对旅游产品开发存在的问题，可采取以下的对策措施，一是加速观光产品的更新换代，满足旅游需求的不断变化；二是积极开拓专项旅游产品，适应市场细分化分需求；三是迅速推出散客产品，加快形成旅游散客市场；四是在继续经营团体包价旅游的同时，要大力发展散客旅游和半包价旅游。在继续经营观光旅游的同时，要大力开发度假旅游、会议旅游、商务旅游和专项旅游，推动旅游经济活动的全面发展。

处于不同生命周期阶段的旅游产品有着不同特征，因此，制定和实施旅游产品策略时，应根据产品的不同生命期确定相应策略。在旅游产品的投入期，旅游企业应以尽量缩短投入期为目标，以求迅速进入或占领市场。从定位和促销的角度，旅游企业在产品投入期可采用的策略有四种：一是双高策略（高价和高广告费），二是密集式渗透策略（低价配合高度密集促销），三是选择性渗透策略（高价和低促销努力相配合），四是双低策略（低价和低促销努力）。在旅游产品的成长期，应抓住机会，提高产品质量，增加产品品种，扩大市场占有率。在旅游产品的成熟期，重点应放在市场保护和新市场开拓上，用产品和价格的差异化来吸引顾客。在旅游产品的衰退期，企业应积极进行产品的更替。此外，延长旅游产品生命周期也是一项重要的旅游产品策略。

### （三）旅游价格策略

旅游产品有单项旅游产品和整体旅游产品之分，旅游价格相应地也就有整体旅游产品价格和单项旅游产品价格之分。除一般旅游价格之外，旅游产品还有旅游差价和旅游优惠价两种价格类型。旅游产品对价格变动非常敏感，旅游价格是旅游企业适应市场竞争的最有效途径。产品定位后，要根据目标市场上的旅游者需要和市场竞争状况，制定一个合理的有竞争力的旅游价格。

旅游价格制定得是否合理，直接关系到旅游产品的竞争力，影响旅游市场开拓的效果。因此，在制定旅游价格时，要明确定价目标，根据旅游市场开拓的任务、目标市场的实际情况以及竞争对手的价格，有针对性地确定旅游产品的价格，避免定价的盲目性和随意性，要根据定价目标选择适当的定价方法和定价形式，并注意保持价格的相对稳定。

在具体定价时，可使用尾数定价策略、习惯定价策略、声望定价策略、价格线策略、价格领袖策略、专门事件定价策略、市场渗透策略等。适时使用旅游差价策略和旅游优惠价策略也是非常重要的。

### （四）旅游促销策略

旅游促销目的地政府或企业为激发旅游者的购买欲望，影响他们的消费行为，扩大产品的销售而进行的一系列宣传、报道、说服等促进工作。旅游企业在促销信息源、信息发送方式、信息发送渠道、促销组合、财务预算、促销过程管理等方面决策的总和，是促进旅游产品销售的多种手段的综合。促销的主要手段有广告宣传、销售促进、公共关系、公共宣传、人员推销等。促销是竞争的重要手段，应该认识到促销的积极意义，采用灵活多样的促销形式，达到拓展旅游市场的目的。

在旅游产品的交换过程中，旅行社、旅游饭店及其他旅游企业均面临销售渠道的选择问题。毫无疑问，旅行社仍然是销售渠道的主体，绝大多数旅游产品的价值和使用价值还是通过旅行社来实现的。按照销售职能，可以将旅行社分成两类，即旅游批发商和旅游零售商。旅游批发商的业务涉及旅游产品的组合、定价、促销和配销等。旅游零售商的主要业务是直接向旅游者销售旅游产品。旅游产品的销售渠道是否合适，直接影响着旅游产品的销售状况。现阶段我国以发展入境旅游为主，我国的客源市场在相当程度上还依赖于国外旅游批发商和零售商，我们应当选择那些与我国的旅游市场相适应的旅行社，特别要加强与国外旅行社的业务关系，发展、壮大我们的销售网络。

旅游促销是旅游产品销售的一种有效手段，也是我国进一步开拓国际旅游市场的主要途径。旅游促销的顺序是从大到小，首先宣传中国的形象，然后宣传中国的旅游形象，进而宣传旅游地的形象，最后宣传传统旅游企业和旅游产品的形象。

### （五）旅游销售渠道策略

旅游产品必须经过一定的销售渠道才能实现交换。旅游销售渠道是指旅游企业将旅游产品出售给旅游者时所经过的路线、环节、方式、机构设置以及如何选择和管理分销渠道等问题。旅游产品销售渠道有直接渠道和间接渠道两种。直接渠道是指旅游产品生产者或供给者直接向旅游者出售其产品的方式，也叫零层次渠道。间接渠道是指旅游产品生产者或供给者借助中间商将其产品最终转移到消费者手中的流通途径。销售渠道选择是否合理，直接影响到旅游产品的销售。旅游销售渠道策略常见的有以下几种。

#### 1. 销售渠道长度策略

销售渠道长度取决于旅游产品从生产者或供给者向最终消费者转移过程中所经中间层次的多少。一般短渠道优于长渠道。在具体选择时，应根据众多因素加以选择，确定相应长度的渠道。

#### 2. 销售渠道宽度策略

销售渠道宽度一般是指销售某企业旅游产品的零售网点的数目和分布广度，也常指直接经销和直接代销某企业旅游产品的中间商的数目。零售网点越多，直接经销和代销点越广，该企业的产品销售渠道就越宽。销售渠道宽度策略一般包括无限制选择策略和限制性选择策略。无限制选择策略是广泛选用旅游中间商的策略；限制性选择策略是旅游企业根据自己的销售实力和目标市场分布格局，在一定的市场区域范围内挑选少数旅游中间商经销或代销自己的产品的策略。旅游企业可根据情况选择其一。我国目前向国际旅游市场提供的包价旅游产品多采用限制性选择策略。

#### 3. 旅游中间商选择策略

大型、信誉度较高且有一定合作基础的中间商是选择的重点，同时我们还要大力发展自己的旅游销售网络。

## 别让冰雪冷了人心

"中国雪乡一年12个月只营业3个月，经常被提到的一句话是，9个月磨刀，3个月宰羊。谁是羊？大家都是羊。"

这段话是游客在从哈尔滨报团参加雪乡两日游后，在前往雪乡的路上录下的。讲话的导游正在极力推销一款1680元的游览套票，"这里消费高？你去景区都是这样的，这个地方消费高可以理解，如果你家在这里一年只营业3个月，得把一年的钱挣回来，如果是你，你也会这么做。"这位导游说，雪乡除了门票收费之外，里面各个游览项目还要再单独缴费，想要玩好，这个1680元的套票包含所有的游乐项目，游客非买不可。

"你自己去买票，最贵的598元，最便宜的地方198元，这么多的项目要花2600元左右，咱们报团游，花不了这么多钱，所有的票我只打在一张单子上，只要花费1680元就可以了。"

为了说服不愿意花钱的游客，导游拿出了一套接一套的论据，并告诉大家不交钱就没有御寒的雪服，劝大家不要较劲。"头几年有对情侣因为没买游乐项目，自己跑去山里，结果男的被冻得高位截瘫，女的终身不育了。跟谁较劲？跟你自己较劲！首先这个地方非常冷，零下30多度，你只能在外面等，别人在里面穿着雪服玩得挺开心，热得直冒汗，结果你在外面冻得大鼻涕都出来了，过这村没这店，你让我给你租雪服，我找不到了。"

最后，导游给了游客两个选择，出门旅游要不是钱遭罪，要不是人遭罪，便开始收费了。"你要想瞎溜达，说实话你去南方溜达，出门旅游要么钱遭罪，要么人遭罪，钱是来服务你的，你要是选择人遭罪，那你今天可就真遭罪了。"

事已至此，不少游客只能缴纳1680元参与项目，但玩过之后却高呼上当，想要回家。

游客表示："都觉得很坑，我们不想玩了。没买1680元套餐的人在山底下，在上面站着不也是在外面站着吗？"

目前我国冰雪旅游正处于爆发期，2016～2017年冰雪季，我国冰雪旅游市场游客规模达到1.7亿人次，收入约2700亿元；预计2021～2022年冰雪季，游客规模将达到3.4亿人次，收入6700亿元，冰雪旅游带动旅游及相关产业的产值2.88万亿元。以文化、体育、培训等内容为结合点推进产业融合，正在成为各地发展冰雪经济的大趋势。

（资料来源：央视财经）

# 本章小结

　　旅游市场是实现旅游经济活动不可缺少的条件，旅游供给和旅游需求正是通过市场链接起来的。旅游市场有广义和狭义之分，根据狭义旅游市场定义可知，旅游市场的形成必须具备四个要素，即旅游者、旅游购买力、旅游消费欲望和旅游消费权利。旅游市场具有不同于其他市场的波动性、季节性、多样性和国际性等特征。

　　旅游市场竞争目标包括：争夺旅游者，争夺旅游中间者，提高旅游市场占有率。旅游企业可采用的策略有无差异性市场策略、差异性市场策略和密集性市场策略。

# 课后练习

## 一、单项选择题

1. 影响旅游供给和需求最主要的因素是（　　　）。
   　　A. 价格　　　　　　　　B. 兴趣爱好　　　　　C. 支付能力　　　　　D. 消费水平

2. 旅游市场的主体是（　　　）。
   　　A. 旅游者　　　　　　　B. 旅游产品　　　　　C. 旅游经营者　　　　D. 旅游中介

3. 影响目的地营销潜力最根本的两项指标是旅游资源和（　　　）。
   　　A. 区位条件　　　　　　　　　　　　　　B. 旅游目的地形象
   　　C. 旅游服务设施　　　　　　　　　　　　D. 旅游目的地管理

4. 对于一些规模不大的中小型旅游企业来说，往往会在竞争策略上选择（　　　）策略。
   　　A. 价格策略　　　　　　　　　　　　　　B. 高质量策略
   　　C. 专业化分工策略　　　　　　　　　　　D. 新产品策略

5. 按国境划分旅游市场一般分为（　　　）。
   　　A. 国内旅游市场和境内旅游市场　　　　　B. 国内旅游市场和国际旅游市场
   　　C. 境内旅游市场和境外旅游市场　　　　　D. 国际旅游市场和境外旅游市场

## 二、多项选择题

1. 狭义的旅游市场的构成包括（　　　）。
   　　A. 旅游者　　　　　　　　　　　　　　　B. 旅游支付能力
   　　C. 旅游产品　　　　　　　　　　　　　　D. 旅游经营者
   　　E. 旅游消费欲望

2. 按照消费水平可以将旅游市场划分为（　　　）。
   　　A. 商务旅游市场　　　　　　　　　　　　B. 经济旅游市场
   　　C. 环境旅游市场　　　　　　　　　　　　D. 标准旅游市场
   　　E. 豪华旅游市场

3. 旅游市场的特点有（　　　）。

A. 异地性　　　　　　　　　　B. 多样性

  C. 季节性　　　　　　　　　　D. 波动性

  E. 竞争性

4. 旅游市场竞争结构分为（　　　）。

  A. 完全竞争旅游市场　　　　　B. 安全垄断旅游市场

  C. 垄断竞争旅游市场　　　　　D. 寡头垄断旅游市场

  E. 垄断旅游市场

5. 旅游市场构成的要素（　　　）。

  A. 旅游者　　　　　　　　　　B. 旅游购买力

  C. 旅游产品　　　　　　　　　D. 购买愿望

  E. 购买权利

### 三、判断题（正确的打√，错误的打×）

  1. 旅游开发指的是开拓新的旅游市场（　　　）。

  2. 旅游业内部以食、住、行、游、购、娱为核心的各大行业间的经济技术联系与比例关系，也就是旅游业的部门结构，是旅游产业结构（　　　）。

  3. 狭义的旅游市场一般是指客源市场。（　　　）。

  4. 根据旅游活动的组织形成，可将旅游市场分为团体旅游市场和散客旅游市场。（　　　）。

  5. 旅游企业开拓旅游市场最好采用无差异市场策略，可以提高市场占有率（　　　）。

### 四、简答题

  1. 简述旅游市场的分类。

  2. 认识旅游市场的特点和功能。

  3. 旅游市场机制的具体体现和作用

  4. 为什么要加强旅游市场的法制化？

  5. 广义与狭义旅游市场的区别？以及旅游市场的构成要素？

# 第六章
# 旅游消费与评价

**案例导入** ┄┄┄┄┄┄┄┄┄┄┄┄┄┄┄┄┄┄┄┄┄┄┄┄┄┄┄┄┄┄┄┄┄┄┄┄

### 中国公民出境旅游消费特征分析

**一、调研内容与方法**

本次调研采用了访谈和问卷调查两种方法，目的在于了解中国出境旅游者的消费观念、目的地选择、旅行方式选择、旅游企业选择、消费结构和行为特征等方面的内容。

访谈以旅行社经营管理人员为对象，主要为定性研究。访谈的内容主要包括对出境旅游市场的总体把握和出境旅游者消费特征分析。在进行访谈之前，我们通常将访谈提纲提供给访谈对象。在访谈进行过程中，以访谈提纲为主线进行交流，并由负责访谈的调研人员就访谈对象的谈话内容中所引申出的问题进行追问。

问卷调查以出境旅游者为对象，主要为定量研究。调查问卷共分为四个部分，包括旅游者的个人统计资料、旅游者在旅游准备阶段的活动、旅游者在旅游过程中的消费活动和旅游者未来出境旅游消费意向等方面的内容。问卷由旅游团领队携带，在境外旅游活动结束后发放给旅游者进行填写并回收。

**二、调研结论**

（一）访谈调研结论

通过对经营出境旅游业务的旅行社经营管理人员的访问，可以对我国出境旅游者消费行为的发展进程有所了解，并从总体上对其消费特征进行把握。

1. 中国公民出境旅游消费动机。

人民生活水平的提高导致了消费意识的变化。这些变化主要表现在消费观念的变化、休闲观念的产生和新的价值观念的形成等方面。生活水平所带来的消费观念的变化、休闲观念的产生和新的价值观念的形成，最终导致旅游者产生了通过旅行社进行出境旅游活动的动机。

2. 中国公民出境旅游的消费群体构成。

随着出境旅游活动的发展，参加出境旅游的消费群体出现了平民化的趋势，其中价格因素发挥了很大作用。出境旅游产品价格的不断下降，使消费群体的范围逐渐从高收入阶层向中等收入阶层扩展。

3. 中国出境旅游者境外消费的主要项目。

除交通、住宿、餐饮等必须消费项目外，购物是中国旅游者在境外自主消费的大项。这体现了中国传统文化对旅游消费行为的影响。当地导游对消费的诱导是出境旅游者购物消费比重大的另一个重要原因。

（二）问卷调查结论

1. 出境旅游者的人口统计特征。

在参与调查的出境旅游者中，男女比例基本持平，二者分别占旅游者总数的49.2%和50.8%。

调研对象的年龄分布主要集中在26～45岁之间，其中26～35岁年龄段人数所占比例35.5%，36～45岁年龄段人数所占比例为30.1%，二者共计占旅游者总数65.6%。其他年龄段的人数比例分别为：46～55岁的旅游者占14.5%，18～25岁的旅游者占9.7%，55岁以上的旅游者占5.9%，18岁以下的旅游者占4.3%。

调研对象的学历分布表现为：学历为大学本科及以上的旅游者占50.8%，学历为大专的旅游者占31.1%，学历为中专及高中的旅游者占13.7%，学历为初中及以下的旅游者所占比例为4.4%。考虑到调研对象中18岁以下的旅游者占到了4.3%的比例，因此可以在考虑旅游者学历层次时对低学历人数的比例进行修正。从以上数字可以看出，出境旅游者的学历层次总体来看相对较高。

2. 出境旅游者未来出境旅游消费倾向。

调研对象中，在有可能的情况下，下次出国旅游时最希望去美国的占21.7%，最希望去加拿大的占8.3%，最希望去欧洲国家的占27.4%，最希望去澳大利亚或新西兰的占25.5%，最希望去非洲国家的占4.4%，最希望去南美国家的占0.6%，最希望去我国周边国家和地区的占8.3%，最希望去其他亚洲国家的占3.8%。

在未来出国旅游时，最想参加的旅游项目为"参观游览"的占47.1%，最想参加"参与性娱乐项目"的占18.3%，最想"了解当地居民生活情况"的占17.6%，最想参加"探险活动"的占13.1%，另外有3.9%的调研对象最想参加"其他"活动。

（三）出境旅游者消费行为特征概括通过以上定性访谈调研和定量问卷调研，我们可以得出下结论。

1. 中国公民出境旅游市场的规模正在逐渐扩大，中等收入家庭逐渐成为出境旅游市场的中坚力量，在出境旅游者中高学历、从事较高收入职业的中青年人占到很大比重。

2. 对于出境旅游者来说，出境旅游不是一次性消费，重复消费者占到很大比例，有一半左右的出境旅游者认为出境旅游虽然花费很高但并不是重大消费决策。

3. 出境旅游者获取信息的途径主要是报纸和杂志上的广告，另外来自亲朋介绍的口碑宣传也是出境旅游者一种主要的信息获取手段，旅游者在选择产品时价格是主要的考虑因素之一，而在选择旅行社时，品牌的因素占到了主导地位。

〔资料来源：江西农大南昌商学院网（http：//www.ncsxy.com，《中国公民出境旅游消费特征分析》，北京第二外国语学院课题组，2005-10-14)〕

问题：

1. 何为旅游消费构成？

2. 如何才能刺激旅游消费的增长？

# 第一节　旅游消费的特点和作用

## 一、旅游消费的概念和特点

### （一）旅游消费的概念

消费是指人们通过对各种劳动产品的使用和消耗用于满足自身需要的行为和过程。广义的"消费"包括生产消费和生活消费。生产消费是指在产品生产过程中对生产资料和活劳动的使用和消耗，是一种生产行为。生活消费也称"个人消费"，是人们为满足个人生活需要而消耗各种产品和劳务的过程和行为。

个人消费包括满足基本生存需要的消费和满足发展与享受需要的消费两个方面。基本生存需要的消费是维持个人和家庭最低生活需要的生活资料和劳务的消费，是保证劳动力再生产所必需的最低限度的消费；发展与享受需要的消费，则是为提高人们的文化素质，陶冶情操，发展劳动者的智力、体力，从而达到劳动力内涵扩大再生产的目的的消费。显然，旅游消费在人们的基本生存需要得到满足后而产生的一种较高层次的消费需要，属于个人生活消费需要满足发展而享受需要的消费。

旅游消费，世界旅游组织（UNWTO）给出的定义是"由旅游单位（游客）使用或为他们而生产的产品和服务的价值"。本教材关于旅游消费的定义是：旅游者在旅游过程中通过对以物质形态和非物质形态存在的食、住、行、游、购、娱等产品和服务的购买、享用和体验过程来满足个人发展和享受需要的行为和活动。

### （二）旅游消费的特点

任何消费都是社会生产力发展的结果，是人们收入增加和生活水平提高的标志。旅游活动涉及政治、经济、文化等广泛的社会领域，旅游消费的内容包含着食、住、行、游、购、娱等诸多方面，因而旅游消费具有其自身的特殊性。如果说一般传统产品的消费方式是把消费过程与再生产过程相对区分开来的，那么作为现代消费方式的旅游则把消费过程与再生产的过程有机地融为一体。因此，旅游消费具有许多不同于一般传统产品消费的特点。

### 1. 旅游消费是综合性消费

旅游消费是一个连续的动态过程，贯穿于整个旅游活动之中，因而综合性是旅游消费显著的特点。首先，从旅游消费活动的构成看，旅游活动是以游览为中心内容的，但是为了实现旅游的目的，旅游者必须凭借某种交通工具，在旅途中必须购买一定的生活必需品和旅游纪念品，必须解决吃饭、住宿等问题。可见，旅游活动是集食、住、行、游、购、娱于一体的综合性消费活动。其次，从旅游消费的对象看，旅游消费的对象就是旅游产品，旅游产品是由旅游资源、旅游设施、旅游服务等多种要素构成的，其中既包含物质因素，也包含精神因素，既有实物形态，又有活劳动形态。因此，旅游消费对象是多种要素、多类项目的综合体。最后，从参与实现旅游消费的部门看，旅游消费是众多部门共同作用的结果，许多经济部门和非经济部门均参与了旅游消费的实现过程。前者包括餐饮业、旅馆业、交通业、商业、农业等，后者包括环保、园林、文物、邮电、海关等。这从另一个侧面也证明了旅游消费的综合性特点。

### 2. 旅游消费是服务型消费

旅游消费的综合性表明，旅游消费既包括对物质产品的消费，也包含对旅游服务的消费。但在旅游消费中，对服务性产品的消费占主要部分。旅游企业主要是借助于物质产品向旅游者提供服务，旅游消费的过程涉及的物质形态产品主要是企业提供服务的需要，而不是旅游者消费的目的，旅游者出游的主要目的不是为了去乘火车或者去住酒店，而是为了实现自己的旅游需要，获得一次完整的体验和精神方面的享受，当然，旅游购物除外。因此，旅游消费是以服务为主。

### 3. 旅游消费与生产的同一性

旅游消费以劳务为主的特点决定了旅游消费与生产的同一性，另外，旅游消费的其他特点也决定了其生产与消费的同一性。

首先，旅游消费的异地性决定了生产与消费的同一性。旅游消费和一般的消费不同，旅游者必须实现空间上的移动，离开自己的惯常环境，由客源地到目的地转移，才能进行旅游产品的消费，这是由旅游业及旅游产品的特点所决定的。例如，旅游业中的各种旅游资源与设施本身是无法移动的，旅游者必须亲自光临这些资源与设施，才能使用它们。也就是说，只有旅游者光临旅游目的地时才会进行旅游产品的消费，因此生产与消费具有同一性。

其次，是因为旅游消费中所有权的不可转移性。旅游消费和其他产品的消费不同，一般不发生旅游产品所有权的转移。在旅游的过程中，旅游者不像购买其他物质产品那样购买之后就拥有了该产品的使用和处置权。旅游产品是一种劳务服务，很多时候具有公共物品的性质，因此，旅游者购买旅游产品只是得到暂时的产品使用权，而不是产品的所有权。生产过程与消费过程是同一过程的两个方面，旅游活动结束时，生产和消费也相应结束。

### 4. 旅游消费是不具重复性的消费

旅游产品与其他物质产品不同，其使用价值对旅游产品的购买者来说在时间上具有暂时性。这种产品只有被旅游者享用，其价值才能实现。一旦旅游活动结束，旅游服务的使用价值对消费者来说即告消失。这就决定了旅游消费与旅游产品生产同一性的特性。它不像其他物质产品，消费者在购买后即对其拥有所有权，可以重复消费。旅游者只在其购买某次旅游活动的时间范围内，才对该旅游产品具有使用权。当某旅游者重游某地时，已经是物是人非了，即便是住同一家酒店，享受同一批服务员的服务，该旅游者消费的也是另一个旅游产品了。

### 5. 旅游消费是一种变动性较强的消费

旅游消费的变动性表现在以下方面。

首先，旅游消费作为一种较高层次的消费，具有弹性较大的特点，特别是其中的非基本旅游消费弹性很大，旅游产品价格的微小变化都会导致旅游消费很大的变动。因此，这是旅游企业经营过程中要密切关注的一个部分。

其次，由于旅游产品的综合性，旅游产品各组成部分之间、旅游产品与其他产品之间还存在着互补与替代性。这些产品之间的相互作用都会对旅游消费产生影响，使旅游消费处于不断变化之中。

另外，由于旅游需求具有季节性的特点，旅游消费也具有很强的季节性特征，因此，旅游消费会出现淡旺季的变化。旅游消费的变动性要求旅游从业者必须准确把握旅游需求特征，以便更好地为消费者服务。

## 二、旅游消费的作用

随着科学技术的发展和社会生产力的提高、人们生活的不断改善，旅游已成为人们生活中不缺少的一个组成部分，旅游消费在人们总消费中占据的比重也越来越大。旅游消费在满足人们生活需要的同时，对于促进人们全面发展、提高劳动力素质、提高劳动生产率和促进经济发展等都具有重要的作用。旅游消费的主要作用表现在以下几个方面。

### （一）旅游消费是旅游经济活动的重要环节

消费是促进国民经济循环的重要动力。在生产、交换、分配和消费的四个环节中，生产是起点，消费是终点。如果把社会再生产看作一个周而复始不断更新的过程，那么消费是第一个生产过程的终点，又是第二个生产过程的起点，生产和消费相互依存，互为前提。一方面，通过旅游消费，满足了旅游者的旅游需求，使旅游产品的价值和使用价值得到实现，从而保证了旅游业再进行到下一轮生产中去，周而复始地进行；另一方面，通过旅游消费又对旅游业再生产提出了新的需求，促进旅游企业不断对具有吸引力的旅游资源进行开发，增加更多新颖健康的旅游活动内容，合理组织食、住、行、游、购、娱这些旅游要素，进而更多更好地满足游客需求，促进旅游业的可持续发展。

## （二）旅游消费是旅游产品价值得以实现的重要条件

旅游生产、需求、消费是相互影响、相互制约的关系。旅游生产决定旅游消费，旅游消费引导和决定旅游生产。在旅游经济运行中，旅游生产取决于旅游需求，而旅游需求的形成和发展，又在很大程度上取决于旅游消费的发展。因此，旅游消费的数量和水平不仅决定了旅游需求变化的趋势和特点，而且还决定了旅游生产的发展方向和发展速度。

同时，旅游产品的价值和使用价值只有在消费中才能得以最后实现，如果没有消费，产品就卖不出去，价值和使用价值就实现不了，旅游经济活动也就难以顺利进行。此外，旅游消费还对旅游产品的质量、结构、经济效果进行最终检查和评判，如果旅游产品不能满足旅游者的需求，不能适应旅游者的多样性消费要求，则旅游产品就会因滞销而无法实现其价值，旅游业的再生产也就无法顺利进行。

## （三）旅游消费是丰富和美化人们生活的重要手段

旅游活动是一种娱乐性、享受性的消费活动，旅游服务的目的在于最大限度地满足旅游者精神发展和享受的需要。而人类社会的发展表明，人们的消费是丰富多彩的。从长期发展趋势看，随着社会经济的发展和人们生活水平的提高，物质消费在人们消费结构中的比重将相对下降，而精神消费的比重将相对增加。

旅游消费作为一种享受性和发展性的高层次消费活动，能够丰富和美化人们的生活，最大限度地满足人们享受和发展的需求。因此，旅游目的地国家和旅游地区必须依托各种旅游资源，千方百计提高各种基础设施、接待设施的水平，为旅游者提供舒适、方便、卫生、安全的旅游服务。随着科学技术的进步，各种现代化的民用新产品，比如空调、微波炉等智能化的家电在普及于人们日常生活之前，总是先在旅游业中被采用，它不仅丰富了旅游活动的内容，又普及和促进了现代化生活设施的广泛使用，对提高人们的生活质量和丰富生活内容起到了积极的促进作用。

## （四）旅游消费是旅游产品开发的动力

生产取决于需要，而需要的形成和发展，又在很大程度上取决于消费的发展，生产和消费相互依存，互为前提，生产和消费相互创造了对方。正是有了旅游消费，旅游产品的生产才有了目的和对象，也就是说生产者可以根据旅游消费趋势，来决定生产什么，怎样生产，为谁生产。并且当人们的旅游需求得到满足之后，对旅游所需的物质产品和精神产品的再生产提出了新的要求，当新的旅游需求产生后，就需要设计和生产新的旅游产品来满足这种新的旅游需求，而新的旅游需求得以满足后，又会产生更新的旅游需求……因此，从某种意义上说，旅游消费的类型和消费水平决定和影响旅游生产的类型和发展速度，实现旅游资源的优化配置。旅游消费的扩大，必然刺激社会多生产符合旅游者需求的旅游产品，开发更多的有吸引力的旅游资源，增设新颖健康的旅游项目，从而进一步推动旅游业自身的发展。

### 警惕"零团费"陷阱

成都市民徐先生准备国庆节期间到泰国去游览,他上网浏览了下各旅行社的报价,发现包括餐费、门票、导游费等在内,最便宜的泰国奇观5日游报价才899元。徐先生觉得很划算,可是,低于成本的报价会不会是一个陷阱呢?他打通了旅行社的电话,希望得到一个合理解释。

"899元的泰国团还有没有?"

"没有了。即使有这种团,我劝你也不要去参加,这种团你玩下来,其实全部可能要花3500元到4000元的样子。它里面包含许多的自费项目,而且几乎都是强迫自费,你到了那边交不交钱就由不得你了。"

"会去购物吗?"

"这是肯定的。"

"自费项目可不可以不要?"

"不行。因为也不是我们说了算,那边还有地陪。"

是什么促使旅行社在旅游途中悄然塞进购物环节的呢?业界人士们一语道破天机,四川省中国青年旅行社总经理何光厚告诉记者:"以前旅行社要给导游工资,零团费团出现以后,旅行社不仅不给导游工资,还可能从导游身上收人头费,那导游的心思就会放到怎么让客人去消费上,例如安排各种购物活动刺激客人的消费。由此旅游行为都发生了根本的变化。"

"实际是把一次性交费变成了分段交费,把交费由一次性交给旅行社变成了又交。旅行社又交其他的一些项目,客人的实际费用没有多少减少。"四川省中国青年旅行社总经理何光厚说,"客人参加某些零团负团,服务质量得不到保障,吃得很差,住得也不行,再加上玩的都是自费项目,客人就感受到受了欺骗。"何光厚指出,"好像从表面来看,消费者用较少的钱获得较多的旅游产品,实际上消费者除了交第一次直观价格的费用外,在以后分段的旅游过程中还得不停地交费,总账算下来,他与一次性交费付得一样多甚至更多。"吉林省青年商务旅行社总经理由杰说:"旅行社搞零负团就像在走钢丝,走好了走过去,走不好就会掉下去,如果客人都不去购物,都不去消费的话,就会亏损,最后导致恶性循环。"

又是什么形成了这种奇怪的"气候"呢?业内人士分析认为,这是国内旅游市场上旅游心理并不成熟所导致的。消费者对低价的片面追求,旅游企业对低价心理的盲目迎合和不正当的价格引导,使得零负团在一片"价格雪崩"声中泛滥成灾,而其恶果也已显露出来。业内人士表示,没有人能够从零负团中获得利益,这是一个共亏共损的陷阱。

(转自:杨华等:《警惕"零团费"陷阱》,载新华网 http://www.xinhuanet.com,2005-10-01)

# 第二节 旅游消费结构

## 一、旅游消费结构的概念与分类

旅游消费结构，是指旅游产品消费的数量比例和相互关系，其不仅反映了旅游消费方式的基本特征，还反映了由生产力所决定的旅游消费的质量和水平。本质上反映了由生产关系发展变化所引起的旅游消费的特点。它具有多种形式和多方面的内容，可以从以下几个方面进行分类。

### （一）按旅游消费特征划分

旅游消费的主体是旅游者，而不同的旅游者有不同的旅游消费特征，从旅游者的年龄、性别、职业、出游目的、游览类型等旅游消费特征角度，可对旅游消费结构进行不同的分类。比如根据旅游者年龄划分，可以划分为 14 岁以下、15～24 岁、25～44 岁、45～64 岁、65 岁以上等五个年龄段；根据旅游者职业结构通常划分为学生、军人、专业技术人员、行政管理人员等；根据旅游者出游目的结构，可划分为商务、观光度假、健康疗养、宗教朝拜、文体科技交流等。

### （二）按旅游消费主体划分

按旅游消费主体一般可划分为个人（或家庭）消费、集团消费和社会消费。

个人（或家庭）旅游消费，是指为满足个人或家庭的旅游需求而引发的对旅游产品的消费，它包括人们在旅游过程中所获得，并满足其基本生存需求、发展与享受需求的物质产品、精神产品和旅游服务方面的消费，是一种传统而广泛的旅游消费。

集团旅游消费，是指为满足各类企业和各种社会集团，对商务旅游、会展旅游、奖励旅游等旅游产品的消费，是一种市场潜力较大、消费水平较高的旅游消费主体。

社会旅游消费，是从整个社会（一个国家或地区）角度考察旅游消费的结构。比如，世界旅游理事会将一个国家或地区的旅游消费划分为个人旅游消费支出、商务旅游消费支出、政府旅游消费支出、旅游出口等类型，然后从整个宏观经济角度分析和考察旅游消费的状况。

### （三）按旅游消费层次划分

根据旅游消费的层次不同，可划分为生存消费、享受消费与发展消费。在旅游活动过程中，旅游者所消费的旅游消费资料按层次不同可以分为不同的类型，比如说基本的食宿与交通是旅游者顺利开展旅游活动所必需的，是满足其生存需要的消费。其他因出游目的与动机而产生的消费，则主要是享受与发展型的消费，如获得身心的放松、增长知识、开阔眼界等，这些既有享受的需要，也有发展的需要。

### （四）按旅游消费内容的具体形式划分

根据旅游消费内容的具体形式不同，它可划分为食、住、行、游、购、娱等。一般来讲，旅游消费的总体包括以上六个方面，它们包含在整个旅游活动的过程中，而且由旅游者个人因素以及当时的供给状况所决定。如消费者的年龄结构不同、性别不同，则在此六个方面的消费结构与数量比例也不相同。

## 二、影响旅游消费结构分类的因素

旅游消费结构受旅游消费的影响，进而也就受旅游需求与供给的影响。由于供给与需求的影响因素较多，因此影响旅游消费结构的因素也比较多，特别是旅游消费中的非基本消费，这部分旅游消费的弹性较大，价格的变化会对旅游消费产生很大的影响，从而使旅游消费结构也随之发生变化。从不同的角度来看，旅游消费结构的影响因素主要有以下几个方面。

### （一）旅游消费主体的因素

旅游消费的主体是人，因此人口状况对旅游消费结构具有十分重要的影响。一般来说，人口状况对旅游消费结构的影响主要表现在人口总量、人口结构、人口素质和消费习惯等方面。

客源地人口总量决定了旅游者的消费水平，即在一定的经济发展水平条件下，人口总量多则人均消费支出就低，而人口总量少则人均消费支出就高。因此，人口总量直接决定了客源地旅游者的旅游消费水平和层次。

客源地的人口结构决定了旅游者的消费结构，即客源地人口的性别、年龄、职业、文化结构等，直接决定了其出游的旅游者结构，进而影响旅游者的消费结构和消费水平。

客源地的人口素质不仅决定了人们对旅游目的地和旅游产品的选择，而且在旅游活动中直接影响旅游者不同的消费结构和水平。

客源地人们的消费习惯，反映了其日常生活消费中稳定而持续的心理和行为方式，对外出旅游者的消费结构也会产生一定的影响。

另外，年龄和性别等生理因素的不同，也会产生不同的兴趣和爱好，从而也影响旅游消费结构。一般情况下，年轻人活泼好动、精力旺盛，对新奇的、刺激性较强的旅游消费活动有着浓厚的兴趣，因此，他们往往倾向于选择具有个性及刺激性的旅游消费活动。同时，年轻人在观光游览、娱乐购物中也舍得花费，一般在这方面的消费开支较大，而对于住宿和交通上的要求不一定很高。老年人则由于生理上的原因，在住宿和交通等方面的开支相对较大，倾向于选择高档次的舒适的住宿、交通环境和良好的饮食条件等，对于消耗体力和刺激性、危险性较大的娱乐活动的开支要比年轻人少得多。

性别对旅游消费结构也有一定影响。例如，女性旅游者不但与男性旅游者在旅游地的选择上有差异，而且在旅游消费中，她们的购物花费比例比较大，而且多向于购买化妆品、时装以及家庭生活用品等，而男性旅游者的购物开支主要集中于文物及烟酒类。因此，在旅游过程中，对不同生理条件的旅游者应投其所好，满足他们不同的需要。

### （二）从旅游供给的角度来看

从旅游供给的角度分析，影响旅游消费结构的因素如下。

**1. 旅游产品的结构**

由于生产水平决定消费水平，因此，市场上旅游产品的供给结构直接影响和制约着旅游消费结构。一方面，旅游供给的六个方面要相互协调，这样才能满足旅游者的需求，如果比例不协调，其中的任何一个环节都会成为影响旅游者消费结构的重要因素；另一方面，旅游产品的类型要紧跟市场的变化，不断适应旅游者的需求变化。

**2. 旅游产品的质量**

随着旅游消费的发展，旅游产品质量也成为影响旅游消费结构的重要因素。旅游者在选择旅游产品时会选择质量较高的产品，因此，旅游供给中，不同的质量水平会影响旅游者的选择，也就会进一步影响旅游消费结构。

**3. 旅游产品的价格**

旅游产品是一种需求弹性相对较高的产品。由于旅游产品的需求弹性大，当旅游产品的价格上涨而其他条件不变时，人们就会把旅游产品的消费转向其他替代品的消费，使旅游消费数量减少；当旅游产品内部某一部分的价格上涨时，游客会抑制或减少对这部分产品及与其相关的产品的支出，甚或改变支出投向，从而改变其旅游消费结构。

## 三、旅游消费结构的合理化

旅游消费合理化是一个动态的发展过程，它是指旅游消费从不合理状态向合理化状态不断逼近的渐进过程。它要求旅游经济的发展根据旅游消费的趋势，通过政策引导调整旅游产品结构，使旅游产品供给日益多样化、多元化，使我国的旅游消费结构日趋成熟、优化。合理旅游消费结构应满足下列要求。

**1. 利于旅游产业的良性循环**

旅游消费结构影响甚至决定旅游消费资料的生产比例和发展速度，如果旅游消费结构合理，旅游消费各要素在发展速度和发展进程上保持相对平衡的比例关系。包括旅游业内部食、住、行、游、购、娱之间及其各自内部的支出比例要恰当，发展速度要与旅游相关的经济部门的发展速度相适应。旅游消费资料的生产比例和发展速度合理，旅游经济平衡发展。

**2. 利于提高旅游消费效果**

旅游消费效果是指在旅游者的消费过程中，投入与产出、消耗与成果、消费支出与达到消费目的之间的对比关系。旅游消费效果最直接的体现就是反映为旅游者消费的最大满足。合理的旅游消费结构体现出旅游消费的经济性、文化性、精神享受性等特点，能最大限度地提高旅游消费的经济社会效益，促进消费者的身心健康和全面发展。

**3. 满足旅游者生理方面的基本旅游消费**

它包括了对旅游者消费食、住、行、游、购、娱等方面的物质产品和服务产品的衡量，即旅游消费结构是否体现了较好地满足旅游者多样化的旅游需求，是否有利于旅游者身心健康和全面发展。

**4. 满足旅游者心理和精神方面的其他旅游消费的衡量准则**

它包括了对旅游者消费食、住、行、游、购、娱等旅游产品的心理和精神方面的衡量，即旅游消费结构必须有利于促进物质文明和精神文明的建设，有利于促进文明、科学和健康的旅游消费方式的形成和发展。

# 第三节　旅游消费效果评价

## 一、旅游消费效果的含义

在旅游者的消费过程中，投入与产出、消耗与成果、消费支出与达到消费目的之间的对比关系如下：

$$消费效果 = \frac{消费活动的成果}{消费支出}$$

在这一公式中，分母代表投入，一般可以有比较精确的计量；分子代表产出，其计量不太容易，有些可以定量分析，如摄取的热量、蛋白质，有些只能大体估量，如人们受教育后的素质提高情况，还有一些可能无法计算，如文体活动的效果等。

旅游消费效果，又称旅游消费效用，是指旅游者消费旅游产品所获得的满足程度。由于旅游产品价格不一，为了有效衡量旅游消费效果，通常采用单位货币的旅游消费支出所对应的旅游者满足程度为衡量尺度。

提高旅游消费效果的主要途径有：①提高旅游消费品的供给能力和品质；②充分重视"所有旅游产品的核心都是服务"这一内涵，大力发展旅游服务行业，提高旅游服务质量和旅游服务行业的劳动生产率；③实现宏观旅游消费结构的优化和微观旅游消费结构的合理化；④加强国民的消费教育，用科学的消费观指导旅游消费，提高消费理性程度；⑤丰富人们的休闲生活，以此提高人们消费选择的质量，从而达到提高旅游消费效果的目的。

## 二、旅游消费效果的内容

旅游消费的目的是满足人们发展与享受的高层次需求。旅游消费效果不仅包含物质消费的最大满足，更重要的是旅游者精神需要的最大满足，精神需要的满足是凭借物质资料，通过人与人的相互交往而实现的。因此，在旅游消费中，除了物质产品外，人对人的直接服务和关怀，人们之间的相互尊重和友爱，对旅游消费效果好坏也起着决定性的作用。

旅游消费效果可分为宏观与微观两个方面。

**1. 宏观旅游消费效果**

宏观旅游消费效果是把旅游消费作为一个整体，从整个社会的角度研究旅游消费资料的价值和使用价值，旅游消费对社会再生产的积极作用及对社会政治、经济和文化发展所起的促进作用。

**2. 微观旅游消费效果**

微观旅游消费效果是指旅游者通过自身旅游消费，在物质上与精神上得到满足的程度。如旅游消费能否达到旅游者的预期效果，旅游者能否获得最大满足。微观旅游消费效果是宏观旅游消费效果的基础，宏观旅游消费效果是微观旅游消费效果的保证。二者相辅相成，相互促进，但也存在着矛盾。

## 三、旅游消费效果的衡量

衡量旅游消费效果，可以从两个方面进行：一是从旅游供给来衡量，即对旅游目的地的旅游经营者向旅游者提供旅游产品被消费后，从而获得旅游消费成果的衡量；二是对旅游需求进行衡量，即对旅游者通过旅游消费所得的满足程度的衡量。前者称为旅游目的地旅游消费效果，后者称为旅游者消费效果。

### （一）旅游目的地旅游消费效果的衡量

在一定时期内，旅游者在旅游目的地的消费越多，则旅游目的地的收入就越多。因而，可以通过对旅游者在旅游目的地的消费支出来分析旅游目的地旅游消费效果。衡量旅游目的地消费效果的主要指标有：旅游消费总额、人均旅游消费额、旅游消费率和旅游消费构成。

**1. 旅游消费总额**

旅游消费总额是指一定时期内旅游者在旅游目的地进行旅游活动中所支出的货币总额。也可以用旅游收入来衡量。该指标是从价值形态上反映了旅游者在旅游目的地消费的总量。由于旅游目的地的旅游企业很多，经营的范围涉及很广，如住宿、餐饮、交通、游览、购物和娱乐等，因此该指标的计算较为复杂，但也可以采取许多统计办法。例如，采用抽样调查的办法，取得人均消费额，然后用常规统计的旅游者人数相乘，就可以得出旅游消费总额。也可以采用常规的统计方法，把旅游目的地有关旅游经营企业的旅游收入汇总，也可以求得旅游消费总额。

**2. 人均旅游消费额**

人均旅游消费额是指一定时期内旅游者在旅游目的地进行旅游活动中所支出的货币额。它反映了旅游者在旅游目的地的消费水平，也为旅游经营者开发旅游市场提供了决策依据。该指标通常是通过抽样调查的统计法求得的，如 2000 年全国国内旅游出游人均花费 426.6 元，比上年增长 8.3%，其中城镇居民国内旅游出游人均花费 678.6 元，农村居民国内旅游出游人均花费 226.6 元。这就是用抽样调查法取得的统计资料计算出来的。如果在掌握旅游消费总额的条件下，也可以用旅游人数除以消费总额来求出人均消费额。

**3. 旅游消费率**

旅游消费率是指一定时期内旅游目的地旅游者消费支出同该地区个人消费支出总额的比例，它从价值角度反映了旅游目的地旅游者对旅游消费的强度和水平。

**4. 旅游消费构成**

旅游消费构成是指旅游者在旅游活动中对食、住、行、游、购、娱等方面的消费比例。也是人们通常所说的旅游消费结构。旅游消费构成不仅反映了旅游者的消费结构和特点，而且为旅游经营者配置旅游资源和要求、开发旅游产品提供了依据。

## （二）旅游者消费效果的衡量

旅游者消费效果的衡量，就是对旅游者的消费满足程度的衡量。旅游者消费的最大满足程度，就是指旅游者在旅游活动中支付一定货币额和休闲时间后，所获得的物质和精神上的最佳感受。然而，人们的感受是无法用数量来衡量的。从消费经济学的角度出发，衡量旅游者消费效果的大小，就是考察旅游者用于旅游支出的货币额和旅游产品价格既定的条件下，怎样消费才能使自己得到最大的满足。例如，某旅游者想进行一次满意的旅游活动，设定旅游目的地的旅游商品每个单价为 40 元，旅游景点每天平均需花费 200 元，该旅游者有 2000 元可用于旅游消费。在这种个人预算约束下，该旅游者应如何消费旅游商品和游览景点才能得到最大的满足呢？（表 6-1）

**表 6-1　旅游者预算限制下的可能产品消费组合**

| 旅游产品消费组合 | A | B | C | D | E | F | G |
|---|---|---|---|---|---|---|---|
| 游览旅游景点数 | 10 | 9 | 7 | 5 | 3 | 1 | 0 |
| 购买旅游产品（个） | 0 | 5 | 15 | 25 | 35 | 45 | 50 |

解：由于旅游者的可支配收入仅有 2000 元，因而他的支出就受到 2000 元的限制而使他不能随意选择消费搭配，只能根据可以支配的 2000 元来选择使他获得最大满足的旅游消费组合，于是就有表 6-1 中的几种消费的组合情况。

### 小贴士

#### 如何形成旅游目的地吸引力

实践需要旅游目的地形成一套定性的总体要求。它是旅游者对一个完善的旅游目的地的要求，是市场性的要求，同时也是旅游目的地自身谋求长远发展的内在要求。

**一、从旅游者的角度看**

1. 可进入：这是对旅游交通基础设施的要求，区外大交通便捷，区内小交通舒适有趣，总体确保安全。

2. 可停留：这是对旅游服务设施的基本要求。

3. 可欣赏：这是对自然景观和人文景观的要求，不仅是可欣赏，而且要赏心悦目，是对环境的更高要求。

4. 可享受：旅游不是受罪，过去是"穷旅游"，只要能看到、多看就满足了；现在是享受旅游，不仅要满足而且要满意，不仅要吃饱，而且要吃好。随着经济、社会和文化的发展，旅游者这方面的要求会越来越高，也就意味着旅游目的地面临着越来越严峻的挑战。

5. 可回味：离开目的地，回到常住地，要向亲朋好友讲述旅游经历，要拿出照片回想，要把购买的纪念品摆出来观赏。可回味程度高，则旅游者向亲友的推荐频率就高。据国外旅游市场研究机构的调查，决定去一个旅游目的地的诸种因素中，口口相传的作用占45%。

**二、从长远发展的内在要求来看**

1. 可联动：孤立的产品难以形成规模效益，要努力形成联动性产品，以至形成环形线路。

2. 可拉动：在联动的基础上，形成足够的市场影响力，可以持续拉动市场。

3. 可推动：通过一个旅游目的地的发展，推动当地社会经济文化的进步。回馈社会是一个有长远意识的负责任的企业的必然行为，其中不仅体现企业理念，也洋溢着一种文化精神。

4. 可发扬：要点是持续发扬旅游目的地的特色，尤其是对一些人造景区而言，能否做到这一点往往是其生死成败的关键。

5. 可持续：要在加强环境保护和生态可持续发展的基础上，通过一系列的工作措施，努力达到市场影响力的持续增强，综合质量、经济效益、社会效益和环境效益持续提高。为此更需要管理的持续改进、人才的持续增多和竞争力的持续增强，最终达到全面的可持续发展。

（资料来源：魏小安．旅游目的地发展实证研究．北京，中国旅游出版社，2002，55）

## 四、旅游消费效果的评价

旅游消费的目的是满足人们发展与享受的高层次需求，旅游消费的最大满足不仅包含物质消费的最大满足，而且更重要的则是旅游者精神需要的最大满足。精神需要的满足是凭借物质资料，通过人与人的相互交往而实现的。因此，在旅游消费中，除了物质产品外，人对人的直接服务和关怀，人们之间的相互尊重和友谊，对旅游者消费的满足程度都起着决定性的作用。由于旅游消费的特点，决定了评价旅游消费效果的复杂性，它不仅以是否满足了旅游者的几个限制因素为标准，而且要符合以下四个基本原则。

### （一）旅游产品价值和使用价值的一致性

在市场经济条件下，旅游产品（物质产品与精神产品）作为消费资料进入消费领域，以商品形式满足人们的消费需要，在使用价值上必须使旅游者能够得到物质与精神的享受，在价值量上要符合社会必要劳动时间。对国际旅游者来说，旅游产品的价值量则要符合国际社会必要劳动时间，旅游产品的价格要能正确反映旅游产品的价值。也就是说，旅游产品的数量与质量不仅应等同于国际上同等价格的旅游产品，而且要使旅游者得到与其支付的货币相应的物质产品和精神产品。只有这样才能实现旅游者消费的最大满足。

### （二）微观消费效果与宏观消费效果的一致性

根据研究角度的不同，旅游消费效果可分为宏观与微观两个方面。宏观旅游消费效果是以微观旅游消费效果为基础，微观旅游消费效果以宏观旅游消费效果为根据，二者之间的矛盾也是客观存在的。微观旅游消费效果反映出个人的主观评价，这是由于旅游者的个性特征（年龄、性别、风俗、习惯、文化程度、性格爱好和宗教信仰）不同所决定，因而要满足不同旅游者的消费要求，就要做好市场的调研和预测，分析研究旅游者的心理倾向，因人而异地做好安排。对个别旅游者盲目追求庸俗低级的精神刺激，则要妥善引导，以丰富多彩的旅游内容和健康的服务项目来充实旅游者的精神世界。通过旅游消费，给旅游者以新颖、舒适、优美、健康的感受，激发人们热爱生活、追求理想、奋发向上和努力学习的情感。这样，不仅提高了旅游者的个人消费效果，吸引旅游者延长旅游日程和提高重返率，从而使旅游消费资料得以充分利用；而且通过旅游消费促进了人们精神修养和文化素质的提高，从而进一步提高了宏观旅游消费效果。

### （三）旅游消费效果与生产、社会效果的统一

旅游消费的对象往往就是生产成果，生产的经济成果直接影响消费效果，考察消费效果也要兼顾生产消费资料的经济效果。如有些地区开发的旅游产品，其消费效果可能是很好的，但旅游产品所产生的经济效果却很差。片面强调消费效果，完全抛开生产的经济效果，也是不科学的。

旅游消费活动不仅是满足人们物质和精神需要的经济行为，同时也是一种社会行为。因此，评价旅游消费效果还要注意其社会效果。例如旅游活动中某些博彩性项目，虽然其消费的生产经济效果可能是好的，但这种消费不利于人们的身心健康，甚至造成有害的社会影响，因而应坚决予以摒弃。

### （四）短期与长期旅游消费效果的一致性

由于旅游消费既有短期消费效果，又有长期消费效果，因而要坚持短期与长期旅游消费效果的一致性来评价旅游消费效果。

 小·贴士

#### 对入境旅游消费结构状况的分析与思考

旅游消费结构是指旅游者在旅游过程中所消费的各种类型的消费资料（物质产品、精神产品、服务）的比例关系。按旅游消费的不同用途，旅游消费结构可分为"食、住、行、游、购、娱"六个方面需求的消费。按这些需求，旅游活动的重要性可归纳为：基本旅游消费和非基本旅游消费。基本旅游消费指进行一次旅游活动所必需的而又基本稳定的消费。

**一、入境过夜旅游消费者旅游消费分析**

旅游消费与经济和社会总体发展水平有着紧密联系。在发达国家，旅游消费是社会普遍的消费行为，是生活已达富裕程度的人们追求享受和发展的消费行为，是国民素质较高、法律健全条件下的消费行为，是完全市场化的消费行为。而且这种消费行为越来越国际化、现代化和全球化。

作为世界人口大国，中国从 20 世纪 70 年代末开始逐步开放，90 年代形成全方位开放格局，加快了与国际经济运行接轨的步伐，促进了国内经济与社会的发展，也加快了入境旅游消费的发展进程。

1978～1988 年的 10 年间，中国入境过夜旅游者人数从 71.6 万人次发展到 1236.1 万人次，增长了 16.26 倍；国际旅游外汇收入由 2.63 亿美元增加到 22.47 亿美元，增长了 7.54 倍。2001 年，中国入境过夜旅游者人数发展到 3136.67 万人次。国际旅游外汇收入增加到 177.92 亿美元，分别比 1988 年增长了 1.54 倍和 6.92 倍。

从中可以看出，随着中国改革开放的深入，入境旅游市场的发展出现了前所未有的变化，旅游消费已成为我国的消费热点和新的经济增长点。

### 二、入境过夜旅游者旅游消费结构的现状比较与变化规律

入境过夜旅游者人均旅游消费中，食、住、行、游、购、娱六方面消费结构比为 8.3：14.6：30.9：3.6：22.5：6.6。消耗在"行"方面的费用最高，占 30.9%；"购"方面的消费次之，占 22.59%；消耗在"游"方面的费用最少，为 3.6%。其中基本旅游消费支出高达 67.1%，而非基本旅游消费支出仅占消费总额的 32.9%。

从总体来看，2001 年入境过夜旅游者消费结构反映出：入境过夜旅游者在我国旅游消费层次较低，消费结构不合理，具体表现在以下几方面。

1. 非基本旅游消费支出所占比例太小。

入境旅游者用于住宿、餐饮、长途交通、游览等基本旅游消费的支出占总花费的 67.1%。其中长途交通费高的原因是：中国历史悠久、地大物博，众多的文物古迹、名胜景点分布于广阔的地域，连绵不断。入境旅游者希望在有限的时间游览多个景点，势必以长途交通工具代步，从而形成"行"的高消费比例现象。基本旅游消费支出应当是有限的，在旅游发达国家仅控制在 30%～40%。而非基本旅游消费支出的高低是衡量一个国家旅游业发达水平的重要标志，其支出需求弹性大、有增长潜力，是提高旅游经济效益应瞄准的目标。

2. 旅游产品结构不合理。

据调查，入境旅游者来中国大都以观光为主，而目前我国的观光型旅游产品人均支出远比其他类别旅游产品人均支出少。这说明我国的观光型旅游产品层次低、质量不高、开发创新力度不够，还不足以吸引广大入境旅游者。

### 三、影响旅游消费结构的因素及旅游消费结构的合理化

非基本旅游消费支出的高低是反映旅游消费结构是否合理的显性指标，国际上规定其最低警戒线为 30%，旅游发达国家已高达 60% 以上。我国入境旅游者的非基本旅游消费支出比例虽呈稳步上升趋势，但仍处于较低水平，只占旅游消费总支出的 33% 左右，且多年来始终在一个较小的范围内变化，与旅游发达国家差距甚远。

旅游消费结构受到多种因素的影响。其中旅游产品的结构、质量是直接影响旅游消费结构的关键因素。旅游产品是综合性产品，向旅游者提供的住宿、饮食、交通、游览、娱乐和购物等各类产品的生产比例是否合理，各种产品的内部结构是否恰当，直接影响旅游消费数量和消费结构。在国民经济中向旅游业提供服务的各有关部门的组织结构如果不合理，不能形成相互协调、平衡发展的产业网，就会导致比例失调，各构成要素发展不平衡，造成旅游消费结构的不合理。

要尽快引导旅游消费结构趋向合理化，就应从调整旅游产品结构的政策着手，加大对购物旅游资源的开发力度，发展适销对路的旅游精品，并努力提高旅游商品的质量。要重视旅游商品的设计和研制，开发既具有我国传统文化和民族特色，又能激发旅游者美好回忆、显示旅游者生活经历、适应旅游者精神消费需求的旅游商品。以诚挚热情的服务态度和合理的服务方式最大限度地满足旅游者的消费需求。

（资料来源：李一玮．对入境旅游消费结构状况的分析与思考，国际经济合作，2004（7）：17-19）

# 本章小结

旅游消费是综合性的消费，旅游消费是旅游需求的实现和满足，并创造出新的旅游产品生产的需要，这也是旅游产品的价值得以实现的过程。通过分析影响旅游消费结构的因素，寻找新的旅游消费经济增长点，提高旅游收入，提升旅游服务质量。

# 课后练习

## 一、单项选择题

1. 实现旅游产品价值的重要条件是（　　）。

    A. 旅游消费　　　　　　　　　　　　B. 家庭旅游消费

    C. 物质旅游消费　　　　　　　　　　D. 基本旅游消费

2. 属于基本旅游消费的是（　　）。

    A. 旅游购物　　　　　　　　　　　　B. 住宿

    C. 旅游中的通信消费　　　　　　　　D. 医疗

3. 旅游者在同一时间只能购买一次旅游活动，从而只能消费一个单位的旅游产品说明旅游消费具有（　　）特点。

    A. 不可重复性　　　　　　　　　　　B. 弹性较大的消费

    C. 与旅游产品的生产、交换的同一性　D. 综合性的消费

4. 关于旅游消费的特性叙述错误的是（　　）。

    A. 旅游消费是一次性的　　　　　　　B. 旅游消费弹性较大

    C. 旅游消费与生产是先后继起的　　　D. 旅游消费是以劳务为主

5. 下列反映游客人均消费水平的指标是（　　）。

    A. 人均旅游收入　　　　　　　　　　B. 旅游外汇收入

    C. 旅游总收入　　　　　　　　　　　D. 国内旅游收入

## 二、多项选择题

1. 按旅游消费的研究对象划分，可将旅游消费效果分为（　　）。

A. 宏观旅游消费　　　　　　　　　　B. 微观旅游消费

C. 直接旅游消费　　　　　　　　　　D. 间接旅游消费

2. 旅游消费结构受到以下哪些因素的影响？　　　　　　　　　　（　　　）

A. 旅游消费能力　　　　　　　　　　B. 旅游消费需求

C. 可支配收入　　　　　　　　　　　D. 旅游产品供给

3. 合理的旅游消费结构应满足的要求是（　　　）。

A. 旅游消费多样化　　　　　　　　　B. 大力发展观光型产品

C. 有利于实现旅游消费市场供需平衡　D. 有利于旅游环境保护

4. 按旅游消费主体一般可划分为（　　）消费、（　　）消费和（　　）消费。

A. 个人（或家庭）　　　　　　　　　B. 集团

C. 社会　　　　　　　　　　　　　　D. 团体

5. 根据旅游消费的层次不同，它可划分为（　　）消费、（　　）消费与（　　）消费。

A. 生活　　　　　　　　　　　　　　B. 生存

C. 享受　　　　　　　　　　　　　　D. 发展

## 三、判断题

1. 旅游消费结构是指旅游产品消费的数量比例和相互关系。（　　　）

2. 从弹性系数来看，旅游消费是弹性较大的消费。（　　　）

3. 旅游消费结构受旅游消费的影响，进而也就受旅游需求与供给的影响。（　　　）

4. 旅游消费和其他产品的消费不同，一般不发生旅游产品所有权的转移。（　　　）

5. 旅游消费，世界贸易组织（WTO）给出的定义是"由旅游单位（游客）使用或为他们而生产的产品和服务的价值"。（　　　）

## 四、简答题

1. 根据现今旅游状况，简要回答旅游消费的特点。

2. 怎样理解旅游消费的性质。

3. 旅游消费在旅游经济中有何重要作用？

4. 旅游消费有哪些类型？

5. 旅游消费有哪些特点？

# 第七章

# 旅游经济运行与调控

**知识目标**

1. 了解旅游经济运行的内容。
2. 掌握旅游经济运行的调节。
3. 理解和掌握旅游经济核算的常用指标。
4. 理解和掌握旅游经济宏观调控的主要途径。

**能力目标**

1. 分析旅游经济运行失灵的原因。
2. 解释旅游卫星账户的内涵。

**案例导入**

### 深化供给侧结构性改革大力发展优质旅游

国家旅游局（现为国家文化和旅游部）局长李金早在 2018 年全国旅游工作会议上做了题为《以习近平新时代中国特色社会主义思想为指导奋力迈向我国优质旅游发展新时代，的工作报告》为加快推动我国旅游从高速增长阶段向优质旅游发展阶段转变，报告提出具体抓好 18 项重点工作，尤其提出需要深化供给侧结构性改革、大力推进全域旅游。

.............

中山大学旅游学院副院长张朝枝认为，为推进我国旅游由高速增长阶段转向优质旅游发展阶段，报告提出要深化供给侧结构性改革、大力发展全域旅游是十分有必要的。"要从新产业、新产能、新动能的角度来对供给侧结构进行优化与调整。这是一项落实党的十九大精神的重要举措，也是一项积极推进中国旅游转型发展的重要举措。"

张朝枝建议，要有效实现中国旅游的供给侧改革，重点要做好以下工作：第一，解决供给不充分问题。我国自进入大众旅游时代以来，旅游供给仍难以满足快速增长的需求，出行难、停车难、如厕难等问题依然存在，近期要特别加强这类公共服务设施的建设，让旅游目的地都能够满足大众旅游的基本需求。第二，解决供给不平衡问题。由于多种原因，目前我国不同地区、不同类型的旅游目的地的公共服务设施水平差距较大，供给侧结构性改革要结合当地实际与市场需求特点，优化供给结构，保障全产业链的公共服务供给，推动全域旅游全面发展。第三，解决供需不匹配问题。除了公共服务的供给要加强以外，针对旅游产品特别是不同细分市场的旅游产品、优质旅游产品要持续加强供给，通过产品的提质升级来推动全域旅游的升级发展。

"深化旅游业供给侧结构性改革，就必须以发展全域旅游为抓手，转变景区景点旅游发展模式，实现旅游全域化、优质化。"河北旅游职业学院党委书记杨宏建议，一是要完善政策和制度供给，继续推进"1＋3"治理机制建设，并以此为契机，建立健全现代旅游综合治理体系。二是要提升有效产品供给，满足人民群众日益增长的旅游美好生活需要。一方面要大力挖掘产业自身创造力，培育"海陆空"旅游；另一方面要大力促进产业融合，推动"旅游＋"融合发展，形成旅游自主产业和融合产业齐头并进的良好格局。三是要提升高素质人才供给，旅游业40年的发展历程表明，人才是推动旅游业大发展的关键，发展全域旅游和优质旅游都离不开优秀旅游人才的支撑。因此，旅游教育也要适应新时代旅游的新业态、新产品、新模式发展，要紧贴市场、紧贴产业、紧贴职业开展人才培养，培育和造就适应新时代旅游业发展需要的战略人才、领军人才和年轻人才。

（资料来源：2018-01-16 13：57：00 中国旅游报）

问题：

1. 你认为什么是旅游供给侧改革？
2. 供给侧改革给旅游宏观经济发展有哪些促进作用？

# 第一节 旅游经济运行

## 一、旅游经济运行的内涵

### （一）旅游经济运行的概念

旅游经济运行过程是指一个国家或地区在一定时期内旅游产品的生产、交换、分配和消费的运动过程。为了揭示旅游经济运行过程，假定旅游经济是一个相对独立的封闭经济系统，那么在现代市场经济条件下，旅游经济运行通常表现为两种相对的运动过程（图7－1），一种是旅游产品的实物运动过程，另一种是旅游产品的价值运动过程，两种运动始终处于对立统一，既分离又结合的运行之中。

从图7－1可以看出，旅游经济运行过程是一种周而复始的循环运动，但这种运动不是处于一个固定水平上，而是处于不断循环和扩大之中的。现代旅游经济运行过程具体表现为，在社会再生产过程中的循环和扩大，在社会总供求平衡过程中的循环和扩大，在国民经济流量和存量的转换过程中的循环和扩大，从而体现了现代旅游经济的不断增长与发展过程。

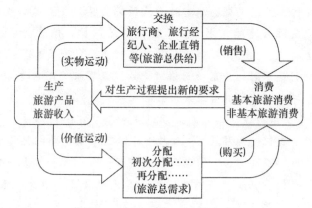

图 7-1　旅游经济运行过程示意图

### （二）旅游经济运行的基础

旅游经济运行的基础是一个国家或地区所拥有的物质技术条件的丰裕程度，它主要包括自然资源、国民财富、劳动力、一定的经济制度和科学技术水平。通常，社会拥有的物质技术条件丰裕，则旅游经济运行的基础好，旅游经济发展的潜力就大；反之，社会拥有的物质技术条件贫乏，则旅游经济运行的基础差，旅游经济发展的潜力就小。

#### 1. 自然资源

自然资源是指一切可用作旅游经济活动的天然资源，如土地、矿藏、森林、湖泊、气候等。通常，自然资源的丰裕程度、质量高低直接决定和影响着旅游经济的发展规模、产业结构和发展水平。由于大多数自然旅游资源是不可再生的，因此，科学保护和合理利用自然旅游资源，不仅是保护宏观旅游经济运行的基础条件，也是实现旅游经济可持续发展的重要保障。

#### 2. 国民财富

国民财富是一定社会历年生产的使用价值的总和，它反映了一个国家或地区的经济实力和经济发展水平，是社会再生产的重要物质条件。国民财富一般包括生产性（固定和流动）财产、非生产性财产和居民个人财产等。从旅游经济的角度看，生产性财产包括各种住宿接待设施、旅游景区景点、旅游交通工具、娱乐购物设施、邮电通信设施以及旅游活动中消耗的各种原材料、辅助材料、一次性用品等；非生产性财产包括交通基础设施、城市公共设施、医疗保健、教育培训等设施以及各种文物古迹、特色建筑、大型工程及相应发生的各种流动性财产等；居民个人财产包括个人所拥有的不动产、耐用消费品、非耐用消费品及储蓄存款等。一个国家或地区国民财产拥有的规模、结构和水平状况，对宏观旅游经济运行和旅游业发展具有决定性的作用。

#### 3. 劳动力

劳动力是社会生产的主体，是推动社会进步的主要动力，尤其是劳动者的经验和技能是构成国民财富的重要内容之一。在宏观旅游经济运行中，由于劳动者是整个旅游活动的经营管理和服务主体，因此从数量上适应旅游经济发展的需要，不断提供满足宏观旅游经济运行的合格劳动力数量，加强对旅游从业人员的教育培训，提高劳动者素质和业务技能，输送大量具有旅游专业知识和技能的高素质的劳动者，不断提高旅游服务的质量和经营管理水平，应用现代科学技术，不断改善各种劳动工具和手段，充分发挥劳动工具和设备的使用功能，降低劳动消耗，提高劳动生产率，推动整个旅游生产力水平的发展。

### 4. 制度因素

制度包括正式制度规则和非正式制度规则及其实施机制，前者如法律法规体系，后者如习惯、道德等。制度是一种重要的资源：一个良好的制度结构有助于克服不确定性和机会主义行为，减少交易成本，从而有助于交易的发生，最终使交易双方都能获得最大满足。就旅游经济活动看，生产、交换、分配、消费各个环节都是在一定的制度安排下进行的，如旅游生产要在一定的产权制度下进行，产权不明则不能对生产者提供有效的激励，从而导致微观和宏观经济运行出现问题。因此，根据经济发展阶段和水平、资源禀赋状况、人文特征等建立合适的经济制度，为旅游经济主体提供有效的激励和约束，促进旅游经济发展。

### 5. 科学技术

科学技术的应用是旅游经济运行和发展的重要基础。大力推动科技进步和创新，不断用先进科技改造和提高整个旅游产业，不断提高景区景点、旅游商品开发、旅游交通运输、旅行社、旅游饭店、旅游教育等方面应用现代科技的能力和水平，推进旅游信息化发展，加快旅游网络促销、旅游电子商务、旅游远程教育及旅游行政管理现代化的步伐；努力提高旅游产业的科技内涵，增强旅游经济的发展后劲，把充分应用现代科技作为旅游经济发展的动力，促进旅游生产力的快速发展。

 小·贴士

#### 共享经济与旅游城市发展

共享经济是新时期全球经济领域的一次浪潮。短短几年时间，Uber、Airbnb、WeWork、Etsy等共享经济的代表企业快速崛起，成为互联网领域的新贵，中国更因其庞大的消费市场规模成为全球共享经济的热点区域。作为后工业化时代人类经济社会领域的重大变革和重要趋势，共享经济必将对旅游城市的发展产生深远影响。

当前，人类社会正在进入以服务消费为主的体验经济时代，新的经济增长模式将不再立足于商品大量生产和浪费的基础之上，而是建立在挖掘闲置物品资源和开发潜在服务能力的基础之上。与此同时，旅游方式多元化、旅游消费分散化、旅游资源闲置化、旅游供给碎片化、旅游运行网络化、资源配置全球化、发展力量复合化正在成为世界旅游业发展的新趋势。

就旅游城市而言，发展共享经济，不应该就经济看经济，而应该有更广阔的视野和思路。第一，应使旅游城市的各种资源、各个空间都参与到旅游业的发展之中，实现"全域共享"，使发展共享经济与城市的全域旅游有机衔接起来，实现二者的相互促进；第二，应立足移动互联网时代的到来和旅游分工协作的深化消除旅游消费在时间上的不均衡，实现"全时共享"，积极开发拓展夜间和淡季旅游消费；第三，应统筹兼顾本地居民和外来游客的旅游需求，实现"主客共享"；第四，应提高市民的共享意识和观念，并积极推动普惠旅游的发展，为城市居民旅游创业创新提供机会，实现"全民共享"，使城市居民共享旅游发展成果；第五，应努力协调传统旅游企业和新兴共享经济企业之间的利益，为不同类型的旅游企业公平竞争创造条件，并在此基础上调动传统旅游企业和新兴旅游市场主体的积极性，逐步实现"利益共享"；第六，还应关注当下和未来之间的均衡，努力避免旅游业发展对城市生态系统和文化环境造成不利影响，充分发挥共享经济在资源使用效率方面的优势，挖掘城市供给潜力，实现"代际共享"和旅游城市的可持续发展。

共享经济时代旅游城市的发展需要全新的思路，同时也是一个系统工程，需要多措并举予以推进。在旅游管理方面，旅游城市应该逐步放开针对共享经济的管制。在法规政策方面，旅游城市应该逐步废止阻碍旅游共享经济发展的各种规定，制定有利于共享经济健康发展的法规和政策。在旅游服务方面，旅游城市应该致力于整合和统筹旅游公共服务、企业服务和个体服务。在产品建设方面，未来旅游城市应该发展多元化的旅游产品，提高服务性消费在旅游总消费中的比重，丰富游客在旅游城市的体验。在文化展示方面，旅游城市共享经济的发展需要为游客在城市接触和体验不同文化创造条件，更加柔性地向游客展示丰富多彩的城市文化。在信息提供方面，旅游城市应进一步加强旅游信息化建设，消除各种影响旅游消费的信息不对称，为游客在城市寻找适宜的旅游服务供应者创造条件。在平台建设方面，旅游城市应通过高效的信息化平台，将分散的旅游供给与旅游需求对接起来，整合和协调与旅游活动相关的各种资源，实现线上线下的良性互动。在城市规划方面，城市的管理者在应充分考虑共享经济的发展特征和趋势基础上进行城市规划，统筹好新增和存量旅游服务设施之间的关系，使旅游设施既满足市民和游客的需要，又减少浪费。

（资料来源：2017 年 09 月 29 日 08：42 人民网节选）

## 二、旅游经济运行的内容

### （一）旅游经济的实物运动

现代旅游经济的实物运动是指旅游产品的生产、交换和消费的运动过程，其反映了旅游产品在旅游经营者和旅游者之间的流动过程。现代旅游经济的实物运动通常经过以下三个环节来完成。

首先，以生产为主的旅游企业生产旅游产品的过程，如旅游景区景点提供的观光游览产品、旅游饭店提供的住宿设施、旅游交通提供的运输设施和服务、旅游购物场所提供的购物品和相应服务等。

其次，以销售为主的旅游企业销售旅游产品的过程，如旅行社、旅游经纪人或旅游企业直销等对各种单项或集合旅游产品进行销售，从总体上形成了旅游总供给而提供给旅游者购买和消费。

最后，旅游者对旅游产品的购买、消费和评价过程。

因此，旅游经济的实物运动实质上就是旅游产品从生产开始，经过流通环节的交换，最后进入消费领域的全部运动过程。

### （二）现代旅游经济的价值运动

现代旅游经济的价值运动，是从价值角度反映旅游产品的生产、分配和消费的全部运行过程，其反映了旅游收入在各旅游经营者和各相关部门之间的分配和再分配过程。如果把旅游经济作为一个封闭的经济系统来考虑，则旅游经济的价值运动是和实物运动相伴随的，即全部旅游产品的价值形成旅游总收入，通过流通环节进行交换后，就形成旅游收入的初次分配和再分配，从总体上构成了旅游总需求，最终用于旅游产品的购买和消费。

由于现代旅游经济的实物运动形成旅游总供给，价值运动构成旅游总需求，因此，在封闭经济系统中，总供给与总需求不仅在总量上是平衡的，而且在结构上也是平衡的，即在旅游市场上旅游者能够买其所需，而旅游经营者也能够卖其所有，实现了旅游总供求的平衡。

但是，由于现实中旅游经济是一个开放经济系统，旅游经济的实物运动和价值运动往往会出现不一致的情况，有时供不应求，有时供过于求，甚至出现结构失衡，必然产生旅游总需求和总供给在总量和结构上的矛盾和问题，于是就必须对旅游经济运行和发展进行宏观调控。

### （三）现代旅游经济的存量、流量及其关系

旅游经济存量是反映旅游经济在某个特定时点上发展状态的变量，如在某个时点上旅游饭店客房数、旅游景区景点数量、旅游交通运输能力、旅游职工数量和旅游固定资产数量等。旅游经济存量一般没有时间维度，只是反映了在一定时点上旅游经济发展的规模和水平状况，因此对其测量通常不涉及时间长度。其取值不能相加，只是相对于某个时点才有意义。

旅游经济流量，是反映旅游经济随着时间变化而改变的变量，如接待旅游者数量、旅游收入、旅游消费支出、旅游投资等。旅游经济流量是有时间维度的，其反映在一定的时间区间内旅游经济发展变化的状况，因此对其测量是以一定的时间区间为依据的，不同的时间区间的流量是可以相加的。

旅游经济存量和流量的关系是不断变化运动的。一方面，旅游经济存量和流量是完全不同的概念，如旅游者的出入境是流量，而在某一时刻的旅游者人数则是存量；旅游收入和消费支出是流量，而在某一时点上的旅游收入或消费支出数则是存量；旅游投资是流量，而投资所形成的旅游饭店或景区景点则是存量。另一方面，旅游经济存量和流量又是

不断变化的，即由存量转化为流量，如固定资产提取折旧、食品材料制成佳肴美味等；或者由流量转化为存量，如旅游收入用于补偿固定资产消耗、购买新的食品材料等。因此，旅游经济存量和流量始终是处于存量—流量—存量的变化和运动之中的。

### 三、旅游经济运行失灵及其调节

古典经济学认为，完全竞争的市场经济会实现资源最优配置。但是，这是建立在一系列理想化的假设条件（如完全竞争、完全信息、不存在外部性、涉及的是私人物品等）之上的。而在现实经济活动中，完全竞争、完全信息、不存在外部性等假设很难实现。因此，完全依靠市场自发调节会造成旅游经济运行失灵，不能实现资源的最优配置，也不能实现旅游经济的顺利发展，而必须运用合适的经济政策进行调节，以图在一定程度上弥补、完善市场功能，促进旅游经济的发展。

一般来说，旅游运行失灵的原因主要包括旅游产业经济运行中的信息不对称、外部性、公共产品等原因导致的市场失效，以及对旅游市场垄断行为。

#### （一）旅游市场信息不对称

在旅游经济活动中，依靠市场实现资源最佳配置的一个前提假设，是旅游经济活动的行为主体人都具有"经济人"特征，也就是说，旅游经济活动的当事人都具有全面的知识和无限的理性，可以在现在或者将来本着使自身效用最大化的原则做出理性的选择。然而，现实是，旅游经济活动的当事人是不可能具有全面知识和无限理性的，而只能具有部分知识和有限理性。也就是说，面对无边无际的信息，每个旅游经济活动的当事人不可能在信息收集、传递、处理和分析等方面做到面面俱到。

面对国际和国内旅游市场的变化，面对由不同旅游者需求个体所组成的旅游市场需求，旅游经营者不可能全面掌握对其经营活动或产品开发具有决定性意义的所有信息。当然，人们也无法获得所需的足够信息以做出上述理性选择。更何况，旅游经济活动是在特定的社会和自然环境下进行的，与旅游市场相关的社会自然环境会随时发生变化，市场存在着相当的不确定性。即使旅游经营者原先具有较完全的知识水平，也会无法完全掌握新的知识。

对于旅游者来说，要使旅游效用实现最大化，也必须具有完备的旅游服务知识，面对众多的旅游目的地和各种提供相同旅游服务的供应商和中间商，需要对所有提供相关服务的经营者的情况进行全面掌握和比较，才能从中选择出能实现自己旅游效用最大化的旅游服务和旅游服务供给者，显然这是不可能做到的。即使人们有能力全面掌握旅游经济相关信息，在现实生活中也是难以做到的；因为，搜寻旅游经济信息是要耗费成本的，在现实生活中，获取信息的搜寻成本太高，以至于我们宁愿对信息保持一定限度的无知，即保持"理性的无知"。

应对旅游信息不完全问题，既需要旅游者和旅游经营者采取行动，有时也需要政府管制措施配合。前者的解决途径之一是利用市场信号，即市场上作为卖方的旅游经营者向买方旅游者用令人信赖的方式发出信号，以显示其旅游产品或其他交易对象的质量信息。除了市场主体采取应对行动，有时也需要政府管制措施配合，如实施信息披露制度，增加市场的透明度。某些信息也可以直接由政府提供，以保证旅游生产者和消费者能够得到充分和正确的市场信息。

## （二）旅游经济中存在外部性

### 1. 外部性的含义

外部性是指某个经济主体生产和消费物品及服务的行为不以市场为媒介面对其他的经济主体产生的附加效应的现象。也就是说，外部性是市场价格没有完全反映交易的额外成本或收益。从全社会来分析，外部性可分为积极的和消极的两种：当某种经济的社会边际成本（经济中所有个人所承担的边际成本）小于私人边际成本（单个生产者所承担的边际成本）时，将产生积极的外部性；反之，就存在消极的外部性。

### 2. 旅游经济中外部性的三个内容

一是作为市场主体参与者，包括旅游者和旅游厂商的决策和行为直接影响他人旅游消费或其他企业的旅游经济活动；二是对他人或其他企业所形成的经济影响不通过市场交易活动来实现；三是会对他人或其他企业的成本和效用产生一定程度的影响。

由于外部性的存在，个人或者企业的边际成本与社会边际成本形成一定的差额，同时，也会产生个人或者企业的边际效益与社会边际效益之间的差额，这两个差额便是外部成本和外部效益。在旅游经济活动中无论是旅游者还是旅游经营企业，当受到外部影响产生了外部成本时，便是外部不经济；如果受到外部影响产生了外部效益时，便是外部经济。外部经济与外部不经济现象都存在于旅游经济活动之中，是旅游经济活动经常性的表现。

旅游目的地企业的经营活动及旅游者的旅游消费活动是与特定旅游资源相联系的，没有一定的旅游资源存在，旅游地的旅游企业便无法进行市场交易活动，旅游者也不可能实现自己的旅游消费活动。因此，以旅游环境为依附的旅游资源是旅游目的地进行旅游经营活动的主要生产要素，同时也是旅游者旅游消费的主要对象。如果我们将旅游环境作为社会成本和社会收益来对待，那么，旅游目的地企业在其经营活动中以及旅游者在其旅游活动中的经营和消费的决策、行动都会对旅游环境产生影响，这种影响可以形成外部经济，也可以产生外部不经济。

从外部经济来看，通过旅游企业个体的投资和经营行为，提高了旅游目的地的市场知名度，改善了旅游目的地的旅游环境，同时，来自经济发达地区的旅游者进入，会促进地区社会文明的兴起和观念的改变，在这种情况下，旅游企业的经营行为以及旅游者的消费行为不仅使经营者和消费者受益，而且也使整个旅游目的地受益，这时，旅游目的地的边际收益大于经营者和旅游者的边际收益，形成了外部经济性。

从外部不经济来看，旅游企业的投资和经营行为以及旅游者的旅游消费行为，也会对旅游目的地的旅游环境产生破坏影响。如旅游企业在旅游景区和景点的投资行为，可能会破坏当地的自然环境和生态环境；旅游企业在经营活动中所产生的噪音、污水和废气会对环境造成不同程度的污染；旅游企业超规模的旅游接待形成的旅游活动拥挤现象以及旅游者在旅游过程中对旅游资源和旅游环境的破坏和污染行为，都会使旅游目的地产生社会边际成本。如果社会边际成本大于旅游企业和旅游者边际成本外部不经济现象便会产生。

只要存在外部性，通过旅游企业私人决策和经营行为并不一定导致资源的最优配置。由于外部性的存在会降低市场的效率，不能通过市场实现社会资源最优配置，就为政府干预旅游经济活动，通过控制市场来纠正"外部性"所导致的市场无效率提供了理论依据。一般来讲，可以考虑采用以下措施。

（1）采用税收和津贴，即对造成外部不经济的旅游企业和个人征税，使其私人成本和社会成本一致；反之，对产生外部经济的旅游企业和个人提供补贴，使得其私人收益和社会收益相等。

（2）合并企业，使外部影响内部化。

（3）根据科斯定理，重新划分产权，以最小社会成本解决外部性矛盾。

以上措施和方法的目的是使个体经济活动所产生的个人收益和个人成本与社会收益和社会成本达成一致，以便充分发挥旅游活动的外部正效应，尽量消除或减少旅游活动的外部负效应。

### （三）旅游经营中的自然垄断

"自然垄断"是指某种经济技术特征所决定的，某一产业部门由单个企业生产产品成本最低的现象。

通过市场对社会资源实现有效的配置，是假定市场是一个完全竞争的社会，也就是说，在竞争中不存在报酬递增的现象。然而，在旅游经济活动中，许多旅游服务都是由报酬递增的企业提供的，这些服务性企业的生产函数具有随着需求规模报酬递增的特点。如旅游目的地景区景点企业，为旅游企业提供基础供应服务的气、电、水、邮电服务的企业，都具有一次性投资很大边际成本很小的经济特点，在整个服务提供中，平均成本是连续下降的，从而可以按照帕累托价格，即价格等于边际成本的定价原则实现资源的有效配置。然而，由于这些企业垄断着市场，追求利润最大化的动机使得这些企业不是按照边际成本，而是以高于边际成本，利润最大化的价格定价的，那么，利润最大化的价格（平均成本）与帕累托效率最大化的价格（边际成本）之间，必然存在一个服务提供量之间的差额，这时，服务的享受者就不可能以较低的价格接受服务，服务的提供量也必然不能达到最大的有效率的数量，资源就不能有效率地配置。

对于那些具有竞争性的旅游企业来说，自由竞争的发展最终会引致垄断的生成，垄断者不但会掠夺一部分旅游者的"消费者剩余"，而且还会造成一部分旅游消费者剩余的无谓损失，这是社会经济效用的纯损失。垄断有这些弊端，却不能在市场中得到解决，因为垄断源于市场，完全依靠市场的自发机制来消除垄断是不现实的，为此，对垄断尤其是自然垄断，除了国有化外，在引入竞争或加强民营化的同时应进行政府规制。

### （四）旅游经济活动中存在公共物品

纯粹的公共产品是指，每个人消费这种产品不会导致别人对该产品消费的减少，即具有消费的完全非排他性和完全非竞争性的产品。

旅游目的地的旅游环境是一个公共产品，无论是对旅游企业来说，还是对旅游者个人来说，提供一个良好的旅游目的地环境是旅游发展的必要条件。但是，提供旅游环境这个公共产品需要付出一定的成本，如旅游目的地的公共设施建设、维护和管理、自然环境和生态环境的保护、人们的教育水平决定的好客行为等，这些旅游环境的建设都需要付出相当的成本，需要旅游活动的受益者共同承担。然而，这些旅游环境生产出来后，无论是旅游企业还是旅游者是否支付了代价，都可以从旅游环境中获得一定的利益，这就形成了"搭便车"的现象。也就是说，每个旅游企业和旅游者都希望别人生产公共物品，让别人为公共物品的生产付出代价，而自己能不付出代价而消费。在这种动机的驱使下，使市场对公共物品进行资源配置的机制失灵。

可见，旅游资源的公共性特征是引起旅游市场失灵的重要原因，此时就不能完全依靠旅游市场机制来调节旅游资源的合理开发和利用，替代的改进方案是发挥国家和政府的作用，由政府制订计划并按照社会福利原则来开发、生产和分配旅游资源，可以在一定程度上消除旅游市场失灵带来的负面影响，促进旅游资源的合理利用和可持续发展。

# 第二节　旅游经济核算

## 一、旅游经济核算的含义

旅游经济核算，是以整个旅游经济为对象的宏观分析与核算，是对一个国家或地区在一定时期内的整个宏观旅游经济运行及其经济成果进行全面、客观的分析、统计和测度，其目的有二：一是帮助企业决策者和普通公民以真实可信的数据为基础做出决策和选择；二是为一个国家或地区规划旅游经济发展、制定旅游经济政策、实施旅游经济宏观管理等提供准确的信息。

为了加强旅游经济核算，必须建立一套包括旅游总消费、旅游总需求、旅游总供给、旅游增加值和旅游总就业在内的旅游经济综合指标体系，以综合反映和评估旅游经济发展的状况、水平及其在社会经济中的地位和作用。

旅游经济核算的重要性主要表现在以下几方面。

### （一）反映旅游经济运行的总体特征

在现代经济发展中，为了综合地反映整个国民经济的发展状况和特征，就必须研究国民经济的数量关系，由此形成了国民经济核算的理论和方法。旅游经济是国民经济的重要组成部分，因此旅游经济核算是建立在整个国民经济核算基础上的，即在国民经济核算理论和方法的指导下，对旅游经济运行和经济成果进行具体的统计核算与分析研究。

旅游经济核算，通过建立一套系统、全面、科学的旅游经济指标体系，对一个国家或地区一定时期内旅游经济运行状况和经济成果进行计算、测定和分析，不仅能够综合地反映出旅游经济运行的总体特征，而且能揭示旅游经济与国民经济之间的相互关系和内在联系，能反映出旅游经济对国民经济的贡献，以及其在经济社会中的重要地位和作用。

### （二）增强旅游决策的科学性和正确性

任何经济决策的科学性，都离不开一套完善的经济指标体系和科学的数量分析。在传统缺乏旅游经济核算的情况下，人们只能根据旅游经济发展的规模状况，依靠对旅游市场现象的感知或有限的分析进行决策，这样的决策必然存在着一定的盲目性和主观性。

旅游经济核算，既要有一套有关旅游经济发展规模和质量的指标体系，又需要建立一套反映旅游经济运行和经济成果的综合指标体系。通过对旅游经济综合指标体系的分析和研究，不仅能够深入揭示旅游经济的流量和结构关系，而且能够综合反映旅游经济效益及影响旅游经济效益变化的主要因素；有利于旅游企业和旅游目的地国家或地区科学地分析存在的差距和问题，正确地认识自己在旅游市场上的地位和竞争力，从而增强旅游企业经营决策和旅游经济宏观决策的科学性，促进旅游企业不断提高市场竞争力，促进旅游目的地国家或地区不断提升旅游经济综合素质和发展能力。

### （三）促进旅游经济又好又快地发展

旅游经济核算的基础是旅游企业的经济核算和分析，离开了科学的旅游企业经济核算，或者旅游企业经济核算不健全、不可靠，则旅游经济核算就不能正确地进行。因此，通过旅游经济核算能够加强旅游企业的经济核算，促进对旅游企业财务结构和经营水平的分析，从而有利于加强旅游企业的经营管理，促进旅游企业的经营发展。

同时，通过对旅游企业经济指标的统计汇总和核算分析，不仅能够从总体上计算和测定一个国家或地区在一定时期内的旅游经济运行成果，而且有利于从整个国家或地区层面加强对旅游经济的总量分析，以针对不同时期旅游经济运行特点和发展趋势进行宏观调控，采取有效的旅游经济政策和手段，促进旅游经济又好又快地发展。

## 二、旅游经济核算体系

按照国民经济核算的原理，结合旅游经济自身的特点，从旅游总需求角度出发，建立一套能够反映旅游经济总体发展状况的综合指标体系。通过对包括旅游总消费、旅游总需求、旅游总供给、旅游增加值和旅游总就业在内的旅游经济综合指标体系的统计、核算和分析，综合反映旅游经济运行状况和发展水平，评价旅游经济效益及其在经济社会中的地位和作用。

### （一）旅游总消费指标

旅游总消费指标，是指一个国家或地区在一定时期内（通常为一年）接待旅游者而直接消费全部旅游产品或服务的市场价值总和指标，其从旅游活动的需求方面反映了一个国家和地区在一定时期内旅游经济发展的规模和水平。

旅游总消费指标，通常分为个人旅游消费支出、商务旅游消费支出、政府支出（个人）和旅游出口等指标，是构成旅游总需求的基础部分。其一，个人旅游消费支出，是指个人或家庭购买旅游产品或服务的消费支出；其二，商务旅游消费支出，是指企业经营人员和政府官员在进行商务和公务活动时所进行的，具有个人消费性质的各种旅游消费支出；其三，政府支出（个人）部分，主要指旅游目的地政府为保障个人旅游消费权益而产生的支出；其四，旅游出口，是指旅游目的地国家或地区向国际旅游者提供旅游产品或服务所获得的旅游收入，即国际入境旅游者的旅游消费支出。

### （二）旅游总需求指标

旅游总需求指标，是指一个国家或地区在一定时期内旅游活动对物质产品和服务消费的市场价值总和的指标，包括旅游者的直接旅游消费和为保证直接旅游消费而发生的各种间接消费，其从旅游活动需求方面全面反映了整个旅游经济发展的总量和旅游消费支出的结构。

在旅游总需求指标中，除了旅游总消费中的四个具体指标外，还包括政府支出（集体）、资本投资和非旅游出口等指标。其一，政府支出（集体），是为了满足旅游者直接旅游消费而发生的各种间接消费，如政府用于各种公共基础设施和社区发展所发生的支出；其二，资本投资，是指所有私人部门和公共部门为旅游者提供各种接待设施而发生的资本投入；其三，非旅游出口，是为旅游者和旅游业服务而发生的其他非旅游产品的出口等。从宏观旅游经济角度看，上述指标也属于旅游消费，可以纳入旅游总消费的范畴，因此旅游总消费也等同于旅游总需求。

### （三）旅游总供给指标

旅游总供给指标，是指一个国家或地区在一定时期内，向旅游者和旅游经营者所提供的全部物质产品和服务产品的市场价值总和的指标，也是全部旅游要素收入之和加上旅游进口的总值，具体包括劳动报酬、折旧、税收、利润和进口支出等。从旅游活动的供给方面看，旅游总供给指标包括了旅游经济直接和间接新增价值、旅游直接和间接进口等，是从供给角度反映一个国家或地区在一定时期内的旅游总产出规模和水平。

由于旅游总需求指标和旅游总供给指标，是从需求和供给的不同角度反映整个旅游经济运行的状况，因此在旅游经济核算账户体系中旅游总需求和旅游总供给应该是相等的，故一般在旅游经济运行分析中，往往直接用旅游总需求反映整个旅游经济运行的总供给规模和水平。

### （四）旅游增加值指标

旅游增加值指标也称为旅游国内生产总值（GDP），是指一个国家或地区在一定时期内全部最终旅游产品或服务的市场价值总和，即整个旅游经济运行过程中形成的新增价值，其体现了总体旅游经济增长与发展的成果和效益。

从旅游总需求角度看，旅游增加值是旅游总需求减去旅游转移价值的余额；从旅游总供给角度看，旅游增加值是全部旅游要素成本的收入，再加上旅游进出口净值所构成的总和。因此，把旅游增加值指标与旅游总收入指标相比较，旅游增加值指标更能够综合反映旅游经济对国民经济的贡献，也有利于用旅游增加值指标与国内生产总值进行比较，从而正确认识和评价旅游经济在国民经济中的重要地位和作用。

### （五）旅游总就业指标

旅游业作为一个以提供服务为主的经济产业，也是一个提供就业岗位较多的行业。因此，旅游总就业指标是指一个国家或地区在一定时期内，随着旅游经济发展而直接和间接吸收社会就业人数的总量指标。

旅游总就业，既包括旅游业本身所吸收的就业人员，也包括为旅游业提供产品和服务的相关部门所吸收的就业人员，前者构成旅游直接就业人员，后者形成旅游间接就业人员，两者共同构成旅游总就业人员指标。因此，正确地统计和计算旅游总就业指标，有利于分析和评价旅游经济对带动社会就业的重要作用，有利于全面认识旅游经济在经济社会发展中的重要地位和作用。

## 三、旅游卫星账户

旅游卫星账户（Tourism Satellite Account，缩写：TSA），是指在国民经济账户之外设立一个虚拟账户，按照国际统一的国民账户的分类和核算要求，将所有涉及旅游的部门中由于旅游而引致的产出部分分离出来，统一纳入这一虚拟账户中进行核算，这样便可以准确地测度旅游业对 GDP 的贡献率，并且使旅游业可以和国民账户中的其他经济部门进行比较。旅游卫星账户区别于传统的旅游统计体系，为各旅游发达国家提供了一个国际统一标准的计量方法，不仅大大提高了旅游统计数据的可信度和区域间的可比性，还能够准确全面地测度旅游经济在整个国民经济中的地位和作用，实现国际的可比和对旅游业经济影响的量化分析。

### （一）旅游卫星账户的兴起和发展

1999 年，根据法国尼斯大会的决议，由世界旅游组织、经济合作与发展组织和欧共体统计处组成的联合工作小组制定了一个编制旅游卫星账户的方法框架。2000 年 3 月，联合国统计委员会批准了由这三个机构共同参与编制的《旅游卫星账户：建议的方法框架》。2001 年 5 月，由加拿大旅游委员会、世界旅游组织（UNWTO）、世界旅游理事会（WT-TC）和世界经合组织（OECD）主办，在温哥华举行了"旅游卫星账户（TSA）——为良好决策提供可靠数据"的国际会议。温哥华会议确认了 TSA 作为一种国际标准，用以测量一个经济体系之内旅游对其他产业和其他经济体系产生的直接经济影响，承认以往开发和实施 TSA 的努力遵循了多样化的方法；承认各国可以根据各国自己的情况，在 TSA 标准之内对分类进行调整。目前，加拿大、澳大利亚、西班牙、法国、新西兰、瑞士、美国等国相继进行了旅游卫星账户编制的实践。他们以"框架"为基础，并根据本国的实际情况进行了相应的调整和补充。许多发达国家通过旅游卫星账户的成功编制，为制定旅游业发展政策和规划提供了决策依据。在对旅游卫星账户的界限与分析中，许多国家从中受益。

中国多次参加世界旅游组织会议之后，国家旅游局在中国部分省市进行了研究编制旅游卫星账户的试点工作。在此基础上，国家旅游局和国家统计局研究商定，于 2006 年正式开展了"中国国家级旅游卫星账户"研究编制工作。

中国 TSA 的建立大大拓展了旅游统计与核算的范围，强调旅游活动的基本概念和分类及理论框架的一致性、统计指标与数据收集的同一性、旅游经济活动与其他行业经济活动的可比性以及国际、地区间的可比性。TSA 允许应用不同经济理论和方法建立模型，揭示国民核算的主要经济指标与 TSA 特有指标之间的关系。相比之下，原有的旅游统计与国民核算根本不可能有这样的功能。同时 TSA 反映了市场经济的一般特征，它所确定的核算主体范围反映了市场经济的开放性特征。它关于基本核算单位的界定及其部门划分的原则，反映了市场经济条件下基本经济单位的独立性特征。

中国的 TSA 主要有以下优点：一是统一性。中国旅游卫星账户建立在国民经济核算体系之下，其概念与理论、统计指标与数据的搜集都具有统一性，澄清了过去许多存在模糊的区域。二是可比性。在旅游卫星账户下的旅游统计与分析数据和其他行业一样，统一于国民经济核算体系。因此，在中国内部，旅游行业可以和其他行业比较，同时世界各国采用规范的旅游卫星账户，也使旅游所产生的经济影响可在不同国家间进行比较。三是综合性。中国旅游卫星账户能够全面地衡量旅游的产出效应、收入效应和就业效应等，这为今后旅游的宏观规划及旅游政策的制定，提供了可靠的基础。四是灵活性。中国一旦建立起了旅游卫星账户，研究者就可根据需要计算旅游对某个方面的影响，比如说就业、收入等。

中国旅游卫星账户虽然已完成了初步编制，但是它依然存在着一些问题，复杂性和滞后性是旅游卫星账户存在的最普遍的问题。这主要是因为旅游卫星账户相对于其他旅游经济效应分析方法来说，要复杂得多。对于中国或者一个大的城市来说，也许创建一个卫星账户是有益处，而对于一个较小的地区来说，旅游卫星账户可能过于复杂，其花费往往要大于收益。而一个国家或地区的投入产出表常常几年才编制一次，采用过去的投入产出表，毫无疑问，数据是具有滞后性的，随着时间的变化，产业间的关系、生产与消费等都会产生变化，这会影响旅游卫星账户的效果。不过从短期来看，问题不大，如果用于长期的预测，肯定有一定程度的偏差。

## （二）建立旅游卫星账户的基本条件步骤

通常情况下，开发一个完整的 TSA 需要的基本条件如下：

（1）需要一套可靠而准确的关于产业和商品的投入产出矩阵。

（2）一个健全、完善的统计基础设施环境，以便能够提供结合旅游进行投入产出比例评估。

（3）足够的具备宏观经济背景和统计背景的人才，依靠他们对 TSA 赖以存在的矩阵和数据资源进行处理。

（4）强有力的财力资源。建立一套完整的旅游卫星账户是一项艰巨的工作，需要强有力的财力资源做后盾。

（5）需要不断进行 TSA 的维护和完善，包括对 TSA 的改进、数据更新等。

由于 TSA 的开发者在设计之初就考虑到账户的组合性和灵活性，因而它能够适应对不同信息的要求，并根据数据或资金方面的资源限制制定符合要求的统计系统。具体而言，建立旅游卫星账户的基本步骤如下。

### 1. 明确旅游业的产出定义

旅游者的消费涉及食、住、行、游、购、娱等方面，为了满足旅游者的消费，国民经济的许多产业部门都做出了贡献，这种对旅游者需求的供给，使这些产业部门增加了"产出"。按照世界旅游组织的解释，"旅游业"的任何新的增量或产出都是由旅游者的直接消费所引起的旅游者的直接消费首先导致与旅游直接相关的部门产出增加，这种产出按照世界旅游组织的分类属于"旅游业"的产出，又称为旅游业直接产出。与此同时，为了满足旅游者对直接相关部门的消费，又使得一系列其他相关产业（部门）的产出增加这些产业就是旅游活动间接相关产业，旅游间接相关部门的产出增加值按世界旅游组织的解释，属于"旅游经济"的产出，又称为旅游业间接产出。"旅游直接产出"和"旅游间接产出"之和为旅游业的完全产出。

**2. 确定旅游相关产业和产品类别**

按照旅游卫星账户的基本原理，旅游卫星账户的建账工作主要是从需求的角度进行统计，这是旅游卫星账户的精髓，有别于传统的从供给的方面（在我国大多由旅游企业自报）进行的统计。这种从需求角度进行统计的操作是建立在较大规模的旅游者消费抽样调查上的。而对旅游者进行消费抽样调查的关键是必须按产业和产品选择样本统计量，因此必须首先确定旅游相关产业及其所对应的旅游产品。

**3. 建立旅游消费账户和生产账户**

确定旅游相关产业和产品类别之后，通过对旅游者的抽样调查就能得到旅游消费账户，这是旅游卫星账户中最重要的部分。旅游消费账户要求对旅游者购物情况调查表进行改进并重新整理，必须将非本区域内的购物产品剥离。同时，在此基础上，通过一定的调整就可得到旅游生产账户。旅游消费账户和生产账户构成旅游卫星账户的主体。

**4. 测算旅游增加值**

旅游业增加值是反映涉及旅游业的所有产业部门在一定时期内（通常为一年）所获得的最终成果的指标，即指涉及旅游业的所有产业部门在生产过程中所创造的新增价值和股东济效益资产的转移价值。在宏观经济学中，国内生产总值的计算方法有生产法、收入法和支出法。所以从理论上来说，旅游业增加值的测算也可采用这三种方法。但是，考虑到计算的复杂性和数据的可获得性，目前一般采用生产法来测算旅游业增加值。

具体来说，旅游卫星账户测算旅游业增加值的过程如下：用旅游产业生产账户中每一产业的增加值率，乘以总产出，得到旅游产业各部门的增加值，而各部门增加值之和，即为旅游产业的增加值，简称为旅游增加值（Tourism Value Added，缩写为 TVA），这是衡量旅游活动对经济影响的根本性总体指标。

其表达式为：

设 $Z=(z_1, z_2, \cdots, z_n)$ 为增加值率向量，其中 $Z_i$ 为第 $i$ 个旅游相关部门（产业）年度增加值率；$C=(c_1, c_2, \cdots, c_n)$ 为旅游产出向量，其中 $C_i$ 为第 $i$ 个旅游相关部门的旅游部分产出。

则：

$$TVA = CZ = (c_1, c_2, \cdots, c_n)(z_1, z_2, \cdots, z_n)^{\mathrm{T}} = \sum_{i=1}^{n} c_i z_i \qquad i = 1, 2, \cdots, n$$

事实上，这种方法如果仅仅考虑旅游直接相关部门的产出，那么测算出来的旅游增加值就可认为是旅游直接增加值，因为它仅仅涉及旅游直接相关产业的增加值之和。如果将旅游业的间接相关产业的增加值考虑进去，即考虑旅游业对国民经济的完全影响，则计算要复杂得多。

### （三）旅游卫星账户的基本内容

旅游卫星账户从产业角度定义"旅游消费"的概念，从经济角度定义"旅游需求"概念，由此引出旅游消费和旅游业、旅游需求和旅游经济两对概念。

**1. 旅游业与旅游消费**

旅游消费是指由旅游者使用的或为他们而生产的产品和服务的价值。旅游消费包括个人消费支出、商务旅游支出、政府支出（个人部分）和旅游净出口四部分消费支出。

旅游业是与旅游消费相对应的概念，它是指为旅游者旅行和旅游消费而生产和提供各种物质产品和服务的行业的总和。它只包括直接影响的、定义明确的生产方"行业"的等价物，用于与其他任何行业进行比较。

个人旅游消费支出，既包括本地居民出游的个人服务消费和国内外旅游者对服务产品（包括住宿、餐饮、交通、娱乐、金融服务等）的购买和消费；也包括当地居民为提供旅游服务而对耐用品和非耐用品的购买，以及用于国内外旅游者消费的各种旅游商品（如工艺品、当地产品、礼品等）。

商务旅游支出，是指企业经营人员和政府官员在进行各种商务或公务活动之余所进行的，具有上述个人性质的各种旅行和旅游消费支出，包括交通、住宿、餐饮、娱乐、购物和其他产品和服务消费支出等。

政府支出（个人部分），是指政府的各种机构和部门为保障国内外旅游者的合法权益所进行的各种消费支出，如用于各种文化场馆（博物馆、美术馆等）、国家或地方公园、旅游景区景点、海关、移民局等方面的消费支出。

旅游出口，是指国际游客在旅游接待国或地区购买各种旅游产品和旅游服务的消费支出。通常要统计其净出口（扣除旅游接待国或地区的旅游者的国际旅游消费支出后的余额）。

**2. 旅游经济与旅游需求**

旅游需求不仅包括上述旅游消费部分，还包括为旅游业发展而派生的消费需求，它被用来构建广义的旅游经济。

旅游经济是与旅游需求相对应的概念，它涵盖了旅游业更为广泛的"经济"影响。因而它不仅包括直接为旅游者消费提供的各种物质产品和服务的行业（即上述旅游业的内容），同时也包括为旅游业发展而提供的各种物质产品和服务的行业。旅游需求除了包括上述旅游消费外，还包括以下几方面。

政府支出（公共部分），是指与旅游活动相关的各级政府部门和机构的用于旅游目的地公共目的的消费支出，如用于旅游促销、航空管理、旅游安全和医疗卫生设施及服务等方面的消费支出。

资本投资，是指为旅游者提供各种旅游设施、设备和基础设施的私人部门和公共部门的投资，它不仅构成旅游需求的重要支出部分，也是保持旅游经济持续发展的必不可少的投入。

非旅游产品出口，是指运往国外向旅游者提供的其他最终消费品（如服装、电器和汽油等）的出口和向旅游业服务的厂商所提供的各种资本品（如飞机和轮船）的出口的总和。统计净出口时应扣除运往国内的相应进口。

按照投入产出分析，对应于旅游总消费和旅游总需求，旅游卫星账户可以区分出"旅游业"和"旅游经济"，甚至区分出旅游业进口和旅游经济的进口；然后将两种供应总量（行业和经济）划分为国内生产总值的直接影响和间接影响，即旅游业 GDP 和旅游经济 GDP 及其各组成部分，包括工资、税收、利润、折旧等。

### 3. 旅游就业

通过旅游卫星账户可以明确地对"旅游业"和"旅游经济"的就业情况和影响力进行测算和分析。具体包括以下四方面，其中前两方面的就业属于旅游业的就业范围，而旅游经济的就业范围则包括了四种就业类型在内。

旅游直接就业一般是指那些直接为旅游者提供各种服务的工作岗位，如航空公司、旅游宾馆、出租车、餐馆、零售商店和娱乐场所等方面的服务工作等。

旅游间接就业通常是指提供与旅游相关的辅助性服务工作岗位，如航空食品供应，洗涤服务，食品原料供应，批发销售，医疗卫生，金融保险等方面的服务工作等。

旅游业供给者的直接就业，通常是指旅游业政府代理机构、资本品制造业、建筑业和出口旅游商品等行业的就业。

旅游业供给者的间接就业，主要是指为旅游业供给者提供各种如钢材、木材、石油化工产品等生产资料行业的就业。

## 第三节　旅游经济宏观调控

经济理论和经济实践表明，市场机制和国家宏观调控是实现资源优化配置的两种不同的手段。同样，市场机制和国家宏观调控也是实现旅游资源优化配置的两种不同的手段。在经济发展中，市场与国家宏观调控并不是矛盾和对立的，相反两者之间存在着互补性。从理论上看，市场配置是资源配置的基础，而国家宏观调控是资源配置的辅助；市场调节是微观经济过程中的组织方式，而国家宏观调控则是市场有效运作的前提。因此，市场机制和国家宏观调控是相辅相成、缺一不可的。事实上，自从改革开放以来，人们越来越意识到，市场机制和国家宏观调控在经济发展中不可替代的作用，即一方面要强化市场配置资源的基础性作用，同时也要完善和做好国家宏观调控监管工作。

### 一、市场经济运行的不足和实施旅游经济宏观调控的必要

#### （一）市场调节具有滞后性

由于工资和价格刚性，再加上外部冲击等因素，总需求与总供给难以经常一致，总量失衡和结构失衡在所难免，从而失业不可避免；即使供求一致，也会存在自愿失业和摩擦性失业。因此，需要国家的宏观调控，以便克服市场调节的盲目性，自觉保持旅游经济总供求平衡，使旅游微观经济主体（尤其是旅游企业）在国家宏观调控措施的引导下，按照市场规律和竞争规则进行决策，实现旅游经济的顺利发展。

## （二）市场机制关注的是个人利益，难以达成社会目标

在市场机制下，实行分散决策，追求个人利益，不能形成社会一致同意的偏好和选择，从而无法使个人利益与社会利益一致。尤其是我国现阶段旅游市场发育尚未达到完善和成熟的程度，因而市场调节的盲点必然很多。这就需要国家自觉地对旅游经济进行宏观调节，以便将市场的自发调节纳入整个国民经济有计划的发展轨道，实现社会主义经济发展的预定目标。

## （三）市场机制难以解决收入分配的公平问题

市场机制以公平为代价，遵循效率优先原则，从而不可避免地造成收入差距悬殊，社会严重贫富不均。这既与实现共同富裕的社会主义性质相违背，也影响到经济社会的进一步发展。

## （四）市场不能有效提供公共产品和公共服务

公共产品具有联合的、共同的、公用的消费性质，其产权无法清晰地界定，特定的个人和他人能够同时消费（"消费的非排他性"），新增消费者不会减少既有的公共产品的数量和效用，也不会增加公共产品的消费成本（"消费的非对抗性"），并且不能把拒绝为公共产品付费的人排除在消费范围之外（"消费的非拒绝性"），这就难以形成市场价格，以通过市场机制引导必要数量和质量的社会资源配置于公共产品的供应上。

## （五）市场的发展易于导致自然垄断

由于资源的稀缺性和规模经济性的作用，市场由一个或数个卖者垄断。这是一种由于规模报酬递增的特点所决定的天然垄断，从而排斥充分竞争，破坏符合帕累托效率的资源配置。而且面对经济的全球化和激烈的国际竞争，也需要我国政府适度地保护国内经济和民族产业，有计划有步骤地参与国际经济一体化。

## （六）市场存在的风险和不确定性

市场经济是以无数人的自发活动为基础的，是通过市场机制的自发作用而实现社会资源的配置，存在许多风险和不确定性。各种风险与不确定性，造成社会投资活动不易达到社会所要求的状态。

## （七）市场难以自发地调整经济利益和非经济利益

市场机制关注的是经济利益，而忽视社会利益，从而可能造成严重的社会后果，如生态环境破坏、旅游资源枯竭、文化遗产毁灭等。这就需要一个独立于市场之外的、能够代表全体社会利益的机构或力量来克服和弥补这些缺陷。

以上七个方面既是市场机制内部不能得到解决，也体现了实施经济宏观调控的必要性，需要借助处于市场机制外部的国家和社会的力量。所以，旅游宏观调控的目的是，使宏观旅游经济活动通过旅游市场和微观经济活动有机结合起来，实现旅游经济总供求的基本平衡和经济社会发展的战略目标。

## 二、新环境下旅游经济宏观调控的主要目标

## （一）满足人们不断增加的旅游需求，为人们旅游出行创造便利的时间条件

随着教育的普及和信息技术的不断进步，越来越多的人都因此而增加了对异国他乡事

物的兴趣，从而使人们更加希望能有机会前往他乡游历，另外，迫于竞争和对效率的追求，人们的生活节奏不断加快，生活内容的单调和生活节奏的紧张势必会使人们的身心蒙受压力，造成身体疲惫和精神怠倦，为了消除紧张和怠倦，人们不得不寻机解脱和设法逃避，以便能够为自己的身心"充电"。那么旅游就成为人们的首要选择。

因此，在旅游时间结构方面，需合理地安排休假制度，探索带薪年休假标准，弱化旅游的季节性，实现旅游业在时间上的平衡发展。通过各种保障措施，切实落实《国民旅游休闲纲要》《职工带薪年休假条例》等法规制度。如将休息休假权利纳入单位的集体协商和集体合同制度中，增强职工在制定和实施休息休假制度中的话语权；发挥工会在与企业协商保障职工休息休假权利中的重要作用等。为休假真正用于休闲目的，并延长休闲时间连续性，可鼓励职工根据个人喜好错峰休假，避免暑期集中出游对旅游业带来负面冲击；鼓励推行中小学春假秋假制度，为家庭安排集体出游提供更多弹性空间；参考发达国家经验，鼓励职工一次性休完带薪年休假，限制企业用工资报酬换取职工不休年假。

## （二）均衡旅游市场及地区结构

我国国内、入境和出境旅游三大市场基本实现协调发展，但市场内部还存在不均衡现象。农村居民与城镇居民、发达地区居民与欠发达地区居民之间出游规模、出游率不平衡。东中西地区之间无论在出游潜力，还是在产业规模方面依然存在一定的差距。

2010 年以来，我国的客源市场有近 70% 源自东部地区，20% 源自中部地区，10% 源自西部地区，总体维持"东强西弱"的格局；同期，旅游产业发展规模在东中西之间总体表现为 5∶3∶2 的格局，因此我国三大区域间旅游产业综合发展水平总体呈现东高西低的态势，东部地区旅游综合发展水平最高，旅游发展指数为 0.56，其次是中部地区，旅游发展指数为 0.47，西部地区的旅游发展指数相对最低，仅为 0.23。

因此，在旅游空间上，旅游宏观调控重在培育中西部地区旅游业发展内驱动能，促使东中西部地区旅游业发展更加平衡。一是通过建立奖励机制，激发东部发达地区企业及人才投身中西部的积极性；二是加强宣传，把西部地区优越的生态环境、休闲氛围以及独特文化底蕴展示出来，让东部地区企业主体看得到西部地区的投资前景，让旅游人才认识到西部的宜居宜业，从而形成引导资金、专业人才以及产品项目等要素向中西部地区流动，形成区域统筹发展新格局。

## （三）完善现代旅游治理体系

旅游行业治理体系和治理能力建设是构成国家治理体系和治理能力众多领域的一个具体领域，而旅游市场治理体系和治理能力现代化又是旅游行业治理体系和治理能力现代化的重要组成部分。一是以贯彻实施旅游法为契机，加快构建旅游市场治理体系。要继续推进旅游法相关配套制度，建立健全法规体系；建立包括旅游综合协调机制、联合执法监管机制、旅游投诉统一受理机制、旅游安全综合管理机制等在内的完善的工作体系；依法建立完善旅游公共服务体系、旅游规划编制和评价体系、旅游产业发展促进体系、旅游安全救助体系；依法建立安全保障体系，包括旅游安全风险提示制度、高风险旅游保障制度、旅游景区价格和流量管理制度、城乡居民经营旅游业务管理制度等；推动建立完善的执法体系。二是下功夫提升旅游市场治理能力。通过认真学习贯彻旅游法，各级政府和旅游行政管理部门要提高依法行政能力、依法监管能力；各级旅游行业协会等行业中介组织要提高行业自律能力；旅游企业要提高可持续发展能力、市场竞争能力。

### （四）完善公共服务体系

完善旅游公共服务既是大众旅游新时代的必然选择，也是加速旅游业转型升级、提质增效的内在要求。旅游公共服务其实是一个"大服务"的理念。它不仅包括旅游中的服务，也包括旅游前和旅游后的公共服务，从而形成一个大服务的闭环。更加强大的旅游公共服务体系，也不仅仅包括快捷的交通、舒适的如厕、从容的住宿，更包括妥帖的个性化服务，高端的品质服务，对老年人、残疾人等群体的特殊关爱，强大的智慧旅游功能等。总之，优质旅游公共体系的建设，就是让民众更加便捷、高效、及时、移动地获得公共服务，从而尽可能减少在旅游过程中的各种不适问题。

全面构建与大众旅游新时代相匹配的结构完善、高效普惠、集约共享、便利可及、全域覆盖、标准规范的旅游公共服务体系，是一个复杂精细的系统工程。只有形成政府、市场、社会多元合作格局，创新体制机制，健全法律法规，旅游公共服务体系才能实现高水平的可持续发展。

### （五）激励创新和培养新型人才作为新动能，促进旅游发展更充分

旅游业的发展动能已由自然资源和历史文化资源这两项资源逐渐转向"四新"动能，即文创、资本、科技和人才。新动能直接促进了旅游业更充分、全面地发展。以技术为例，大数据、人工智能、物联网、虚拟现实等新技术被广泛应用于旅游政务、旅游企业运营管理以及旅游产品开发设计。例如，各地建立旅游大数据中心，实现智慧旅游政务管理；挖掘在线旅游企业数据库，开发适合消费者偏好的旅游产品；将虚拟现实技术应用于主题公园和旅游景区，提升消费者感知和体验等。

在旅游发展新动能下，"旅游＋"和"＋旅游"旅游融合发展模式盛行，旅游业态更加多元化，旅游产品供给更加丰富化，进一步促进旅游业更充分地发展。在文创、资本、科技和人才的助推下，旅游业态更加多元化。研学旅行、中医药健康、旅游演艺、低空旅游、体育旅游、避暑旅游、滑雪旅游、温泉旅游、森林旅游、养老养生度假旅游、邮轮游艇、自驾车房车、旅游金融等旅游新业态纷纷出现并得到不同程度发展。对此，应营造开放、包容的市场及政策环境以利于旅游新业态的萌芽和发展。

### （六）协调兼顾居民与游客的权利，全面推进旅游扶贫工作

在旅游发展过程中，应始终兼顾当地居民的发展权利与游客的旅游权利。任何要求以牺牲当地居民发展的代价去保存原有生活状态，来满足旅游者观光需求的想法都是错误的，既不符合以人民为中心的发展理念，在现实中也是行不通的。

对于发展旅游业落后的地区，更应赋予当地居民更多的发展权利，通过旅游扶贫，推动其在生产实践和文明演化过程中创造美好生活，并与外来游客共创共享。用好旅游这一扶贫工作的重要渠道，全面推动旅游扶贫，旅游是典型的"造血式"扶贫，传统模式是依托旅游景区的建设和发展，吸纳贫困人口就业，进而帮助其实现脱贫。在全域旅游这一新

模式下，旅游扶贫的覆盖范围更大、惠及人群更广，为景区以外的乡村地区、城郊地带乃至城市核心区都带来了旅游创收和增收的新机会，有利于区域性整体贫困问题的解决。

## 三、新环境下旅游经济宏观调控的主要途径

### （一）应用发展规划调控

在现代市场经济体制中，应用发展规划调控旅游经济是一种重要的必不可少的调控方法和手段。旅游发展规划调控，不同于传统的指令性计划，而是一种建立在市场经济上的以指导计划和中长期发展规划为主的调控手段。应用发展规划调控旅游经济运行和发展有以下要求。

（1）正确确定旅游经济发展的宏观目标，这个目标必须综合平衡经济、社会和环境等各种因素，有利于政府从宏观上有计划、有调控地发展旅游业，指导旅游经济的健康运行和发展。

（2）发展规划的内容既要全面又要突出重点，规划内容要充分考虑旅游经济发展的各个方面必须协调发展，同时在不同时期或阶段又应有不同重点，成为阶段性调控旅游经济运行的目标和内容。

（3）发展规划要有明确的量化指标和要求。以便进行定期的检查和比较，并根据不同时期经济社会环境的变化而做出及时的调整。

### （二）调整旅游经济政策

经济政策，是由政府制定并用于指导旅游经济活动，调整各种经济利益关系，促进旅游经济发展的各种准则和措施，在充分认识客观经济规律基础上对旅游经济进行宏观调控的主要手段和方法之一，其目的在于一方面增加供给的数量，另一方面优化供给结构，提升服务质量，增强供给的有效性，促进旅游市场及地区间平衡发展，最终提高人民群众对旅游发展的满意程度，使旅游发展更好地服务于提高人民生活水平，满足人民的美好生活需要。从旅游行业实践来看，对旅游经济宏观调控的经济政策主要有收入政策、产业政策、财政政策、货币政策、汇率政策。

小·贴士

#### 全域旅游助力旅游业进入新时代

旅游和休闲是人的发展的重要内容。对于旅游来说，如何实现人的发展成为今后我国旅游业发展的一个重要选择。全域旅游的实践是推动我国旅游以人的发展为中心的重要力量。

21世纪初始，我国就提出了旅游产业转型问题，特别是旅游产品的转型，十多年过去了，我国的旅游转型之所以没有完成，一个重要的原因是与我国旅游产业发展建立的空间形态和提供的旅游服务方式有关。因为以景区为构架的空间形态无法

支撑度假旅游和休闲旅游的旅游形态，以旅行社为核心的服务体系无法支撑散客的旅游形态。如果中国旅游还是在以往的景区空间下发展，在以旅游企业服务提供为核心的框架下运行，中国旅游是永远不可能完成这种转型的。

从我国经济社会发展的现实要求以及我国旅游经济发展逻辑关系，未来旅游发展要思考两个问题，一是如何发挥旅游消费的功能，来带动区域内社会经济的发展，也就是说，我们通过什么样的旅游发展方式，来提升区域内相关产业的附加值？二是为实现这个目标，我们要构建什么形态的全域旅游发展体系？全域旅游是一种社会经济发展的模式或者是一种发展方式，以旅游消费为重心来推动社会经济的发展，实质上是一种旅游化过程，这个旅游化过程不是旅游产业的事情，它涉及社会的方方面面，其目的是通过旅游化发展方式提升相关产业的附加值，而不仅仅是做大做强旅游业。

在全域旅游实践中，工业、农业、商业、娱乐业、交通运输业、文化产业通过旅游这种消费方式，不仅提供了工业旅游产品、农业旅游产品、文化旅游产品，还找到了这些产业发展的经济空间、拓展了经营范围、提高了附加值。如果通过全域旅游实践，我们仅仅是做大了旅游业，相关产业不能通过旅游提升其产业的附加值，那么，全域旅游就不可能成为推动社会经济的一种发展模式和方式，全域旅游的实践价值便会大大降低。

全域旅游首先是要打破旧的旅游空间格局，形成一种新的发展格局，这应该是全域旅游的核心问题。全域旅游应该从域的角度形成空间域、产业域、要素域和管理域。从空间域来说，全域旅游是要改变以景区为主要架构的旅游空间经济系统，构建起以景区、度假区、休闲区、旅游购物区、旅游露营地、旅游功能小镇、旅游风景道等不同旅游功能区为架构的旅游目的地空间系统，推动我国旅游空间域从景区为重心向旅游目的地为核心转型。从产业域来说，全域旅游要改变以单一旅游形态为主导的产业结构，构建起以旅游为平台的复合型产业结构，推动我国旅游产业域由"小旅游"向"大旅游"转型。从要素域来说，全域旅游是要改变以旅游资源单一要素为核心的旅游开发模式，构建起旅游与资本、旅游与技术、旅游与居民生活、旅游与城镇化发展、旅游与城市功能完善的旅游开发模式，推动我国旅游要素域由旅游资源开发向旅游环境建设转型。从管理域来说，全域旅游是要改变以部门为核心的行业管理体系，构建起以旅游领域为核心的社会管理体系，推动我国旅游的行业管理向社会管理转变。

（资料来源：2017－11－16中国旅游报 国家旅游局（现为国家文化和旅游部）微信公众号 节选）

## （三）应用经济杠杆调控

经济杠杆，是指对旅游经济运行具有调节和转化作用的各种手段和方法。政府间接调节旅游经济的经济杠杆一般有财政杠杆、信贷杠杆、价格杠杆和对外经济杠杆。例如：价格杠杆，就是根据价值规律的要求，通过确定旅游产品的指导价格，规定最高限价和最低限价等，以规制和引导旅游企业的经营行为，保证旅游经济的健康运行和发展。

## （四）应用行为规则调控

行为规则是政府或社会对各旅游经济的主体及其行为进行限制、规范的具体行动和措施。通过制定行为规则，确保旅游企业向旅游者提供安全、有序的服务，规范旅游市场秩序，改善旅游环境，正确处理旅游资源保护和开发的关系，促进旅游业的可持续发展，并规范完善涉及旅游的权利义务关系，保护旅游企业和旅游者的合法权益。按照实施行为规制调控的主体不同，一般有政府规制、社会规制和行业规制。

### 1. 政府规制

政府规制一般分为直接规制和间接规制。直接规制是政府部门直接对旅游经济主体实施的规制，如对旅游企业进入或退出旅游市场实施管制，对旅游价格、旅游服务质量、旅游安全以及投资、财务、会计等方面的活动进行规制；间接规制，是政府有关部门通过法律规定的程序而对旅游经济主体实施的规制，如对消费者权益保护、环境保护、文化遗产保护等方面的规制。

### 2. 社会规制

社会规制的调控作用是间接的，即政府将各种宏观调控意图转化为旅游市场信号，通过旅游市场机制来规制旅游企业的经营行为，促进旅游企业在市场机制作用下自由竞争和优胜劣汰。此外，社会规制也会通过其他途径，如新闻传媒监督、民众意愿、社会团体监督等对旅游企业行为进行规制。

### 3. 行业规制

行业规制是指由旅游行业协会（如旅游饭店协会、旅行社联合会）自主地对旅游企业行为进行约束和规范的行动和措施，是一种旅游企业之间相互约定的自组织规制。具体地讲，旅游行业协会主要开展旅游行业的调查研究，及时为旅游企业经营决策和旅游管理部门宏观调控提供依据和建议；协调旅游企业之间的关系，推动旅游企业之间的联合与协作；按照政府的授权和委托，对旅游行业进行管理和规制；组织各种旅游信息和经验交流，开展各种旅游经济咨询服务；举办各种旅游培训、技术交流、旅游会展等活动。总之，旅游市场的行业规制有着重要的作用。

**小贴士**

### 《旅游法》：对中国旅游30年的集中思考

《中华人民共和国旅游法》（简称《旅游法》）是对中国旅游30年发展经验的集中思考，并概括体现为十个"大"。

一是立法原则上旅游者为大。在平衡旅游经营者、旅游者、政府，这三者之间的关系上，此次《旅游法》更多地向旅游者予以倾斜。这部法的基调是以人为本，具体到旅游领域就是以旅游者为本。在维护权益总体平衡的基础上，更加突出以旅游者为本，在政府公共服务、旅游经营规则、民事行为规范、各方旅游安全保障义务、旅游纠纷解决等方面，有多项加强旅游者权益保护的规定。如《旅游法》专设

"旅游者"一章。此次《旅游法》对严重有损旅游者旅游品质的"零负团费"、强迫购物、强迫参加自费项目等问题都有了明确的界定。

二是《旅游法》关涉的经营者范围扩大。涉及的主体较以往法律法规大幅度扩张。以往的单行法里，涉及的经营主体要么是旅行社，要么是导游、领队，这次把景区纳进来了。以往的景区法规主要是住建部《风景名胜条例》，但是无法涵盖森林资源、草原、海洋等自然保护区，这次《旅游法》把各种类型的景区都纳入了其中，无论是地质地貌公园、海洋遗迹还是博物馆统统都纳进来，统一到景区。此外，住宿、交通、餐饮、娱乐和高风险旅游项目也被纳入进来，经营主体的范围大大扩大。

三是地域涉及范围更广，从境内游延伸到中国公民出游。从境内旅游延伸到公民出游。在海外遇险的时候，公民有权利向我驻外使领馆寻求帮助。过去是为国，现在是为民，《旅游法》将其明确为旅游者权利。中国公民出游保护范围延伸。

四是对旅游者的界定扩大，将自助游者首次纳入。以往的《旅游社条例》《导游人员管理条例》所保护的客人都是团队游客，这次《旅游法》把散客保护纳入进来。现在《旅游法》在继续保护团队游客权益的基础上，还非常关注保护散客游者权利。比如明确政府有提供公共信息服务，发生突发事件救助的义务。

五是旅游资源、旅游业态确认范围扩大。《旅游法》突破以往依托资源建立的景区要么是山水型，要么是人为型的分类和确认，将各种可进一步发展旅游的资源都看成潜在的旅游资源。比如农家乐、乡村小镇，无非就是当地人的生活风貌，现在《旅游法》明确了这些也都是旅游资源。此次立法，旅游法强调多种产业和旅游资源相融合。

六是关注旅游产业链条的每一个环节，确认的旅游主体范围扩大。《旅游法》把政府、旅游者、从业人员都纳进来。从责任来讲，每类主体不仅享有权利，同时也承担与权利相符的义务。以旅游者为例，旅游者不仅有很多权利，他也要承担相应义务。比如《旅游法》13～16条规定了旅游者的义务。比如第15日条规定，旅游者购买、接受旅游服务时，应当向旅游经营者如实告知与旅游活动相关的个人健康信息，遵守旅游活动中的安全警示规定。旅游者对国家应对重大突发事件暂时限制旅游活动的措施以及有关部门、机构或者旅游经营者采取的安全防范和应急处置措施，应当予以配合。旅游者违反安全警示规定，或者对国家应对重大突发事件暂时限制旅游活动的措施、安全防范和应急处置措施不予配合的，依法承担相应责任。

七是建立健全旅游综合协调机制，充分认识"大旅游"。《旅游法》不仅仅涉及旅游部门，还涉及工商部门、物价部门、劳动部门、运输部门等多个部门。为了增强旅游行业的监管效力，《旅游法》提出了一项重大的制度创新——旅游综合协调机制。规定，国务院建立健全旅游综合协调机制，对旅游业发展进行综合协调。县级以上地方人民政府应当加强对旅游工作的组织和领导，明确相关部门或者机构，对本行政区域的旅游业发展和监督管理进行统筹协调。

八是旅游规划不再是"挂"划，扩大旅游规划的监管领域。以往对旅游规划有个说法，是规划规划，划划挂挂。而《旅游法》设《旅游规划和促进》专章，让旅游规划落到实处。从规划的制定到规划的实施、规划实施的评价一气到底，让规划不再是划，不再是挂。

九是《旅游法》将促进旅游业发展，行政监管和服务规范，三种关系融为一体，综合立法。

十是《旅游法》经人大常委会通过，是旅游业的基本大法，在旅游业中的法律效力不容置疑。

（资料来源：2013-05-20 中国网 旅游 节选）

# 课后练习

## 一、单项选择题

1. 下列哪一项不是经济学中关于"经济人"特征的表述。（　　）

　　A. 全面的知识　　　　　　　　　　B. 无限的理性

　　C. 随心情做出选择　　　　　　　　D. 追求自身效用最大化

2. 下列哪一项不属于行为规制调控。（　　）

　　A. 政府规制　　　　　　　　　　　B. 行业规制

　　C. 社会规制　　　　　　　　　　　D. 金融杠杆

3. 我国于（　　）正式开展了"中国国家级旅游卫星账户"研究编制工作。

　　A. 1999 年　　　　B. 2001 年　　　　C. 2004 年　　　　D. 2006 年

4. 中国旅游饭店行业规范属于（　　）。

　　A. 政府规制　　　　B. 行业规制　　　　C. 社会规制　　　　D. 金融规制

5. 全面推动旅游扶贫，就是要通过旅游产业形成（　　）扶贫模式。

　　A. 造血式　　　　　B. 输血式　　　　　C. 抽血式　　　　　D. 汲血式

## 二、多项选择题

1. 旅游经济运行的基础包括（　　）。

　　A. 自然资源　　　　　　　　　　　B. 国民财富

　　C. 科学技术水平　　　　　　　　　D. 国外旅游经济的发展

2. 纠正旅游市场运行产生"外部性"的措施有（　　）。

　　A. 对造成外部不经济的旅游企业和个人征税

　　B. 合并企业

　　C. 国家强令没收

　　D. 重新划分产权

3. "中国国家级旅游卫星账户"对旅游经济统计工作的优势有（　　）。

　　A. 统一性　　　　　B. 可比性　　　　　C. 综合性　　　　　D. 灵活性

4. 从理论上来说，旅游业增加值的测算可以采用的方法有（　　）。

    A. 比率法　　　　　　B. 生产法　　　　　　C. 收入法　　　　　　D. 支出法

5. 现代旅游业发展的"四新"动能包括（　　）。

    A. 文化创新　　　　　　　　　　　B. 资本创新

    C. 科技创新　　　　　　　　　　　D. 人才创新

## 三、填空题

1. 资本投资，是指为旅游者提供各种旅游设施、设备和基础设施的＿＿＿＿＿＿＿和＿＿＿＿＿＿的投资。

2. 旅游出口，是指国际游客在旅游接待国或地区购买＿＿＿＿＿＿和＿＿＿＿＿＿的消费支出。

3. 在现实生活中，获取信息的搜寻成本会如此之贵，以至于我们宁愿对信息保持一定限度的无知，即保持＿＿＿＿＿＿。

4. 制度包括＿＿＿＿＿＿和＿＿＿＿＿＿及其实施机制。

5. 旅游经济运行过程是指一个国家或地区在一定时期内旅游产品的＿＿＿＿＿＿、＿＿＿＿＿＿、＿＿＿＿＿＿、＿＿＿＿＿＿的运动过程。

## 四、简答题

1. 什么是旅游增加值指标？

2. 简述旅游卫星账户测算旅游业增加值的过程。

3. 简述现代旅游经济的存量、流量及其关系。

## 五、论述题

1. 试论建立旅游卫星账户的基本步骤。

# 第八章

# 旅游收入与分配

## 知识目标

1. 了解旅游收入的概念和分类。
2. 掌握旅游收入的分配途径。
3. 理解和掌握重要的旅游收入指标。
4. 理解和掌握旅游收入乘数。

## 能力目标

1. 分析旅游收入初次分配和再分配的关系。
2. 解释旅游收入指标的内涵。
3. 解释旅游收入乘数原理。
4. 掌握旅游收入指标的计算以及运用。
5. 掌握旅游收入乘数的计算以及运用。

## 案例导入

### 旅游业"乘数效应"待激活

2015 年 5 月 18 日，由中国政府和联合国世界旅游组织共同举办的首届世界旅游发展大会在北京召开，来自 100 多个国家的千余名代表参会。大会联合发表了《首届世界旅游发展大会北京宣言》（以下简称《北京宣言》），主题为推动可持续旅游，促进发展与和平。尤其强调发挥旅游产业对拉动经济的乘数效应。

············

对于《北京宣言》中呼吁的"发挥旅游产业拉动经济的乘数效应"，北京第二外国语学院旅游管理学院院长厉新建告诉北京商报记者，由于旅游所涉及的产业面较广，并且目前中国的出入境旅游呈现持续向好的趋势，因此从需求端所衍生出来的服务链、产业链和价值链对于整个社会经济的串联和带动作用也就逐渐凸显。《2016 年中国旅游发展报告》中的数据显示，旅游产业对关联产业拉动贡献巨大，以 2015 年为例，旅游产业对交通运输业和住宿业的拉动贡献率均在80%以上，对餐饮业拉动贡献率达到60%。对批发零售业、房地产业、公共管理和社会组织等行业均有不同程度的拉动。

国家旅游局（现为国家文化和旅游部）局长李金早在谈及中国在可持续旅游方面的举措时表示：中国正在按照"创新、协调、绿色、开放、共享"五大发展理念，探索全域旅游模式。"具体来说，我们就是要在全域优化配置、交通、水利、城建等各类资源，以旅游促进经济社会统筹发展。"他同时表示，未来五年，中国旅游、中国促进旅游人次将超过6亿人次。中国将继续通过放宽签证限制、简化出入境手续等方式降低游客出行成本。还将与其他一些国家研究推出旅游年的活动。"我们愿意通过各种形式为旅游企业国际投资创造条件。仅就'一带一路'来说，未来五年，我们将为沿线国家输送1.5亿人次中国游客、至少2000亿美元的旅游消费。"李金早称。另据了解，中国未来将实施50个旅游国际合作的项目，包括开展旅游资源的开发与保护、派遣专家提供旅游业的规划咨询、培训中文导游和管理人员。未来五年还会提供1500个来华人员的培训名额。这些政策都将为旅游的可持续发展、包容性发展以及和平做出贡献。

···········

（资料来源：http://news.163.com/16/0520/00/BNFJ1J0F00014AED.html 网易新闻，有改动）

问题：

1. 什么是旅游乘数效应？

2. 如何才能扩大旅游乘数效应？

# 第一节　旅游收入概念及分类

## 一、旅游收入的概念

### （一）旅游收入

旅游收入是旅游目的地国家或地区在一定时期内（通常以年、季、月为计算单位）从向游客销售旅游产品、提供服务中所得到的货币收入的总和。旅游收入直接反映了某一旅游目的地国家或地区旅游经济的运行状况，既是评价该国（地区）旅游经济活动效果的综合性指标，同时也是衡量该国（地区）旅游业发达与否的重要标志。

旅游收入是旅游企业存在和发展的前提。通常而言，在其他条件不变的前提下，旅游收入变化和旅游利润的增减是同方向的：旅游收入增加，旅游利润也增加，反之亦然。

### （二）旅游收入的意义

#### 1. 旅游收入体现着旅游业对国民经济的贡献

旅游收入也体现着旅游业对国民经济做出贡献的大小，以及对社会经济的促进作用和影响。通常，旅游经营活动包括国内旅游业务和国际旅游业务两部分。通过开展国内旅游业务活动，可引导人们进行合理消费，使人们在旅游活动中增长见识、丰富知识、开阔眼界；同时通过销售旅游产品和提供旅游服务，完成回笼货币、加快资金周转的任务。通过发展国际旅游业务活动，发展同全世界各国人民之间的友好往来，促进国际经济、文化技术交流，满足国内外旅游者对旅游产品的需求，同时销售本国各类旅游产品而取得相应的旅游外汇收入，对增加国家外汇收入，平衡外汇收支，以及增强国家外汇支付能力等都具有十分重要的作用。此外，旅游收入的增加还能直接和间接增加国家税收，为促进国民经济的发展积累资金。

**2. 旅游收入反映了旅游经济活动的成果**

旅游收入体现了旅游经济活动的成果，旅游收入的增加标志着流动资金周转的加速。每一次旅游收入的取得，都标志着在一定时期内一定量的流动资金完成一次周转。因此，在一定时期内，旅游收入取得的越快越多，就意味着流动资金周转次数多、速度快，占用的流动资金少，旅游企业的经济效益就会越好。

近些年，中国的旅游业发展迅猛，在2015年的时候旅游业总收入就达到了4.13万亿元，2016年达到了4.69万亿万，同比增长13.6%。

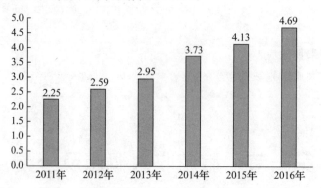

图 8 - 1 2011～2016 年中国旅游总收入（万亿）

（资料来源：http://www.chinairn.com/hyzx/20170330/16591487.shtml）

 **小·贴士**

**2017 年全年旅游市场及综合贡献数据报告**

2017 年，国内旅游市场高速增长，出入境市场平稳发展，供给侧结构性改革成效明显。国内旅游人数 50.01 亿人次，比上年同期增长 12.8%；入出境旅游总人数 2.7 亿人次，同比增长 3.7%；全年实现旅游总收入 5.40 万亿元，增长 15.1%。初步测算，全年全国旅游业对 GDP 的综合贡献为 9.13 万亿元，占 GDP 总量的 11.04%。旅游直接就业 2825 万人，旅游直接和间接就业 7990 万人，占全国就业总人口的 10.28%。

**一、全年国内旅游收入增长 15.9%**

根据国内旅游抽样调查结果，2017 年全年，国内旅游人数 50.01 亿人次，比上年同期增长 12.8%。其中，城镇居民 36.77 亿人次，增长 15.1%；农村居民 13.24 亿人次，增长 6.8%。国内旅游收入 4.57 万亿元，上年同期增长 15.9%。其中，城镇居民花费 3.77 万亿元，增长 16.8%；农村居民花费 0.80 万亿元，增长 11.8%。

### 二、全年入境过夜旅游人数增长 2.5%

2017 年全年，入境旅游人数 13948 万人次，比上年同期增长 0.8%。其中：外国人 2917 万人次，增长 3.6%；香港同胞 7980 万人次，下降 1.6%；澳门同胞 2465 万人次，增长 4.9%；台湾同胞 587 万人次，增长 2.5%。入境旅游人数按照入境方式分，船舶占 3.3%，飞机占 16.5%，火车占 0.8%，汽车占 22.2%，徒步占 57.2%。

2017 年全年，入境过夜旅游人数 6074 万人次，比上年同期增长 2.5%。其中：外国人 2248 万人次，增长 3.8%；香港同胞 2775 万人次，增长 0.1%；澳门同胞 522 万人次，增长 8.6%；台湾同胞 529 万人次，增长 4.0%。

### 三、全年国际旅游收入达 1234 亿美元

2017 年全年，国际旅游收入 1234 亿美元，比上年同期增长 2.9%。其中：外国人在华花费 695 亿美元，增长 4.1%；香港同胞在内地花费 301 亿美元，下降 1.5%；澳门同胞在内地花费 83 亿美元，增长 8.0%；台湾同胞在大陆花费 156 亿美元，增长 4.0%。

### 四、全年入境外国游客亚洲占比 74.6%，以观光休闲为目的游客占 37.1%

2017 年全年，入境外国游客人数 4294 万人次（含相邻国家边民旅华人数），亚洲占 74.5%，美洲占 8.2%，欧洲占 13.7%，大洋洲占 2.1%，非洲占 1.5%。其中：按照年龄分，14 岁以下人数占 3.1%，15～24 岁占 13.3%，25～44 岁占 49.9%，45～64 岁占 29.2%，65 岁以上占 4.5%；按性别分，男占 60.7%，女占 39.3%；按目的分，会议/商务占 13.3%，观光休闲占 37.1%，探亲访友占 2.6%，服务员工占 14.8%，其他占 32.2%。

2017 年全年，按入境旅游人数排序，我国主要客源市场前 17 位国家如下（其中缅甸、越南、俄罗斯、蒙古、印度含边民旅华人数）：缅甸、越南、韩国、日本、俄罗斯、美国、蒙古、马来西亚、菲律宾、新加坡、印度、加拿大、泰国、澳大利亚、印度尼西亚、德国、英国。

### 五、全年中国公民出境旅游人数达 13051 万人次

2017 年全年，中国公民出境旅游人数 13051 万人次，比上年同期增长 7.0%。

（转自：http://www.cnta.gov.cn/zwgk/lysj/201802/t20180206_855832.shtml 国家旅游局（现为国家文化和旅游部）＞政府信息公开＞旅游数据

## 二、旅游收入的分类

旅游收入综合反映了旅游业的生产经营成果。为了更明确地认识旅游收入的内涵，可以从不同的角度来分析旅游收入的构成，例如可将旅游收入分为国内旅游收入和国际旅游收入、基本旅游收入和非基本旅游收入、商品性旅游收入和劳务性旅游收入等。

## （一）国内旅游收入和国际旅游收入

旅游收入是旅游者在旅游目的地国家或地区的旅游消费支出，由于对消费者一般分为国内旅游者和国际旅游者，因而按照旅游收入的来源，可以将旅游收入划分为国内旅游收入和国际旅游收入。

国内旅游收入是指旅游目的地国家或地区因经营国内旅游业务而取得的本国货币收入。它主要来源于本国居民在本国境内的旅游消费支出，它一般不增加该国（地区）的国民收入，而只是本国物质生产部门劳动者所创造的价值的转移和地区间收入再分配的结果。

国际旅游收入是旅游目的地国家或地区因经营境外游客来本国或本地区旅游业务而取得的外国货币收入，通常也称为旅游外汇收入。国际旅游收入来源于外国游客在旅游目的地国家（地区）境内的旅游消费支出，是其他国家国民收入流入旅游目的地国家（地区），用于补偿旅游产品价值的部分，具体表现为旅游目的地国家（地区）社会价值总量的增加。

因而国际旅游业和其他生产行业一样，为社会创造或增加了新价值，这部分价值就构成了一国国民收入的一部分，属于国民收入初次分配的范畴。

在分析国内旅游收入和国际旅游收入的性质和特征时，还应注意以下几个问题。

国内旅游收入与本国居民的国内旅游消费支出在数量上是相等的，而国际旅游收入与国际旅游者在旅游过程中的消费支出在数量上是不相等的。旅游目的地国家或地区的旅游外汇收入，只是境外旅游者旅游支出的一部分，只包括旅游者入境后在旅游目的地国家或地区内的吃、住、行、游、娱、购等方面的消费。国际旅游者旅游消费支出的相当一部分是用于支付由旅游客源国或地区至旅游目的地国家或地区的国际交通费，以及国外旅游经营商、零售商、代理商的佣金。

国内旅游收入以本国货币计算，国际旅游收入以外汇计算。由于不同时期各国和地区货币兑换率的变化，同量的旅游外汇收入在不同时期用不同货币单位衡量，旅游收入的数量会产生较大的差别。因此，在衡量一国旅游收入时，采用不同的货币单位具有不同的含义，尤其是对不同时期的旅游收入进行比较时，要注意其可比性。

国内旅游收入作为旅游接待国家或地区国内生产总值（GDP）的组成部分，而国际旅游收入则作为旅游接待国家或地区国民生产总值（GNP）的组成部分。在衡量旅游接待国家或地区的旅游业对该国或地区的国民经济的贡献时，要考察由旅游业创造的收入占国民生产总值的比例来说明，以此证明旅游业在该国或地区的地位和作用。

## （二）基本旅游收入和非基本旅游收入

按旅游需求弹性，可将旅游收入划分为基本旅游收入和非基本旅游收入两大类。

基本旅游收入，是旅游目的地国家或地区向旅游者提供交通、食宿和景点等必需的基本旅游设施和旅游服务所获得的货币收入的总和。它是游客在旅游过程中所必须支出的费用。对旅游者而言，和基本旅游收入实现相关联的产品和服务是缺乏弹性的，是一种固定性的旅游消费支出。因而基本旅游收入与旅游者人数、旅游者停留时间、旅游者的消费水平成正比关系，即旅游者人次数越多、人均天基本旅游消费支出越高，人均逗留时间越长，则该旅游目的地国家或地区获得的基本旅游收入越多。

非基本旅游收入，是指旅游目的地国家（地区）的旅游相关部门和企业，通过向旅游者提供医疗保健、邮电通信、娱乐购物、金融保险等非必需或非基本产品及服务所获得的货币收入的总称。由于旅游者的收入水平以及偏好不同，使旅游者对这类消费支出具有较强的选择性和灵活性。因而通过此类旅游产品而形成的非基本旅游收入就具有不稳定的特点，与游客人次、逗留时间等因素也没有必然的比例关系。但是，一般来说，非基本旅游收入在旅游收入总量中比重的大小，可以反映出该旅游目的地国家（地区）旅游业发展的程度。非基本旅游收入所占的比重越大时，旅游收入的增长潜力就越大，旅游业越发达，旅游经济运行越完善，非基本旅游收入所占比例就越高。

### （三）商品性旅游收入和劳务性旅游收入

旅游产品是一种综合性产品，它包括饮食、住宿、交通、购物、娱乐等多种要素，而按照相应的旅游消费内容的构成，可以将旅游收入划分为商品性旅游收入和劳务性旅游收入。

商品性旅游收入指向旅游者提供具有实物形态的旅游产品而得到的收入，即包括销售旅游商品（如销售工艺美术品、旅游纪念品、书刊杂志等）和提供餐饮等所获得的收入。劳务性旅游收入是指向旅游者提供劳务服务所获得的旅游收入，如旅行者支付的旅行社业务收费、住宿费用、交通费用、文化娱乐费用等。

### （四）按时间长短将旅游收入划分为年度、季度、月收入

这种分类方法时间概念强，便于及时掌握经营状况，以便了解旅游者的需求动向，制定相应的经营方案，扩大旅游收入；便于比较各个不同时期的旅游收入增减变化情况，有利于发现影响旅游收入变化的各种因素，寻求增加旅游收入的新途径；便于企业开展经济活动分析，根据供求变化，协调各类经济活动。总之，从时间角度划分旅游收入，有利于加强旅游企业的经济核算，加速资金周转，改善经营管理，提高劳动效率和经济效益。

**小贴士**

#### 全省旅游接待和收入情况表

填报单位：海南省旅游发展委员会 2017 年 11 月

| 项目 | 本月 | 同期对比% | 本月止累计 | 同期累计对比% |
|---|---|---|---|---|
| 一、接待游客总人数 | 671.39 | 9.9 | 6016.14 | 12.2 |
| （一）过夜游客（万人次） | 573.83 | 10.1 | 4959.19 | 12.6 |
| 1. 国内过夜游客（万人次） | 563.45 | 9.8 | 4860.05 | 12.0 |
| （1）旅游饭店接待过夜游客 | 376.33 | 7.7 | 3323.65 | 10.4 |
| （2）社会旅馆接待过夜游客 | 187.12 | 14.1 | 1536.40 | 15.6 |
| 2. 入境过夜游客（万人次） | 10.37 | 29.8 | 99.14 | 53.6 |
| （1）外国人 | 8.01 | 43.3 | 69.17 | 74.2 |
| （2）香港同胞 | 1.00 | −0.7 | 13.65 | 15.3 |
| （3）澳门同胞 | 0.08 | 18.9 | 1.16 | 15.6 |
| （4）台湾同胞 | 1.28 | −3.3 | 15.17 | 26.4 |
| （二）一日游游客（万人次） | 97.57 | 8.8 | 1056.95 | 10.1 |

| 项目 | 本月 | 同期对比% | 本月止累计 | 同期累计对比% |
|---|---|---|---|---|
| 二、旅游总收入（亿元） | 81.77 | 13.9 | 719.40 | 24.0 |
| 国内旅游收入（亿元） | 77.65 | 12.1 | 678.65 | 20.6 |
| 接待过夜游客收入 | 73.86 | 12.0 | 638.43 | 20.7 |
| 接待一日游游客游收入 | 3.80 | 16.1 | 40.22 | 18.0 |
| 国际旅游收入（万美元） | 6201.75 | 47.0 | 61364.37 | 116.6 |

注：1. 旅游饭店为列入我委统计范围的酒店、宾馆，社会旅馆接待人数含住宅小区、出租屋接待游客人数。2. 全省总计含邮轮游客人数。3. 国内旅游收入所采用花费标准按 2016 年 2016 年 7 月起实施的《海南国内游客花费调查花费》执行，同口径对比。

（资料来源：http://www.visithainan.gov.cn/lvyoutongji/201712/t20171215_77857.htm 首页＞旅游统计）

# 第二节　旅游收入指标及计算

旅游收入指标是旅游目的地国家或地区掌握和分析旅游经济活动的重要工具，它是用货币单位计算和表示的，反映旅游经济发展的水平、规模、速度和比例关系的价值指标。通过对旅游收入指标的分析，可以为旅游经营者和有关部门在制定旅游发展规划、做出相关决策时提供重要的参考。通常把旅游收入指标分为：旅游收入总量指标、旅游收入平均指标和旅游收入比率指标。

## 一、旅游收入总量指标

旅游收入总量指标，是反映旅游目的地国家或地区在一定时期内，接待国内外旅游者所获得的全部旅游收入，主要包括旅游总收入指标和旅游外汇总收入指标。

### （一）旅游总收入

旅游总收入，是指在一定时期内，旅游目的地国家或地区向国内外旅游者出售旅游产品和相关劳务所获得的，以本国货币所计算的国际、国内旅游收入的总和。该指标综合反映了该国家（地区）旅游业的总体规模和经营成果。旅游总收入通常用本国货币计量表示，可以用公式表示如下：

$$R_T = R + P_e = (N \times P) + P_e$$

式中：$R_T$——一定时期旅游总收入；

　　　$R$——基本旅游收入；

　　　$N$——旅游总人次；

　　　$P$——人均旅游消费支出；

　　　$P_e$——非基本旅游收入。

【例题 8-1】某地第一季度旅游收入统计显示：该地本季度旅游交通收入 3317.4 万元，旅游食宿收入 15317.2 万元，旅游景区平均旅游总人次 85 万人次，人均消费 161.5

元/人次，同期其他非基本旅游收入约为 6317.2 万元/月，问该地第一季度旅游总收入？

**解**：$R_T = R + P_e = (N \times P) + P_e = 3317.4 + 15317.2 + 85 \times 161.5 + 6317.2 \times 3 = 51313.7$（万元）

### （二）旅游外汇总收入

该指标是指一定时期内旅游目的地国家或地区向外国游客提供旅游产品、购买物品和其他劳务所取得的外国货币收入的总额，也是外国旅游者入境后的全部消费支出总额。该指标一般用美元表示。公式如下：

$$R_f = N \times E \times T$$

式中：$R_f$——旅游外汇总收入；

　　　$N$——接待外国旅游者人天数；

　　　$E$——国际旅游者人均天消费支出；

　　　$T$——国际旅游者平均逗留时间。

旅游外汇总收入是一个综合性的指标，它是衡量一国国际旅游业发展水平的重要标志之一。在国际旅游业中，它常常被用来同一国的外贸商品出口额相比，以说明它在一国全部外汇收入中的地位与增长速度，以及它对弥补一国外贸逆差所做的贡献。这里应该指出的是，旅游外汇总收入指标并不<u>直接反映</u>旅游业的经营成果，因为旅游业在向国际旅游者提供产品和劳务过程中，还有相关部门的创汇劳动和价值转移（如民航、铁路、邮电、商店等），因此，应在扣除上述内容后，才能真正反映旅游业的创汇成果。

## 二、旅游收入平均指标

### 1. 人均旅游外汇收入及计算

人均旅游外汇收入指标是在一定时期内，旅游目的地国家或地区平均每接待一个外国旅游者所获得的旅游外汇收入额。其计算是用一定时期内该国家或地区旅游外汇收入总额与其接待的外国旅游者人次相除而得，也可用外国旅游者人均每天旅游消费支出与平均停留时间相乘而得。

### 2. 国内人均旅游花费及计算

国内人均旅游花费，是一定时期内国内每个旅游者出游的平均花费，其计算方法既可用国内旅游总花费与国内旅游者出游人次相除而得，也可用国内旅游者人均每天旅游花费和平均出游天数相乘而得。

**【例题 8 - 2】**数据显示，2017 年国内旅游市场为 50 亿人次，国内旅游收入为 4.57 万亿元，问 2017 年国内人均旅游花费为多少？

**解**：由于国内旅游收入和旅游消费支出是相等的，因此通过计算人均收入即可得到人均旅游花费指标，所以：4.57 万亿÷50 亿人次＝0.0914 万元/人次

即：2017 年国内人均花费为 914 元/次

### 3. 人均旅游收入及计算

人均旅游收入是在一定时期内旅游目的地国家或地区平均接待每一个国内外旅游者所

获得的旅游收入额，它既可用旅游总收入与接待的国内外旅游者总人次相除而得，也可用人均旅游外汇收入和国内人均旅游花费进行加权计算而得。

### 三、旅游收入比率指标及计算

旅游收入比率指标是通过对不同指标的比较计算来反映旅游业发展及增长的状况、水平及其在国民经济中的地位和作用。

**1. 旅游收入增长率及计算**

旅游收入增长率是指不同时期旅游收入（或外汇收入）相互比较的比率，其反映了旅游收入在不同时期的增长水平。其三种表示方法分别为：旅游定基收入增长率、旅游环比收入增长率和旅游平均收入增长率。

（1）旅游定基收入增长率：

$$r = (R_i - R_0)/R_0 \times 100\%$$

式中：$r$——旅游收入定基增长率；

　　　$R_0$——基期旅游收入；

　　　$R_i$——$i$ 期旅游收入。

（2）旅游环比收入增长率：

$$r = (R_i - R_{i-1})/R_{i-1} \times 100\%$$

式中：$r$——旅游收入环比增长率；

　　　$R_{i-1}$——上一期旅游收入；

　　　$R_i$——$i$ 期旅游收入。

（3）旅游平均收入增长率：

$$\bar{r} = \sqrt[n]{\frac{R_i}{R_0}} - 1$$

式中：$\bar{r}$——旅游平均收入增长率；

　　　$R_0$——基期旅游收入；

　　　$R_i$——$i$ 期旅游收入；

　　　$n$——期数。

**【例题 8-3】** 图 8-2 为 2011 年至 2016 年我国城镇居民和农村居民旅游花费统计，根据图中显示的数据，2011 年至 2016 年我国城镇和农村居民旅游花费平均增长率分别是多少？

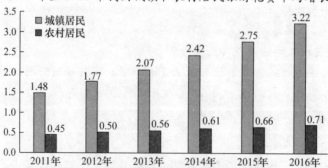

图 8-2　2011～2016 年城镇居民和农村居民旅游花费（万亿）

**解**：（1）2011 年至 2016 年我国城镇居民旅游花费平均增长率为

$$\bar{r} = \sqrt[5]{\frac{3.22}{1.48}} - 1 = 0.168 = 16.8\%$$

（2）2011 年至 2016 年我国农村居民旅游花费平均增长率为

$$\bar{r} = \sqrt[5]{\frac{0.71}{0.45}} - 1 = 0.096 = 9.6\%$$

**2. 旅游换汇率及计算**

旅游换汇率是指旅游目的地国家或地区向国际旅游者提供单位本国货币旅游产品所能获取外国货币的数量比例。旅游换汇率指标反映了旅游外汇收入对一个国家或地区国际收支平衡作用的大小，又是反映该国旅游创汇能力的综合性指标。其计算公式如下：

$$H_i = (R_f \div R_s) \times 100\%$$

式中：$H_i$——旅游换汇率；

$R_f$——单位旅游产品外汇收入；

$R_s$——单位旅游产品本币价格。

**3. 旅游创汇率及计算**

旅游创汇率是在一定时期内，旅游目的地国家或地区经营国际旅游业务所取得的全部外汇收入扣除了旅游业经营中必要的外汇支出后的余额，并与全部旅游外汇收入相除的比值。其计算公式如下：

$$C_r = (R_t - E_t) / R_t \times 100\%$$

式中： $C_r$——旅游创汇率；

$R_t$——旅游外汇总收入；

$E_t$——旅游外汇总支出。

# 第三节　旅游收入分配

旅游收入作为国民收入的一部分，其分配形式也和国民收入的分配形式一致，通常是经过初次分配和再分配两个过程来实现的。旅游收入的初次分配是在直接经营旅游业务的旅游部门和企业内部进行的。初次分配的内容是旅游营业总收入中扣除了当年旅游产品生产中所消耗掉的生产资料价值后的旅游净收入。旅游净收入是旅游从业人员所创造的新增价值，旅游净收入在初次分配中最后可分解为职工的工资、企业的盈利以及政府的税收。旅游收入进行初次分配后还必须进行再分配。再分配是在旅游业的外部，在全社会经济范围中进行的。其分配的内容和渠道主要是：首先，旅游部门和企业为扩大再生产，向有关行业的企业购买各种物质产品和服务，从而使旅游部门和企业的盈利转换为相关行业部门的收入。其次，旅游部门和企业的职工，把所得工资的一部分用于购买他们所需要的物质产品和劳务，使相关部门企业获得了收入。最后，旅游部门和企业把旅游收入中的一部分用于支付各种税金等，从而转化为政府的财政预算，用于发展国家或地区的经济建设、公共福利事业和旅游产业的发展等。旅游收入经过上述初次分配和再分配两个过程后，就实现了旅游收入的最终分配和使用。

## 一、旅游收入的初次分配

旅游收入的初次分配是在直接经营旅游业务的旅游部门和企业内部进行的。这些部门和企业主要包括旅游景点、饭店、交通企业、娱乐场所、商店等。但是旅游收入的初次分配并不是将所有的营业收入投入分配，而应从中首先扣除在生产经营中消耗的生产资料的价值部分，如固定资产的折旧和原材料的消耗等，余下的则一般一部分作为税收上缴国家，另一部分则留在企业，作为企业的留存收益用于扩大再生产和集体福利的需要。其过程如下。

### （一）营业收入扣除生产经营中消耗的生产资料的价值，得到旅游净收入

这里不是一个分配过程，而是一个补偿过程。旅游企业在生产经营中，必定会消耗各种物质资产，而为了维持再生产，旅游企业必须将所获得的营业收入投入购买生产经营所需的原材料和辅助材料、进行旅游新产品的开发、购置各种消耗的固定资产等，从而使这些物质资产在价值上得到补偿，在实物形态上得到替换。

### （二）旅游净收入按照劳动力、资本和公共投入等因素，相应以职工工资、企业留存收益和政府税收的形式进行分配

旅游企业为维持正常运转，必须雇佣大量的员工，员工以自己投入的劳动力为依据所获得的报酬（含工资、奖金和福利）即是职工工资。这是职工个人和家庭生活的需要，同时也是实现劳动力简单再生产和扩大再生产的需要。国家为旅游业投入了各种公共设施和服务的保障，因而旅游业在获得旅游收入的同时，必须同时将一部分收入以税收形式上缴国家。如一般而言，旅游生产企业在经营中必需上缴增值税，同时还有在此基础上的城建税和教育税附加，如果旅游企业是盈利的且符合相应条件，还需要缴纳企业所得税等。国家将这部分税收作为财政收入统筹使用，用于公共设施和服务的改善，从而保证旅游业的健康正常发展。

旅游净收入在经过职工工资和税收分配后剩下的部分，即是企业的净利润，企业的净利润一般可以分为三部分：企业公积金、企业公益金以及应该分配给投资者的利润。企业公积金主要用于企业自身的发展和加强防御风险的能力，而企业公益金则应用于职工集体福利。应该分配给投资者的利润则是对投资者投入资本的要素为依据进行的分配。

### （三）包价旅游收入的初次分配

旅游收入的初次分配是在各旅游部门和企业中进行的。旅行社是旅游业赖以生存和发展的"龙头"部门，由于旅行社的特殊职能和地位，使它在旅游收入的初次分配中起着特殊的作用。其中，包价旅游收入的初次分配出现了与前述分配过程不同的分配形式。

旅行社根据市场的需求，首先向住宿、餐饮、交通、游览、娱乐的部门和企业预订单项旅游产品，经过加工、组合，形成不同的综合性旅游产品（即包价旅游），出售给旅游者，由此获得包价旅游收入。这种包价旅游收入首先表现为旅行社的营业总收入，在扣除

了旅行社的经营费用和应得利润后，旅行社根据其他各旅游企业提供产品和服务的数量和质量，按照预定的收费标准、所签订的经济合同中列定的支付时间、支付方式和其他有关规定，分配给这些旅游部门和企业应得的旅游收入。这些部门和企业获得营业收入后，才按照前述的分配方式进行旅游收入的初次分配。

## 二、旅游收入的再分配

旅游收入的再分配是指在旅游收入初次分配的基础上，按照价值规律和经济利益原则，在旅游企业及旅游行业外部进一步分配的过程，从而实现旅游收入的最终用途。

同其他经济活动一样，旅游经济活动也是一个社会生产的不断重复和扩大的过程，因而旅游收入的再分配是旅游经济活动的重要一环。它既是使旅游业能够不断扩大生产、满足其自我发展和自我完善必需的物质条件的需要，也是满足旅游从业人员的各种物质和文化需求，使劳动者家庭得到满足，劳动力不断再生产的需要。同时，通过旅游收入的再分配，使全社会的相关部门获得了应有的派生收入，旅游业的经营成果影响到旅游业外部，从而体现了旅游业对旅游目的地国家或地区整个社会、经济的促进作用。

### （一）旅游企业收入的再分配

旅游企业为了维持自身的再生产以及扩大再生产的需要，必然需要补偿在生产经营中消耗掉的原材料以及房屋设备，这些物质资料旅游业一般是很难仅仅在企业内部就获得补偿的，通常得向相关的企业购买各种产品和劳务，从而使旅游收入转换为相关行业部门的收入。同时企业留存的收益中主要有公积金和公益金以及暂时未分配给投资者的利润。在企业经营良好的情况下，公积金主要用于旅游企业扩大再生产的追加投资，而暂时未分配给投资者的利润，也是投资者为了企业的发展而暂时不予分配留存在企业内部的，同样也是用于旅游企业扩大再生产的追加投资，如扩大经营场地、建设新的厂房、购买新的机器设备等等。而公益金则主要用于职工集体福利，以满足职工医疗、住房、教育、娱乐等方面的需要。旅游企业的这些支出流向相关的部门或企业，从而形成旅游企业收入的再分配。

### （二）职工工资的再分配

这部分收入中的大部分被用于购买职工所需要的生活消费品和劳务产品，以满足他们个人和家庭的物质文化生活需要，保证劳动力的再生产。这部分支出构成了社会经济中相关的生活资料和劳务部门的营业收入。职工的个人收入扣除消费剩下的部分，则一般会选择存入银行，或者购买国债、保险和股票等，从而形成其他部门的收入或债务，成为国家和经济中其他企业建设和发展资金的重要来源。通过以上的途径，形成了职工工资收入的再分配。

### （三）政府和旅游相关收入的再分配

旅游收入中上缴国家的各类税金构成了国家和地方政府的财政预算收入，同时，政府通过各种支出来实现旅游收入的再分配。政府的财政支出主要用于国防、教育、公共事业和社会福利投资，其中一部分作为旅游基础建设和旅游项目开发最终又回到旅游业中来，从而推动旅游业的发展。

### （四）旅游收入的另外一些分配途径

旅游收入中还有一部分流入其他部门，如支付贷款利息构成金融部门的收入、支付保险金构成保险部门的收入、支付房租而形成房地产部门的收入等。

## 三、旅游收入分配的重要作用

旅游收入，经过初次分配和再分配运动过程而实现了最终用途，不仅满足了各旅游要素投入主体的经济利益追求，而且对旅游目的地国家或地区的社会经济发展也具有积极的促进作用。旅游收入分配的重要作用主要表现在以下几方面。

### （一）旅游收入分配促进旅游业的发展

旅游收入经过初次分配与再分配后，就形成积累基金和消费基金两大部分。其中积累基金不仅可用于旅游业的扩大再生产，而且可用于与旅游业相关部门和企业的扩大再生产，从而为全社会的扩大再生产提供了前提。尤其是一部分积累基金，通过有计划地再投入到旅游开发建设中，开发新的旅游产品和开拓新的旅游市场，有利于促进旅游业进一步发展。而其中消费基金部分投入消费以后，扩大了社会需求和消费，为劳动就业提供了良好条件，为旅游业发展输送了大量的劳动力，并促进社会劳动力资源的有效使用和合理流动。

### （二）旅游收入分配促进产业结构的调整

旅游收入分配还直接影响投资结构与产业结构的变化。随着旅游收入的增加和分配，必然促使旅游需求增加并带动旅游供给能力不断提高，促使各种食、住、行、游、购、娱的设施规模不断扩大；而随着旅行社、旅游饭店、旅游交通、旅游景点、旅游购物等方面的数量不断增加，规模不断增加，又必然拉动为旅游业提供配套设施设备的相关部门和企业供给数量的增加。于是，通过旅游收入初次分配和再分配过程，必然促进整个社会投资结构，进而影响产业结构的变化和调整，促使旅游目的地国家或地区产业结构的进一步合理化，推动旅游业和社会经济的不断发展。

### （三）旅游收入分配带动社会经济的发展

根据现代经济学理论，旅游收入在初次分配和再分配过程中，其用于生产性消费和生活性消费的比例会随每一次分配循环而不断增加，最终形成乘数效应而使国民收入总量增加。尤其旅游业是一个综合性产业，通过旅游收入的初次分配和再分配，不仅诱发对旅游业自身的投入及开发，还会带动交通运输业、商贸业、建筑业、工农业等物质生产部门，以及金融、文化、教育、卫生、体育等非物质生产部门的投入与发展，从而促进整个社会经济的繁荣和发展。

**小·贴士**

**生态旅游地的收入与分配问题分析**

**一、生态旅游地的旅游收入、分配构成**

1. 生态旅游地的收入来源一般由以下几部分构成：①旅游区门票收入；②政府

拨款；③社会捐赠投资；④旅游区内旅游企业上缴税收及特许经营费；⑤旅游产品收入和专利使用收入。

2. 生态旅游地的收入通常通过以下几种途径在主体间分配：①上缴上级政府机关；②经营者提取利润；③社区居民收入；④用于景区的进一步开发建设；⑤用于景区的资源环境保护。旅游者带来的所有花费构成了生态旅游地的直接旅游收入，直接旅游收入扣除漏损额（区外人力资源工资、区外产品引进费用等）之后，剩下的旅游收入可以称为二次旅游收入。只有这一部分收入才可能在旅游地内进行分配，进一步产生旅游间接收入和旅游累加收入。

### 二、生态旅游地的旅游收入、分配障碍

1. 生态旅游地收入障碍有以下几种：①经济与环境的矛盾，这集中体现在门票收入与可容纳游客量的矛盾上，大量旅游者的介入必然对旅游地的生态环境造成威胁，控制游人数量又使经济收益受限。②经济水平和产业结构的局限，即在经济发达地区，旅游业促动其他行业部门而产出的间接经济效益远远大于旅游直接收入，而生态旅游地通常位于生态条件优越、人工干扰程度低的地区，这些地区大多经济落后、交通不便，由于受经济发展水平和地区产业结构的局限，对于旅游的强拉动力的反馈水平低，最终间接收入低。③旅游收入漏损，由于旅游地经济体系和产业结构不完善，对旅游经营所需产品的数量、质量供给能力不足，需要大量向外购买产品和服务，致使旅游供给市场为区外经济实体控制。世界上优秀的生态旅游地多位于发展中国家和地区，而发展中国家和地区由于自身的局限，旅游收入的漏损现象尤其普遍。

2. 生态旅游地分配障碍：生态旅游地的诸多收入障碍必然进而导致分配障碍，造成各利益主体间的矛盾。任何一方利益得不到保障都会带来负面影响：对经营者服务者分配不足会导致决策不合规范、服务质量下降、欺诈宰客行为增加，败坏旅游地的形象等；对景区分配不足会造成资源环境保护得不到物质保障，进一步的开发建设无法实施；社区居民参与分配的不足，旅游地达不到预期的经济发展的目标，而旅游者进入旅游地对自然人文生态的干扰，造成居民与旅游者之间的矛盾纠纷增加，此外，由于生态旅游地居民生活水平低，可能出现伐木、偷猎等现象，造成对旅游资源环境的压力。

### 三、生态旅游地旅游收入、分配优化

1. 资源导向的定价原则。大众旅游产品的定价通常是市场导向或称为消费导向的，生态旅游产品由于其特殊的生态环境背景与脆弱易损的特性，必须遵从供给导向或称资源导向的定价原则，参照资源环境的生态脆弱性和承载能力，确定所能承受的最大游客量，并根据季节性做必要的调整和引导。

2. 门票的梯度收费制。梯度收费制为生态旅游地的环境保护提供了经济支持。提高团队门票价格，可以限制过多的旅游者在同一时刻涌入旅游区，避免因客流超载而产生生态环境损害。降低本地居民门票，可以减少资源利用上的冲突和矛盾。

3. 政策倾向，减少漏损。为了避免收入大量流出区域经济系统，应该树立强烈的品牌意识和专利意识，对当地产业可以给予政策优惠或经济扶持，逐渐完善旅游目的地和旅游依托地的服务经济体系和旅游产业结构，真正实现以旅游发展带动整个地区经济发展目标。

4. 收入途径的多元化。大力发展特色旅游商品，尤其是知识含量高和有地方特色的商品。以相关产品和服务扩大收入来源，生态旅游者一般对住宿餐饮娱乐等要求不高，他们更注重精神上的追求和提高，开发配套的产品和服务既满足消费需求又增加了收入来源。

5. 资源环境保护费用单独列项。资源环境保护费用不能过分依赖门票收入，以免资源环境保护工作受到经济收入冲击而无法持续和系统地进行。资源环境保护费用应单独列项，从稳定收入中单独划拨。

6. 扩大居民的参与分配额。通过为居民创造就业机会，提高居民对旅游的参与程度，扩大他们对旅游收入的分配额，提高其生活水平。具体可行的参与途径有：为旅游者提供向导服务、停留场所、特色食品，手工工艺品和旅游纪念物，种植地区特有的花卉药材食用菌类等。

（资料来源：孙春华、何佳梅，生态旅游地收入分配问题初探，《热点研究与解析》，山东省农业管理干部学院学报，2003 年第 3 期）

# 第四节　旅游收入乘数

乘数效应的理论支撑源于约翰·梅纳德·凯恩斯（1883—1946）著名的《就业、利息和货币通论》中的收入乘数原理，是现代经济学中用于分析经济活动中某一变量的增减所引起的经济总量变化的连锁反应程度。在经济运行过程中，常会出现这样的现象：一种经济量的变化，可以导致其他经济量相应的变化。这种变化不是一次发生，而是一次又一次连续发生并发展。如一笔原始花费进入某一经济领域系统后，会流通再流通，经过多次循环，使原来那笔货币发挥若干倍的作用。这种多次变化所产生的最终总效应，就称为乘数效应。

经济活动中之所以会产生乘数效应，是因为各个经济部门在经济活动中是互相关联的。某一经济部门的一笔投资不仅会增加本部门的收入，而且会在国民经济的各个部门中引起连带反应，从而增加其他部门的收入，最终使国民收入总量成倍地增加。由此可见，某一行业的发展必然会促进一系列同该行业相关的间接部门的生产，从而带动整个国民经济的协调发展。

## 一、旅游收入乘数的含义

旅游收入乘数效应是用来衡量旅游收入在国民经济领域中，通过初次分配和再分配的循环周转，给旅游目的地国家或地区的社会经济发展带来的增值效益和连带促进作用的程度。目前，旅游业在全世界各地发展迅速，并成为许多国家重要的经济部门之一，对其他经济部门和整个社会经济产生了较大的促进和带动作用。因此，旅游经济学家把乘数效应概念引入旅游经济活动的分析之中，从而产生了旅游收入乘数效应的概念。

旅游业是绿色产业，但它必须靠物质生产部门的支持才能得以存在和发展。旅游者的交通，要依靠飞机和机车制造业，而这些制造业又要依赖黑色金属和有色金属钢铁、铝、铜等工业的发展；旅游者的住宿要依靠建筑业来建造饭店；旅游者的膳食要农业部门提供丰富多样的农副产品；旅游者的购物也要轻工业和手工业提供各种旅游商品。由此可见，旅游业的发展必然会促进一系列同旅游相关的间接部门的生产，从而带动整个国民经济的发展。正是由于旅游业的发展，对旅游业间接有关的部门发生了影响，增加了有关部门的收入，因而可在经济整体上用旅游收入乘数来衡量旅游业的地位和作用。

通常，旅游者的一笔消费支出进入旅游经济运行系统中后，经过多个环节，使原来的货币基数发挥若干倍的作用，在国民经济各部门中引起连锁反应，从而增加其他部门的收入，最终使国民总收入成倍增加。例如，旅游者在旅游目的地旅游，报名参加旅游团进行观光游览，同时又购买了当地的旅游特色商品，品尝了当地的特色餐饮，从而为旅游活动支付了旅游费用，这笔费用就是当地旅游业的旅游收入。于是，相关的各旅游企业从该笔收入中进行初次分配和再分配，旅游企业员工从旅游者花费中获得工资，工资的一部分用于员工的生活支出，其生活支出又注入本地经济；而餐厅对特色餐饮的烹制，需要采购各种原材料，又会使种植业、养殖业和经销商的收入增加，反过来促进社会消费品销售量的增加；旅游购物品商店从旅游者花费中获得收入，经过分配，促使旅游商品生产企业员工获得收入，从而再次注入当地经济循环中去。这种通过旅游者的花费对某一地区的旅游业的货币注入而反映出来的国民收入的变化和经济影响，就是旅游收入乘数效应。

## 二、旅游收入乘数的计算

旅游收入乘数效应，可通过计算旅游收入乘数来判定，通常用 $K$ 表示旅游收入乘数，则根据一定的投入增量和收入增量，即可计算旅游收入乘数，计算公式如下。

$$K = \Delta Y / \Delta I$$

式中：$K$——旅游收入乘数；

　　　$\Delta Y$——收入增量；

　　　$\Delta I$——投入增量。

旅游收入乘数表明了旅游目的地对旅游行业的投入所导致的本地区综合经济效益最终量的增加。但应该指出，乘数效应的形成必须以一定的边际消费倾向为前提。因为无论是海外游客还是国内游客在某旅游目的地的消费都是对旅游行业的投入，当这笔资金流入旅游目的地国家或地区的经济运行中，就会对生产资料和生活资料生产部门以及其他服务性企事业单位产生直接或间接影响，进而通过社会经济活动的连锁反应，导致社会经济效益的增加。如果把这笔资金的一部分储蓄起来或用于购买进口物资，使资金离开经济运行过程或流失到国外，就会减少对本地区经济发展的注入和作用，也就是说，边际储蓄倾向和边际进口物资倾向愈大，对本地区的经济发展的乘数效应就愈小。根据以上乘数原理，计

算乘数的公式可进一步表述为

$$K = \frac{1}{1-MPC} = \frac{1}{MPS} = \frac{1}{MPS+MPM}$$

式中：$MPC$——边际消费倾向；

$MPS$——边际储蓄倾向；

$MPM$——边际进口物资倾向。

上述公式表明：乘数与边际消费倾向成正比，与边际储蓄倾向成反比。边际消费倾向越大，乘数效应就越大；边际消费倾向越小，乘数效应就越小。边际储蓄倾向越大，乘数效应就越小；边际储蓄倾向越小，乘数效应就越大。

 **小·贴士**

### 乘数原理

乘数原理就是增加一笔投资 $\Delta I$，在国民经济重新达到均衡状态时，由此引起的国民收入增量并不仅限于这笔初始的投资，而是为初始投资的若干倍。

为了更清楚的说明这个原理，我们举一个例子。假定某部门增加投资 100 万元，并且整个社会的边际消费倾向 $\beta=0.8$（边际消费倾向为 $S$，$S+\beta=1$），当这增加的 100 万元投资被用来购买投资品时，实际上是以工资、利息、利润和租金的形式流入生产要素（这些生产要素被用来生产投资品）的所有者手中，即居民手中，产生国民收入的第一轮增加，即 $\Delta I=100$ 万元。

由于社会的边际消费倾向 $\beta$ 被假定为 0.8，所以增加的 100 万元中会有 80 万元用于购买消费品，从而以工资、利息、利润和租金的形式流入到用来制造消费品的生产要素的所有者手中，产生国民收入的第二轮增加，即 $\beta\Delta I=80$ 万元。

以此类推，这个过程不断进行下去，就可以得到第三轮、第四轮乃至第 $n$ 轮的收入增加，最后使国民收入成倍增加：

$$\Delta Y = (1+\beta+\beta^2+\beta^3+\cdots)\Delta I$$

$$\Delta Y = \lim_{n\to\infty} \frac{(1-\beta^n)\Delta I}{1-\beta} = \frac{1}{1-\beta}\Delta I = \frac{1}{S}\Delta I$$

因此，乘数可以写成：

$$K = \frac{\Delta Y}{\Delta I} = \frac{1}{1-\beta} = \frac{1}{S}$$

上式表明，乘数 $K$ 为边际储蓄倾向 $S$ 的倒数。

【例题 8-4】例如：假定旅游目的地地区 A 的旅游边际消费倾向为 55%，地区 B 的旅游边际消费倾向为 32%。这表示两地区的旅游收入中，各有 55% 和 32% 的资金注入本地区的经济运行系统中，而剩下的 45% 和 68% 的资金则被储蓄或被用于进口物资，脱离了本地经济的运行。下面试着计算它们各自的旅游乘数：

**解：**（1）旅游目的地地区 A：

$$K = \frac{1}{1-MPC} = \frac{1}{1-0.55} = 2.22$$

（2）旅游目的地地区 B：

$$K = \frac{1}{1-MPC} = \frac{1}{1-0.32} = 1.47$$

## 三、旅游收入乘数的种类

旅游收入的乘数效应，使一个国家或地区增加一笔旅游投入相应会引起该地区经济的增长，使国民收入总量增加，并反映出国民收入的变化和经济影响。这种影响作用，主要通过以下几种常用的乘数模式，从不同侧面对国民经济产生相应的经济影响。

### （一）营业收入乘数

营业收入乘数，是指增加单位旅游营业收入额与由此导致其他产品营业总收入增加额之间的比率关系，该乘数表明一地区旅游业的发展对整个地区营业总收入的作用和影响。

### （二）就业乘数

就业乘数，是指增加单位旅游收入所创造的直接与间接就业人数之间的比率关系。该乘数表明某一地区通过一定量的旅游收入，对本地区就业产生的连锁反应，并导致对最终就业岗位和就业机会所产生的作用和影响。

### （三）居民收入乘数

居民收入乘数，是指增加单位旅游收入额与由此导致的该地区居民总收入增加额之间的比率关系。该乘数表明了这一地区旅游业的发展而给整个地区的居民收入增加带来的作用和影响。

### （四）政府收入乘数

政府收入乘数，是指增加一单位旅游收入对旅游目的地国家或地区政府净收入所带来的影响。该乘数用来测定旅游目的地国家和地区政府通过税金从旅游经济活动中得到的效益，即旅游收入对政府税金增加所产生的作用和影响。

### （五）消费乘数

消费乘数，是指每增加一单位旅游收入所带来的对生产资料和生活资料消费的影响。该乘数用来测定旅游目的地国家和地区旅游收入增加对社会再生产过程的促进作用，即对社会消费扩大的作用和影响。

### （六）进口额乘数

进口额乘数，是指每增加一个单位旅游收入而最终导致旅游目的地国家总进口额增加的比率关系。该乘数表明旅游目的地国家随着旅游经济活动的发展，旅游部门和企业以及向这些部门、企业提供产品和服务的其他相关单位，向国外进口设施、设备、生活消费品的增加量与旅游收入增量的关系。

## 四、旅游收入乘数效应的发挥

旅游乘数效应是如何发挥的呢？对于旅游目的地国家或地区来说，来访国际游客的旅游消费作为无形出口贸易的收入，使外来资金"注入"到目的地国的经济之中，按照英国著名旅游学者阿切尔（Archer）的理论，这些注入资金在部分流出本国或地区经济系统之外的同时，余额则在目的地经济系统中渐次渗透，依次发挥直接效应（direct effects）、间接效应（indirect effects）和诱导效应（induced effects），刺激本国或地区经济的发展和整体经济水平的提高。

### （一）直接效应

直接效应是指对直接为旅游者服务的部门或企业（如饭店、旅行社、交通部门、饮食部门、景点等）所产生的增加收入或产出的效果。

### （二）间接效应

直接收益的各旅游部门和企业在再生产过程中要向有关部门和企业购进原材料、物料、设备，各级政府把旅游业缴纳的税金投资于其他企事业、福利事业等，使这些部门在不断的经济运转中获得了效益，即间接地从旅游收入中获利。世界上大量研究表明，旅游消费的间接效应常常超过它的直接效应。

### （三）诱导效应

诱导效应是指给为旅游相关部门服务的更广泛的层次带来的收入增加或产出增加。即无论是直接或是间接为旅游提供产品与服务的旅游部门或企业的职工，将从旅游收入中分配到的工资、奖金用于购买个人或家庭生活消费品和劳务，从而刺激了相关部门和企业的发展，以及那些在旅游收入分配与再分配中受到间接影响的部门和企业为扩大再生产将其收入的一部分进行再投资，从而又推动了其他相关部门的发展。总之，使国民经济中那些看起来与旅游业关系甚远的有关部门和企业在旅游收入不断再分配的连锁作用中受益，直接效应、间接效应和诱导效应之和即构成旅游收入乘数的总效应。

## 五、旅游乘数理论的局限性

### （一）乘数理论不以分析旅游接待国家或地区的产业结构、经济实力为基础

不同的经济背景可能产生不同性质和不同量值的乘数。如果接待国经济实力较强，技术先进，生产部门齐全，经济上自给程度高，无论是从数量上还是质量上都能满足国内企业、居民及外来旅游者对各种物质商品和服务的需要，那么便有可能使游客通过旅游消费所带来的收入尽可能多地留在国内，减少对进口商品和服务的购买。自给的程度越高，旅游乘数数值就越大，乘数效应就越强劲。反之，如果接待国或地区经济落后，生产门类不全甚至单一化，不能满足人们对有关商品和服务的需要，那么该国或地区势必会在相应的经济领域过度依赖进口，因为乘数效应就必然很微弱。而且，经济规模越小，产业关联越弱，边际进口倾向就越高，乘数效应也就越不显著。

### （二）乘数理论的前提条件之一是要有一定数量的闲置资源和存货可被利用，以保证需求扩张后供给能力相应增长

在实际中，由于需求过度膨胀或原有供给存量所剩无几，要满足需求的增长要求，就必须从其他经济活动中借用资源（从而减少其他活动的产出）或从外部进口产品或服务。

否则，乘数效应的发挥就会受阻。所以，如果经济中不存在闲置资源和存货，或"瓶颈"制约比较严重，旅游乘数效应将失效。

## 六、旅游收入漏损

### （一）旅游收入漏损原因

旅游收入漏损是指旅游目的地国家或地区的旅游部门和企业，用于购买进口商品和劳务，在国外进行旅游宣传，支付国外贷款利息等原因而导致的外汇收入的减少。对任何一个国家或地区来说，旅游外汇的收入和支出通常是同步发生的。在经营国际旅游业务的时候，必然要将旅游外汇收入的一部分用于正常的经营支出中，此外也有一些其他的原因会导致外汇收入的外流，这样就出现了旅游收入的漏损。旅游收入的漏损，表现为旅游外汇的流失，从国民经济和旅游经济运行的角度，旅游外汇的流失主要有以下原因。

（1）由于本国经济体系和生产结构不完善，对经营国际旅游所需要的物资数量、质量、品种和功能都不能给予保证，必须支付外汇从国外进口某些设施、设备、原料、物料和消费品，才能保证旅游业所需的物资和设备等。

（2）在大量引进外资进行旅游基本建设和旅游项目开发的同时，每年又必须拿出大量外汇用于还本付息、支付投资者红利等。

（3）为提高经营管理水平，在引进管理技术和管理人才的同时，又必须以相当数量的外汇支付外方的管理费用和外籍管理人员的工资、福利，以及经营国际旅游业务中，支付海外旅游代理商的佣金、回扣等。

（4）为了开拓国际旅游市场，争取更多的国际旅游客源，需要直接在海外进行旅游宣传促销，就要用外汇支付海外促销费用。除此之外，还要用外汇支付海外常住旅游机构活动费用和人员的工资等。

（5）本国居民出境旅游也会使一定数量的外汇流向国外。

（6）外汇管理不力，会使黑市交易猖獗，造成国家外汇实现量减少。或者由于企业间盲目削价竞争而导致旅游部门和企业外汇收入的减少，都会使国家旅游外汇收入隐性流失。

### （二）旅游收入漏损的控制

为保证一个国家旅游收入的稳定和增长，有必要对旅游外汇的流失进行严格控制。目前世界上许多国家，特别是把旅游业作为国民经济重要支柱产业的国家，都制定了一系列的政策，采取相应措施，对旅游外汇的流失问题进行控制和改善。以减少和避免旅游收入的漏损。主要的措施有以下几方面。

（1）积极发展本国经济，调整本国生产结构和产品结构，不断提高本国产品的质量，努力改进和提高生产技术，生产出满足旅游经营活动所需要的各种产品，尽量减少进口产品的数量。

（2）加强对引进外资、外来项目的审批工作。对引进项目的收益、成本、风险及先进性、急需性、可行性要认真分析评估，避免盲目引进，使国家和旅游企业外债负担过重。

（3）努力培养通晓国际管理方法，掌握现代管理技术，具有现代市场经营观念的旅游管理专门人才，逐步减少对外方管理人员的引进，从而减少相应的外汇支出。

（4）采取合理的价格，引导本国居民多参与国内旅游，用国内旅游来代替国际旅游，适当控制出境旅游的数量。在外汇缺乏或外汇收支逆差的情况下，也可采取相应政策来限制本国居民出境旅游，以减少旅游外汇收支逆差。

（5）制定完善的经济法规和外汇管理制度、方法，对违反国家政策法规规定，扰乱金融秩序和市场环境的不法行为给予严厉的法律和经济制裁，以建立良好的外汇市场秩序，控制外汇的流失。

 小·贴士

### 从出境旅游外汇漏损谈旅游贸易中的产业升级

有关出境旅游的讨论，不可避免地涉及国际收支平衡问题。从国家外汇管理局公布的《国际收支报告》中可以看到，近年来中国因私出境旅游支出不断扩大。2009年，旅游项目在年度国际收支平衡表中出现自1982年以来的首次逆差，2010年逆差继续扩大，高达91亿美元，同比增长1.3倍。旅游贸易净收入减少已经成为不争的事实。旅游业曾经作为创汇行业为国家外汇储备增长和经济发展做出了巨大贡献，而伴随出境旅游人次的激增和媒体对于中国旅游者境外消费能力的夸张报道，不断有学者撰文表示对旅游业逆差发展态势的担忧。从入境旅游发展所带来的外汇盈余到出境旅游引发的外汇漏损，在旅游学界引发激烈讨论。可以肯定的是，无论是否具有"超前"社会经济发展水平的特征，中国出境旅游高速发展都存在必然性。面对旅游业由"创汇行业到耗汇行业"的过渡和"外汇流失"的状况，是采取措施限制出境旅游的发展，还是顺应趋势、利用出境旅游发展带来的机遇提升中国旅游业国际竞争力则成为值得考虑的关键问题。

笔者认为，旅游服务贸易市场的开放性特征决定了限制出境旅游发展的狭隘性。出境旅游的确会导致外汇流失，但其在改善国家发展环境、增强国民综合素质以及增加国家软实力等方面的正外部性也不容忽视。所以，就中国旅游业而言，当务之急并非是从制度和政策上限制出境旅游，减少外汇漏损，而是应该从产业升级角度考虑，尽快实现出境旅游大发展背景下的新兴旅游产业培育，扭转单纯以扩大入境旅游业为主要盈利模式的国家旅游产业体系，进而实现中国建设世界旅游强国的战略构想。

审视中国旅游行业的发展历程不难发现，当前导致外汇漏损的因素集中存在于旅游客流上，即出入境旅游客流的人次和其消费能力最终决定了外汇收支的走向。这也正是长久以来中国旅游产业发展状况的真实写照：以客流为主，资本流为辅，高端服务产品流和信息流不足甚至缺失，产业层次有待提高。国家"十二五"规划纲要明确提出，国际收支趋向基本平衡是这一时期经济社会发展的主要目标之一。

产业发展的结构性"瓶颈"在很大程度上决定了旅游外汇漏损局面无法在短期内得以调整。不过，利用出境旅游强劲发展的势头却可以帮助调整旅游产业发展思路，优化旅游产业体系。国内有学者如厉新建（2010）建议通过设计"回流机制"降低出境旅游对于国家财富的冲击，即通过旅游业的跨国经营将本国国民出境花费"潜流"回国内。事实上，这种方式已经将产业关注重点由游客流转向资本流，可以作为解决外汇漏损和提升旅游企业国际市场竞争力的途径之一。国内部分有实力和远见的旅游企业已经开始从事资本的跨国运营，并且取得了一定成效。但从中国旅游服务贸易的整体发展水平来看，产业涉足的资本流规模偏小，高端服务产品领域特别是以信息流为核心的产业层次罕有涉及。以较为成熟的世界旅游大国为例，多半都拥有自己的国际旅行集成服务品牌，如法国的 ClubMed、美国的 Marriott 等。其中不少企业在发展中逐渐脱离旅游产品销售终端的市场定位，由最初的旅游服务供应商演变为旅游品牌研发商、资本运营商和咨询服务管理商，在盈利模式上也实现了由低附加值向高附加值的转移。从直接服务于游客本身，到为旅游产品设计开发、旅游目的地建设和营销提供服务，类似于旅游产业链从终端的产品零售上升到上游的研发设计，体现出旅游产业的不同发展层次。越居于产业链底端的业态，其受市场（客流量）波动的影响越大，而上游的研究设计业态，因高度依赖知识更新和技术创新，市场需求量与行业进入壁垒呈现"双高"特征，其中信息流是该产业层次的主要盈利模式。旅游规划咨询、行业技术标准认证等均可以归入信息流的旅游服务贸易领域。后者的代表性案例为旅游景区（企业）绿色环球21认证体系。这种具有无重经济（weightless economy）典型特征的业态有可能成为未来旅游服务贸易的重要组成部分，也应该是中国旅游产业开放升级的重要突破口。

目前，包括世界银行、世界旅游组织等国际组织、非政府组织和国外咨询管理机构均已开始涉足中国旅游产业的上游研发，如参与中国旅游规划方案的编制、派驻旅游咨询专家或者直接在华设立咨询公司等。虽然国内从事旅游产业上游研发的团体和学者在基础研究和技术手段创新方面也已经积累了一定经验，部分研究领域或者操作水准可以直接与国际接轨，但无论是行业本身还是行政主管部门对该业态在旅游产业中的整体定位和重要性均认识不到位，业界本身的视野和思路往往拘泥于国内，其重要意义在旅游产业政策方面亦未得到充分重视。在旅游外汇漏损的大背景下，有必要认清中国旅游产业结构并及时调整发展思路，尽快出台对应产业扶持政策，才是解决旅游国际收支失衡和保障旅游业可持续健康发展的长久之计。

（资料来源：马琳，从出境旅游外汇漏损谈旅游贸易中的产业升级，《旅游学刊》，2011，8（26）：9-10）

# 课后练习

## 一、单项选择题

1. 能够反映旅游外汇收入对一个国家或地区国际收支平衡作用大小的指标是（　　）。

    A. 旅游收入增长率　　　　　　　　B. 旅游创汇率

    C. 旅游换汇率　　　　　　　　　　D. 旅游平均增长率

2. 下列（　　）项用以衡量一国或地区旅游业发展的深度。

    A. 基本旅游收入　　　　　　　　　B. 非基本旅游收入

    C. 旅游总收入　　　　　　　　　　D. 人均旅游收入

3. 按旅游需求弹性可将旅游收入划分为（　　）。

    A. 基本旅游收入和非基本旅游收入　　B. 年收入、季收入和月收入

    C. 个人收入、企业收入和国家收入　　D. 国内旅游收入和国际旅游收入

4. 边际进口倾向就越高，乘数效应也就越（　　）。

    A. 显著　　　　　　　　　　　　　B. 不显著

    C. 无变化　　　　　　　　　　　　D. 波动

5. 旅游企业给员工发工资，属于旅游收入的（　　）。

    A. 分红　　　　　　　　　　　　　B. 积累

    C. 初次分配　　　　　　　　　　　D. 再分配

## 二、多项选择题

1. 下列收入处于旅游目的地地区基本旅游收入的有（　　）。

    A. 酒店住宿收入　　　　　　　　　B. 餐饮收入

    C. 交通收入　　　　　　　　　　　D. 景点门票收入

2. 增强旅游目的地吸引力，提升旅游服务国际化水平，吸引更多的外国旅游者前来本地旅游消费，从旅游收入的角度来看，这些措施的其重要意义在于（　　）。

    A. 增加旅游外汇收入　　　　　　　B. 平衡外汇收支

    C. 增强国家外汇支付能力　　　　　D. 增强当地的文化输出

3. 导致当地旅游收入漏损的因素有（　　）。

    A. 提高当地的旅游基础设施建设

    B. 本地居民出境旅游超过入境旅游者接待人数

    C. 长期在境外驻点开展旅游宣传活动

    D. 加大外汇管理力度，规范当地外汇市场经营行为

4. 增强旅游乘数效应的因素有（　　）。

    A. 提高银行储蓄利率　　　　　　　B. 完善当地的旅游基础设施建设

    C. 加大当地政府的公共物品采购力度　D. 优化居民在当地的消费结构

5. 下列属于旅游收入再分配的有（　　）。

A. 支付银行贷款利息      B. 投资扩大再生产

C. 职工采购生活消费品      D. 加大旅游教育投入

## 三、填空题

1. 按照旅游消费内容的构成，可以将旅游收入划分为_____和_____。

2. 旅游外汇总收入指标并不直接反映_____。

3. 旅游企业留存的收益中主要有_____和_____以及_____。

4. 旅游收入增长率是指_____的比率。

5. 常见的旅游收入指标有_____、_____和_____。

## 四、简答题

1. 旅游收入漏损的原因有哪些？

2. 简述包价旅游收入的初次分配过程。

3. 简述如何发挥旅游乘数效应。

## 五、计算题

某旅游地 2017 年共接待游客 300 万人次，人均旅游消费支出为 150 元，该地的边际消费倾向为 0.43，在不考虑收入漏损的前提下，试计算 2017 年该旅游地旅游收入给当地经济带来的乘数效应。

# 第九章
# 旅游投资与决策

**案例导入**

### 中国旅游站上了投资风口十大领域成为热点

在中国经济发展进入新常态的今天，旅游成为社会投资热点和最具有潜力的投资领域。旅游投资正成为旅游业供给侧改革的重要突破口。预计今年旅游直接投资将超过 1.5 万亿元，同比增长 20% 以上。

............

据统计，各类大型企业纷纷进入旅游投资市场。互联网企业前 10 位中有 9 家投资旅游业，5 年累计投资达 350 亿元，线上线下旅游企业渗透与融合加剧，传统旅游格局不断改写。房地产企业前 5 位全部投资旅游业，投资额达 1.7 万亿元。国美、苏宁、中粮等传统企业也纷纷试水旅游业。报告显示，全国旅游投资依然延续了民营资本为主、政府投资和国有企业投资为辅的多元主体投资格局。民营企业投资旅游业 7628 亿元，占全部旅游投资的 58.7%，投资热点从房地产业向旅游综合体及文化旅游转变。政府投资和国有企业投资分别为 2484 亿元和 1945 亿元，分别占全部旅游投资的比例为 19.1% 和 15%。

..........

报告分析，以下 10 个方面将成为未来旅游投资的重要领域：一是与休闲农业相融合的乡村旅游产品开发，休闲农庄、特色乡村、乡村精品民宿等将快速发展。二是低空旅游产品，包括低空旅游线路开发、航空旅游小镇、低空旅游飞行器等。三是在线旅游产品，包括旅游互联网金融、目的地旅游资源整合、内容创造性产品以及分享型旅游产品。四是旅游大数据与智慧旅游产品，包括各地旅游大数据中心、旅游大数据应用、智慧旅游交通、智慧旅游政务、未来景区、未来酒店等。五是休闲度假产品建设，包括旅游度假区、旅游综合体、特色旅游小镇、特色商业街区、综合性度假酒店、精品酒店等。六是文化旅游产品，包括大型演艺、主题公园、文创园、音乐公园、艺术中心等。七是体育旅游产品，包括竞技性体育赛事、参与性体育赛事、群众性体育活动、体育节庆活动、滑雪场等。八是康养旅游产品，包括中医药养生基地、体检机构、治未病中心、养生度假基地和老年旅游产品。九是研学旅游产品，包括研学基地、主题博物馆、休闲书屋等。十是新型旅游装备制造业，如邮轮游艇、飞行器、游乐设施、房车、木屋、滑雪和高尔夫用具等。

面对日益增多的旅游业投资热潮，更需保持冷静清醒的认识。大量资金迅速投入旅游业会不会造成"大水漫灌"式的强刺激，产生新的产能过剩？盲目单纯靠投资拉动旅游经济，片面地采用地产投资的方式开发旅游，对旅游业的负面影响可能会非常大。专家表示，要立足发挥市场在配置资源中的决定性作用，注重优化旅游投资结构，加强对社会资本的引导，推进重点领域投资持续健康增长，防止出现一味求大求快、借旅游之名行房地产之实等现象。

（资料来源：2017-05-26 人民日报）

问题：
1. 为何旅游市场能够吸引众多投资者的目光？
2. 旅游投资是否越多越好？

# 第一节 旅游投资的概念

## 一、投资的含义

投资指的是特定经济主体为了在未来可预见的时期内获得收益或是资金增值，在一定时期内向一定领域投放足够数额的资金或实物的货币等价物的经济行为。投资只有在运动（生产和经营）中才能具有生命力。通过人们有目的的活动，使投资资金遵循一定途径不断循环与周转运动，才能取得预期的效果——提供更多的收益，创造更多的财富，推动经济和科技的发展，推动社会的进步。

投资循环周转实现增值的过程，要依次经过三个阶段，相应采取三种不同的职能形式，才能使其价值达到增值，并在最后又回到原来的出发点进行新一轮的运动，开始新的循环过程。图9-1是投资资金的循环运动示意图。

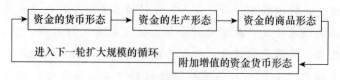

**图9-1 投资资金的循环运动示意**

## 二、投资的作用

投资对社会和经济的发展具有重要的作用。从根本上说，生产的发展、生活的改善、社会的进步。没有哪一项活动能离得开投资和经济增长。在市场经济条件下，投资在国民经济发展与国际交往中发挥着越来越重要的作用。

### （一）投资与企业发展

企业是国民经济的细胞，而投资是社会经济生活的血液，二者的关系极为密切，相互依存。从生产力角度来考察，一方面，投资是企业发展的第一动力。首先，新企业的诞生完全依赖于投资。随着经济和社会的发展，专业化日益明显，新部门和新产业不断出现，这就会涌现出大批新建企业。没有投资的注入，新企业就不可能产生。其次，现有企业的发展也离不开投资。不管企业是扩大生产经营场所即从外延上扩大再生产，还是提高和改善原有的资产要素即从内涵上扩大再生产，都需要新投资的追加和原有投资使用效率的提高，离开了投资与再投资，企业的生命也就完结了。最后，企业总体向前发展的必然过程离不开各企业之间优胜劣汰的竞争，优等企业的发展扩大，劣等企业的破产淘汰，《破产法》的实施和企业兼并，也只有在投资的总体运动中才能实现。另一方面，企业的发展状况对投资又具有促进和制约作用。投资的经济要素除了一部分是以自然状态存在的自然资源外，其主要部分还是依靠现有企业的资金积累、物资积累。因此，企业的发展状况好，提供的投资积累就多，反之则少，就是说要想有更多的投资注入社会，就必须要经营管理好现有的企业。

### （二）投资与经济增长

投资与经济增长的关系十分密切。一方面，经济增长的趋势是投资赖以扩大的基础。从社会角度看，投资作为资金价值的垫付行业，归根结底取决于社会总产品价值向投资资金的转化程度。另一方面，投资增长又是经济增长的必要前提。投资形成了生产手段向生产能力（即物资、资金）的转化，因而，不论投资来自何处，它的规模和投资率（投资所占国民收入的比率）对经济增长部有巨大的带动作用。

当然，投资也不是越多越好。超出国家和企业承受能力的投资必然会引起经济过热，引起通货膨胀，也会引起物价上涨和人民生活水平下降；同时不当的投资会破坏经济总量和结构的平衡，对经济增长不但不起积极作用，还会起破坏作用。因此一定要把握好投资的总量和结构，使投资取得最佳的经济效益。

### 三、旅游投资

旅游投资是指旅游目的地政府、企业或投资人在一定时期内，根据旅游市场需求及发展趋势，把一定数量的资金投入某一旅游项目的开发建设，获取比投入资金数量更多的产出，以促进旅游业发展的经济活动。它既是旅游经济活动正常运行和发展必不可少的资金投放活动，以满足旅游经济活动具有足够的固定资产和流动资金的投入，实现旅游业的扩大再生产和促进旅游经济持续地发展；又是通过增量投入来优化旅游经济存量结构，提供更多的旅游产品和服务，以满足人们日益增长的旅游需求的重要经济活动。

总体来看，旅游投资呈现出以下特征。

多环节配合。从目前最新的研究表明，旅游产业具有无边界的特征，与之直接相关联的有数十种行业，一次出游是一个多环节的消费服务链。旅游投资的收益也需要产业之间的无缝链接与良性联动，需要旅游产业链各环节的提升与质量保障。

差异性大。由于旅游的产业链长，投资领域多，涉及的旅游项目的复杂性和差异性很大，加上创意创新集成的空间很大，同时不同投资商的投入力度、回报率要求等因素不同形成了旅游商业模式上的巨大差异。

高投入与长效性的投入产出特征。旅游从原来的低门槛逐渐发展到目前的中高门槛，预计未来旅游投资的门槛会进一步提高。门槛的提高是由于消费升级、产品升级、进入性投资加大及竞争加剧造成的，同时旅游又是一个持续回报的长效投资产业。

外部约束性。由于大部分旅游资源是国家所有，纳入了法律保护，很多重要的旅游资源不能进入市场流通，形成旅游资本化的障碍。

旅游投资的高敏感性与高适应性并存。旅游受政治动荡、军事冲突、自然灾害、流行病、金融危机与经济危机等的影响非常大，但总体上旅游业抗风险和调适恢复能力也很强。

#### 我国旅游投资新特点新领域新趋势

投资是积累财富的重要手段，是促进经济增长的重要动力，也是驱动产业发展的重要力量。当前我国旅游业迈入了大众化产业化发展新阶段，正处于黄金发展和转型升级的关键时期，对旅游投资需求大，旅游投资领域、投资规模、投投结构正在发生新的一系列变化。

从当前和今后一个时期我国旅游业发展趋势看，以下10方面可能成为旅游投资的热点领域和未来旅游投资的增长点。

一是旅游小城镇建设。适应新型城镇化发展，各地积极推进旅游与城镇化发展相结合，推进一批特色鲜明的旅游小城镇建设，将吸引大量社会投资参与。

二是大型旅游景区建设。我国很多地方特别是中西部地区生态环境良好，过去由于交通和基础设施制约，大批的美景藏在深山人未识。随着交通条件的不断改善，特别是高速公路、高速铁路的开通，众多美景将被开发出来，将形成投资热点。

三是旅游度假产品建设。适应居民消费升级要求，满足居民休闲度假需求，我国休闲度假区开发将迎来热潮。各地丰富的温泉资源、冰雪资源、森林资源、海洋资源将被开发出来，山地度假区、海滨度假区、湖滨旅游度假区，以及高尔夫球场、滑雪场等休闲度假产品将加快建设。

四是乡村旅游发展。随着现代农业和新农村建设推进，乡村旅游快速发展。农家乐加快升级，现代农业观光园、休闲农庄、乡村度假酒店快速发展。

五是大型主题公园和大型旅游演艺节目。一批高品位、高水平的大型旅游演艺节目近年在许多旅游目的地城市迅速推出，受到市场欢迎，产生了很好的经济社会效益。

六是医疗健康旅游和养生养老旅游。我国60岁以上的老年人超过2亿，60岁至75岁之间都是潜在的旅游消费市场。适应老年旅游和老年人养生养老的需求，大陆医疗健康旅游和养生养老旅游将快速发展，需要大量资本投入。

七是旅游商品和户外休闲用品。随着休闲旅游时代的到来，户外休闲运动将成为人们日常生活的重要内容，迫切需要加快研发生产各类旅游户外休闲用品，这将吸引大量投资。

八是自驾车和房车营地建设。据测算，我国居民旅游人群70%是自驾车和房车群体，随着房车上路政策和汽车营地用地政策的完善，自驾车和房车营地建设将吸引大量的社会投资，推动自驾车房车旅游服务体系不断完善。

九是旅游装备制造业。随着旅游业与新型工业化的结合，旅游装备制造业将倍受关注，推动邮轮游艇、低空飞机、游乐设施、房车及滑雪和高尔夫用具等制造业和国产化。

十是在线旅游和智慧旅游。随着旅游业与现代信息技术融合发展，网络旅游、在线服务、电子商务快速发展，旅游管理、服务、营销、体验的智能化、智慧化产品、业态和企业将快速涌现，成为新的投资热点。

（资料来源：2014-09-25 中国旅游报　作者　彭德成）

## 四、旅游投资的资金来源

旅游投资项目建设所需资金的来源，从总体上看可以划分为股权资金和债务资金两类。股权资金包括吸收直接投资、发行股票、企业的保留盈余资金。债务资金包括发行债券、借款、租赁融资等。

### （一）股权资金

#### 1. 吸收直接投资

按经营方式分，吸收直接投资包括两大类：一类是合资经营，即由出资各方共同组建有限责任公司。其特点是：共同投资、共同经营、共招风险、共负盈亏。出资各方可依法以货币资金、实物、其他产权等形式向合资企业投资，形成法人资本。投资方对所投入的资本负有限责任，并按资本额分配税后利润，享受所有者权益。另一类是合作投资经营。在这种经营方式下，双方的合作不以股权为基础，合作各方的投资或合作条件、收益或产品的分配、风险和亏损的承担、经营管理方式、合作期满后的财产归属等合作事项，均由合作各方在签订的合作合同中规定。

### 2. 发行股票

发行股票是旅游股份有限公司筹集自有资本的方式。股票持有者是股份有限公司的股东，按股票的票面金额依法对公司承担有限责任，并依法享有权利。股票是一种所有权证书，股票的持有者就是公司的所有者之一；股票是一种永不返还的有价证券，没有还本期限，投资者不能要求退股返还本金，但可以依法有偿转让给他人。股份有限公司在满足法定条件且获得相关机构核准后，其股票可在交易所上市。

### 3. 企业保留盈余资金

企业保留盈余资金的主要来源是折旧和税后未分配利润两部分。

## （二）债务资金

### 1. 发行债券

债券是现代企业为筹集资金而发行的，承诺债权人按约定的期限还本付息的一种有价证券。与股票相比，债券代表着一种债权债务关系，企业要按规定的日期还本付息，债权人无权参与企业的经营管理，无权参与企业的盈利分配。在我国，旅游企业要发行债券，必须具备一定的条件，并经过有关部门批准。

### 2. 借款

借款是指企业向银行等金融机构以及向其他单位借入的资金，包括信用贷款、抵押借款和信托贷款等。我国旅游企业既可以向国内的商业银行、非银行金融机构申请贷款，也可以通过一定途径向国际货币基金组织、世界银行、国际金融公司、国际开发协会、亚洲银行等申请贷款。

### 3. 租赁筹资

租赁是指出租人以租赁方式将出租物租给承租人，承租人以交纳租金的方式取得租赁物的使用权，在租赁期间出租人仍保持出租物的所有权，并于租赁期满收回出租物的一种经济行为。租赁已成为现代企业筹资的一种重要方式。

 小·贴士

**国家旅游局预计 2017 年旅游直接投资将超过 1.5 万亿元**

**旅游业投资呈现新图景**

随着我国进入大众旅游时代，旅游在成为人们消费刚需的同时，也越来越受到各类资本的青睐。大量资本快速转向投入旅游业，不仅丰富了旅游产品，增加了旅游消费多样化选择，更助推了传统旅游企业的转型升级。业内专家表示，旅游投资规模的扩大，将进一步提高社会资金的使用效率，推动传统旅游业转型。

旅游火了，旅游产业的投资前景可期。国家旅游局局长李金早表示，总体来看，2016 年旅游投资形势喜人，预计今年旅游直接投资将超过 1.5 万亿元。他说，旅游业战略地位的提升吸引了大量社会资本、民营企业快速转向投入旅游业，不仅为资本开拓了新的投资渠道，同时也进一步丰富了旅游产品，增加了旅游消费多样化选择。

⋯⋯⋯⋯⋯

记者在采访中了解到，2016 年在线旅游投资超过 1000 亿元，同比增长 30%。在线旅游投资相对集中于 OTA、出境旅游、旅游科技类公司、非标住宿、B2B 旅游、共享单车和在线租车等七大领域，占全部在线旅游投资的 88%。

此外，大型旅游综合体项目整合休闲、度假、娱乐、餐饮、购物、住宿等多种功能，是全域旅游发展的重要方向。在 2016 年旅游投资项目中，大型综合类项目比重最大，实际完成投资 4440 亿元，占总投资的 34.2%，同比增长 24.1%。旅游度假区、旅游小镇、体育运动、文化旅游、商贸购物等休闲度假综合体项目成为各类资本追逐的热点。

**创新型投资方式涌现**

国家旅游局副局长李世宏表示，目前国家旅游局已与国家开发银行等 12 家金融机构签订战略合作协议，"十三五"期间将为旅游产业发展提供 2.1 万亿元信贷支持。与 12 家金融机构联合推出 1397 个全国优选旅游项目，总投资 1.6 万亿元。

投资方式创新的最大亮点在于旅游产业基金的出现。随着旅游产业投融资需求的不断增加，全国各省区市设立旅游产业基金的消息频出。《报告》显示，2016 年旅游产业投资基金快速增长，对旅游业的投资力度不断加大。截至 2016 年年底，全国有 126 只旅游产业投资基金，基金规模超过 6000 亿元。

记者注意到，国家旅游局在鼓励各省市设立旅游产业投资基金的同时，也在推动中国旅游集团牵头设立总规模为 500 亿元的中国旅游产业基金。中国旅游集团公司总经理姜岩表示："中国旅游产业基金将开启'旅游＋''金融＋'的新模式，激活旅游企业'双创'的新动力，推动并促进传统旅游产业转型升级。"中信证券股份有限公司董事长张佑君说，中国旅游产业基金将有效带动民间投资，大力促进旅游经济良性循环，提高社会资金的配置和运作效率。

（资料来源：2017-05-25 经济日报 作者：郑彬）

# 第二节  旅游投资决策

## 一、决策的含义和种类

决策是指从多个为达到同一目标而可以相互替代的行动方案中选择最优方案的过程。

决策贯穿于人类社会经济活动的各个方面，大至国家大政方针的决策，小至个人生活、工作的决策，尤其是经济部门和企业，在经济活动中更是面临大量的决策问题。旅游业也不例外，没有旅游投资决策，就没有旅游项目的建设和旅游业的可持续发展。

按决策问题所处条件不同，分为在完全确知条件下的决策、风险型决策和在未完全确知条件下的决策。

### （一）在完全确知条件下的决策

它是指决策过程中，提出各备选方案在确知的客观条件下，每个方案只有一种结果，比较其结果优劣做出最优选择的决策。确定型决策是一种肯定状态下的决策。决策者对被决策问题的条件、性质、后果都有充分了解，各个备选的方案只能有一种结果。这类决策的关键在于选择肯定状态下的最佳方案。

### （二）风险型决策

它是指在决策过程中，提出各个备选方案，每个方案都有几种不同结果可以知道，其发生的概率也可测算。例如某企业为了增加利润，提出两个备选方案：一个方案是扩大老产品的销售；另一个方案是开发新产品。不论哪一种方案都会遇到市场需求高、市场需求一般和市场需求低几种不同可能性，它们发生的概率都可测算，若遇到市场需求低，企业就要亏损。因而在上述条件下决策，带有一定的风险性，故称为风险型决策。风险型决策之所以存在，是因为影响预测目标的各种市场因素是复杂多变的，因而每个方案的执行结果都带有很大的随机性。决策中，不论选择哪种方案，都存在一定的风险性。

### （三）在未完全确知条件下的决策

它是指在决策过程中，提出各个备选方案，每个方案有几种不同的结果可以知道，但每一结果发生的概率无法知道。它与风险型决策的区别在于：风险型决策中，每一方案产生的几种可能结果及其发生概率都知道，未确定型决策只知道每一方案产生的几种可能结果，但发生的概率并不知道。这类决策是由于人们对市场需求的几种可能客观状态出现的随机性规律认识不足，就增大了决策的不确定性程度。

## 二、旅游投资决策

旅游投资决策是为达到一定的旅游投资目标，而对有关投资项目在资金投入上的多个方案比较中，选择和确定一个最优方案的过程。从投资的目的看，可把旅游投资决策方案分为以下三种类型。

（1）为获取经济和财务收益的旅游投资决策方案。如对饭店、餐馆的投资建设，主要的目的就是为了获取超过投资成本的利润，并且使利润最大化。这类投资多属于企业性投资决策。

（2）为获取包括经济效益和社会综合效益的旅游投资决策方案。主要目的是为了发展当地名牌旅游产品，使经济效益、社会效益、环境效益等都得到改善和提高。这类投资多属于地方和国家投资决策。

（3）为获取特定的经济或非经济效果的旅游投资决策方案。前者如开设免税商场和旅游购物中心，以赚取外汇。后者如建设旅游院校或培训设施，以培养和训练旅游业发展中所需要的各类人才。这类投资也属于地方和国家投资决策。

在旅游企业投资决策中，根据企业发展的需要，其投资决策方向又具体分为以下几种不同情况：一是扩大经营规模，即不断扩大现有旅游企业的生产经营规模，如增建客房、餐厅、娱乐设施等，以提高经济效益。二是更新改造，主要是指对饭店的客房、餐厅进行重新装修、装饰，对饭店的预订电脑系统进行更新等，以提高设施设备的档次，从而提高综合服务质量。三是不断开发旅游新产品，来满足旅游者多样化的需求。如建设旅游景区、景点，新建饭店、餐厅、娱乐设施等，或对传统产品进行挖掘改造，使它成为优质产品。四是如何购买国家发行的国债或其他企业发行的债券而进行的证券投资等。

### 三、旅游投资决策的原则

在旅游项目投资过程中，正确的决策可以给企业带来良好的效益，给社会带来繁荣和发展；一个错误的决策，会给企业造成被动或亏损，给社会带来浪费。所以在旅游项目投资决策时，需要遵循一定的原则。

#### （一）利润最大化原则

旅游业是一个经济产业，旅游项目投资是一种企业行为；企业的目标是要获得最佳的经济效益，所以在投资决策中，要遵循利润最大化的原则。

#### （二）企业局部经济效益与整体效益相统一的原则

在对旅游项目投资进行决策时，从微观经济角度出发，是强调对企业有效益。在一般情况下，企业的微观经济效益与国民经济宏观效益是一致的；特别是开发旅游产业、开发旅游景区、建设旅游饭店等项目符合国家的产业政策，国家鼓励和支持发展这样的旅游产业。但在特定的地理位置和外部环境，企业局部利益往往与国家、社会的公众利益会发生矛盾。因为有些项目会对自然生态环境造成负面影响，属于破坏性开发，对于这样的项目要加以否定。

#### （三）满足社会需要的原则

旅游项目投资决策要符合社会需要包含的两个方面。一是从社会需求方面来考虑，投资建一个景点，要考虑是否符合社会需求。二是从满足社会公德出发，若决策的旅游投资项目从企业的角度看是有利可图的，但不符合社会精神文明需要，则不能决策投资建设。

 **小·贴士**

**乡村旅游投资贵在多方共赢**

国家旅游局局长李金早在 2017 年全国旅游工作会议工作报告中，对 2017 年旅游扶贫工作进行部署，提出将大力拓展乡村旅游，充分释放旅游扶贫、旅游富民效能。引导乡村旅游投资向多类型、多业态乡村度假产品拓展，2017 年实现乡村旅游投资突破 5000 亿元，乡村旅游消费达到 1 万亿元以上。

在乡村旅游投资过程中，如何让外来企业放心投资？如何保障当地农民的发展权？如何协调企业和村民的关系？近日，记者就相关话题采访了部分业界人士。

**让企业吃"定心丸"**

"很多企业在投资乡村时，并不是直接找村民签约，而是找村委会，因为企业很清楚，直接面对村民是一项过于复杂的工作。通过村委会可以轻松实现土地流转、合同洽谈等，这样更有保障。"浙江大学旅游与酒店管理学系主任周玲强所说，乡村旅游投资者期望有信誉度较高的合作对象，政府部门和村委会自然成为首选。很多乡村旅游投资者优先选择与村委会或相关政府部门洽谈合作。

北京世嘉集团董事长朱全认为，政府部门和村委会的态度和作用是改善乡村投资环境的关键，提升软性投资环境比硬件还重要。政府部门和村委会需要有正确的态度和作用，是筑巢引凤并逐步使之发展壮大，还是为了增加眼前的税收、招商业绩？是赶紧上马项目、挣工程费用，还是配合企业做好项目、积累村域发展资金经验？这都是非常重要的问题。有了正确的观念，才会让投资企业感到舒服，从而增强投资信心。

如果企业需要直接与村民合作时该怎么办呢？周玲强建议，"如果企业与村民直接谈合作，是否可以引入第三方机构，企业和村民签约后，资金由第三方机构保管，保证企业和村民利益都不受损。"

在确定好合作对象后，产权关系清晰、权利和义务明确、合同执行有保障等都是投资者迫切期待的"定心丸"。

周玲强提到，最近发布的中央一号文件明确提出，要深化农村集体产权制度改革。落实农村土地集体所有权、农户承包权、土地经营权"三权分置"办法。探索农村集体组织以出租、合作等方式盘活利用空闲农房及宅基地，增加农民财产性收入。鼓励地方开展资源变资产、资金变股金、农民变股东等改革，增强集体经济发展活力和实力。

2015年国土部、住建部、国家旅游局三部门联合发布的《关于支持旅游业发展用地政策的意见》也提出，城镇和乡村居民可以利用自有住宅或者其他条件依法从事旅游经营。支持通过开展城乡建设用地增减挂钩试点，优化农村建设用地布局，建设旅游设施。

这些政策利好无疑将进一步增强乡村旅游投资者的信心。朱全表示，产权问题是一个制约因素。建议村委、企业共同寻找产权相对明确的建筑物作为突破口，先期做出一些小型示范项目，展示投资效果，进而提升政府、企业、村民的信心，降低纠纷产生的概率。

山东济南葫芦工坊总经理徐浩然建议，在项目运作中，应签署明确的法律文书和合同，约定好政府（或村委会）、企业、村民三方的权利和义务，明确分工和职责，相互监督和敦促。建议政府组建法律顾问团，引导相关各方通过健全法律体系，维护各自权益。

### 保农民享发展权

目前，全国各地在旅游扶贫工作中已经探索推出了一些"两带两加"项目，即景区带村、能人带户、合作社＋农户、企业＋农户，通过景区、能人、合作社、企业等市场主体的投资、运营，带动贫困户和贫困人口分享旅游收益，实现脱贫致富。

北京联合大学旅游学院教授李柏文提出，引入外来投资者的同时，应充分保障当地村民的发展权。国际上很多旅游目的地都出台了保护原住民利益的政策。

寒舍（国际）度假酒店集团董事长殷文欢介绍，"在确保当地农民发展权方面，我们提出了一个口号：'老百姓能做的生意，我们就不做'，即充分保证当地农民参与旅游经营的空间和机会。比如依托我们在北京密云投资的寒舍品牌酒店项目，当地村民可以向游客卖土特产，提供民俗体验等服务。通过企业＋合作社＋村民，与村民签订收购协议，让村民的蔬菜瓜果等农产品卖上好价钱。"

"一般情况下，企业到乡村投资都有一个习惯性想法，就是'我投资了，工程材料、建设单位等的选择就要听我的'。我认为，这不是绝对的。"朱全说，企业进到农村以前，就要做好调研，看村里、镇里有没有符合条件的材料商、建筑商、装修商以及工艺传承人等资源，在同等价格和质量的条件下，优先用村、镇的资源，这样双方就有利益契合点了。

周玲强表示，当地政府在吸引外来投资者时，会给出一些优惠政策。这些优惠政策的兑现可以设定一些考核条件，如投资者对当地农民增收带动作用等，以此督促和制约企业。

在督促投资者充分发挥扶贫带动作用的同时，农民自身则需要不断提升旅游经营意识和能力，以满足投资者需求。

据介绍，"5·15战略"实施两年来，国家旅游局持续开展旅游扶贫带头人培训。两年共举办8期乡村旅游扶贫培训班，完成对2200多名旅游扶贫村村干部的培训。这些村干部将乡村旅游的发展理念、实战案例带回村里，传递给参与旅游经营的农户。

"现实中，确实存在农民缺乏培训、无法满足投资者需求的情况。当前，政府部门应重视对农民综合素质的培养，不能只培训'外出打工'的素质，更要培养其'留下来就业、创业'的素质。"周玲强说。

朱全建议，"企业要尽量搜集村里的资源，包括餐饮、手工艺、文化、住宿等，可以做'分工式'资源对接。比如，某个农户的餐饮做得好，可以将其培养成'美食专业户'；某家的住宿条件好，可以将其培养成'住宿专业户'等。以此类推，这样农户在各自专长的领域就会越做越精、越做越高兴。"

### 促各方共同受益

"5·15战略"实施两年来，在政府、企业、村民的共同努力下，各地形成了景区带村、能人带户、企业＋农户、合作社＋农户等旅游精准扶贫模式，推出了500个旅游精准扶贫示范项目。

朱仝认为，乡村旅游投资环境需要政府、企业、村民共同营造。各方要摆平心态、摒弃急功近利的浮躁思想，政府、企业、村民先共同付出，再共同受益，不可只图单方获利。政府、企业、村民应形成稳定的"三足鼎立"态势，任何一方不平衡了，都不会稳定发展。政府先要"放水养鱼"，不要让企业有被"绑架"的感觉；企业也要抱着共同开发美丽乡村的理想，真正沉下心来，与村委会、村民交朋友；村委会则要与村民一道，主动学习、提高自身素质。

殷文欢说，政府、企业、村民、游客多方共赢的纽带是项目，只有项目持续盈利、健康发展，才能保证各方利益。要让项目健康发展，政府需起到保驾护航作用，企业要充分发挥经营管理优势，村民则应积极提升自身素质、参与旅游经营。

正如殷文欢所说，政府、企业、村民、游客多方共赢的纽带是项目，旅游项目能否盈利是多方关系能否和谐的关键。

对此，周玲强提出，"保证乡村旅游投资项目盈利，要做好项目业态规划和商业模式设计。这是目前我们碰到的最大问题，有些投资项目规划不到位、商业模式不清晰，导致了最终的失败。"很多乡村旅游投资者是跨行业投资，尽管他们在其他领域很成功，但是乡村旅游投资回报周期长，需静下心来，做长线投资。

朱仝认为，乡村旅游度假项目一般都是见效比较慢的，要通过"养"来逐步实现文化内容高品质聚集和经济社会效益双丰收的最终目的。"实现理想、顺便赚钱"，才是正确的思维方式，否则不如不搞。

徐浩然建议，乡村项目开发切不可急功近利。任何商业项目都需要一定的投入和时间运营。各方要做好项目规划，端正心态，持之以恒，勇于付出。

2017年全国旅游工作会议上，国家旅游局部署了新一年的旅游扶贫富民工作。相信随着乡村旅游环境的不断改善，旅游扶贫富民效能将得到更好发挥。

（资料来源：2017-02-16 中国旅游报）

# 第三节　旅游投资决策中的基本概念

## 一、资金的时间价值

资金时间价值是指资金在生产和流通过程中随着时间推移而产生的增值，它也可被看成是资金的使用成本。资金不会自动随时间变化而增值，只有在投资过程中才会有收益，是资金所有者让渡资金使用权而参与社会财富分配的一种形式。比如，将100元钱存入银行，在年利率为10％的情况下，一年后就会产生110元，可见经过一年时间，这100元钱发生了10元的增值。人们将资金在使用过程随时间的推移而发生增值的现象，称为资金具有时间价值的属性。资金时间价值是一个客观存在的经济范畴，理论上，它相当于没有风险、没有通货膨胀条件下的社会平均利润率。其基本特征如下。

第一，货币时间价值是资源稀缺性的体现。经济和社会的发展要消耗社会资源，现有的社会资源构成现存社会财富，利用这些社会资源创造出来的将来物质和文化产品构成了将来的社会财富，由于社会资源具有稀缺性特征，又能够带来更多社会产品，所以现在物品的效用要高于未来物品的效用。在货币经济条件下，货币是商品的价值体现，现在的货币用于支配现在的商品，将来的货币用于支配将来的商品，所以现在货币的价值自然高于未来货币的价值。

第二，货币时间价值是信用货币制度下，流通中货币的固有特征。在目前的信用货币制度下，流通中的货币是由中央银行基础货币和商业银行体系派生存款共同构成，由于信用货币有增加的趋势，所以货币贬值、通货膨胀成为一种普遍现象，现有货币也总是在价值上高于未来货币。

第三，货币时间价值是人们认知心理的反映。由于人在认识上的局限性，人们总是对现存事物的感知能力较强，而对未来事物的认识较模糊，结果人们存在一种普遍的心理就是比较重视现在而忽视未来，现在的货币能够支配现在商品满足人们现实需要，而将来货币只能支配将来商品满足人们将来不确定需要，所以现在单位货币价值要高于未来单位货币的价值，为使人们放弃现在货币及其价值，必须付出一定代价，利息率便是这一代价。

## 二、现金流量

现金流量（cash flow）管理是现代企业投资理财活动的一项重要职能，是指企业在一定会计期间按照现金收付实现制，通过一定经济活动（包括经营活动、投资活动、筹资活动和非经常性项目）而产生的现金流入、现金流出及其总量情况的总称，即企业一定时期的现金和现金等价物的流入和流出的数量。例如：销售商品、提供劳务、出售固定资产、收回投资、借入资金等，形成企业的现金流入；购买商品、接受劳务、购建固定资产、现金投资、偿还债务等，形成企业的现金流出。衡量企业经营状况是否良好，是否有足够的现金偿还债务，资产的变现能力等，现金流量是非常重要的指标。而建立完善的现金流量管理体系，是确保企业的生存与发展、提高企业市场竞争力的重要保障。现金流量按其来源性质不同分为三类：经营活动产生的现金流量、投资活动产生的现金流量和筹资活动产生的现金流量。

就企业投资活动中的产生的现金流量而言，企业投资活动所形成的现金主要包括收回投资、分得股利、债券利息等所得现金，以及购建固定资产、权益性投资、债权性投资等所支付的现金。在做出投资决策时，企业必须明确在可预见的风险下预期的未来收益是否大于当前的支出。见图 9-2，$P$ 为资金现值；$F$ 为资金终值；$A$ 为年金；$N$ 为期数。

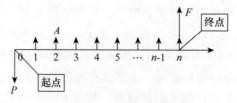

**图 9-2　现金流量图**

对投资活动中产生的现金流量进行管理，意义在于以下两点。

（1）估算投资风险，保证资金安全。在企业做出投资决策时，首先对自身所需的维持日常营运的资金及对未来不确定性的支出有一个估算，在此基础上形成的现金盈余企业才会进行投资。对所选择的投资对象，通过对投资对象提出的财务资料的分析，尤其是企业自由现金流量的大小，可以了解被投资企业的财务政策、获利能力、持续发展能力、风险及资金的现值，可以让投资企业在判断投资对象的回报能力上有一定的了解。在客观上提高了资金的安全性。

（2）通过投资评估，保证资金效益。在做出投资决策时必须考虑到未来得到的收益是否大于投资支出，即货币的时间价值问题。企业可以使用很多方法来评估投资决策，但各种方法基本上都是建立在现金流量的基础上，如贴现现金流量法、净现值法等。一般来说如果一个项目的净现值大于零，对这个项目进行投资就是可行的。

## 三、利息

### （一）利息和利率

利息，从其形态上看，是货币所有者因为发出货币资金而从借款者手中获得的报酬；从另一方面看，它是借贷者使用货币资金必须支付的代价。利息实质上是利润的一部分，是利润的特殊转化形式。例如，储户将一笔资金存入银行，一段时间后，储户除了可以取出原有的本金之外，还会获得一笔利息，这一过程可以表示为

$$F = P + I_n$$

式中：$F$——为到期资金的本利和（终值）；

$P$——为本金（现值）；

$I_n$——为 $n$ 期之后获得的利息（$n$ 简称计息周期，一般为"年""月""日"等时间单位）。

利率（interest rate），就表现形式来说，是指一定时期内利息额同借贷资本总额的比率，是衡量资金时间价值的绝对尺度。一般的，用 $i$ 来表示利率，其表达式为

$$i = \frac{I_1}{P} \times 100\%$$

式中：$i$——为利率；

$I_1$——为一个计息周期的利息；

$P$——为本金。

$i$ 越大，表明资金增值越快。

### （二）单利和复利

利息的计算有单利和复利之分。

#### 1. 单利

单利（simple interest）是指按照固定的本金计算的利息，是计算利息的一种方法。单利的计算取决于所借款项或贷款的金额（本金），资金借用时间的长短及市场一般利率

水平等因素。按照单利计算的方法，只要本金在贷款期限中获得利息，不管时间多长，所生利息均不加入本金重复计算利息。其表达式为

$$F = P \times (1 + i \times n)$$

式中：$i$——为利率；

　　　$F$——本利和；

　　　$P$——为本金；

　　　$n$——为计息周期。

**【例题 9 - 1】** 某旅游企业有一笔 500000 元的贷款，年利率为 8.5%，贷款期为 3 年，问按单利法计算 3 年后该旅游企业应还多少钱？

**解：** $F = P \times (1 + i \times n) = 500000 \times (1 + 8.5\% \times 3) = 627500$ 元

**2. 复利**

复利（compound interest）则是充分考虑了资金时间价值的一种计算方法。按照这种方法，每经过一个计息期，要将所生利息加入本金再计算利息，逐期滚动计算，俗称"利滚利"。复利计算的特点是：把上期末的本利和作为下一期的本金，在计算时每一期本金的数额是不同的。其表达式为

$$F = P \times (1 + i)^n$$

式中：$i$——为利率；

　　　$F$——本利和；

　　　$P$——为本金；

　　　$n$——为计息周期。

**【例题 9 - 2】** 某旅游企业有一笔 500000 元的贷款，年利率为 8.5%，贷款期为 3 年，问按复利法计算 3 年后该旅游企业应还多少钱？

**解：** $F = P \times (1 + i)^n = 500000 \times (1 + 8.5\%)^3 = 638645$ 元

### （三）名义利率和实际利率

在经济分析中，复利计算通常以年为计息周期。但在实际经济活动中，计息周期有半年、季、月、周、日等多种。当利率的时间单位与计息期不一致时，就出现了名义利率和实际利率的概念。

实际利率（effective interest rate），是计算利息时实际采用的有效利率；名义利率（nominal interest rate），是计息周期的利率乘以每年计息周期数。例如：按月计算利息，且其月利率为 1%，通常也称为"年利率 12%，每月计息一次"。则 1% 是月实际利率；$1\% \times 12 = 12\%$ 即为年名义利率；$(1 + 1\%)^{12} - 1 = 12.68\%$ 为年实际利率。

名义利率和实际利率的关系为：

设 $r$ 为年名义利率，$i$ 表示年实际利率，$m$ 表示一年中的计息次数，$P$ 为本金。

则 1 年后的本利和为

$$F = P \times \left(1 + \frac{r}{m}\right)^m$$

1 年后的实际利息为

$$F-P=P\times\left(1+\frac{r}{m}\right)^{m}-1$$

年实际利率 $i$ 为

$$i=\frac{(F-P)}{P}=\left(1+\frac{r}{m}\right)^{m}-1$$

上式就是名义利率和实际利率的关系式。

**【例题 9-3】** 某投资人用 500 万元进行旅游项目投资，年利率为 6%，每季计息一次，求第 1 年年末的本利和以及年实际利率。

**解：**（1）第 1 年年末的本利和

$$F=P\times\left(1+\frac{r}{m}\right)^{m}=500\times\left(1+\frac{6\%}{4}\right)^{4}=530.68\ 万元$$

（2）年实际利率

$$i=\frac{(F-P)}{P}=\left(1+\frac{r}{m}\right)^{m}-1=\left(1+\frac{6\%}{4}\right)^{4}-1=6.14\%$$

表 9-1 是名义利率和实际利率的对比表（设名义年利率为 12%）

表 9-1 名义利率和实际利率的对比表（设名义年利率为 12%）

| 时间单位 | 年计息周期 | 名义年利率 | 各期利率 | 实际年利率 |
|---|---|---|---|---|
| 年 | 1 | | 12.00% | 12.00% |
| 半年 | 2 | | 6.00% | 12.360% |
| 季 | 4 | 12% | 3.00% | 12.551% |
| 月 | 12 | | 1.00% | 12.683% |
| 周 | 52 | | 0.2308% | 12.736% |
| 日 | 365 | | 0.03288 | 12.748% |

## 四、资金的等值计算

在资金时间价值的分析比较中，利用资金等值的概念，可以把不同时点发生的金额换算成同一时点的金额，然后进行比较。具体来说，资金等值是指发生在不同时点两笔或一系列绝对值不等的资金额，按资金时间价值尺度，可能具有相等的价值。反之，即使资金相等，如果发生的时间不同，其价值也不一定相等。

资金的等值包括三个因素：即资金额、利率、资金发生的时间。其中利率是关键的因素，等值的大小取决于利率的高低。在某一利率下，现在的一笔资金额总是与未来的一笔更大的支付金额相等，这种在一定利率条件下与现值等价的将来某时点的资金额称为"现值"是专指一笔资金"现在"的价值，它是资金现在的瞬时价值，是一个相对的概念，一般将第 $t+n$ 个时点上发生的资金折现到第 $t$ 个时点，所得的等值金额就是第 $t+n$ 个时点上资金金额的现值。所谓"折现"，又称为"贴现"，是指将未来某一时点的资金金额换算成现在时点的价值金额。这些基本概念在以后的内容中将经常遇到。

### （一）贴现和贴现率

把将来某一时点的资金金额换算成现在时点的等值金额称为贴现或折现。贴现时所用的利率称为贴现率或折现率。

贴现率的计算公式为

$$贴现率＝1/(1+i)^n$$

式中：$i$ 为利率；$n$ 为计息周期。

## （二）年金

年金也称为年值（用 $A$ 表示），是指在一个特定的时期内，每隔一段相同的时间，收入或支出相等金额的款项。年金按收支的时间不同可分为普通年金、预付年金、递延年金、永续年金等。

## （三）复利现值和复利终值

复利现值（用 $P$ 表示），是指未来一定时间的特定资金按复利计算的现在价值，或者说是为取得将来一定本利和现在所需要的本金。

复利终值（用 $F$ 表示），和复利现值对称的概念。是指现在的特定资金按复利计算在将来某个时间的价值，或者说现在投入一定本金，在将来某个时点可以获得的全部本利和。

## （四）一次支付终值公式（已知 $P$，求 $F$）

一次支付终值公式的概念是：已知本金 $P$、利率为 $i$，以复利计算，求第 $n$ 期末的本利和或终值。

表达式为 
$$F＝P(1+i)^n$$

式中系数 $(1+i)^n$ 称为一次支付终值系数，或称复利终值系数。

【例题 9－4】某旅游酒店进行硬件设施改造，向银行借款 200 万元，年利率为 6％，期限 3 年，问到期后应一次偿还银行本利和多少万元？

解：第 3 年末归还银行的本息应与现在的借款资金等值，则：

$$F＝P(1+i)^n＝200×(1+0.06)^3＝200×1.1910＝238.20（万元）$$

## （五）一次支付现值公式（已知 $F$，求 $P$）

一次支付现值公式的概念是：已知终值或本利和 $F$，贴现率（折现率）或利率为 $i$，贴现期限为 $n$，求期初的现值 $P$ 的等值公式。表达式为

$$P＝F/(1+i)^n$$

式中：系数 $1/(1+i)^n$ 称为一次支付现值系数，或称复利贴现系数。

【例题 9－5】根据预测，4 年后某型号商务轿车价格将降为 8 万元，若银行利率为 8％，某旅游企业现在应存入多少资金可在 4 年后购买到该型商务轿车？

解：此题属已知终值，求现值的问题，则：

$$P＝F/(1+i)^n＝8/(1+0.08)^4＝8×0.7350＝5.88（万元）$$

根据货币的将来值计算现值，在项目评估中经常涉及，例如将来的销售收入，经营成本、收益等，都要折算成现值，使项目经济指标具有可比性。

## （六）等额序列终值公式（已知 $A$，求 $F$）

等额序列终值公式又称年金终值公式。在对项目进行评估过程中，常常遇到由一系列等额支付累加而成的序列支付未来值，从第一年末开始（起始点 0 除外）到第 $n$ 年末有一等额现金流序列，每年的金额均为 $A$，称为等额年金。根据资金等值的原理，第 $n$ 个计息

周期期末净现金流量的终值，应该等于在 $n$ 个计息周期期末发生的等额年金 $A$ 的终值之代数和。其关系表达式为：

$$F = F^1 + F^2 + \cdots + F^{n-1} + F^n = A(1+i)^{n-1} + A(1+i)^{n-2} + \cdots + A(1+i) + A$$

推导得

$$F = A \times \left[\frac{(1+i)^n - 1}{i}\right]$$

【例题 9-6】某旅游公司设立员工退休基金，每年年末存入银行 2 万元，若存款利率为 10%，按复利计算，到第 5 年年末基金总额是多少？

**解：** 根据公式得

$$F = A \times \left[\frac{(1+i)^n - 1}{i}\right] = 2 \times \left[\frac{(1+0.1)^5 - 1}{0.1}\right] = 2 \times 6.105 = 12.21 \text{ 万元}$$

### （七）等额序列偿债基金公式（已知 $F$，求 $A$）

该公式名称的来源可解释为：当企业负债后，债权人就享有回收本金及利息的权利，可行的计划是企业每年从收益中提取一笔等额的还贷基金，每年这笔资金及利息（在计算期末体现）的代数和正好等于到期应偿还债款的本利和，故提取的这笔资金称为偿债基金。等额偿债基金公式是等额序列终值公式的逆运算。可直接推导得

$$A = F \times \left[\frac{i}{(1+i)^n - 1}\right]$$

【例题 9-7】某旅游公司打算在 5 年后购置一项固定资产，所需资金估计为 150 万元，该公司计划从当年开始于每年年末向银行等额存入资金，若年利率为 6%，在复利计算条件下，该公司 5 年中，每年年末应向银存入多少钱？

**解：** 根据公式得

$$A = F \times \left[\frac{i}{(1+i)^n - 1}\right] = 150 \times \left[\frac{0.06}{(1+0.06)^5 - 1}\right] = 150 \times 0.1774 = 26.61 \text{ 万元}$$

### （八）等额序列支付现值公式（已知 $A$，求 $P$）

等额系列支付现值公式又称年金现值公式，其概念为：若已知每年年末偿还的资金为 $A$，预期的利率为 $i$，求累计折现值 $P$。该关系式为

$$P = A \times \left[\frac{(1+i)^n - 1}{i(1+i)^n}\right]$$

【例题 9-8】某旅游公司要设立一项基金，计划从现在开始的 10 年内，每年年末从基金里提取 50 万元，若已知年利率为 10%，现在应存入基金多少钱？

**解：** 根据公式得

$$P = A \times \left[\frac{(1+i)^n - 1}{i(1+i)^n}\right] = 50 \times \left[\frac{(1+0.1)^{10} - 1}{0.1 \times (1+0.1)^{10}}\right] = 50 \times 6.1446 = 307.23 \text{ 万元}$$

### （九）等额序列支付资金回收公式（已知 $P$，求 $A$）

该公式的概念与等额偿债基金公式的区别是：公式强调的是已知的现金流 $P$ 发生在"现在"，而偿债基金强调已知的现金流 $F$ 发生在"将来"；本式所指的等额系列资金含有当期应偿还债务的本金及利息，而后者各期偿债基金利息并未在当期体现，而是按其时间价值折算到期末充当偿还的债务。因此该公式可解释为：当企业负债后，企业每期从收益

中提取一笔等额的还贷资金（包括当期本金的利息），在还贷期内每期资金的代数和正好等于应偿还债款的本利和，故提取的这笔资金又称为贷款人的资金回收。其关系式为

$$A=P\times\left[\frac{i\ (1+i)^n}{(1+i)^n-1}\right]$$

**【例题 9-9】**某旅游企业向银行贷款 100 万元，银行要求该企业在随后的 5 年中每年等额偿还本利和。若银行贷款利率为 8%，采用复利法计算，该旅游企业每年向银行偿还多少钱？

**解：**根据公式得

$$A=P\times\left[\frac{i\ (1+i)^n}{(1+i)^n-1}\right]100\times\left[\frac{0.08\times\ (1+0.08)^5}{(1+0.08)^5-1}\right]=100\times0.25046=25.05\ 万元$$

为了便于理解，现在将上述 6 个公式汇总在表 9-2 中

表 9-2  6 个常用资金等值公式

| 类别 | | 已知 | 求解 | 公式 |
|---|---|---|---|---|
| 一次支付 | 终值公式 | 现值 $P$ | 终值 $F$ | $F=P\ (1+i)^n$ |
| | 现值公式 | 终值 $F$ | 现值 $P$ | $P=F/\ (1+i)^n$ |
| 等额分付 | 终值公式 | 年值 $A$ | 终值 $F$ | $F=A\times\left[\frac{(1+i)^n-1}{i}\right]$ |
| | 偿债基金公式 | 终值 $F$ | 年值 $A$ | $A=F\times\left[\frac{i}{(1+i)^n-1}\right]$ |
| | 现值公式 | 年值 $A$ | 现值 $P$ | $P=A\times\left[\frac{(1+i)^n-1}{i\ (1+i)^n}\right]$ |
| | 资金回收公式 | 现值 $P$ | 年值 $A$ | $A=P\times\left[\frac{i\ (1+i)^n}{(1+i)^n-1}\right]$ |

公式使用注意事项：

（1）0 点就是第一期初，本期末即等于下期初。

（2）各期的等额支付 $A$，发生在各期期末。

（3）$P$ 与 $A$，$P$ 发生在第 1 个 $A$ 的前一期期末，即当期期初。

（4）$F$ 与 $A$，$F$ 于最后 1 个 $A$ 同时发生，即当期期末。

（5）$n$ 的确定：计息期数一般为年，严格与公式对应起来。

# 第四节   旅游投资决策分析

对旅游投资项目进行分析评价时使用的分析方法分为两类：一类是静态分析方法，也就是没有考虑资金的时间价值的分析方法。另一类则考虑了时间价值因素的影响，称为动态分析方法。

## 一、旅游投资项目静态分析方法

### （一）静态投资回收期法

回收期是指投资引起的现金流入累计到与投资额相等所需要的时间。它代表收回投资

所需要的年限。通常对投资者而言，投资回收期越短，方案越有利。静态投资回收期是在不考虑资金时间价值的条件下，以项目的净收益回收其全部投资所需要的时间。投资回收期可以自项目建设开始年算起，也可以自项目投产年开始算起，但应予注明。

静态投资回收期可根据现金流量表计算，其具体计算又分以下两种情况：

（1）项目建成投产后各年的净收益（即净现金流量）均相同，则静态投资回收期的计算公式如下：

$$T = I/A$$

式中：$I$ 为原始总投资额；$A$ 为各年的净收益；$T$ 为回收期。

（2）项目建成投产后各年的净收益不相同，则静态投资回收期可根据累计净现金流量求得，也就是在现金流量表中累计净现金流量由负值转向正值之间的年份。其计算公式为

$$T = 累计净现金流量开始出现正值的年份数 - 1 + \frac{上一年累计净现金流量的绝对值}{出现正值年份的净现金流量}$$

采用投资回收期进行单方案经济评价时，应将实际的投资回收期与标准的投资回收期进行比较，只有当投资回收期小于标准的投资回收期才认为该方案是可行的，标准的投资回收期可以是国家或部门制定的标准。也可以是企业自己的标准，确定的主要依据是全社会或全行业投资回收期的平均水平，或者是企业期望的投资回收期水平。

【例题 9-10】某旅游项目的现金流量表如下表，试计算其投资回收期，若标准投资回收期 $T_b = 4$ 年，判断该项目投资的合理性。

**某旅游项目现金流量表**　　　　　　　　　　　　　　　　　（单位：万元）

| 项目 | 年份 | | | | | |
|---|---|---|---|---|---|---|
| | 0 | 1 | 2 | 3 | 4 | 5 |
| 总投资 | 4000 | 500 | | | | |
| 销售收入 | | 1700 | 2000 | 2000 | 2000 | 2000 |
| 经营成本 | | 500 | 500 | 500 | 500 | 500 |
| 净现金流量 | -4000 | 700 | 1500 | 1500 | 1500 | 1500 |
| 累计净现金流量 | -4000 | -3300 | -1800 | -300 | 1200 | 2700 |

**解：** 从表中得知，第 4 年累计净现金流量开始出现正值，则

$$T = 4 - 1 + \frac{|-300|}{1500} = 3.2 \text{（年）}$$

因为 $T < T_b$，故该旅游项目投资可行。

## （二）静态投资收益率法

投资收益率是指项目在正常生产年份的净收益与投资总额的比值。其一般表达式为

$$静态投资收益率 = \frac{年净收益}{投资总额} \times 100\%$$

投资收益率指标主要反映投资项目的盈利能力。用投资收益率评价投资项目的经济效果，需要将项目的实际投资收益率与标准投资收益率对比，只有实际投资收益率＞标准投资收益率，投资方案才是可行的。

## 二、旅游投资项目动态分析方法

### （一）动态投资回收期法

动态投资回收期是指在考虑货币时间价值的条件下，以投资项目净现金流量的现值抵偿原始投资现值所需要的全部时间。即：动态投资回收期是项目从投资开始起，到累计折现现金流量等于 0 时所需的时间。其计算公式为

$$T = 累计净现金流量折现值开始出现正值的年份数 - 1$$
$$+ \frac{上一年累计净现金流量折现值的绝对值}{当年净现金流量折现值}$$

求出的动态投资回收期也要与行业标准动态投资回收期或行业平均动态投资回收期进行比较，低于相应的标准认为项目可行。

【例题 9-10】某旅游项目的现金流量表如下表，试计算其投资回收期，若标准投资回收期 $T_b = 4$ 年，基准折现率为 $10\%$，判断该项目投资的合理性。

**某旅游项目现金流量表**　　　　　　　　（单位：万元）

| 项目 | 年份 | | | | | |
|---|---|---|---|---|---|---|
| | 0 | 1 | 2 | 3 | 4 | 5 |
| 总投资 | 4000 | 500 | | | | |
| 销售收入 | | 1700 | 2000 | 2000 | 2000 | 2000 |
| 经营成本 | | 500 | 500 | 500 | 500 | 500 |
| 折现系数 | 1 | 0.9091 | 0.8264 | 0.7513 | 0.6830 | 0.6209 |
| 净现金流量折现值 | -4000 | 636.4 | 1239.6 | 1127 | 1024.5 | 931.4 |
| 累计净现金流量折现值 | -4000 | -3363.6 | -2124 | -997 | 27.5 | 958.9 |

**解：** 从表中得知，第 4 年累计净现金流量开始出现正值，则

$$T = 4 - 1 + \frac{|-997|}{1024.5} = 3.97（年）$$

因为 $T < T_b$，故该旅游项目投资可行。

动态投资回收期法考虑了资金的时间价值，克服了静态投资回收期法的缺陷，因而优于静态投资回收期法。但它仍然具有主观性，同样忽略了回收期以后的净现金流量。当未来年份的净现金流量为负数时，动态投资回收期可能变得无效，甚至做出错误的决策。因此，动态投资回收期法计算投资回收时间并非是一个完善的指标，所以一般用于粗略评价，需要和其他指标结合起来使用。

### （二）净现值法

净现值（net present value）是一项投资所产生的未来现金流的折现值与项目投资成本之间的差值。净现值法是评价投资方案的一种方法。该方法利用净现金效益量的总现值与净现金投资量算出净现值，然后根据净现值的大小来评价投资方案。净现值为正值，投资方案是可以接受的；净现值是负值，投资方案就是不可接受的。净现值越大，投资方案越好。净现值法是一种比较科学也比较简便的投资方案评价方法。净现值的计算公式如下：

$$NPV = \sum_{t=0}^{n}(CI_t - CO_t)(1+i_0)^{-t}$$

式中：$NPV$ 为净现值；$CI_t$ 为第 $t$ 年的现金流入量；$CO_t$ 为第 $t$ 年的现金流出量；$n$ 为项目寿命年限；$i_0$ 为基准折现率。

净现值法所依据的原理是：假设预计的现金流入在年末肯定可以实现，并把原始投资看成是按预定贴现率借入的，当净现值为正数时偿还本息后该项目仍有剩余的收益，当净现值为零时偿还本息后一无所获，当净现值为负数时该项目收益不足以偿还本息。净现值法具有广泛的适用性，净现值法应用的主要问题是如何确定贴现率，一种办法是根据资金成本来确定，另一种办法是根据企业要求的最低资金利润来确定。

【例题 9-11】某旅游企业欲投资一项旅游工程，其投资方案的净现金投资量为 6500 万元，第一年末的净现金收益为 1000 万元，第二年末的净现金收益为 1150 万元，第三年末的净现金收益为 1300 万元，第四年末的净现金收益为 1450 万元，第五年末的净现金收益为 1700 万元，第六年末的净现金收益为 1800 万元，第七年末的净现金收益为 1900 万元，基准折现率率为 6%，该项目的净现值是多少？这个方案可否接受？按公式计算如下：

$$NPV = \sum_{t=0}^{n}(CI_t - CO_t)(1+i_0)^{-t}$$
$$= \frac{1000}{(1+6\%)} + \frac{1150}{(1+6\%)^2} + \frac{1300}{(1+6\%)^3} + \frac{1450}{(1+6\%)^4} + \frac{1700}{(1+6\%)^5} + \frac{1800}{(1+6\%)^6} +$$
$$\frac{1900}{(1+6\%)^7} \quad 8009.3 - 6500 = 1509.3 > 0，这个方案可以接受。$$

净现值法的优点：

（1）使用现金流量。公司可以直接使用项目所获得的现金流量，相比之下，利润包含了许多人为的因素。在资本预算中利润不等于现金。

（2）净现值包括了项目的全部现金流量，其他资本预算方法往往会忽略某特定时期之后的现金流量。如回收期法。

（3）净现值对现金流量进行了合理折现，有些方法在处理现金流量时往往忽略货币的时间价值。如回收期法、会计收益率法。

使用净现值法应注意的问题：

（1）折现率的确定。净现值法虽考虑了资金的时间价值，可以说明投资方案高于或低于某一特定的投资的报酬率，但没有揭示方案本身可以达到的具体报酬率是多少。折现率的确定直接影响项目的选择。

（2）用净现值法评价一个项目多个投资机会，虽反映了投资效果，但只适用于年限相等的互斥方案的评价。

（3）净现值法是假定前后各期净现金流量均按最抵报酬率（基准报酬率）取得的。

（4）若投资项目存在不同阶段有不同风险，那么最好分阶段采用不同折现率进行折现。

### （三）内部收益率法

内部收益率（$IRR$），就是资金流入现值总额与资金流出现值总额相等、净现值等于零时的折现率。运用内部收益率法进行投资决策时，其决策准则是：IRR 大于企业所要求的最低投资报酬率或资本成本率，方案可行；IRR 小于公司所要求的最低投资报酬率，方案不可行；如果是多个互斥方案的比较选择，内部报酬率越高，投资效益越好。计算公式如下：

$$NPV(IRR) = \sum_{t=0}^{n} (CI_t - CO_t)(1 + IRR)^{-t} = 0$$

式中：IRR 为内部收益率；其他符号含义同净现值法公式。

值得注意的是，在使用该公式时，代入数据后得到的是一个由于该公式是一个 $t$ 次方程，要求出内部投资回收率的值，靠手算较困难。可借助计算机计算，如果没有计算机，一般采用内插法进行试算求得。内插法的公式如下：

$$IRR = i_1 + \frac{NPV(i_1)}{NPV(i_1) + |\ NPV(i_2)\ |} \times (i_2 - i_1)$$

式中，IRR 为内部收益率；$i_1$ 为第一次试算 NPV 时为 IRR 赋予的数值；$i_2$ 为第二次试算 NPV 时为 IRR 赋予的数值。

【例题 9-12】某旅游工程方案的现金流量如下表，设其行业基准收益率为 10%，试用内部收益率法分析判断方案是否可行。

某旅游工程方案现金流量表　　　　　（单位：万元）

| 年末 | 0 | 1 | 2 | 3 | 4 | 5 |
|---|---|---|---|---|---|---|
| 净现金流量 | −2000 | 300 | 500 | 500 | 500 | 1200 |

**解**：根据公式，第一次试算，$i_1$ 取 12%，则：

$$NPV(i_1) = -2000 + \frac{300}{(1+12\%)} + \frac{500}{(1+12\%)^2} + \frac{500}{(1+12\%)^3} + \frac{500}{(1+12\%)^4} +$$

$$\frac{1200}{(1+12\%)^5} = 21 \text{ 万元}$$

$$NPV(i_1) > 0$$

第一次试算，$i_2$ 取 15%，则：

$$NPV(i_2) = -2000 + \frac{300}{(1+15\%)} + \frac{500}{(1+15\%)^2} + \frac{500}{(1+15\%)^3} + \frac{500}{(1+15\%)^4} +$$

$$\frac{1200}{(1+15\%)^5} = 150 \text{ 万元}$$

$$NPV(i_2) < 0$$

可见，该工程的内部收益率必然在 12%～15% 之间，代入试算内插法，可求得：

$$IRR = i_1 + \frac{NPV(i_1)}{NPV(i_1) + NPV(i_2)} \times (i_2 - i_1) = 12\% + \frac{21}{21 + |-150|} \times (15\% - 12\%) = 12.4\%$$

因为 $IRR = 12.4\% > 10\%$，所以该方案可行。

内部收益率法的优点是能够把项目寿命期内的收益与其投资总额联系起来，指出这个项目的收益率，便于将它同行业基准投资收益率对比，确定这个项目是否值得建设。使用借款进行建设，在借款条件（主要是利率）还不很明确时，内部收益率法可以避开借款条件，先求得内部收益率，作为可以接受借款利率的高限。但内部收益率表现的是比率，不是绝对值，一个内部收益率较低的方案，可能由于其规模较大而有较大的净现值，因而更值得建设。所以在各个方案选比时，必须将内部收益率与净现值结合起来考虑。

# 课后练习

## 一、单项选择题

1. 某旅游企业有一笔 100000 元的贷款，年利率为 8％，贷款期为 5 年，问按复利法计算 5 年后该旅游企业应还多少钱？（　　　）

　　A. 140000　　　　　　B. 125000　　　　　　C. 125384.6　　　　　D. 146932.8

2. 根据内部收益率法，如果是多个互斥方案的比较选择，内部报酬率越（　　　），投资效益越好。

　　A. 高　　　　　　　　B. 低　　　　　　　　C. 相等　　　　　　　D. 没有直接关系

3. 动态投资回收期也要与行业标准动态投资回收期或行业平均动态投资回收期进行比较，（　　　）相应的标准认为项目可行。

　　A. 等于　　　　　　　B. 高于　　　　　　　C. 低于　　　　　　　D. 没有直接关系

4. 只有实际投资收益率（　　　）标准投资收益率，投资方案才是可行的。

　　A. 大于　　　　　　　B. 小于　　　　　　　C. 等于　　　　　　　D. 没有直接关系

5. 净现值越大，投资方案越（　　　）

　　A. 差　　　　　　　　B. 好　　　　　　　　C. 不可行　　　　　　D. 没有直接关系

## 二、多项选择题

1. 资金的等值涉及以下哪些因素。（　　　）

　　A. 投资人　　　　　　B. 资金额　　　　　　C. 利率　　　　　　　D. 资金发生的时间

2. 企业保留盈余资金的主要来源是（　　　）和两部分。

　　A. 股票　　　　　　　B. 折旧　　　　　　　C. 税后未分配利润　　D 转移支付

3. 按经营方式分，吸收直接投资包括（　　　）。

　　A. 合资经营　　　　　B. 发行股票　　　　　C. 借款　　　　　　　D. 合作投资经营

4. 现金流量按其来源性质不同分为（　　　）。

　　A. 经营活动产生的现金流量　　　　　　　　B. 投资活动产生的现金流量

　　C. 投资活动产生的现金流量　　　　　　　　D. 汇率变化产生的现金流量

5. 股权资金包括（　　　）。

　　A. 发行股票　　　　　　　　　　　　　　　　B. 借款

　　C. 吸收直接投资　　　　　　　　　　　　　　D. 企业的保留盈余资金

## 三、填空题

　　1. 所谓"折现"，是指将＿＿＿＿＿＿＿＿＿＿的资金金额换算成＿＿＿＿＿＿的价值金额。

2. 旅游投资项目静态分析方法，是没有考虑＿＿＿＿＿＿＿的分析方法

3. 净现值是一项投资所产生的＿＿＿＿＿＿＿＿＿与项目投资成本之间的差值。

4. 内部收益率，就是资金流入现值总额与资金流出现值总额相等、净现值等于＿＿时的折现率。

5. 回收期是指投资引起的现金流入累计到与＿＿＿＿相等所需要的时间。

## 四、简答题

1. 简述旅游投资的特征。

2. 简述旅游投资决策的原则。

3. 简述现金流量的含义和意义。

## 五、计算题

某旅游企业欲投资一个旅游景区项目，其投资方案的净现金投资量为8000万元，第一年末的净现金收益为800万元，第二年末的净现金收益为1050万元，第三年末的净现金收益为1200万元，第四年末的净现金收益为1400万元，第五年末的净现金收益为1550万元，第六年末的净现金收益为1700万元，第七年末的净现金收益为1850万元，基准折现率率为6％，该项目的净现值是多少？这个方案可否接受？

# 第十章

# 旅游经济效益与评价

**知识目标**

1. 了解旅游经济效益的概念和影响因素。
2. 掌握旅游经济效益的评价。
3. 理解和掌握旅游微观经济效益的分析评价。
4. 理解和掌握旅游宏观经济效益的分析评价。

**技能目标**

1. 解释旅游微观经济效益的分析指标。
2. 解释旅游宏观经济效益的分析指标。
3. 掌握旅游微观和宏观经济效益的提升途径。

**案例导入**

### 李金早：让旅游成为人民幸福生活新指标

旅游现在不仅是国家一项庞大而系统的产业，也融入了亿万百姓的生活。2017 年，我国国内旅游市场达到 50 亿人次，人均出游已达 3.7 次，旅游总收入 5.4 万亿元。中国连续多年保持世界第一大出境旅游客源国和全球第四大入境旅游接待国地位。

这些年旅游经历了怎样的发展，未来旅游产业将如何转变？在全国旅游工作会议上，记者采访了国家旅游局局长李金早。

联合国世界旅游组织多年来对中国旅游发展的测算显示，中国旅游产业对国民经济综合贡献和社会就业综合贡献均超过 10%，高于世界平均水平。其中，2017 年旅游业对国民经济的综合贡献达 11.04%，对住宿、餐饮、民航、铁路客运业的贡献超过 80%，旅游直接和间接就业 8000 万人，对社会就业综合贡献达 10.28%。

"旅游产业社会综合效益更加凸显。2017 年，我国人均出游已达 3.7 次，成为人民幸福生活的刚需。"李金早说。

**人民幸福生活新指标**

经过多年努力，我国旅游业正在经历前所未有的历史性转变。如今，旅游早已走向寻常百姓家，成为人民幸福生活新指标。为此，李金早总结了旅游业这几年的重大转变：

从粗放型旅游发展向比较集约型旅游发展转变，从小众旅游向大众旅游转变，从景点旅游向全域旅游转变，从观光旅游向观光休闲旅游并重转变，从浅层次旅游向深层次旅游转变，从事业方向向产业方向转变，从被动跟从国际规则向积极主动的旅游国际合作和旅游外交转变，从旅游大国向旅游强国转变。

......

数据显示，我国出境旅游人数和旅游消费均列世界第一，对全球旅游业贡献不断提升。以2016年为例，据测算，中国旅游相当于全球旅游经济的16.6%，对全球国际游客增长贡献达10.5%。中国旅游市场全球瞩目，中国旅游外交亮点频出，中国正成为影响国际旅游格局的重要力量。

**从"高速增长"向"优质发展"转变**

李金早表示，新时代我国经济发展的特征，就是我国经济已由高速增长阶段转向高质量发展阶段。旅游业作为国民经济战略性支柱产业，无论从国家宏观发展要求，还是从自身发展需要，都到了从高速旅游增长阶段转向优质旅游发展阶段的关键节点。

推动高质量发展，核心要义是经济增长要从以数量高速扩张为主、主要解决短缺问题，转向质量和效益。我国旅游业经过近40年的发展，无论从供给规模、产业规模还是市场规模，都已进入世界旅游大国行列。

但也要看到，我国旅游发展方式还较为粗放，资源利用效率不高，市场主体发育不充分，传统的景点旅游发展模式难以为继，原有主要依靠要素投入、投资拉动、规模扩张的速度增长模式，受到越来越明显的制约。旅游业要适应新时代发展要求，绝不能简单地继续追求发展增速，只有转向依靠"质量""品质""服务"发展的新路，推进结构优化和增长动能转换，才能实现可持续健康发展。

（资料来源：http://www.gsta.gov.cn/jx/zxft/23310.htm 2018-01-08 新华社 记者齐中熙、颜之宏，有改动）

问题：
1. 你认为我国旅游产业在世界旅游产业中处于什么样的地位？
2. 旅游业的发展给我国经济发展带来了哪些效益？

# 第一节　旅游经济效益及评价内容

## 一、经济效益的含义

经济效益，通常是指人们从事经济活动所取得的有效成果同相应的劳动占用和消耗的比较，简言之，即从事经济活动的投入与产出的比值。因此，讲求和提高经济效益就是指在从事各种经济活动时，要以尽可能少的劳动占用和消耗，产出尽可能多的、符合社会需要的有用成果（产品和劳务）。

由于使用范围不同，看问题的角度不同和观察效益的视野不同，因而出现了不同形态、不同种类的经济效益。一般来讲，经济效益按以下方法进行分类。

（1）按部门分类，经济效益部门分为工业经济效益、农业经济效益、建筑业经济效益、运输业经济效益和商业经济效益。

（2）按层次分类，经济效益按不同层次可分为宏观经济效益和微观经济效益。宏观经济效益一般是指全社会的经济效益、整个国民经济的经济效益。宏观经济效益是社会再生产全过程的经济效益，是社会生产、分配、交换、消费等整个经济活动的经济效益，把宏观经济效益只理解为生产领域的或分配领域的经济效益都是不对的。微观经济效益一般是指一个企业、一个单位的经济效益、一个项目的经济效益。

（3）按受益面分类，经济效益按受益面可分为直接经济效益与间接经济效益。直接经济效益一般是指企业内部经济效益和直接受益部门、单位的经济效益的总和；间接经济效益一般是指除直接受益部门的经济效益外，均可称间接经济效益。

（4）按时间分类，经济效益按时间长短可分为近期经济效益、中期经济效益和远期经济效益。近期一般指 2～3 年、3～5 年，中期一般指 5～15 年，远期一般指 15 年以上。当然这种时间划分并不是绝对的，这种分类方法也是人为的、习惯的分类方法。然而在研究分析经济效益时，特别是在对各种技术方案、技术措施、技术政策进行决策时，不仅必须考虑这个时间因素，而且也必须协调好近期、中期、远期的经济效益。

（5）按决策要求分类，经济效益可分为事前经济效益、事中经济效益、事后经济效益和跟踪经济效益。事前经济效益是指投资决策前估算的经济效益，事中经济效益是指项目运行过程中的经济效益，是评价现有生产要素及其利用状况的重要标准，也是评价该项目效益好坏，或是否追加投资的合理界限；事后经济效益是指建成投产后的经济效益，是评价该项生产经济活动经济效益的重要步骤和手段；跟踪经济效益是指对建成投产后项目的经济效益情况跟踪若干年，并观察其稳定程度与变化情况，从而对投资与投资运行的全部情况进行经验总结。

## 二、旅游经济效益

旅游经济效益是指的是人们在从事旅游经济活动中，投入与有效产出之间的对比关系。在这里，投入是指旅游经济部门所消耗的物化劳动和活劳动。有效产出指旅游经济部门生产的只有旅游使用价值，能满足旅游者需要，其价值已经得到实现的旅游产品，即旅游经济部门在组织接待旅游者的过程中，以最少的劳动消耗和劳动占用获得最大的经济效益。

### （一）旅游经济效益是微观经济效益与宏观经济效益的统一

旅游经济活动通常由旅行、餐饮、住宿、交通、观赏、娱乐等多种活动所组成，因而旅游经济效益实质上是食、住、行、游、购、娱等多种要素综合作用的结果，而各种要素作用发挥的好坏，最终也必须体现在经济效益上。同时，旅游经济效益不仅体现旅游企业的经济效益，使旅游经济活动的主体及其组织得以生存和发展；而且还要体现整个旅游产业的宏观经济效益，并通过旅游经济活动及其较强的产业带动效应，把旅游经济活动所产生的经济效益辐射、渗透到其他产业和部门，促进人们生活质量的改善和提高，充分体现出旅游经济的宏观效益及社会价值。

### （二）旅游经济效益的衡量标准是多方面的

在市场经济条件下，旅游经济活动必须面向市场，以旅游者为中心。这就要求旅游经营部门和企业在组织旅游活动时，必须树立为旅游者服务的经营思想和观念，从旅游者的消费需求考虑，尽可能提供适销对路、物美价廉的旅游产品和服务，这是获取经济效益的前提。在充分满足人们旅游消费需求的基础上，取得合理的经济收入和利润，不断提高旅游业的宏、微观经济效益。因此，从以上几方面来衡量旅游经济效益，可采用以下指标体系进行综合分析和评价，即接待游客人数、游客逗留天数、旅游收入、旅游外汇收入、旅游利润和税收、客房率、游客人均消费、游客投诉率、资金利润率、成本利润率以及服务质量等多项指标。

### （三）旅游经济效益具有质和量的规定性

同其他经济活动一样，旅游经济效益不仅有质的规定性，而且也有量的规定性。旅游经济效益的质的规定性，主要表现为取得旅游经济效益的途径和方法必须在国家有关法律、法规和政策的范围内和指导下，通过加强管理、技术进步和改善服务质量来实现。旅游经济效益的量的规定性，是指旅游经济效益不仅能用量化的指标来反映，而且还能通过对指标体系的比较作分析，发现旅游经济活动中的问题，从而寻求提高旅游经济效益的途径和方法。旅游经济效益质和量的规定性是有机统一的整体，离开了质的规定而片面追求量的目标，就会偏离旅游经济发展的宗旨和方向，甚至成为不良社会行为生长的土壤；反之，如果只考虑旅游经济效益的质的规定性，而没有量的追求，就没有积极开拓的进取精神和科学的经营管理方法，难以实现旅游经济效益。因此，只有把旅游经济效益的质和量有机统一起来，才能保证旅游经济活动健康、正常地开展，促进旅游经济效益的不断提高。

### （四）旅游经济效益是直接经济效益与间接经济效益的统一

旅游直接经济效益是指旅游业投入的生产要素的费用与其取得的经济收入之间的数量比较关系。这是旅游企业和旅游部门衡量旅游经济效益的指标。

旅游间接经济效益是指发展旅游业对国民经济中其他相关行业和部门乃至对整个国民经济的影响，形成全社会的间接经济效益。由于旅游业是具有较强的关联带动性的产业，旅游业的发展对其相关行业或部门乃至对整个国民经济都会带来一定的经济效益。我们在研究旅游经济效益时，不仅仅要考虑直接的经济效益，同时也要考虑间接的经济效益。

### （五）旅游经济效益要将长期经济效益和近期经济效益相结合

无论是旅游企业，还是旅游行业，都存在长期经济效益和眼前经济效益的关系。任何企业和部门为了求得他们的生存和发展，首先都必须考虑眼前的近期经济效益，因为没有眼前的经济效益便无法生存和发展。但是这并非说，我们可以牺牲长远利益而单纯地盲目地追求眼前效益。因为单纯追求眼前效益，很容易造成对旅游资源掠夺式的开发，不考虑环境的保护和对社会的负面影响。实际上，如果我们不能从社会发展和环境保护的角度去发展旅游业，企业的长远利益也就无从谈起。因此，在当今的旅游经济活动中，任何企业都必须将眼前效益和长远利益统筹兼顾，综合考虑。

### （六）衡量旅游经济效益，既要考虑旅游经济的正效益，也要考虑其负效益

旅游经济效益应该包括正负两个方面。当旅游业的投入大于产出时，就是负效益；当旅游业的产出大于投入时，就是正效益。对于旅游的社会效益和环境效益来说，有利于社会、环境的就是正效益，不利于社会、环境的就是负效益。

## 三、影响旅游经济效益的因素

影响旅游经济效益的因素是多方面的，既有主观因素，又有客观因素；既有宏观因素，又有微观因素；既有经济、技术因素，又有政策、法律因素；既有国内因素，又有国际因素等。因此，为了有效地提高旅游经济效益，就必须对影响旅游经济效益的主要因素进行科学的分析和研究。

### （一）旅游者数量及构成

在旅游经济活动中，旅游者是旅游活动的主体和旅游服务的对象，也是旅游活动产生的前提。旅游者数量的多少与旅游活动中所占用和耗费的劳动量之间存在着一定的比例关系。如果以较少的劳动占用和耗费，而为更多的旅游者及时提供了优质的旅游产品和服务，则旅游经济效益就好；反之，如果为一定的旅游者服务而劳动占用和耗费不断增加，则旅游经济效益就差。因此，旅游者数量的多少对旅游经济效益具有直接的影响。这种影响具体表现在两方面：一方面，旅游经济活动中旅游者数量的增加，必然相应增加旅游收入，从而提高旅游产品和旅游服务的利用效率，增加旅游经济效益；另一方面，旅游经济活动中的劳动占用和耗费，特别是表现为固定费用部分（如基本工资、折旧、管理费用等），在一定范围内会随旅游者数量的增加而相对减少，于是在其他条件不变的情况下，旅游者数量越多，则对于每一个旅游者所花费的成本费用就相对减少，从而相应使旅游经济效益增加。

另外，由于旅游者来自于不同的国家或地区，来自不同的经济阶层，来自不同的社会文化圈，因而具有不同的爱好、习俗、消费习惯及旅游支付能力，使他们在旅游活动中的旅游消费和支出具有不同的构成和特点，从而对旅游经济效益也产生着重要的影响。例如，在旅游者数量既定的情况下，旅游者逗留时间越长，所需旅游服务项目越多，则每个旅游者的平均消费支出就越大，于是旅游目的地的经济效益就越高。因此，不仅旅游者的数量规模大小对旅游经济效益具有直接的影响作用，而且旅游者的结构状况也对旅游经济效益产生直接的影响。

### （二）旅游物质技术基础及其利用率

旅游物质技术基础是指对各种旅游景观、旅游接待设施、旅游交通和通信、旅游辅助设施的总称。在旅游经济活动中，各种旅游物质技术基础与旅游经济效益具有直接的关

系。通常，旅游物质技术基础条件好，则吸引的旅游者多，旅游收入多，劳动占用和耗费少，从而提高了旅游经济效益。因此，旅游业应适度超前地发展各种旅游设施，尽可能配备现代化程度较高的物质技术设备和手段，以提高劳动效率，减少劳动耗费，增加经济效益。

配备现代化的旅游设施，为提高旅游经济效益奠定了基础。但是，要真正提高旅游经济效益，还必须不断提高旅游物质技术设施的利用率。而提高旅游物质技术设施利用率，意味着花费在单位游客上的劳动占用和耗费减少，从而降低了旅游成本，提高了经济效益。

### （三）旅游活动的组织和安排

旅游活动全过程涉及旅游者的食、住、行、游、购、娱等多方面的需求，这些需求是相互联系、衔接配套的。因此，在旅游活动中能否有效地提供旅游产品和服务，能否高质量地组织和安排好旅游者的旅游活动，就直接影响着旅游经济效益。例如，在其他条件既定情况下，如果旅游时间超过了计划安排，则势必增加旅游成本而减少旅游利润；如果旅游活动组织得单一、重复、枯燥，则可能产生负面影响，导致客源减少，效益下降；如果旅游服务质量不高，不能较好地满足旅游者的身心需求，就不能刺激旅游者增加旅游消费，从而也就无法增加更多的经济效益。因此，在旅游活动的组织和安排中，一定要针对不同旅游者的类型、需求特点、消费习惯等，有目的地规划和组织好旅游活动。尽可能在旅游时间安排上张弛结合，留有余地，保证旅游时间有效利用；在旅行线路上尽可能安排紧凑、内容丰富、生动有趣，提高旅游者的兴致，使其得到最大的身心需求满足；在旅游服务质量上，要礼貌谦和、服务周到，使旅游者真正能够高兴而来，满意而归。

### （四）旅游业的科学管理

旅游经济效益的提高，最根本的是劳动生产率的提高，而劳动生产率的提高离不开现代科学管理。因此，旅游行业必须科学地组织劳动的分工与协作，把食、住、行、游、购、娱等方面衔接配套好，才能有效地提高劳动生产率。另外，劳动者是生产力诸要素中最活跃、最关键的因素，也是决定劳动生产率能否提高的关键，因而要积极培训和提高员工的业务技术水平，充分调动员工的劳动积极性和创造性，真正实现劳动生产率的提高。

对旅游经济活动的管理越科学、合理，职工的业务技术水平越高，员工对本职工作的责任心越强，则劳动时间的利用越充分，劳动效率就越高，创造的劳动成果就越多，于是旅游经济效益就越好。反之，如果旅游劳动效率低，则旅游劳动的成果就少，相应旅游经济效益也就差。

 小贴士

**2017 年海南景区接待人次增长，游客结构优化**

在刚刚过去的 2017 年，海南旅游形势明显好于往年，各大景区趁势而上，内抓管理，外拓市场，取得骄人业绩，主要旅游景区接待人次和经济效益明显增长，实现人财两旺。

海南省旅游景区协会日前对 20 家景区进行了抽样调查，统计数据显示，全省六个 5A 级景区中，五个景区增长明显。其中，海南南山文化旅游区总接待量全省最高，为 550 万人次，同比增长 29.56%；海南呀诺达雨林文化旅游区总接待人次为 229 万，同比增长 8.53%；海南分界洲岛旅游区总接待人次为 233 万，同比增长 56.38%；海南槟榔谷黎苗文化旅游区总接待人次为 155.63 万，同比增长 22.48%；三亚蜈支洲岛旅游区总接待人次为 291 万，同比增长 14.12%。三亚大小洞天旅游区因由团队观光型向精品度假型转型而出现负增长。

全省 4A 级景区中，三亚天涯海角旅游区总接待人次为 500 万，同比增长 13.30%。接待总人次在 200 万以上的有：三亚亚龙湾热带天堂森林公园为 205 万人次，同比增长 19.88%；观澜湖华谊冯小刚电影公社为 224.24 万人次，同比增长 9%。陵水南湾猴岛生态旅游区在 2016 年实现接待人次同比增长接近 30% 之后，2017 年为 101 万人次，同比增长有所降低，为 4%。

值得一提的是，景区在总接待人次增长的同时，结构明显优化。家庭游、自驾游、背包客等"自由行"游客构成了增长主力。以 5A 级景区为例，海南南山文化旅游区散客量为 316.08 万人次，同比增长 40.46%；海南呀诺达雨林文化旅游区散客接待量为 84 万人次，同比增长 12%；海南分界洲岛旅游区散客接待量为 67 万人次，同比增长 59.52%；海南槟榔谷黎苗文化旅游区散客接待量为 60.1 万人次，同比增长 11.03%；三亚蜈支洲岛旅游区散客接待量为 135.67 万人次，同比增长 14%。三亚大小洞天旅游区在总接待人次下降的情况下，散客接待同比仍增长 23.48%。

抽样调查的 4A 级景区散客接待同比增长情况如下：三亚天涯海角旅游区同比增长 14.40%，陵水南湾猴岛生态旅游区同比增长 10%，三亚亚龙湾热带天堂森林公园同比增长 39.77%，博鳌亚洲论坛文化旅游区同比增长 19.05%，鹿回头风景区同比增长 11.11%。

业内人士表示，随着海南国际旅游岛和全域旅游示范省建设的持续推进，海南旅游景区也在不断提升，并将会发挥越来越大的带动作用。海南旅游景区经过多年的发展，已经积累了丰富的企业管理和市场营销经验，培养出了大量优秀的人才，这是海南旅游发展的重要基础。此外，景区在内部建设和管理上也在不断提升，游客体验更加丰富，这也使得景区日益成为海南旅游亮丽的名片。

（资料来源：2018 年 01 月 02 日 22：03　人民网—海南频道）

## 四、旅游经济效益的评价

要提高旅游经济效益，就必须在旅游经济活动中以尽可能少的投入，获取尽可能多的产出，这也是评价旅游经济效益的重要标准。通常，对旅游经济效益的评价必须重视对以下方面的比较分析。

### （一）旅游经济活动的有效成果同社会需要的比较

旅游产品作为旅游者在旅游活动过程中所购买的物质产品、精神产品和服务的总和，它同样具有价值和使用价值。只有当旅游产品能够有效地满足旅游者的需求，才能实现其价值。否则，不仅不能体现旅游产品的价值和使用价值，使旅游经营单位遭受损失；而且会因旅游者的反面宣传而使旅游产品失去更多的客源。因此，必须努力生产和提供旅游者满意且物美价廉的旅游产品，才能促进旅游经济效益的不断提高。

### （二）旅游经济活动的有效成果同劳动消耗和占用的比较

作为旅游经营部门和单位，为了向旅游者提供旅游产品，必然要耗费社会劳动，占用资金，从而形成旅游经济活动的成本和费用。如果旅游经济活动只讲满足社会需求，而不计成本高低，则是违背经济规律的。因此，要讲求经济效益就必须把旅游经济活动的有效成果（主要是利润和税金）同劳动占用和消耗进行比较，以评价旅游经济活动的合理性和旅游经济效益的好坏。

### （三）旅游经济活动的有效成果同资源利用的比较

旅游经济活动必须以旅游资源为基础，以市场为导向，充分有效地利用各种资源。通过把旅游经济活动的有效成果同旅游资源的利用相比较，可以揭示利用旅游资源的程度和水平，从而寻找充分利用旅游资源的途径和方法。另外，在利用旅游资源时，还要考虑对旅游资源的保护。因为旅游资源是一种特殊的资源，不论是自然景观还是人文风情，对其保护就是保持旅游产品的质量。如果自然生态环境恶化，人文风情遭受破坏，就直接表现为旅游产品质量的下降和损坏，就不能持续地带来旅游收入和经济效益。

### （四）旅游经济活动的宏观效益与微观效益的统一

任何一项旅游经济活动都必然涉及和影响到旅游业的宏观效益和微观效益。旅游经济活动的微观效益主要指旅游企业的经济效益，其表现为旅游企业的经营收入与成本之间的比较，从而导致旅游企业必然把追求利润作为其行为目标。旅游经济活动的宏观效益是指整个旅游产业的整体效益，其不仅要讲求本产业的经济效益，同时还要考虑对社会经济所做的贡献和对生态环境的保护和改善。如果旅游经济活动只考虑旅游企业的经济效益，而不顾旅游业整体的宏观效益，则旅游企业持续的经济效益也是无法保障的。因此，讲求旅游经济效益必须把旅游经济活动的微观效益同宏观效益统一起来，才能保证旅游经济效益有效实现和提高。

# 第二节　旅游微观经济效益与分析评价

## 一、旅游微观经济效益及其意义

旅游微观经济效益是指旅游企业在其经营活动中，对劳动的占用和耗费与劳动所得之间的数量对比关系。它的对于旅游企业有以下意义。

### （一）旅游微观经济效益是旅游企业发展的内在动力

在市场经济条件下，旅游企业要在竞争性市场中不断地发展，必须具有强大的经济实力，这种经济实力主要来自企业的经济效益。旅游微观经济效益的提高，意味着旅游企业自我积累、自我发展、自我完善和自我改造的能力在增强，形成一种激发旅游企业不断发展的内在动力。如果旅游微观经济效益较差，不仅不能使企业发展壮大，就连简单再生产都难以维持。

### （二）旅游微观经济效益是旅游企业整体素质提高的强化剂

旅游微观经济效益的取得是建立在良好的企业形象和企业素质基础之上的，而旅游企业形象和素质又与物化劳动和活劳动的水平相联系。无论是物化劳动还是活劳动，其水平的提高都离不开经济效益的支持，有了经济效益才能对现有的旅游设施进行更新改造，才能对现有的员工进行技术培训和素质教育，从而全面推动旅游企业素质的提高，企业素质的提高又有助于企业提高经济效益，使旅游企业的经营走上良性循环的轨道。

### （三）旅游微观经济效益是提高旅游宏观经济效益的基础

旅游经济活动的主体是旅游企业的经营活动，没有旅游企业的经营活动就不可能有旅游经济的总体活动。因此，旅游宏观经济效益是由旅游企业经济效益组合而成的，离开旅游企业的经济效益，旅游宏观经济效益便失去了存在的基础。要提高旅游宏观经济效益，首先要提高旅游企业的经济效益，只有在构成旅游经济总体的各个主体的经济效益不断提高时，旅游宏观经济效益才会不断增长。

## 二、影响旅游微观经济效益的因素

### （一）不可控的外部因素

首先，旅游需求规模和时间的平衡状态是影响旅游微观经济效益的一个重要的因素。旅游经济活动的一个重要性质，是旅游生产与旅游消费的同一性，因此，旅游企业经营能否正常进行，不仅受旅游需求规模的影响，同时也受这种需求规模的时间分布的影响。当旅游企业供给一定时，旅游需求规模扩大，促使旅游企业设施利用率提高以及旅游业务量扩大，这必然会使旅游企业经济效益大幅度地提高。在旅游需求扩大时，旅游需求的时间分布比较平均，这就为旅游企业的设施利用率在不同的时间里保持较高水平创造了条件，这样，也就会产生较高的经济效益。相反，如果旅游需求不足或者旅游需求时间分布不合理，就会造成旅游设施在各个不同的时间里有较大幅度的波动，这必然会影响旅游企业经济效益的提高。

其次，旅游经济管理体制也是影响旅游微观经济效益的一个因素。旅游企业的经营活动，总是在一定的管理体制作用下运行的。要使旅游企业经营活动正常、高效运行，就必须建立起一个充分适应旅游企业经营活动正常运行以及使其充满活力的旅游经济管理体制。科学的旅游管理体制不仅保证了旅游企业经营活动的正常进行，同时，也为旅游企业取得最佳经济效益提供了强有力的体制条件。

最后，外部经济也是影响旅游微观经济效益的一个因素。外部经济是旅游企业外部的自然因素、经济因素和社会因素的变动给旅游企业带来的经济效益。相对于外部经济，外部不经济是旅游企业外部的自然因素、经济因素和社会因素的变动给旅游企业带来的经济负效益。在旅游经济活动中，某项外部因素的变动给旅游企业带来的外部经济或外部不经济的影响是不同的，一项外部因素的变动可能会给某些企业带来程度较高的外部经济或外部不经济，然而对另外一些旅游企业可能只带来较少甚至是不带来外部经济或外部不经济。因此，旅游企业在研究外部环境给企业带来的外部经济和外部不经济时，只有掌握外部因素变动对旅游企业的影响程度，才能科学地选择企业的经营对策。

## （二）可控的内部因素

对旅游微观经济效益产生影响作用的内部因素，主要有旅游销售量、旅游价格、旅游产品成本结构和旅游企业规模等四个因素，这四个因素之间存在着内在的联系，它们不同的变化以及组合直接影响着旅游微观经济效益的变动。

旅游销售量与旅游价格是影响旅游微观经济效益的一个复合性因素。从一般意义上说，旅游销售量与旅游价格之积，形成旅游销售收入，在旅游产品成本为一定时，旅游销售收入愈高，旅游微观经济效益就愈好。旅游销售量与旅游价格之间存在着相互依存、相互制约的数量关系，在其他经济条件不变时，旅游价格与旅游销售量之间存在着反比关系，旅游价格愈低，旅游销售量就愈大；反之亦然。但不同的旅游产品其需求弹性是不同的，不同的旅游需求弹性，在旅游价格变动时，会引起旅游销售量产生不同幅度的变动，出现旅游销售收入不同程度的变动，从而对旅游微观经济效益产生不同的影响。旅游企业的规模及其成本结构也会对旅游微观经济效益产生影响。

成本结构是固定成本与变动成本之间的比例关系，不同的旅游企业具有不同的成本结构，通常，经营规模大的旅游企业往往是高固定成本结构，经营规模小的旅游企业往往是高变动成本结构。成本结构不同，销售量的变动对利润变化的影响程度是不相同的。高固定成本的旅游企业要达到保本点所需的销售量较高，高变动成本的旅游企业要达到保本点所需的销售量较低，然而销售量一旦达到保本点后，高固定成本的旅游企业利润增长速度会远远高于高变动成本的旅游企业。

## 三、旅游企业的成本分类及构成

旅游企业成本是旅游企业在生产经营旅游产品或提供服务过程中所耗费的物化劳动和活劳动价值的货币表现。在实际工作中，旅游企业成本是指旅游企业在生产经营旅游产品时所占用及耗费的费用。旅游企业成本是旅游产品价值的一部分，产品成本的高低不仅影响企业的利润，也是衡量企业竞争力的标志。当某企业的成本费用低于社会上生产同种产品的平均成本时，在同样的价格下就会获得较高的利润。在竞争激烈的市场环境中，该企业就可以用降低价格的手段使企业在获得正常利润的情况下扩大市场份额，战胜竞争对手。

### （一）旅游企业的成本分类

旅游企业成本按照不同的标准，可将其划分为不同的种类。

固定成本又称不变成本，是指在一定业务范围内，随着业务量的增减而固定不变的成本。固定成本主要包括固定资产折旧、修理、租赁费、行政办公费、管理人员工资等。

变动成本是指随着业务量的增减而按比例增减的成本或费用。变动成本主要包括原材料消耗、生产用的水电费用、燃料、低值易耗品、服务人员的工资等。由于变动成本总是随业务量的增加而增加，因此降低单位旅游产品和服务的变动成本，就能使单位成本和总成本都得到降低，从而能增加企业的经济效益。

直接成本是指能直接确定为生产某种产品而发生的费用。如某经营部门设备设施的折旧费、餐饮消耗的原材料、调料、配料和燃料，客房、餐厅的低值易耗品等，这些费用都是生产各种产品直接消耗的费用，可以根据原始凭证直接计入某种产品的成本中。间接成本是指为生产经营旅游产品而在企业各部门中共同消耗的费用，这些费用不能直接计入某种产品生产费用中去，而需根据一定标准，用间接方法分配于几种产品中，作为该产品成本的一部分。间接成本既包括与销售量有关的变动成本，又包括与销售量无关的固定成本。例如公司经费、工会经费、排污费、绿化费等，是企业组织和经营整个企业经营活动的费用，不是为生产哪一部分产品的专门投入。

营业成本是指旅游企业从事经营活动所支出的全部直接费用，包括折旧、修理费、低值易耗品摊销、职工福利、工资、运输、包装、保管、燃料、水电、广告宣传、物料消耗等各种支出。管理成本是指旅游企业决策和管理部门在企业经营管理中所发生的，且不能直接计入营业费用的其他支出，包括行政办公经费、工会经费、职工培训费、劳动保险费、外事费、租赁费、咨询费、审计费、诉讼费、土地使用费等。财务成本是指旅游企业为筹集经营资金所发生的各种费用，包括利息支出、汇兑损失（外汇差价）、金融机构手续费等。

### （二）旅游企业成本的一般构成

（1）各种折旧费，包括建筑物的折旧费，旅游企业内部各种设施、生产设备的折旧费，各种办公用品的折旧费（桌椅、空调、等）。这些有形的物质设备是旅游企业经营活动的物质基础，其价值以折旧的形式转移到每个产品中，产品销售出去后，其价值才得到补偿。

（2）各种设施、设备的维修保养费。

（3）旅游企业经营中的各种原材料、辅助材料、燃料动力与低值易耗品的消耗。

（4）旅游企业员工的工资、福利。

（5）旅游企业的各种管理费，如工会经费、职工培训教育费、劳动保险费、就业保险费、咨询费、审计费、办公用品费、交际应酬费、绿化费、坏账损失费等。

（6）各种促销费用，如广告费、宣传费等。

（7）其他费用，如机场接送费、行李搬运费、邮电通信费、差旅费、服装费、水电费、煤气费等。

**解读：除直接成本外，旅游企业不可忽视间接成本**

一旦旅游预订过程中有供应商参与，旅游企业就要注意其中的间接成本。支付过程中的直接成本，例如各项费用和附加费都一目了然；而间接成本企业也要认真考量。品橙盘点了旅游企业在涉及支付过程中，相关间接成本、产生因素及企业的应对办法。

**人工成本**

支付过程的自动化越低，企业就需要越多的员工。Phocuswright研究表明，有四成旅行社目前还通过人工完成支付、对账、欺诈处理或退款等工作。全球范围内这些工作加起来，每年整个行业的人工耗费约115亿美元。

年均交易量在100万到500万美元区间的旅行社，每周承担人工耗费约在200美元；对年均交易量1亿美元的旅行社，每周约承担5000美元。可见，交易额跟成本耗费成正比。

支付过程尽可能多的流程化，不仅能有效地降低人工成本，企业还可将这些员工调配去产生更多收益。

**欺诈和拖欠款**

作为电子商务生态系统，旅游不可避免或受到欺诈影响。仅就航空公司为例，每年受诈骗等损失约10亿美元，信用卡交易正逐步成为公司关注的焦点。

随着旅游越来越国际化，国际供应商的数量也与日俱增。尤其是在新兴市场，风险措施不够缜密，欺诈案件时有发生。但近来所谓的相对安全的国家中，这类案件也越来越多。当涉及拖欠款问题时，无论是在竞争激烈的发展成熟的市场，还是新兴目的地，都会导致供应商直接破产。

欺诈和拖欠款问题可归于直接成本范围。但如果遭遇丧失信誉的供应商，或涉及游客和供应商交易的中间阶段，同样还会给企业带来无形的间接成本。

**汇兑成本和风险成本**

尽管市场上有多种更节省资金的途径，目前仍有很多业务都依赖于传统渠道，如到银行兑换外汇。汇率、各种费用和银行加成收费等，通常都汇总为总支出一项。因此，对具体每项支出很难计算清楚。此外，如果将预订期和出行期之间的汇率波动计算在内，就更为复杂。

专业人士预计，与其他可选方式相比，通过银行渠道将增加多达3‰的外汇费用，旅行行业原本就利润微薄，因此这笔费用不可小觑。

**信贷成本**

信贷是支付行业中的默认选择，如洛奇卡（lodge card）、企业信用卡或者客户个人卡。尽管当今市场上还有很多其他代选方式，此类支付仍高居大众选择之首。

首先，信用卡申请有门槛，而且支付条款更严谨，实际上降低了传统信用卡优势的软福利和弹性。

即便在相对较低的利息环境，仍需支付一定相应的利息。与此相对的立即付款方式，其折扣也在不断增加，它能为供应商产生更多营收，降低更大成本。

**应对之法**

市场上，目前有不少创新方案可以降低直接成本和间接成本，也有一些可选支付方式能自动调整和帮助现有工作流程的无缝支付。创新方案可将欺诈和拖欠风险降到最低，同时从每笔交易中产生回报。

精明的旅游企业需要明晰支付的真实成本，这不仅仅是资产负债表上的内容，还应深入计算间接成本及机会成本，进而寻求新的解决方案应对间接成本。

（资料来源：2016—06—28 品橙旅游 微信公众号）

## 四、旅游微观经济效益分析

### （一）旅游微观经济效益的分析指标

旅游微观经济效益是通过分析旅游企业的收入、成本、利润的实现，以及它们之间的比较来体现的。因此，要分析旅游企业的经济效益，首先应掌握好各主要指标的经济含义和计算方法。

（1）旅游企业的营业收入。营业收入是指旅游企业在出售旅游产品或提供旅游服务中所实现的收入，其包括基本业务收入和其他业务收入。营业收入的高低，不仅反映了旅游企业经营规模的大小，而且反映了旅游企业经营水平的高低。例如，通过旅游营业收入同企业员工人数的比较，就可以反映旅游企业劳动生产率的水平，公式如下：

$$年人均营业收入 = \frac{企业年营业总收入}{企业年员工平均总人数}$$

（2）旅游企业的营业成本。经营成本就是旅游企业从事旅游经济活动所耗费的全部成本费用之和。用公式表示如下：

$$旅游企业营业成本 = 营业成本 + 营业费用 + 财务费用$$
$$= 固定成本 + 变动成本$$

分析旅游企业的营业成本，一方面要分析成本的发生及构成情况，从而有利于加强对成本的控制及管理；另一方面把经营成本同企业职工人数进行比较，可以反映旅游企业的成本水平。计算公式如下：

$$人均营业成本 = \frac{企业营业总成本}{企业员工平均总人数}$$

（3）旅游企业的营业利润。营业利润是指旅游企业的全部收入减去全部成本，并缴纳税收后的余额，其包括营业利润、投资净收益和营业外收支净额。旅游企业的经营利润指标，集中反映了企业从事旅游经济活动的全部成果，体现了旅游企业的经营管理水平和市场竞争力。通常，经营利润的计算如下：

营业利润＝营业收入－（营业成本＋营业费用＋管理费用＋财务费用）

企业的总利润＝营业利润＋投资净收益＋营业外收支净额

其中：投资净收益＝投资收益－投资损失

营业外收支净额＝营业外收入－营业外支出

### （二）旅游微观经济效益分析的方法

（1）利润率分析法。利润率是反映一定时期内旅游企业的利润同经营收入、劳动消耗和劳动占用之间的相互关系，可从不同角度分析和评价企业的经济效益状况。它具体表现为旅游企业的资金利润率、成本利润率和销售利润率三个利润率指标：

资金利润率＝利润/（固定资金＋流动资金）×100%

成本利润率＝利润/成本总额×100%

销售利润率＝利润/销售额×100%

资金利润率，是反映旅游企业的利润与资金占用的关系，说明旅游企业劳动占用的经济效益。成本利润率，是反映旅游企业利润与成本之间的关系，说明旅游企业劳动耗费所取得的经济效益。销售利润率，是反映旅游企业在一定时期内利润与收入之间的关系，说明旅游企业经营规模的效益水平。通过以上三个利润率的分析，基本上反映了旅游企业的经济效益状况。

（2）盈亏平衡分析方法。盈亏平衡分析方法，是对旅游企业的成本、收入和利润三者的关系进行综合分析，从而确定旅游企业的保本营业收入，并分析和预测在一定营业收入水平上可能实现的利润水平。通常，影响利润高低的因素有两个，即营业收入和经营成本。按照成本性质划分，经营成本又可分为固定成本和变动成本。于是，收入、成本和利润的关系可用以下公式表示：

$$P = Q \times W - Q \times C_v - C_f$$

其中：$P$——利润；

$Q$——产品销售量；

$W$——产品单价；

$C_v$——单位可变成本；

$C_f$——固定总成本。

设保本点的产品销售量为 $Q_0$，保本点的利润 $P$ 为 0，$S_0$ 为保本点营业收入额，则：

$$Q_0 \times W - Q_0 \times C_v - C_f = 0$$

对等式进行变化

$$Q_0 = \frac{C_f}{W - C_v}$$

保本点营业收入额为

$$S_0 = W \times Q_0$$

知道旅游企业保本点的业务量或收入额，就可根据上述公式的变换，对旅游企业的目标利润和目标收入进行科学的分析和预测，以保证旅游企业不断提高经济效益。当然，该盈亏平衡分析公式是基于线性的假设前提：生产量等于销售量；固定成本不变，可变成本与生产量成正比变化；销售价格不变；只按单一产品计算，若项目有多种产品，则换算成单一产品计算。

**3. 边际分析方法。**

边际分析方法又称为最大利润分析法，即引进边际收入和边际成本概念，通过比较边际收入与边际成本来分析旅游企业实现最大利润的经营规模的方法。

边际收入（$MR$），是指每增加一个游客（或销售一个单位旅游产品）而使总收入相应增加的部分，即增加单位游客（或产品）而带来的营业收入。边际成本（$MC$），是指每增加一个游客（或销售一个单位旅游产品）而引起总成本相应增加的部分，即增加单位游客（或产品）而必须支出的成本费用。比较边际收入和边际成本有以下三种情况。

（1）当 $MR > MC$ 时，说明增加一个游客（或出售单位产品）时，所增加的收入大于成本，因而还能增加利润，从而使旅游企业的总利润扩大。因此，当 $MR > MC$ 时，可以继续扩大接待人数，以获取更多经济收益。

（2）当 $MR < MC$ 时，说明每增加一个游客（或出售单位产品）时，所增加的收入小于支出，即产生亏损，从而会使旅游企业的总利润减少。因此，当 $MR < MC$ 时，旅游企业应减少接待人数，以保证企业的经济收益。

（3）当 $MR = MC$ 时，说明每增加一个游客（或出售单位产品）时，所增加的收入与支出相等，即增加单位游客的利润为零。在这种情况下，旅游企业的总利润既不会增加，也不会减少，因而是企业实现最大利润的经营规模。

**4. 企业偿债能力分析**

企业的偿债能力是指企业用其资产偿还长期债务与短期债务的能力。企业有无支付现金的能力和偿还债务能力，是企业能否健康生存和发展的关键。其指标主要有流动比率、速动比率、现金比率、资本周转率、清算价值比率和利息支付倍数等。以下主要介绍流动比率和速动比率、现金比率和资本周转率。

（1）流动比率。

流动比率，表示每 1 元流动负债有多少流动资产作为偿还的保证。它反映企业流动资产对流动负债的保障程度。公式为

$$流动比率 = 流动资产 / 流动负债$$

一般情况下，该指标越大，表明企业短期偿债能力强，通常该指标在 $200\%$ 左右较好。在运用该指标分析企业短期偿债能力时，还应结合存货的规模大小，周转速度、变现能力和变现价值等指标进行综合分析。如果某一企业虽然流动比率很高，但其存货规模大，周转速度慢，有可能造成存货变现能力弱，变现价值低，那么，该公司的实际短期偿债能力就要比指标反映的弱。

（2）速动比率。

速动比率表示每 1 元流动负债有多少速动资产作为偿还的保证，进一步反映流动负债的保障程度。公式为

$$速动比率 = （流动资产合计 - 存货净额） / 流动负债合计$$

式中：（流动资产合计 - 存货净额）的值为速动资产合计。

一般情况下，该指标越大，表明企业短期偿债能力越强，通常该指标在 $100\%$ 左右

较好。

在运用该指标分析企业短期偿债能力时，应结合应收账款的规模、周转速度和其他应收款的规模，以及它们的变现能力进行综合分析。如果某企业速动比率虽然很高，但应收账款周转速度慢，且它与其他应收款的规模大，变现能力差，那么该企业较为真实的短期偿债能力要比该指标反映的差。由于预付账款、待摊费用、其他流动资产等指标的变现能力差或无法变现，所以，如果这些指标规模过大，那么在运用流动比率和速动比率分析企业短期偿债能力时，还应扣除这些项目的影响。

（3）现金比率。

现金比率，表示每1元流动负债有多少现金及现金等价物作为偿还的保证，反映企业可用现金及变现方式清偿流动负债的能力。其公式为

$$现金比率＝（货币资金＋短期投资）÷流动负债合计$$

该指标能真实地反映公司实际的短期偿债能力，该指标值越大，反映公司的短期偿债能力越强。

（4）资本周转率。

资本周转率，表示可变现的流动资产与长期负债的比例，反映企业清偿长期债务的能力。其公式为

$$资本周转率＝（货币资金＋短期投资＋应收票据）/长期负债合计$$

一般情况下，该指标值越大，表明企业近期的长期偿债能力越强，债权的安全性越好。由于长期负债的偿还期限长，所以，在运用该指标分析企业的长期偿债能力时，还应充分考虑企业未来的现金流入量，经营获利能力和盈利规模的大小。如果企业的资本周转率很高，但未来的发展前景不乐观，即未来可能的现金流入量少，经营获利能力弱，且盈利规模小，那么，企业实际的长期偿债能力将变弱。

## 五、提高旅游企业经济效益的途径

### （一）加强旅游市场调研，扩大旅游客源

旅游客源是旅游业赖以生存和发展的前提条件，也是增加旅游企业营业收入的重要途径。因此，必须随时掌握旅游客源市场的变化，对现有客源的流向、潜在客源的状况，以及主要客源国的政治经济现状及发展趋势进行调查、研究和分析，以便有针对性地进行旅游宣传和促销，提供合适的旅游产品和服务，不断扩大客源市场，增加旅游企业的经营收入，提高经济效益。否则就会失去市场竞争力、失去客源，而没有客源就没有旅游经济活动，也就无法实现和提高旅游企业的经济效益。

### （二）提高劳动生产率，降低旅游产品成本

提高旅游企业的劳动生产率，降低旅游产品成本是提高旅游企业经济效益的重要途径之一。提高劳动生产率，就是要提高旅游企业职工的素质，加强劳动的分工与协作，提高劳动组织的科学性，尽可能实现以较少的劳动投入完成同样的接待任务，或者以同样的投入完成更多的接待任务，达到节约资金占用，减少人财物力的消耗，降低旅游产品的成

本。同时，提高劳动生产率还有利于充分利用现有设施，扩大营业收入，达到提高利润，降低成本，增加旅游经济效益的目的。

### （三）加强经济核算，提高经济效益

经济核算是经济管理不可缺少的重要工作之一。旅游企业的经济核算，是旅游企业借助货币形式，通过记账、算账、财务分析等方法，对旅游经济活动过程及其劳动占用和耗费进行反映和监督，为旅游企业加强管理、获取良好的经济效益奠定基础。加强旅游企业的经济核算，有利于发现旅游经济活动中的薄弱环节和问题，分析其产生的原因和影响因素，有针对性地采取有效的对策和措施，开源节流，挖掘潜力，减少消耗，提高经济效益。

### （四）提高旅游员工素质，改善服务质量

改善和提高旅游服务质量，是增加旅游效益的关键。旅游服务质量的好坏，不仅表现在旅游景观是否具有吸引力，旅游活动的内容是否丰富多彩，旅游接待设施是否舒适、安全，而且也体现在旅游服务人员的服务态度、文化素质和道德修养上。因为旅游服务是通过旅游企业职工热情周到、诚挚友好的服务态度，通过服务人员谦虚的礼貌、整洁的仪表、娴熟的服务技能、良好的文化素质和修养来使游客真正享受到"宾至如归"的感受。因此，改善和提高服务质量就能满足游客的需求，促使他们增加逗留时间，增加消费，从而相应提高旅游经济效益。既然服务质量的好坏主要体现在员工身上，因此必须提高旅游企业员工的专业知识、业务技能和道德修养，这也是提高服务质量的保证。

### （五）加强旅游企业的管理基础工作，不断改善经营管理

旅游企业的经济效益也是建立在良好的管理基础工作之上的。良好的管理基础工作，不仅是改善旅游企业经营管理的前提，也是创造良好经济效益的重要途径。因此，加强旅游企业的管理基础工作，必须切实做好以下工作。一是要加强标准化工作，促使企业各项活动都能纳入标准化、规范化和程序化的轨道，建立良好的工作秩序，提高工作效率。二是要加强定额工作，制定先进合理的定额水平和严密的定额管理制度，充分发挥定额管理的积极作用。三是加强信息和计量工作，通过及时、准确、全面的信息交流和反馈，不断改善服务质量。并在加强计量监督和管理前提下，不断提高服务质量、降低成本、提高经济效益。四是加强规章制度的制定和实施，严格各种工作制度、经济责任制度和奖惩制度，规范职工行为，促进经营管理的改善和提高。

# 第三节　旅游宏观经济效益与分析评价

## 一、旅游宏观经济效益的概念

旅游宏观经济效益是指在旅游活动中社会投入的各种生产要素的占用（即耗费）与产出的社会经济成果的比较。旅游宏观经济效益是社会效益的一部分。旅游宏观经济效益体现在两个方面。一方面，旅游宏观经济效益体现为整个旅游业的综合经济效益，无数的旅

游微观经济效益汇总成宏观经济效益；另一方面，旅游宏观经济效益体现为包括旅游业在内的整个社会的经济效益，即在旅游活动中社会投入的物化劳动、活劳动和资源的占用、消耗与旅游业及全社会效益的比较。除了旅游企业整体的直接经济效益以外，旅游宏观经济效益还包括发展旅游业带动其他相关行业发展的间接经济效益。

旅游微观经济效益与宏观经济效益的关系之间是相互制约、相互影响的，体现着局部与全局的辩证关系。微观效益是宏观效益的基础，宏观效益必须以微观效益为前提和条件。有时二者也会发生矛盾，如一旅游景点的开发可能微观效益较好，但宏观上可能带来不利影响。因此，当微观效益和宏观效益发生矛盾时，微观效益要服从宏观效益的需要，即局部应当服从整体的需要。

## 二、影响旅游宏观经济效益的因素

### (一) 旅游经济发展模式

不同的旅游经济发展模式决定了不同的投入与产出之间的关系。我国的旅游产业发展模式经历了从速度型向效益型转变的过程。在速度型的旅游产业发展模式下，旅游产业注重产业规模的扩张及增长速度，主要表现为重规模、轻效益，重速度、轻比例，重外汇收入、轻旅游结汇等，这种情况是一种典型的速度型发展模式。由于过分强调速度与规模，旅游产业的发展在一定程度上脱离了国民经济发展的现实，致使旅游投入较大而经济效益较小。而效益型发展模式注重的是旅游经济协调的比例、适当的速度和恰当的规模，并通过内涵扩大再生产实现综合经济效益的提高。在市场经济条件下，如果我国的旅游产业发展不能尽快实现向效益型发展模式的转变，这将对未来的旅游宏观经济效益产生不利的影响。

### (二) 人员素质与宏观决策

影响旅游宏观经济效益的另一个重要因素是宏观决策正确与否，即使旅游经济发展模式和管理体制科学、正确，但是，错误的宏观决策同样会影响旅游宏观经济效益的提高，但这种效益的提高是以破坏生态环境等不利于人类生态和发展的做法为前提的，是不可取的。旅游宏观决策的科学性一方面取决于体制和决策程序的科学性，另一方面也取决于决策人员的良好素质。宏观决策人员的素质是一个国家或地区形象的代表，是影响旅游产业发展和经济效益的重要因素。

### (三) 旅游经济管理体制

旅游经济活动所产生的经济效益总是在特定的经济体制约束下实现的，而行业管理体制对产业的发展影响更大。我国的旅游经济管理体制存在着一定的缺陷，主要表现为以行政管理为主和旅游经济管理与其运行部门、地区之间的分割，它不仅割断了旅游经济的内在联系，同时加大了不必要的行政干预，不利于旅游宏观经济效益的提高。

**小·贴士**

**述评：把握"中国模式"真谛　服务全球旅游发展**

随着中国发起的国际性组织世界旅游联盟正式成立，全球旅游发展"中国模式"不胫而走，成为此次世界旅游组织大会期间的一大热词。政府统筹，市场主导，进而通过成立世界旅游联盟，全民全域全球的旅游范例"中国模式"正成为全球旅游界的一项共识。

旅游业发展的中国模式，最重要一点就是全国一盘棋，着眼社会发展全局"补短板"，把握农村发展、扶贫攻坚等核心议题。对这一中国模式，瑞法依总结极为精炼："中国为世界提供了很好范例——将旅游业作为优先发展的领域，在乡村发展及扶贫议题上，充分释放了自身潜力。"2016年5月，中国政府和联合国世界旅游组织共同在北京主办首届世界旅游发展大会，以《北京宣言》呼吁各国政府将减贫目标纳入旅游政策和战略。中国还宣布将实施一系列旅游业国际合作项目，与广大发展中国家一道共同促进旅游就业、改善民生。云集成都的各国旅游界人士，说起世界旅游联盟成立，无不强调这可以为减贫扶贫事业做出贡献。国家旅游局局长李金早强调，世界旅游联盟，要充分发挥旅游促进发展、旅游促进扶贫的重要作用。

中国迅速成为世界旅游投资、消费及进出口大国，全要依赖政府吗？当然不是。坚持发挥市场的决定性作用是旅游业发展"中国模式"的时代特色，正如国家旅游局局长李金早强调的，发挥好市场和政府"两只手"作用，进一步释放改革红利，激发市场活力。以市场为导向，促进旅游投融资，推动旅游产业持续向好。中国连续3年创新举办中国旅游投融资促进大会，推出"中国旅游业投资报告""全国优选旅游项目""中国旅游产业杰出贡献奖（飞马奖）"等系列举措。市场经济的主体是企业。中国旅游投资进入"黄金时代"的一大表现，就是企业成为旅游投资的中坚力量。2016年全国旅游业形成了以民营资本为主、政府投资和国有企业投资为辅的多元主体投资格局，继2015年突破万亿元大关后，2016年全国旅游直接投资达到12997亿元，同比增长29%。其中，民营企业投资旅游业7628亿元，占全部旅游投资的58.7%。中国旅游集团、中青旅、携程、华侨城等众多旅游企业加快融合扩张。国美、苏宁、中粮等传统企业也纷纷试水旅游业。互联网企业前10位中有9家投资旅游业，5年累计投资达350亿元，线上线下旅游企业渗透与融合加剧，传统旅游格局不断改写。目前，国内共有上市旅游业109家，市值合计4845亿元，国内旅游企业上市融资空间巨大。

全民、全域、全球，把握全民参与的大众旅游特征，提出全域旅游理念并迅速上升为国家战略，成立世界旅游联盟以推动全球旅游共治共享，就是旅游"中国模式"全球推广水到渠成的自然发展。众所周知，美国、英国、瑞典、新西兰等30余个国家未加入联合国世界旅游组织，而另有一些国家如加拿大、挪威、澳大利亚等先后退出该组织，致使其影响受限。世界旅游业理事会、亚太旅游协会、世界旅游城市联合会等非政府间国际旅游组织代表性不强，覆盖面不宽，旅游业产业链很长，跨国生产消费特征十分明显，因此一个全球性、综合性的非政府间国际旅游组织深受期待。金秋九月，云集成都的全球旅游界大咖对旅游发展的"中国模式"充满期待，中国业界有理由也有责任同全球同仁一起，使旅游发展"中国模式"更好地服务于旅游者行走于我们这颗不再孤独的星球。

（资料来源：2017-09-12 10：13：24　作者 钱春弦　新华网＞旅游）

## 三、旅游宏观经济效益的分析指标

### 1. 旅游投资效果系数

旅游投资效果系数是指在一定时期内，由旅游投资所带来的利润额与投资总额之比，即反映单位投资所得的利润，又称投资利润率或投资回收率，公式为

$$投资利润率 = 年利润总额/总投资 \times 100\%$$

计算出的投资利润率应与行业的标准投资利润率或行业的平均投资利润率进行比较，若大于（或等于）标准投资利润率或平均投资利润率，则认为项目是可以考虑接受的，否则不可行。以投资效益系数作为评价宏观投资经济效益的主要指标，其理由是：

（1）投资效益系数表明了投资的直接目的是增加收入。

（2）收入增加额最能反映投资的社会经济效果。

（3）按投资来计算投资效益系数的理论依据是，新增加的收入虽然是物质生产部门直接创造的，是生产性投资直接产生的效果，但需要非物质生产部门的协调发展和配合，否则就会出现经济比例的失调，破坏社会经济的正常运行和发展。

（4）投资效果系数是国际通用的投资经济效益指标，因此，采用投资效益系数便于进行国际投资经济效益的比较。

### 2. 投资回收期

投资回收期法又称"投资返本年限法"。是计算项目投产后在正常生产经营条件下的收益额和计提的折旧额、无形资产摊销额用来收回项目总投资所需的时间，与行业基准投资回收期对比来分析项目投资财务效益的一种静态分析法。

在投资项目各期现金流量相等的情况下，只要用投资的初始投资额除以一期的现金流量即可。其公式为

$$投资回收期 = 初始投资额/一期现金流量$$

如果投资项目投产后每年产生的净现金流入量不等（绝大多数情况下是这样），则需逐年累加，最后计算出投资回收期。公式也可以表示为

$$投资回收期 = 项目总投资/（年收益额 + 年计提折旧额 + 年无形资产摊销额）$$

式中：项目总投资是包括项目建设期间借款利息的总投资。年收益额是项目投产后达到设计年产量后第一个年度所获得收益额和计提的折旧额、无形资产摊销额。年收益额可按税前利润和税后利润计算，目前一般都按年税前利润计算。在计算投资回收期时所以在年收

益额外还要加上计提折旧额和无形资产摊销额，是因为折旧额和摊销额是重新购置固定资产和无形资产的资金来源，它虽不是项目的收益，但是它是用以补偿固定资产和无形资产投资的，所以也应将它与收益额一起作为收回的投资。

投资回收期指标所衡量的是收回初始投资的速度的快慢。其基本的选择标准是：在只有一个项目可供选择时，该项目的投资回收期要小于决策者规定的最高标准；如果有多个项目可供选择时，在项目的投资回收期小于决策者要求的最高标准的前提下，还要从中选择回收期最短的项目。

投资回收期指标的特点是计算简单，易于理解，且在一定程度上考虑了投资的风险状况（投资回收期越长，投资风险越高，反之，投资风险则减少），故在很长时间内被投资决策者们广为运用，目前也仍然是一个在进行投资决策时需要参考的重要指标。其缺点是：只注意项目回收投资的年限，没有直接说明项目的获利能力；没有考虑项目整个寿命周期的盈利水平；没有考虑资金的时间价值。因此，一般只在项目初选时使用。

### 3. 提供就业能力

提供就业能力是指就业人数增加量与旅游经济增长量之比。该指标反映了旅游产业发展过程中，为社会提供的劳动就业人数的总量。旅游业是一个以服务为主的综合性产业，具有对劳动力的高容纳性特点，可以从不同的工种、不同的部门为社会提供大量的就业机会。据世界旅游组织统计，全世界每年新增的劳动就业人数中，每 15 个人中就有 1 人是从事旅游业工作。而对于许多经济发达国家来说，社会经济越发展，旅游业就业人数就越多。因此，旅游业就业人数的多少，也反映了旅游业自身发展的规模及其对社会经济发展的推动作用。

 小·贴士

#### 2020 年我国旅游总就业将达 5000 万人

根据国家发展改革委、国家旅游局近日联合发布《关于实施旅游休闲重大工程的通知》，2020 年我国旅游就业总量达到 5000 万人，旅游业就业对社会就业的贡献率超过 10％，实现每年约 200 万贫困人口通过发展旅游实现精准脱贫。

通知指出，国家发展改革委、国家旅游局决定实施旅游休闲重大工程，积极引导社会资本投资旅游业，不断完善旅游基础设施和公共服务体系，丰富旅游产品和服务，迎接正在兴起的大众休闲旅游时代。

北京联合大学旅游学院副教授曾博伟说，旅游扶贫是发展旅游业的任务之一，要从两方面着手。一方面，硬件投资。一般来说，贫困地区也是生态环境比较好的地区，这也是实施旅游扶贫的先决条件。目前，这些地方的旅游设施比较薄弱，这需要政府介入，通过旅游基础设施投资以引导、带动企业进行旅游投资。另一方面，也需要充分调动市场力量，形成好的模式将政府和市场结合起来。如果企业单纯地把旅游投资作为一种慈善项目，则很难持久，也难以形成一种模式。

通知指出，旅游业是现代服务业的重要组成部分，带动作用大。我国旅游休闲消费具有巨大的市场需求和发展空间，但基础设施和公共服务水平亟待提高。实施旅游休闲重大工程，是适应人民群众消费升级和产业结构调整的必然要求，对于扩大就业、增收入，推动中西部发展和贫困地区脱贫致富，促进经济平稳增长和生态环境改善意义重大，对于提高人民生活质量、培育和践行社会主义核心价值观也具有重要作用。

中国科学院旅游研究与规划设计中心总规划师宁志中接受新华网记者采访表示，经济新常态下，旅游业由一般性产业向战略性支柱产业转变，旅游业总体供给规模不断扩大，同时因其产业链条长、关联产业广，对就业的带动作用将更为显著，主要表现有四方面。

一是随着旅游消费环境逐步优化、城乡居民收入增加、带薪休假进一步落实，我国进入大众旅游时代，传统旅游业态如景区等在"十二五"期间，年均9.29%增速基础上，将持续保持高速增长，扩大旅游直接就业。

二是"旅游＋"促使众多旅游新业态蓬勃发展，引领关联服务业快速发展，带动旅游间接就业。

三是社会资本对旅游投资的热情空前高涨，旅游建设将延续"十二五"期间的高速发展势头（景区建设投资年增长率达14.00%），旅游投资带动建设行业就业。

四是多管齐下，旅游扶贫的效果逐步扩大，旅游脱贫就业的吸纳能力将呈现井喷状态。

目前，乡村旅游已成为旅游扶贫的主阵地，旅游扶贫已成为扶贫开发的生力军。据了解，2015年，全国乡村旅游接待游客超过20亿人次，实现旅游收入4400亿元，带动超过7000万农民受益。到2020年，全国乡村旅游年接待游客超过40亿人次，实现乡村旅游总收入2.3万亿元，使全国约15%的农民受益。

（资料来源：2016-12-16 新华网 作者：郭香玉）

### 4. 旅游带动系数

旅游带动系数是指旅游直接收入的增加对国民经济各部门收入增加的促进作用，一般表示为

旅游带动系数＝计划旅游业总收入/同期旅游主营业务收入×100%

根据国际上有关研究表明：每1美元的直接旅游收入可带动相关产业增加2.5美元的间接收入；旅游业每增加1名直接就业人员，可带动相关产业增加3.5个间接人员就业。据中国有关研究测算，在中国旅游业每增加外汇收入1美元，第三产业产值相应增加10.7元人民币；旅游外汇收入每增加1美元，利用外资金额相应增加5.9美元；旅游业每增加一个直接就业人员，可带动相关产业间接就业人员4.9人，对于经济欠发达的地区带动相关产业间接就业人数比全国平均数还要高。以上研究结论表明，旅游经济的关联带动效应是很强的。

**5. 对旅游业的社会非经济效益的促进**

旅游业对社会经济的影响不仅体现在经济效益方面，还体现在非经济效益方面，如对环境的保护、优秀传统文化的弘扬、精神文明建设等。但是，由于旅游业对社会文化、环境保护、生态平衡、污染治理等方面的影响无法以具体准确的量化数据来反映，因此只能根据某些定性的判断来评价。为了在定性评价中增加评价的科学性，减少主观臆断，可组织有关专家利用德尔菲法或影子价格法对其各方面进行综合评价，使对旅游宏观经济效益的宏观评价结果尽可能接近和反映实际的情况。评价的指标包括：对恢复、保护和合理利用名胜古迹的影响，对传统艺术和文化遗产的作用，对人们思想和职业道德的影响，对当地居民消费方式的影响，对国内旅游的促进作用等。

## 四、提高旅游宏观经济效益的途径

### 1. 改善宏观调控，完善旅游产业政策

旅游业与国民经济中许多行业和部门都是密切相关的，旅游经济活动的顺利开展必须得到其他相关部门行业的支持与配合；同时旅游产品和服务又是由多个旅游部门和企业共同完成的，客观上也需要这些部门和企业达到最优化的配合。因此，要提高宏观旅游经济效益，就要求国家不断改善和加强宏观调控，对整个旅游产业的发展作出统一的、科学合理的规划，制定和完善旅游产业政策，充分利用和发挥经济、行政、法律等调控手段，调动社会各方面的积极性，促进整个旅游产业的发展。

另外，由于我国现代旅游业起步较晚，基础薄弱，因此为了促使旅游业适度超前发展，不断提高经济效益，在完善旅游产业政策时，需要注意以下几个要点。

第一，确立和完善旅游产业结构政策，明确旅游产业的发展重点及优先顺序，制定保证实现旅游产业发展重点的政策措施。

第二，制定旅游产业布局政策，运用区域经济理论推动旅游资源的区域开发，并从空间上对旅游业及其产业结构进行科学、合理的布局。

第三，健全旅游产业组织政策，建立反对垄断、促进竞争的政策和机制，推动旅游产业的规模化经营，实现优胜劣汰。逐步引导旅游企业的联合经营，走产业集团化经营之路。

第四，倡导旅游产业技术政策，强化现代科学技术进步对旅游业发展的促进意义，制定推动旅游业科技进步的政策和具体措施，促进旅游业科技含量的不断提高。

### 2. 改革旅游经济管理体制，建立现代企业制度

提高宏观旅游经济效益，还必须对传统经济管理体制进行改革，按照市场经济的要求，建立适应社会主义市场经济的现代企业制度和旅游经济管理体制。

第一，在宏观旅游经济管理中，做到政企分离，明确划分旅游行政管理部门和企业的权利和责任，充分调动旅游企业的积极性，提高旅游企业的经济效益。

第二，改善旅游行业管理，促进行业管理的规范化和科学化，减少和杜绝行政管理部门对旅游企业正常经营活动的干预，促进旅游企业面向市场，在国家宏观调控下自负盈亏地从事各种旅游经济活动。

第三，改善单纯依靠国家作为投资主体的做法，在统一旅游规划的前提下，建立能调动各方积极性的经济机制，促进国家、集体、个人及外资等多渠道投资的格局，加快旅游产品的开发和旅游基础设施的建设，促进旅游业的进一步发展。

第四，加快国有旅游企业制度改革，建立适应社会主义市场经济要求的现代旅游企业制度，明确国有旅游企业所有者和经营者的地位和身份，促进企业行为规范化，建立合理的利益动力机制，调动各方面积极性，不断提高旅游经济效益。

### 3. 加快旅游设施建设，提高旅游服务质量

旅游业的发展和旅游宏观经济效益的提高，离不开旅游"硬件"和"软件"的建设。所谓"硬件"，就是指旅游产业的基础设施和接待设施等方面。具体包括以下几点。

第一，对构成旅游经济活动的基本条件，如水、电、交通、通信等基础设施进行适度超前建设，为旅游者安全、快速地抵达和退出旅游目的地创造条件，满足旅游活动安全、舒适、方便的要求。

第二，抓好旅游产品的开发，在搞好生态环境保护的前提下，加快旅游景区景点的建设，不断完善各种旅游接待配套设施，努力开发对国内外旅游者具有吸引力的旅游产品，增强旅游目的地的市场竞争力。

所谓"软件"，是指旅游服务质量，即旅游行业员工的服务态度、服务技能和服务水平。旅游服务质量是旅游业的生命线，是旅游业发展过程中永恒的主题。因此，强调质量意识，抓好管理监督，不断提高服务质量，是改善旅游形象、增强竞争能力的关键。

### 4. 抓好旅游市场管理，加强法制建设

旅游业是一个新兴产业，涉及面广，因此在经济管理、行政管理及法制建设等多方面都有待进一步规范化和法制化。

第一，加快旅游业的法制化建设，建立健全旅游法规，使旅游业的发展有法可依，做到违法必究、执法必严，促进旅游业健康持续地发展。

第二，依法规范旅游市场主体行为，提高旅游市场管理水平，严厉打击各种违法经营行为，制止各种不正当竞争手段，使旅游行业管理逐步实现法制化、规范化和国际化，加快与国际旅游市场的接轨，促进旅游服务质量和旅游经济效益的不断提高。

 小·贴士

**接天线、接地线、接火线——旅游供给侧看优质旅游**

2018年全国旅游工作会议强调优质旅游的发展理念，可以说上接天线——国家战略和整体发展的需要，中间接火线——对接人民群众对旅游美好生活不断增长和升级的需求，下接地线——旅游产业发展的自身规律和内在逻辑。

**接天线，新时代催生新理念**

"优质旅游理念可以说上接天线，下接地线，中间接火线。"南开大学教授、中国旅游智库秘书长石培华说，这是在党的十九大和中央经济工作会议上提出的我国

经济已由高速增长阶段转向高质量发展阶段的战略判断下提出来的。"进入新时代，我国旅游业在产业规模、产品供给、消费需求等各方面都呈现新变化新特征，旅游发展站在了新的历史方位上。"

中国旅游研究院院长戴斌说，改革开放以来，我国旅游业扩张主要靠自然资源和历史文化资源。现在从供给侧来看，要提高效率，包括从科技、文化、创意、人才等领域推动发展，提升旅游业发展质量。

**接火线，优质旅游产业路径正在打开**

深圳华侨城旅游投资管理有限公司董事长曾辉说，华侨城很早就提出"优质生活的畅想家"，现阶段将推出从旅游到旅居到旅学的品质游产品。旅居产品包括一系列特色旅游小镇，目前华侨城已经和许多省市签约，打造一批具有当地文化特色的小镇。此外旅学产品主要是针对亲子游、慢生活，比如云南禄丰世界恐龙谷等，可以充分挖掘特色。

上海锦江国际集团副总裁张谦说，优质旅游是锦江集团未来发展方向，锦江旗下酒店品牌比如锦江之星、七天等较为低端，不能满足人民群众的需求。"我们近期推出了维也纳这个中端品牌，并并购了法国品牌，在国内推出康铂酒店，这样的转型升级也是提供优质住宿的举措。在旅行社方面，传统的线下门店正面临互联网等多方面挑战，如何为游客提供优质的机票和酒店产品。锦江将把优质旅游的思想贯彻在今年工作的始终。"

"李金早局长的报告提出了优质旅游的五条路径：一是坚持走中国特色内涵式旅游发展之路，二是走高渗透融合发展之路，三是走依法治旅之路，四是科技创新之路，五是全方位开放开拓之路。这五条路径非常系统科学地提出了发展优质旅游的战略路径。"石培华说。

**接地线，人民群众的美好要求**

"优质旅游发展战略正逢其时，符合人民群众对美好生活的向往。旅游现在正进入寻常百姓的日常生活。"戴斌说，2017年我国人均出游人次是3.7次，预计2018年将超过4次，人们对旅游产品的需求正从"有没有"到"好不好"转变。"发展优质旅游也是广大游客对品质的诉求。我国国内游人数达到了50亿人次，除了团队游之外，自助游等新方式反映了游客对品质生活的追求。"

石培华用"五心"概括优质旅游的需求侧：一是旅游更加安全，让游客更加安心，包括自然灾害安全和社会安全等；二是旅游更加文明，让游客更放心，包括文明旅游和诚信消费等；三是旅游更加便利，旅游服务更加贴心，包括旅游公共服务和各方面商业服务等；四是旅游更加快乐，让游客更加开心，有更丰富多彩的旅游新产品新业态；五是更加理性的旅游，旅游者的消费体现更舒心。因此，推动优质旅游，不仅要推"星级"服务，更需要推"心级"服务，以人民为中心谋划旅游发展。

（资料来源：2018-01-10 新华网 作者：钱春弦）

# 课后练习

## 一、单项选择题

1. 旅游投资效益系数为（　　）。
   A. 年利润总额/总投资　　　　　　　　B. 总投资/年利润总额
   C. 年利润总额＋总投资　　　　　　　　D. 年利润总额－总投资

2. 速动资产合计等于（　　）。
   A. 流动资产合计　　　　　　　　　　　B. 存货净额
   C. 存货净额－流动资产合计　　　　　　D. 流动资产合计——存货净额

3. 当 $MR$（　　）$MC$ 时，旅游企业应减少接待人数，以保证企业的经济收益。
   A. 大于　　　　　　B. 小于　　　　　　C. 等于　　　　　　D. 没有关系

4. 随着业务量的增减而按比例增减的成本或费用是（　　）。
   A. 固定成本　　　　B. 变动成本　　　　C. 折旧成本　　　　D. 房屋租赁成本

5. 以下哪个不属于旅游业的社会非经济效益。（　　）
   A. 促进文化交流　　　　　　　　　　　B. 促进人类遗产保护
   C. 促进人们的环保意识　　　　　　　　D. 促进劳动力就业

## 二、多项选择题

1. 旅游产品是旅游者在旅游活动过程中所购买的（　　）总和。
   A. 物质产品　　　　B. 精神产品　　　　C. 无形产品　　　　D. 服务

2. 成本结构是（　　）与（　　）之间的比例关系。
   A. 人力成本　　　　B. 固定成本　　　　C. 变动成本　　　　D. 生产成本

3. 资本周转率指标值越大，表明企业近期的长期偿债能力越（　　），债权的安全性越（　　）。
   A. 强　　　　　　　B. 弱　　　　　　　C. 好　　　　　　　D. 差

4. 对旅游企业微观经济效益产生影响作用的内部因素，主要有（　　）。
   A. 旅游销售量　　　　　　　　　　　　B. 旅游价格
   C. 旅游产品成本结构　　　　　　　　　D. 旅游企业规模

5. 按受益面分类，经济效益可分为（　　）。
   A. 宏观经济效益　　　　　　　　　　　B. 微观经济效益
   C. 直接经济效益　　　　　　　　　　　D. 间接经济效益

## 三、填空题

1. 旅游经济效益是指的是人们在从事旅游经济活动中，_____与_____之间的对比关系。

2. 当旅游业的投入大于产出时，就是_____；当旅游业的产出大于投入时，就是_____。

3. 讲求旅游经济效益必须把旅游经济活动的_____同_____统一起来，才能保证旅游经济效益有效实现和提高。

4. _____是指在一定业务范围内，随着业务量的增减而保持不变的成本。

5. 边际收入，是指每增加一个游客（或销售一个单位旅游产品）而使_____相应_____的部分。

## 四、简答题

1. 简述影响旅游经济效益的因素。

2. 简述旅游微观效益和宏观效益之间的关系。

3. 简述投资回收期指标的衡量标准和特点。

## 五、论述题

试论提高旅游宏观经济效益的途径。

# 课后习题参考答案

## 第一章　旅游经济学概述

### 一、单项选择题

1. A　　2. D　　3. B　　4. C　　5. C

### 二、多项选择题

1. ABC　　2. BCD　　3. ABCD　　4. ACE　　5. ABCDE

### 三、判断题

1. √　　2. √　　3. ×　　4. ×　　5. ×

### 四、简答题

1. 旅游经济学是伴随着旅游经济的产生和发展而形成的一门新兴学科是对旅游经济活动的理论概括和总结。

下面对国际旅游业的产生和我国旅游业的产生分别阐述。

（1）世界旅游经济学对旅游现象进行研究是在旅游活动发展的基础上随着旅游经济活动由国内向国外、由区域向世界范围的扩展而逐步深入的。在这一个半世纪的时间内不少专家、学者、政府机构人士和有关国际组织从多个侧面对旅游活动进行了探索和研究其中包括从经济角度的研究。国外对旅游经济的研究起步较早。它可分为两个时期：第一个时期是 19 世纪后期至第二次世界大战，第二个时期是第二次世界大战后至今。它与旅游经济活动发展的两个时期基本一致。第一个时期由于旅游活动的发展主要限于西欧、北美一些国家旅游活动的规模不是很大，旅游对社会经济的作用也还未完全显现出来，旅游需求与旅游供给的矛盾也未完全显现。一些专家和学者已敏锐地觉察到游客的这种流动对国家经济发展的重要性并开始对其进行研究。在这个时期人们对旅游经济的研究还未深入到旅游经济活动的本质和规律。第二个时期的研究工作不仅有许多专家和学者的参与，而且有不少旅游企业集团、旅游行业组织和政府有关部门分别从业务的发展和对工作的指导角度开展了研究。这个时期旅游活动已由北美、西欧两个区域迅速扩展到全世界大众旅游已成为时代的潮流旅游经济活动已深入到全国和全球的经济体系之中。因此在这个时期不仅对旅游活动和旅游业的研究涉及的领域大大拓宽，而且对旅游经济活动的本质和规律性的研究也取得了不少成果。

（2）中国旅游经济学中国旅游经济的研究起步较晚。虽然早在 20 世纪 20 年代已有经济学者对旅游经济的性质、作用等问题进行过探讨，但由于当时中国旅游业发展水平的局限而无法做深入的研究。20 世纪 70 年代末期以后，中国实行的对外开放政策有力地推动了旅游经济的发展，并为旅游经济的研究提供了丰富的素材，学术界、教育界和政府有关部门对旅游经济问题的研究迅速开展，并取得了一定研究成果。

2. 旅游经济学则是以经济学的一般理论为指导研究旅游经济活动中各种经济现象、经济关系和经济规律的科学。因此旅游经济同其他学科相比较，具有不同于其他学科的特点。旅游经济学是一门应用性学科，旅游经济学是一门产业经济学，旅游经济学是一门基础学科，旅游经济学是一门新兴的边缘科学。

3. 旅游经济学的研究对象是旅游经济活动中旅游产品的需求与供给的矛盾。这一矛盾贯穿于旅游经济活动过程的始终。它规定了旅游经济学的研究对象既不同于其他经济学，也不同于旅游学科中其他科学。旅游产品在其需求与供给的矛盾运动中必然产生种种经济现象，涉及多种经济关系，存在支配其矛盾运动的规律。因此旅游经济学主要研究的是旅游经济活动的运行及其运行过程中所产生的经济现象、经济关系与经济规律。旅游经济活动中旅游需求与旅游供给这一内在矛盾其外在表现是旅游者、旅游产品经营者与旅游目的地国家或地区政府三者之间利益上的矛盾。即旅游者通过购买旅游产品要求获得身心上的最大享受和满足，旅游产品经营者通过销售旅游产品要能得到最大利润，旅游目的地国家或地区政府通过支持旅游业的发展需要取得最大的经济和社会效益。三者的利益既相互制约又相互依存。如果三者的最大利益均能较好地实现，旅游业便会良性协调发展。任何一方的利益得不到实现或受到损害，旅游经济活动的运行就要出现不畅，旅游业就难以顺利且健康地发展。所以旅游经济学在研究旅游经济活动运行的内在矛盾的同时还要研究这一矛盾的外在表现形式。

4. 旅游经济学研究的目的是通过对旅游经济活动运行过程中各种经济现象、经济关系的研究，探索支配旅游经济活动运行的规律，更好地指导旅游实际工作，促进旅游业协调、稳定、持续的发展，获得更大的经济和社会效益。旅游经济学研究的主要任务有：第一揭示影响和作用于旅游经济活动的基本经济因素和经济关系；第二在研究旅游经济活动的基础上寻觅和获取旅游业发展的最佳经济和社会效益的途径；第三为制定旅游业发展方针、政策和法规提供理论基础。旅游经济学研究的内容概括地说就是研究旅游经济活动运行的各个主要环节及其相互关系。具体内容主要包括如下几个方面：旅游经济的形成及产业标志、旅游产品的开发及供求关系、旅游产品的市场开拓及销售、旅游产品的消费及合理化、旅游产品的经营成本及效益、旅游经济结构及发展。

5. 旅游经济学是一门综合性的学科，其研究的内容十分广泛，涉及多种学科的内容。因此要使旅游经济学的研究成果具有科学性，并能对实际工作具有指导意义，就必须选用科学的研究方法。马克思主义辩证唯物主义和历史唯物主义是研究任何学科都必须遵循的根本指导思想和方法，也是研究旅游经济学必须遵循的基本指导思想和方法。具体讲，在研究旅游经济学的过程中必须坚持以下方法：理论与实际相结合的方法、定性分析与定量分析相结合的方法；静态分析与动态分析相结合的方法、微观分析与宏观分析相结合的方法。

# 第二章　旅游产品与开发

## 一、单项选择题

1. A　2. C　3. A　4. D　5. B

## 二、多项选择题

1. ABD　2. ABCD　3. ABCD　4. ABD　5. ABCD

## 三、填空题

1. 旅游吸引物、旅游设施、旅游服务和可进入性

2. 多效用性、多功能性

3. 无形性、综合性、依存性、同一性、替代性、外向性

4. 对旅游地的开发、对旅游路线的开发

5. 成长期、成熟期、衰退期

## 四、简答题

1. 旅游产品是指在旅游市场上，旅游者向旅游经营者购买的、在旅游活动中所消费的各种服务产品和服务的总和。

2. 旅游产品的形态主要标志旅游产品存在的形式和表现类型，旅游产品的构成主要反映旅游产品在不同侧面或不同层次的构成内容，旅游产品的构成要素则表明不同存在形态的旅游产品是由不同的内涵性构成要素所组成。一般而言，旅游产品的基本构成要素主要包含旅游吸引物、旅游设施、旅游服务和可进入性四个方面。

3. （1）靠特色与内涵树立品牌。旅行社必须从长远出发，做好自己的市场定位，从深层次挖掘旅游产品的潜力，充分挖掘内涵，突出特色，提高科技含量，使得其他竞争者难以仿冒。与此同时，旅行社还应重视品牌的创立，形成自己的品牌优势。

（2）加快配套设施建设。旅游产品是由诸多要素组合而成的产品，其中主要包括"吃、住、行、游、购、娱"六大要素。配套设施建设的滞后直接影响旅游产品的质量。从总体上提高旅游产品的质量，只有把旅游产品的配套设施完善好，才能提高旅游产品的整体吸引力，以至提高整个旅游行业的全面发展。

（3）开发新品种以改善旅游产品结构。目前，我国的旅游产品主要以观光旅游为主，其他如度假旅游、商务旅游、休闲旅游、会议旅游等都没有进行深入的开发，对于这些旅游产品，经营者也没有给予足够的重视。针对不同的目标市场，要提供他们所需要的旅游产品，也可以向不同的目标市场提供同一类型的旅游产品，以满足他们在某一方面的共同需求。

4. 旅游产品开发包括单项旅游产品开发，一般指对某一旅游景点、旅游接待设施、旅游娱乐项目、旅游购物场所等单个项目的开发和建设（自然景观、人文景观、民族文化）、组合旅游产品开发，就是把各种单项旅游产品与旅游设施、旅游服务有机地结合起来并与旅游者旅游需求相吻合、与旅游者的消费水平相适应的旅游产品开发和整体旅游产

品开发，就是旅游目的地的旅游产品开发，也是各种单项旅游产品和组合旅游产品的综合体现。

5. 所谓旅游产品生命周期就是指一个旅游产品从开发出来投放市场到最后被淘汰退出市场的整个过程，一条旅游路线、一个旅游活动项目、一个旅游景点、一个旅游地开发大多都将遵循一个从无到有、由弱至强、然后衰退、消失的时间过程。旅游产品生命周期的各个阶段通常是以旅游产品的销售额和利润的变化状态来进行衡量。旅游产品生命周期可以划分为导入期、成长期、成熟期、衰退期等。

# 第三章　旅游需求与供给

## 一、单项选择题

1. B　　2. C　　3. D　　4. B　　5. D

## 二、多项选择题

1. ABCD　　2. ABC　　3. AC　　4. AC　　5. ABC

## 三、判断题

1. ×　　2. ×　　3. ×　　4. ×　　5. √

## 四、简答题

1.（1）旅游需求量与旅游产品价格呈反方向变化的规律性

（2）人们可支配收入与旅游需求量呈同方向变化

（3）旅游需求与人们的闲暇时间呈同方向变化

（4）旅游需求水平变化的规律性

2.（1）旅游客源地是旅游目的地存在的前提条件

（2）旅游客源地的社会性因素决定着旅游目的地旅游经济的特点

（3）旅游客源地的消费行为也会对旅游目的地旅游经济活动产生影响

3. 在旅游经济活动中，除了依靠价值规律和供求规律，运用价格机制和市场机制调节旅游供给与需求的矛盾外，借以调节旅游供给与需求矛盾的措施很多，这些措施旨在通过控制供给和影响需求来达到调节供求矛盾的目的，常见的调控手段和措施主要有技术手段、经济手段、法律手段等。

（1）技术手段，对旅游供求均衡调控的技术手段主要包括制定科学的旅游业发展规划和进行有针对性的旅游促销。旅游规划是通过规划旅游目的地旅游业发展规模和速度，调控旅游供给实现对旅游目的地供求均衡的调节方式，是一种前馈控制。旅游规划的内容主要包括旅游需求分析、旅游产品开发、旅游发展重点项目、旅游设施、配套基础设施建设、人力资源开发等。而旅游促销是一种通过影响旅游需求实现旅游供求平衡的调控手段。旅游目的地的旅游供给一旦形成以后，短期内不可能因为出现供过于求而迅速的减少旅游供给量。

（2）经济手段，经济手段是国家用于调节旅游经济活动的各种与价值形式有关的经济杠杆，主要有财政、税收、价格、利率、工资等，它们共同构成调节国家经济的调节体系。在旅游经济调节体系中，各种经济杠杆以其独特的方式对旅游供给与需求起到一定的调节作用。国家通过财政拨款促进落后地区旅游业的发展，实现各地区旅游业的均衡发展，旅游目的地通过对旅游企业减免税收，不仅刺激社会对旅游业的投资，而且，降低对旅游企业征税，还可以降低旅游产品开发成本，增强旅游业对外竞争的能力，另外旅游目的地还可以通过对来访旅游者征税，调节旅游需求，实现旅游供求均衡运动。

（3）法律手段，首先，法律规范了旅游市场行为，保证旅游生产、经营、消费的顺利进行，为旅游经济运行中旅游供给与需求矛盾的自我调节提供了良好的市场环境。其次，国家运用法律手段可以制止、纠正旅游经济运行中的不良企业行为，落实旅游目的地旅游业发展战略与规划，贯彻、执行旅游经济政策，对旅游供给与需求的相互适应具有间接的影响作用。第三，一些相关的法律、法规和条例对逐步扩大旅游供给，稳定和刺激旅游需求有明显的促进作用。

4.（1）旅游需求规律的内容

在其他因素不变的情况下，人们对某一旅游产品的需求量随该产品的价格变动成反方向变化，随人们可自由支配收入和余暇时间的变动成同方向变化。

（2）关于旅游需求规律的讨论

①旅游需求与旅游产品的价格变化呈反方向变化。

②旅游需求量与人们可自由支配的收入呈同方向变化。

③旅游需求量与人们的闲暇时间呈同方向变化。

④旅游需求具有水平变化规律性。

5. 旅游供给与旅游需求各自以对方的存在作为自身存在与实现的前提条件，而由于旅游供求双方利益的不同，决定了旅游供给与旅游需求必然又是矛盾，所以，供给与需求就产生了矛盾。总而言之，旅游市场上供求矛盾的本质就是供给与需求能否相互适应、相互协调的矛盾。在旅游市场上，平衡是相对的，有条件的；不平衡是绝对的，无条件的。旅游供给与旅游需求彼此之间要求互相适应，并表现出供求从不平衡到平衡，再由平衡到不平衡的循环往复变化过程，称之为旅游供求矛盾规律。

例如，旅游有旺季和淡季之分，旺季的时候需求大于供给，淡季的时候供给大于需求，由此就造成了旅游市场上的供求矛盾。而调节这一矛盾的有效手段则是利用价格。旺季的时候，可以提高相应的价格，以此减少需求；淡季的时候，可以降低价格，从而促进需求的增加。

## 五、计算题

1. 为了计算需求的价格弹性，我们采用平均价格和平均数量的百分比来表示价格与需求量的变动。原始价格 20.50 元而新价格是 19.50 元，则平均价格是 20 元。价格下降 1 元是平均价格的 5%。即：

$$\Delta P/P' = （1元/20元）\times 100\% = 5\%$$

原始需求量是 9 个比萨而新的需求量是 11 个比萨，因此，平均需求量是 10 个比萨。增加的 2 个披萨需求量是平均数量的 20%。即：

$$\Delta Q/Q'=（2/10）\times100\%=20\%$$

因此，需求的价格弹性等于需求量变动的百分比（20%）除以价格变动的百分比（5%）等于4。即：

需求的价格弹性 $E_p=（\Delta Q/Q'）/（\Delta P/P'）=（20\%）/（5\%）=4$

2. 点弹性：$E_p=[（260-200）/200]/[（80-100）/100]\approx-1.5$

弧弹性：$E_p=\{（260-200）/[（260+200）/2]\}/\{（80-100）/[（80+100）/2]\}\approx-1.17$

分析：由于一般弹性系数取值是绝对值，所以本题中点弹性系数为1.5，弧弹性系数约为1.17，弹性系数大于1，说明旅游者对该景区的旅游需求弹性较大，故降价能增加景区的旅游经济收益。

# 第四章　旅游价格与策略

## 一、单项选择题

1. C　　2. A　　3. B　　4. B　　5. C

## 二、判断题

1. ×　　2. √　　3. ×　　4. ×　　5. √

## 三、简答题

1. 答：旅游价格：是旅游者为满足旅游活动的需要所购买旅游产品的价格，是旅游产品价值的货币表现，是旅游产品对旅游市场最敏感的反映形式。

2. 答：（1）旅游差价是由某些客观原因（如地点、时间、质量、销售环节的不同等）引起的，旅游优惠价是由某些主观原因（如维系公共关系、促进销售等）引起的。

（2）旅游差价是公开的，而旅游优惠价一般不公开。

（3）旅游差价除价格上差别外，没有其他差别，旅游优惠价除价格优惠外，在其他方面可能还有优惠，而且面广得多。

3. 答：（1）反映产品质量为目标。

（2）获取最大利益为目标。

（3）维持市场占有率为目标。

（4）有利于市场其他营销因素为目标。

补充：价格决定价格，供求影响价格，竞争决定市场或成交的价格。

4. 答：（1）产品导向定价法，以旅游产品本身的价值以及旅游者认可的价值为特点，针对不同的旅游时间、地点、收入等制定不同的价格。可分为产品价值定价法和需求差别定价法。

（2）利润导向定价法，以成本为基础，确定适当的盈利而对旅游产品定价，亦可称为成本导向定价法。可分为成本加成法，目标收益定价法。

（3）竞争导向定价法，为了应付市场竞争，占领并扩大市场份额而采取的特殊的定价方法，主要有随行就市定价法、率先定价法、保本定价法和生存定价法。

# 第五章　旅游市场结构与开拓

## 一、单项选择题

1. A　　2. A　　3. C　　4. C　　5. B

## 二、多项选择题

1. ABEE　　2. BDE　　3. ABCDE　　4. ABCD　　5. ABDE

## 三、判断题

1. √　　2. ×　　3. √　　4. √　　5. ×

## 四、简答题

1.（1）按地域划分旅游市场。

（2）按国境划分旅游市场。

（3）旅游消费水平划分旅游市场。

（4）按旅游目的地划分旅游市场。

（5）按旅游组织形式划分旅游市场。

（6）按表现形式划分旅游市场。

（7）按人口统计特征划分旅游市场。

（8）按淡旺季特征划分旅游市场。

2.（1）旅游市场作为旅游经济运行的基础，其与一般商品市场、服务市场和生产要素市场相比，既有一定的共性，又有不同于其他市场的多样性、季节性、波动性、异地性和竞争性等特点。

①旅游市场的多样性。旅游市场的主体是旅游者和旅游经营者，而旅游者的需求和旅游经营者所提供的产品是多种多样的，从而形成的现代旅游市场也是多样性的，这种多样性主要表现在旅游产品类型的多样性、旅游购买形式的多样性、旅游交换关系的多样性三方面。

②旅游市场的季节性。在现代旅游经济中，由于旅游者闲暇时间分布的不均衡和旅游目的地国家或地区自然条件、气候条件的差异，往往造成旅游市场具有突出的季节性特点。例如，某些利用带薪假日出游的旅游者，是造成旅游"淡旺季"的主要原因；某些与气候有关的旅游资源会因季节不同而产生"淡旺季"的差别；某些旅游目的地则直接受气候影响而具有明显的季节差异性，如海滨旅游、漂流旅游等。

③旅游市场的波动性。旅游需求是人们的一种高层次需求，而影响旅游需求的因素又是多种多样的，如物价、工资、汇率、通货膨胀、节假日分布、某一社会活动，甚至旅游者自身心态的变化等，其中任何一个因素的变化都会引起旅游市场的变动，从而使现代旅游市场具有较强的波动性。

④旅游市场的异地性。旅游产品的生产过程和消费过程的空间不可转移性以及时间上的不可贮存性，决定了旅游市场的异地性。

⑤旅游市场的竞争性。旅游市场是一个供大于求的买方市场，旅游者在市场上占据主导地位。而旅游作为一种消费行为，旅游需求的变化性、可替代性是很大的。旅游资源的地域性和分布的广泛性及旅游需求的多样性决定了现代旅游市场是一个竞争十分激烈的市场。

（2）现代旅游市场功能是指现代旅游市场在旅游产品交换和旅游经济发展中所具有的各种能动性作用，其具体表现为以下几方面。

①旅游产品交换功能。旅游市场是连接旅游产品供给者和需求者的纽带和场所，承担着实现旅游产品的价值和使用价值，保证旅游经济正常运行的重要任务。

②旅游资源配置功能。通过旅游市场的资源配置功能作用，可以促进整个旅游业中的食、住、行、游、购、娱等按比例均衡地发展，实现经济社会资源的优化配置，并通过市场机制使旅游企业按照市场供求状况，及时调整所经营的旅游产品结构、投资结构，以适应旅游者需求和旅游市场的变化，不断提高旅游经济效益，实现旅游资源及要素的优化配置。

③旅游信息反馈功能。在市场经济条件下，旅游供求的均衡离不开旅游信息，即有关旅游市场供求动态变化的信息。一方面旅游企业通过市场将旅游产品信息及时传递给旅游者，另一方面旅游企业又根据市场反馈的旅游需求信息和市场供求变化状况调整旅游产品的生产和供给，使本国、本企业的旅游产品开发和经营能及时适应旅游者的需求，适应世界旅游市场的发展变化趋势。

④旅游经济调节功能。通过供求机制和价格机制的作用，调节旅游产品生产、销售和消费，从而使旅游供求重新趋于平衡。同时，通过旅游市场检验旅游企业的服务质量和经营管理水平，促进旅游企业不断地、及时地向旅游市场提供旅游者易于接受、乐于接受的旅游产品，提高整个旅游企业和旅游业的经济效益。

3.（1）旅游市场机制的表现形式。旅游市场机制就是具体运用市场机制来调节旅游产品的供给与需求的矛盾，并运用价格、竞争等市场因素来完成旅游经济活动中的配置功能和动力功能。其具体表现为供求机制、价格机制、竞争机制、风险机制的共同作用过程。

①旅游供求机制。是指旅游供给和旅游需求之间通过竞争而形成的内在联系和作用形式，也就是旅游供求关系在旅游市场中的规律性反应。

②旅游价格机制。是指旅游产品价值的货币表现，它既是旅游者与旅游经营者之间进行旅游产品交换的媒介。又是衡量旅游经营着生产和经营旅游产品的劳动耗费量的尺度。因此，旅游价格机制是旅游经济有效运行的重要机制，是旅游供求机制发挥作用的前提。

③旅游竞争机制。是指旅游市场中，各旅游经营者之间为了各自的利益而相互争夺客源，从而影响的旅游供求及资源配置方向的运动过程。

④旅游风险机制。在市场经济条件下，任何一个经济主体在市场经济活动中都面临着盈利、亏损和破产等多种可能性，都必须承担相应的风险。

（2）旅游市场机制的功能

①旅游资源配置功能，②旅游产品交换功能，③旅游信息反馈和经济调节功能。

4. 旅游市场法制，是指国家运用反映市场经济规律的法律手段来进行宏观调控，维护旅游市场的正常活动，使一切旅游经济活动都以法律为准绳，按法定的原则和规范进行交易，形成旅游者和旅游经营者双方在市场交换中公平合理的关系。从我国目前旅游业的实际和未来发展要求出发，要保证旅游市场机制的有效运行并实现其功能，必须加快旅游市场法制体系的建设。

(1) 建立和完善规范旅游市场主体行为的法律体系。

在市场经济条件下，市场经济主体的经营权利和义务是其从事经济活动必备的前提和条件。因此，为了保证旅游经济活动中各经济主体的权利和义务，保障各经济主体在其权利受到侵犯时，能得到充分的法律保护，就必须建立和完善使旅游市场主体行为规范的法律体系。

(2) 建立和完善规范旅游市场秩序的法律体系。

在市场经济体制中，各旅游市场主体的活动及旅游市场机制的运行都要求具有正常化、规范性的旅游市场秩序，否则就会阻碍旅游市场机制的有效发挥。

(3) 建立和完善规范旅游宏观管理的法律体系。

为了促进旅游业的可持续发展，必须把旅游业的宏观管理建立在充分运用法律手段的基础上。因此，应建立和完善有关旅游宏观管理的法律体系。

5. 区别：从经济学的角度，旅游市场有狭义和广义之别。狭义的旅游市场指旅游产品交换的场所。如旅游景区、游乐场、饭店宾馆。广义的旅游市场指旅游产品交换过程中的各种经济行为和经济总和。即旅游市场反映了旅游产品实现过程中的各种经济活动现象和经济活动的关系。

旅游市场的构成要素：旅游消费者、旅游产品、推销、价格。

(1) 旅游消费者就是指经济意义的旅游者。在旅游活动中，其行为表现为需求的提出和旅游消费的实施。

(2) 旅游产品是旅游供给和接待能力的基本因素，内容包括旅游资源、旅游设施、旅游服务和旅游路线等。旅游产品不是某一具体物品，也不是某一单项服务，而是相对于一次旅游经历而言的综合概念。

(3) 旅游营销，营销或称为推销或促销。是使旅游者对旅游者对旅游地发生兴趣并能前去消费的重要手段。营销的本质是竞争，其目的在于尽可能多地吸引客源，竞争的主要对象是客源。

(4) 价格是旅游市场中最为敏感的问题，是影响市场竞争的决定性因素，但不是绝对的因素。因为，市场竞争不能增加整个社会的消费额，只能改变社会的消费趋向，所以，价格竞争只能当作策略而不能当作战略。

# 第六章　旅游消费与评价

## 一、单项选择题

1. A　　2. B　　3. C　　4. B　　5. C

## 二、多项选择题

1. AB    2. ABD    3. BC    4. BC    5. BCD

## 三、判断题

1. √    2. ×    3. √    4. √    5. ×

## 四、简答题

1. 旅游消费不同于一般的消费活动，具有以下几个显著特点。

（1）旅游消费具有综合性特点。

（2）旅游消费是一种以服务为主的消费。

（3）旅游消费与旅游生产、交换具有同一性。

（4）旅游消费的不可重复性。

（5）旅游消费具有较大的弹性。

2. 旅游消费作为一种消费方式主要由旅游消费意识、旅游消费习惯、旅游消费能力、旅游消费水平、旅游消费结构等要素构成。旅游消费意识及由此而形成的旅游消费习惯是旅游消费的基本动因。旅游消费能力和旅游消费水平是旅游消费的客观条件。旅游消费结构是旅游消费发展到一定时期的结果，反映着旅游者消费的旅游产品的质量、数量及其比例关系，是衡量一个国家或地区旅游业发展水平的重要标志之一。从性质上来说旅游消费是人们在旅游过程中，通过购买旅游产品来满足个人发展和享受需求的行为和活动，是一种高层次的精神消费。

3. 是旅游经济活动的重要环节，是实现旅游产品价值的重要条件，是丰富和美化人们生活的重要手段，是提高劳动力素质和能力的重要因素。

4. 按照满足旅游者的需要层次可分为生存消费、享受消费和发展消费。按旅游者在旅游活动中的消费形态可把旅游消费划分为物质消费和精神消费。根据旅游消费的内容一般可分为基本旅游消费和非基本旅游消费。按旅游消费资料的使用价值及旅游者消费的具体形式可把旅游消费划分为食、住、行、游、购、娱等旅游消费。

5. 任何消费都是社会生产力发展的结果，是人们收入增加和生活水平提高的标志。旅游活动涉及政治、经济、文化等广泛的社会领域。旅游消费的内容包含食、住、行、游、购、娱等诸多方面，因而旅游消费具有其自身的特殊性。如果说一般传统产品的消费方式是把消费过程与再生产过程相对区分开来的话，那么作为现代消费方式的旅游则把消费过程与再生产的过程有机结合为一体。因此旅游消费具有许多不同于一般传统产品消费的特点：综合性、劳务性、伸缩性、互补性和替代性、不可重复性。

# 第七章　旅游经济运行与调控

## 一、单项选择题

1. C    2. D    3. D    4. B    5. A

## 二、多项选择题

1. ABC　　2. ABD　　3. ABCD　　4. BCD　　5. ABCD

## 三、填空题

1. 私人部门、公共部门
2. 各种旅游产品、旅游服务
3. "理性的无知"
4. 正式制度规则、非正式制度规则
5. 生产、交换、分配、消费

## 四、简答题

1. 旅游增加值指标也称为旅游国内生产总值（GDP），是指一个国家或地区在一定时期内全部最终旅游产品或服务的市场价值总和，即整个旅游经济运行过程中形成的新增价值，其体现了总体旅游经济增长与发展的成果和效益。

从旅游总需求角度看，旅游增加值是旅游总需求减去旅游转移价值的余额；从旅游总供给角度看，旅游增加值是全部旅游要素成本的收入，再加上旅游进出口净值所构成的总和。因此，把旅游增加值指标与旅游总收入指标相比较，旅游增加值指标更能够综合反映旅游经济对国民经济的贡献，也有利于用旅游增加值指标与国内生产总值进行比较，从而正确认识和评价旅游经济在国民经济中的重要地位和作用。

2. 用旅游产业生产账户中每一产业的增加值率，乘以总产出，得到旅游产业各部门的增加值，而各部门增加值之和，即为旅游产业的增加值，简称为旅游增加值（Tourism Value Added，缩写为 TVA），这是衡量旅游活动对经济影响的根本性总体指标。

3. 旅游经济存量是反映旅游经济程某个特定时点上发展状态的变量，如在某个时点上旅游饭店客房数、旅游景区景点数量、旅游交通运输能力、旅游职工数量和旅游固定资产数量等。旅游经济存量一般没有时间维度，只是反映了在一定时点上旅游经济发展的规模和水平状况，因此对其测量通常不涉及时间长度。取值不能相加，只是相对于某个时点才有意义。

旅游经济流量，是反映旅游经济随着时间变化而改变的变量，如接待旅游者数量、旅游收入、旅游消费支出、旅游投资等。旅游经济流量是有时间维度的，其反映在一定的时间区间内旅游经济发展变化的状况，因此对其测量是以一定的时间区间为依据的，不同的时间区间的流量是可以相加的。

旅游经济存量和流量的关系是不断变化运动的。一方面，旅游经济存量和流量是完全不同的概念，如旅游者的出入境是流量，而在某一时刻的旅游者人数则是存量；旅游收入和消费支出是流量，而在某一时点上的旅游收入或消费支出数则是存量；旅游投资是流量，而投资所形成的旅游饭店或景区景点则是存量。另一方面，旅游经济存量和流量又是不断变化的，即由存量转化为流量，如固定资产提取折旧、食品材料制成佳肴美味等；或者由流量转化为存量，如旅游收入用于补偿固定资产消耗、购买新的食品材料等。因此，旅游经济存量和流量始终是处于存量—流量—存量的变化和运动之中的。

**五、计算题**

（1）明确旅游业的产出定义。旅游者的消费涉及食、住、行、游、购、娱等方面，为了满足旅游者的消费，国民经济的许多产业部门都做出了贡献，这种对旅游者需求的供给，使这些产业部门增加了"产出"。按照世界旅游组织的解释，"旅游业"的任何新的增量或产出都是由旅游者的直接消费所引起的。旅游者的直接消费首先导致与旅游直接相关的部门产出增加，这种产出按照世界旅游组织的分类属于"旅游业"的产出，又称为旅游业直接产出。与此同时，为了满足旅游者对直接相关部门的消费，又使得一系列其他相关产业（部门）的产出增加，这些产业就是旅游活动间接相关产业，旅游间接相关部门的产出增加值按世界旅游组织的解释，属于"旅游经济"的产出，又称为旅游业间接产出。"旅游直接产出"和"旅游间接产出"之和为旅游业的完全产出。

（2）确定旅游相关产业和产品类别。按照旅游卫星账户的基本原理，旅游卫星账户的建账工作主要是从需求的角度进行统计，这是旅游卫星账户的精髓，有别于传统的从供给的方面（在我国大多由旅游企业自报）进行的统计。这种从需求角度进行统计的操作是建立在较大规模的旅游者消费抽样调查上的。而对旅游者进行消费抽样调查的关键是必须按产业和产品选择样本统计量，因此必须首先确定旅游相关产业及其所对应的旅游产品。

（3）建立旅游消费账户和生产账户。确定旅游相关产业和产品类别之后，通过对旅游者的抽样调查就能得到旅游消费账户，这是旅游卫星账户中最重要的部分。旅游消费账户要求对旅游者购物情况调查表进行改进并重新整理，必须将非本区域内的购物产品剥离。同时，在此基础上，通过一定的调整就可得到旅游生产账户旅游消费账户和生产账户构成旅游卫星账户的主体。

（4）测算旅游增加值。旅游业增加值是反映涉及旅游业的所有产业部门在一定时期内（通常为一年）所获得的最终成果的指标，即指涉及旅游业的所有产业部门在生产过程中所创造的新增价值和股东济效益资产的转移价值。在宏观经济学中，国内生产总值的计算方法有生产法、收入法和支出法。所以从理论上来说，旅游业增加值的测算也可采用这三种方法。

# 第八章　旅游收入与分配

## 一、单项选择题

1. C　　2. B　　3. A　　4. B　　5. C

## 二、多项选择题

1. ABCD　　2. ABC　　3. BC　　4. BCD　　5. ABCD

## 三、填空题

1. 商品性旅游收入、劳务性旅游收入

2. 旅游业的经营成果

3. 公积金、公益金、暂时未分配给投资者的利润

4. 不同时期旅游收入（或外汇收入）相互比较、

5. 旅游收入总量指标、旅游收入平均指标、旅游收入比率指标

## 四、简答题

1. （1）由于本国经济体系和生产结构不完善，必须支付外汇从国外进口某些设施、设备、原料、物料和消费品，才能保证旅游业所需的物资和设备等。

（2）在大量引进外资进行旅游基本建设和旅游项目开发的同时，每年又必须拿出大量外汇用于还本付息、支付投资者红利等。

（3）为提高经营管理水平，在引进管理技术和管理人才的同时，又必须以相当数量的外汇支付外方的管理费用和外籍管理人员的工资、福利，以及经营国际旅游业务中，支付海外旅游代理商的佣金、回扣等。

（4）为了开拓国际旅游市场，争取更多的国际旅游客源，需要直接在海外进行旅游宣传促销，就要用外汇支付海外促销费用。除此之外，还要用外汇支付海外常住旅游机构活动费用和人员的工资等。

（5）本国居民出境旅游也会使一定数量的外汇流向国外。

（6）外汇管理不力，会使黑市交易猖獗，造成国家外汇实现量减少。

2. 旅游收入的初次分配是在各旅游部门和企业中进行的。旅行社是旅游业赖以生存和发展的"龙头"部门，由于旅行社的特殊职能和地位，使它在旅游收入的初次分配中起着特殊的作用。其中，包价旅游收入的初次分配出现了与前述分配过程不同的分配形式。旅行社根据市场的需求，首先向住宿、餐饮、交通、游览、娱乐的部门和企业预订单项旅游产品，经过加工、组合，形成不同的综合性旅游产品（即包价旅游），出售给旅游者，由此获得包价旅游收入。这种包价旅游收入首先表现为旅行社的营业总收入，在扣除了旅行社的经营费用和应得利润后，旅行社根据其他各旅游企业提供产品和服务的数量和质量，按照预定的收费标准、所签订的经济合同中列定的支付时间、支付方式和其他有关规定，分配给这些旅游部门和企业应得的旅游收入。这些部门和企业获得营业收入后，才按照前述的分配方式进行旅游收入的初次分配。

3. （1）直接效应，是指对直接为旅游者服务的部门或企业（如饭店、旅行社、交通部门、饮食部门、景点等）所产生的增加收入或产出的效果。

（2）间接效应。直接收益的各旅游部门和企业在再生产过程中要向有关部门和企业购进原材料、物料、设备，各级政府把旅游业缴纳的税金投资于其他企事业、福利事业等，使这些部门在不断的经济运转中获得了效益，即间接地从旅游收入中获利。

（3）诱导效应，是指将为旅游相关部门服务的更广泛的层次带来的收入增加或产出增加。总之，使国民经济中那些看起来与旅游业关系甚远的有关部门和企业在旅游收入不断再分配的连锁作用中受益；直接效应、间接效应和诱导效应之和即构成旅游收入乘数的总效应。

## 五、计算题

解：该旅游地旅游收入乘数为：$K=\dfrac{1}{1-MPC}=\dfrac{1}{1-.43}=1.75$

2017 年该旅游地旅游收入给当地经济带来的乘数效应为：

300×150×1.75＝78750（万元）

# 第九章　旅游投资与决策

## 一、单项选择题

1. D　　2. A　　3. C　　4. A　　5. B

## 二、多项选择题

1. BCD　　2. BC　　3. AD　　4. ABC　　5. ACD

## 三、填空题

1. 未来某一时点、现在时点

2. 资金的时间价值

3. 未来现金流的折现值

4. 零

5. 投资额

## 四、简答题

1. 总体来看，旅游投资呈现出以下的特征。

多环节配合。从目前最新的研究表明，旅游产业具有无边界的特征，与之直接相关联的有数十种行业，一次出游是一个多环节的消费服务链。旅游投资的收益也需要产业之间的无缝链接与良性联动，需要旅游产业链各环节的提升与质量保障。

差异性很大。由于旅游的产业链长，投资领域多，涉及的旅游项目的复杂性和差异性很大，加上创意创新集成的空间很大，同时不同投资商的投入力度、回报率要求等因素不同形成了旅游商业模式上的巨大差异。

高投入与长效性的投入产出特征。旅游从原来的低门槛逐渐发展到目前的中高门槛，预计未来旅游投资的门槛会进一步提高。门槛的提高是由于消费升级、产品升级、进入性投资加大及竞争加剧造成的，同时旅游又是一个持续回报的长效投资产业。

外部约束性。由于大部分旅游资源是国家所有，纳入了法律保护，很多重要的旅游资源不能进入市场流通，形成旅游资本化的障碍。

旅游投资的高敏感性与高适应性并存。旅游受政治动荡、军事冲突、自然灾害、流行病、金融危机与经济危机等的影响非常大，但总体上旅游业抗风险和调适恢复能力也很强。

2. 在旅游项目投资决策时，需要遵循一定的原则。

（1）利润最大化原则。

旅游业是一个经济产业，旅游项目投资是一种企业行为；企业的目标是要获得最佳的经济效益，所以在投资决策中，要遵循利润最大化的原则。

（2）企业局部经济效益与整体效益相统一的原则。

在对旅游项目投资进行决策时，从微观经济角度出发，是强调对企业有效益。在一般情况下，企业的微观经济效益与国民经济宏观效益是一致的；特别是开发旅游产业、开发旅游景区、建设旅游饭店等项目符合国家的产业政策，国家鼓励和支持发展这样的旅游产业。但在特定的地理位置和外部环境，企业局部利益往往与国家、社会的公众利益会发生矛盾。因为这样会对自然生态环境造成负面影响，属于破坏性开发，对于这样的项目要加以否定。

（3）满足社会需要的原则。

旅游项目投资决策要符合社会需要包含的两个方面。一是从社会需求方面来考虑，投资建一个景点，要考虑是否符合社会需求。二是从满足社会公德出发，若决策的旅游投资项目从企业的角度看是有利可图的，但不符合社会精神文明需要，则不能决策投资建设。

3. 现金流量（Cash Flow）管理是现代企业投资理财活动的一项重要职能，是指企业在一定会计期间按照现金收付实现制，通过一定经济活动（包括经营活动、投资活动、筹资活动和非经常性项目）而产生的现金流入、现金流出及其总量情况的总称，即企业一定时期的现金和现金等价物的流入和流出的数量。例如：销售商品、提供劳务、出售固定资产、收回投资、借入资金等，形成企业的现金流入；购买商品、接受劳务、购建固定资产、现金投资、偿还债务等，形成企业的现金流出。衡量企业经营状况是否良好，是否有足够的现金偿还债务，资产的变现能力等，现金流量是非常重要的指标。而建立完善的现金流量管理体系，是确保企业的生存与发展、提高企业市场竞争力的重要保障。现金流量按其来源性质不同分为三类：经营活动产生的现金流量、投资活动产生的现金流量和筹资活动产生的现金流量。

## 五、计算题

解：$NPV = \sum_{t=0}^{n}(CI_t - CO_t)(1+i_0)^{-t}$

$$= \frac{800}{(1+6\%)} + \frac{1050}{(1+6\%)^2} + \frac{1200}{(1+6\%)^3} + \frac{1400}{(1+6\%)^4} + \frac{1550}{(1+6\%)^5} + \frac{1700}{(1+6\%)^6}$$

$$+ \frac{1850}{(1+6\%)^7}$$

$7392.73 - 8000 = -607.27 < 0$，这个方案不可行。

# 第十章　旅游经济效益与评价

## 一、单项选择题

1. A　　2. D　　3. B　　4. B　　5. D

## 二、多项选择题

1. ABD　　2. BC　　3. AC　　4. ABCD　　5. CD

## 三、填空题

1. 投入、有效产出

2．负效益、正效益

3．微观效益、宏观效益

4．固定成本

5．总收入、增加

## 四、简答题

1．影响旅游经济效益的因素是多方面的，既有主观因素，又有客观因素；既有宏观因素，又有微观因素；既有经济、技术因素，又有政策、法律因素；既有国内因素，又有国际因素等。包括：

（1）旅游者数量及构成

（2）旅游物质技术基础及其利用率

（3）旅游活动的组织和安排

（4）旅游业的科学管理水平

2．旅游微观经济效益与宏观经济效益的关系之间是相互制约、相互影响的，体现着局部与全局的辩证关系。微观效益是宏观效益的基础，宏观效益必须以微观效益为前提和条件。有时二者也会发生矛盾，如一旅游景点的开发可能微观效益较好，但从宏观上来说，可能带来不利影响。因此，当微观效益和宏观效益发生矛盾时，微观效益要服从宏观效益的需要，即局部应当服从整体的需要。

3．投资回收期指标所衡量的是收回初始投资的速度的快慢。其基本的选择标准是：在只有一个项目可供选择时，该项目的投资回收期要小于决策者规定的最高标准；如果有多个项目可供选择时，在项目的投资回收期小于决策者要求的最高标准的前提下，还要从中选择回收期最短的项目。

投资回收期指标的特点是计算简单，易于理解，且在一定程度上考虑了投资的风险状况（投资回收期越长，投资风险越高，反之，投资风险则减少），故在很长时间内被投资决策者们广为运用，目前也仍然是一个在进行投资决策时需要参考的重要指标。其缺点是：只注意项目回收投资的年限，没有直接说明项目的获利能力；没有考虑项目整个寿命周期的盈利水平；没有考虑资金的时间价值。因此一般只在项目初选时使用。

## 五、论述题

（1）改善宏观调控，完善旅游产业政策

要提高宏观旅游经济效益，就要求国家不断改善和加强宏观调控，对整个旅游产业的发展作出统一的、科学合理的规划，制定和完善旅游产业政策，充分利用和发挥经济、行政、法律等调控手段，调动社会各方面的积极性，促进整个旅游产业的发展。

（2）改革旅游经济管理体制，建立现代企业制度

提高宏观旅游经济效益，还必须对传统经济管理体制进行改革，按照市场经济的要求，建立适应社会主义市场经济的现代企业制度和旅游经济管理体制。

（3）加快旅游设施建设，提高旅游服务质量

旅游业的发展和旅游宏观经济效益的提高，离不开旅游"硬件"和"软件"的建设。

所谓"硬件"，就是指旅游产业的基础设施和接待设施等方面。所谓"软件"，是指旅游服务质量，即旅游行业员工的服务态度、服务技能和服务水平。旅游服务质量是旅游业的生命线，是旅游业发展过程中永恒的主题。因此，强调质量意识，抓好管理监督，不断提高服务质量，是改善旅游形象、增强竞争能力的关键。

（4）抓好旅游市场管理。加强法制建设

旅游业是一个新兴产业，涉及面广，因此在经济管理、行政管理及法制建设等多方面都有待进一步规范化和法制化，使旅游业的发展有法可依，做到违法必究、执法必严，促进旅游业健康持续地发展，同时严厉打击各种违法经营行为，制止各种不正当竞争手段，使旅游行业管理逐步实现法制化、规范化和国际化，加快与国际旅游市场的接轨，促进旅游服务质量和旅游经济效益的不断提高。

# 参考文献

［1］［英］麦克·J. 斯特布勒，［希腊］安德烈亚斯·帕帕西奥多勒，［英］M. 西娅·辛克莱. 旅游经济学. 二版. 林虹 译. 北京：商务印书馆，2017 年.

［2］魏鹏，杜婷. 旅游经济学. 北京：北京大学出版社，2016 年.

［3］厉新建，张辉. 旅游经济学原理（第 2 版）. 北京：旅游教育出版社，2008 年.

［4］吕宛青，陈昕. 旅游经济学，天津：南开大学出版社，2013 年.

［5］鄢慧丽. 旅游经济投入产出分析，北京：科学出版社，2017 年.

［6］中国旅游研究院. 中国旅游经济蓝皮书：2016 年中国旅游经济运行分析与 2017 年发展预测，北京：中国旅游出版社，2017 年.

［7］林南枝，陶汉军. 旅游经济学，天津：南开大学出版社，2009 年.

［8］厉新建，等. 短论新见说旅游：旅游经济发展多维探索，北京：旅游教育出版社，2017 年.

［9］胡芬，郭清霞，刘思华. 旅游经济绿色发展论，北京：中国环境出版社，2017 年.

［10］罗明义. 旅游经济学：分析方法·案例，天津：南开大学出版社，2005 年.

［11］http://www.cnta.gov.cn/：中华人民共和国国家旅游局网站.

［12］http://www.visithainan.gov.cn/：阳光海南网—海南省旅游发展委员会网站.

［13］http://travel.news.cn/qlyj.htm：新华网旅游频道.

［14］http://www.cntour.cn/：中国旅游网.

［15］http://www.tourpi.org/：中国·海南旅游消费价格指数网